KB268960

기업가치 공시 혁명

로버트 G. 에클스 外 지음 • 안경 태 (삼일회계법인 대표) 옮김

The ValueReporting Revolution

한국경제신문

This book is originally published in English under the title,
THE VALUEREPORTING™ REVOLUTION : Moving Beyond the Earnings Game
/Robert G. Eccles & Robert H. Herz & E. Mary Keegan & David M. H. Phillips by
John Wiley & Sons, Inc.

Copyright ⓒ 2001 by PricewaterhouseCoopers LLP.
All rights reserved.

*Korean Translation copyright ⓒ 2001 by The Korea Economic Daily &
Business Publications Inc.*

이 책은 한국경제신문 한경BP가 저작권자와의 독점계약에 따라 발행한 것으로
본사의 허락없이 임의로 이 책의 일부 혹은 전체를 복사하거나
전재하는 등의 저작권 침해행위를 금합니다.

추천의 글

  우리나라의 경제는 지금 중요한 전환기에 서 있다. IMF 구제금융 이후 산업 전반에 걸쳐 피나는 구조조정의 노력이 진행 중인 가운데 영원할 것 같았던 거대 기업들이 하나둘씩 쓰러져 가고 있으며, 다른 한편으로는 인터넷의 발전과 더불어 새로운 유형의 벤처 기업들이 많이 탄생, 성장하고 있다. 이러한 경제 상황을 반영해 주식시장은 일희일비하며 전반적으로 침체한 가운데 급락과 급등을 거듭해오고 있다.

  자본주의 사회에서 증권시장의 중요성은 아무리 강조해도 지나치지 않다. 증권시장이 제 기능을 충분히 발휘하기 위해서는 증권시장에 공급되는 정보가 필요 충분성을 갖추어야 한다.

  그러면 현실적으로 필요한 정부가 충분히, 그리고 적시에 공급되고 있는가? 주식시장은 개별기업의 내재가치를 적정하게 반영하고 있는가? 이러한 것은 특히 신경제 아래에서는 모두가 한 번씩은 제기하게 되는 의문들이다. 세계 최대의 회계법인인 미국 프라이스워터하우스쿠퍼스(PricewaterhouseCoopers)는 전세계 1,200여 개의 사례분석과 기관투자가들 및 애널리스트들을 대상으로 실증적 조사를 실시한 결과,

회사의 경영자들이 생각하는 자기 회사의 가치와 시장에서 형성되는 주식가치에는 큰 차이가 있으며 경영자들이 제공하는 정보와 주식투자자와 애널리스트들이 필요로 하는 정보에도 괴리가 있음을 발견했다. 이러한 사실은 증권시장의 효율성에 결정적인 영향을 미치는 매우 중요한 문제다.

과거 감독기관이 요구하는 정보의 공시 또는 기업회계기준에 의거해 작성된 재무제표 중심의 재무정보공시는 기업의 올바른 가치평가를 원하는 자본시장 내 투자자 다수의 정보요구를 충족시키지 못하고 있다. 기업의 가치를 평가할 수 있는 가치 중심 또는 투자자 중심의 정보요구는 날로 증대되어 기업은 새로운 정보공시 모형을 요구하는 도전에 직면해 있다.

신경제의 물결이 도래함에 따라 경제의 패러다임이 바뀌었으며 계속 변화하고 있다. 이러한 변화는 경제분야뿐만 아니라 사회, 문화 및 개인의 가치관에까지 영향을 미치고 있다. 그러므로 이 시점에서 기업공시 모델의 변화는 매우 중요하며 시급한 문제다. 이 책은 이러한 문제점에 대한 실증적 분석과 그 해결방안을 제시하고 있다. 저자들은 이러한 변화는 혁명이 되어야 한다고 강조하며, 이 책을 통해 혁명을 불러일으키기 위한 준비를 촉구한다. 이러한 혁명은 반드시 일어나며 선도적으로 참여하는 기업은 좀더 큰 이익을 누릴 것이다. 경쟁우위를 확보하고 있는 미래지향적인 우량기업들은 이미 이러한 혁명에 선도적인 역할을 수행하고 있다. 또 혁명은 공인회계사나 회계법인 단독으로 할 수 있는 것이 아니며, 경영자 · 애널리스트 · 투자자 · 감독기관 등 모든 관계 당사자가 함께 참여해야만 달성될 수 있다고 주장한다.

국내 회계감사의 역사와 함께 해온 본인은 재무적인 측면뿐만 아니라 비재무적 측면까지 포함하는 기업정보의 체계적이고도 투명한 공시로 기업의 내재가치와 시장가치 간의 정보 격차를 없애는 것이 매우 필요하다는 사실을 절감하고 있다. 기업의 내재가치를 반영한 투명한 공시는 기업과 투자자들, 그리고 이해관계자들 모두의 가치 극대화에 필수다. 투명한 공시로써 시장의 신뢰를 회복하고 장기적인 관점의 투자가 이루어지게 하며 가능성 있는 기업에 양질의 자금이 유입되도록 함으로써 증권시장의 자원배분기능에 더욱 효율화를 꾀해야 한다.

법률로써 규제되고 있는 현재의 기업공시 관행은 분명한 한계가 있으며, 자본시장에 관련된 많은 이들이 이에 공감하고 있다. 국내 최대의 회계법인을 이끌고 있는 입장에서 본인은 기업공시 관행의 개혁에 책임을 느끼고 있으며, 이러한 시점에서 본서가 국내에 소개된 것은 매우 시의적절하다 할 수 있다.

기존의 상식에 도전하고 원칙에서부터 재출발해 「기업가치공시 혁명」의 필요성을 명확하게 제시한 이 책은 우리나라 기업공시 관행을 뒤돌아보게 하고 그 혁명을 위한 중요한 계기를 만드는 데 일조할 것이다. 이러한 혁명을 용기 있게 시도한 프라이스워터하우스쿠퍼스의 회계감사 및 기업자문부문 총괄 리더 J. 프랭크 브라운(J. Frank Brown)과 이 책의 저자들에게 경의를 표한다.

《기업가치공시 혁명(The ValueReporting Revolution)》의 한국어판 출간을 계기로 삼일회계법인은 국내 최고의 회계법인으로서 이 혁명을 주도하는 데 모든 노력과 지원을 아끼지 않을 것이며, 이를 통해 국가경제 발전에 일조할 수 있기를 바란다. 또 우리나라의 경영자·증권분석가·투자자·감독기관과 그 밖의 기업공시 관련자 등도 기업가치공시 혁명에 동참할 수 있기를 바라며, 이 책이 한국에서의 기업가치공시 혁명에 이르는 길잡이가 되기를 기원한다. 마지막으로 이 책을 한국에 소개한 삼일회계법인의 안경태 대표에게 감사의 말을 전한다.

2001년 8월
삼일회계법인
회장 서 태 식

옮긴이의 글

　지난 IMF 외환위기 이후 우리 국민들의 금융시장·증권시장 등에 대한 관심은 점점 높아져 가고 있다. 주식이나 채권 등 증권에 관한 정보는 오늘날 신문이나 방송매체의 주요 부분을 차지하고 있으며, 현실적으로 많은 국민들이 주식을 보유하면서 주가동향에 관심을 기울이고 있다. 또한 많은 투자자들은 주가정보나 결산정보에 더하여 투자대상 기업의 미래가치에 관한 정보를 절실히 원하고 있다고 생각된다.

　기업의 경영진도 기업의 이해관계자들에게 증권당국에서 요구하는 재무정보만을 제공하는 것이 아니라 적극적인 IR를 통해 주가관리에 나서고 있으며, 나아가 기업공시의 중요성을 절감하고 기업의 특장과 내재가치를 적절히 공시할 수 있는 지표의 개발과 관리에 다양한 노력을 경주하고 있다. 그러니 그 동인은 이러한 노력에도 불구하고 현행 기업공시 관행이나 공시내용에 특별히 혁신적인 개선 사항은 없었다. 이는 첫째, 많은 정보의 공시가 오히려 정보노출을 통해 기업경영에 부정적인 영향을 미칠 수 있다는 경영자측의 편견, 둘째 기업공시 방식이나 기업가치의 개념이 제대로 정립되지 않아 비체계적인 정보의 추가 제공은 자칫 투자자들을 오도할 수 있다는 점에 크게 기인했다고 판단된다.

역자는 국내 최대 규모의 삼일회계법인 대표를 맡고 있으면서 기존의 기업공시 관행에 대한 변화의 필요성을 절감하고 있던 중 제휴법인인 프라이스워터하우스쿠퍼스에서 야심을 갖고 발간한 《기업가치공시혁명》이 그 답이라고 느껴 국내에 소개하기로 하고 지난 몇 달 동안 번역작업을 지휘했다.

이 책은 기업가치공시에 대하여 전세계의 수많은 사례를 포함한 실증적 분석을 통해 기업이 공시하는 정보에 대한 경영자의 시각과 시장의 시각에는 크나큰 차이가 존재한다는 것을 파악하고 이의 원인과 대책을 연구해 기업가치공시의 범위, 방법론 및 미래지향적 기업내재가치 평가 모델, 그리고 투자자를 포함한 다수의 이해관계자에게 제공할 효율적인 공시 수단에 대한 가히 혁명적인 내용을 담고 있다. 이 책은 이러한 내용을 쉽게 이해할 수 있도록 해외 선진기업의 다양한 사례를 예시하고 있으며, 공시관련 각종 지표를 산출하는 데 활용되는 계량정보 간의 인과관계를 정리해 실무에 적용 가능한 정교한 모델을 설정하고 있다. 아울러 이러한 공시 시스템을 실행에 옮기기 위한 인식의 전환 및 제도개선의 필요성뿐만 아니라 자본시장내 각 주체들의 역할 변화와 관련 기술개발에 대해서도 제안하고 있다.

저자들은 기존의 공시 관행을 무너뜨리기 위해서는 혁명적인 발상의 전환이 필요하다고 하면서 가치창출동인(value drivers), 성과측정, 그리고 공시의 투명성에 대해 새로운 시각으로 충고하고 있다. 역자는 이 책이 우리나라 정부관계자, 투자자, 증권분석가, 금융기관 종사자, 공인회계사 및 기업의 최고경영자, 그리고 그 밖에 모든 이해관계자들에게 참신한 기업공시 모델을 제시하면서 국내 기업가치 공시관행에 변혁을 가져오고, 더 나아가 국가 전체의 투명성 제고를 통해 국가신용도를 높일 수 있는 계기가 되기를 기대한다.

그 동안 번역작업을 격려해주시고 지원을 아끼지 않으신 삼일회계법인 서태식 회장님과 실무작업을 헌신적으로 도와준 황성식 전무, 안재영 이사, 김상해 이사, 한종철 이사, 박흠석 회계사를 포함한 여러 스태프들의 노고에 깊은 감사를 전한다.

2001년 8월
삼일회계법인
대표 안 경 태

이 책을 읽기 전에

이 책은 기업의 경영진, 증권분석가, 감독기관, 투자자, 그리고 모든 회계사들에게 경종을 울릴 것이다. 현재의 외부 기업공시는 혁명적인 변혁이 필요한 상황에 있으며, 앞에 언급된 모든 사람들이 그 혁명이 일어나기를 기대하고 있다.

20년 전 내가 회계감사 업계에 발을 디뎠을 당시 미국에서는 일부 상류계층만이 주식을 소유하고 있었다. 당시 주식을 소유할 능력이 있는 사람들이 투자의사 결정을 내리는 방법은 기업의 분기·연간 사업보고서를 조사하거나 주식 브로커와 상담을 하거나 근처 도서관에 들러 기업관련 정보를 스스로 찾아보는 것 등이었다. 그리고 일단 주식을 매입하면 보통 몇 년, 심지어는 몇십 년 간 그 주식을 보유하는 것이 보통이었다. 마찬가지로 다른 선진국에서도 아주 부유한 사람들 이외의 대다수 사람들에게 주식투자에 대한 정보는 마치 양자물리학만큼이나 접해보기 어려운 것이었다.

세월이 지나 모든 것이 변했다. 좋든 싫든 요즘 사람들은 호모 인베스투스(*Homo investus*)로 진화되었다. 미국에서는 현재 성인의 50%

이상이 직접적으로 또는 연금이나 뮤추얼 펀드 같은 간접적인 방법으로 주식을 소유하고 있다. 영국의 경우 약 25%, 유럽에서는 약 12%가 직·간접으로 주식투자를 하고 있으며, 그 숫자는 더욱 빠르게 증가하고 있다.

여러 선진국에서는 주식시장의 자본화 금액, 즉 모든 상장기업 시장가치의 총합이 국내 경제 규모와 대등하거나 초과하고 있다. 기업공시와 주가의 변화 등은 일상 대화의 일부가 되었다. 인터넷 채팅방은 주식투자를 위한 조언을 얻는 장소가 되었고, 호출기 또는 핸드폰으로 항상 주식정보를 얻을 수 있으며, 시간외 거래를 통해 밤늦게까지도 주식을 사고팔 수 있다.

바뀐 것은 투자자들만이 아니다. 기업이 경쟁하고 가치를 창출하는 방식 또한 많은 변화를 겪었다. 오늘날 많은 회사들이 자신의 가치를 평가하는 기준은 유형자산이 아닌 무형자산이 되었다. 어떤 회사들은 갖고 있는 유형자산을 훨씬 초과하는 가치를 창출하는 자산, 예를 들어 역량 있는 종업원, 지배적인 시장점유율, 그리고 강력한 브랜드 인지도 등을 소유하고 있다. 물론 시장은 이러한 「연성 자산(soft assets)」을 인식하고 있으며, 그 정확도의 편차는 있지만 기업의 예상 현금흐름 및 주식가격에 반영하고 있다.

인터넷으로 대변되는 기술은 투자의 세계를 완전히 변모시켰다. 오늘날 정보는 시간과 거리에 관계 없이 흐른다. 투자자들은 마우스 클릭만으로 놀라운 양의 정보를 곧바로 얻을 수 있다.

그러나 현재 기업들이 회계법인의 감사를 받아 정기적으로 보고하는 경영공시 정보들은 투자자들의 욕구를 만족시키지 못하고 있다. 현재의 인터넷 기술은 투자자들에게 전자공시 형태로 쉽고 빠르게 인증된 정보를 제공하고 있지만, 그 정보의 내용은 인터넷 시대의 요구에 부응하지 못하고 있다.

이와 마찬가지로 기업 내부 성과평가 시스템의 눈부신 발전에도 불구하고 기업들이 시장에 공시하는 기업공시 정보는 100년이 넘도록 변한 것이 없다.

　이는 기업공시에 대한 우리의 의식은 세상이 변한 것만큼 바뀌지 못했다는 것을 말해주고 있다. 전통적인 재무제표들은 산업혁명 시대에나 적합한 것으로, 오늘날의 지식 및 네트워크 기반 경제 수준에 많이 뒤처져 있는 것이 현실이다. 전통적인 재무제표들은 다수의 이해관계자들(stakeholders)의 이익을 대변하지 못하고 있다. 전통적인 기업공시는 인터넷 시대를 구가하고 있는 오늘날에는 너무 맞지 않는 것이다.

　그러나 한번 결정된 표준, 규제, 그리고 의식을 바꾸는 것은 매우 어렵다. 지금까지 별 문제 없어 보이던 기업공시체제를 바꾼다는 것에 대한 왠지 모를 두려움 때문에 우리들은 이에 대해 무언가 새로운 것을 시도해보려는 엄두를 내지 못하고 있다.

　자연은 진공을 싫어한다. 즉 현재의 경영공시가 제공하지 못해 생기는 정보의 진공상태는 시장의 움직임에 따라 어떠한 식으로든 채워진다는 것이다. 이러한 정보의 진공상태를 채우기 위해 기업분석가와 전문가들이 활동하고 있다. 불행하게도 이들은 자신들의 의견이나 이론을 증명하는 방법을 모르고 있으며, 자신들의 판단에 대해 스스로 책임을 지고 있지 않다. 최악의 경우 그들의 일부는 시장을 조작하려는 시도를 하기도 한다.

　대중들은 누군가가 공시된 회계정보에 대한 객관성과 타당성을 증명해주기를 원하고 있으며, 회계법인들은 이러한 대중의 요구에 대해 책임을 부여받는다. 나는 회계법인이 존재해야 하는 신성한 권리를 믿지는 않지만, 사회적으로 그러한 책임을 부여받는다는 점에서 일반 회사와는 다르다고 생각한다. 만일 투자자들에게 필요한 정보를 제공하지 못하고 있다면, 이는 바로잡아야 한다. 투자의사 결정에서 너무나도 중요한 정보 중 극히 일부가 시장에 공시되고 있다는 것에 이견을 달 사람은 없을 것이다.

기업공시와 회계감사에 대한 우리의 자세는 좀더 개방적이어야 하고 유연해야 한다는 것은 명백하다. 나아가 우리는 세상이 더 복잡해졌고 이러한 세상에서 집합적이고 단순한 방법으로는 가치, 기회 및 위험에 대한 확고한 이해를 도모할 수 없다는 것을 인정할 필요가 있다.

기업공시에 대한 새로운 접근방법은 전세계적으로 관련된 모든 사람들이 벌이는 열띤 논쟁 및 창의적인 토론을 통해 만들어져야 한다. 나는 프라이스워터하우스쿠퍼스가 다른 어떤 조직보다도 이러한 일에 선봉이 되기 위한 자격을 잘 갖추고 있다고 굳게 믿는다.

따라서 이 책이 기업가치공시 혁명의 효시로서 인식되기를 바란다. 모든 사람들이 이 책의 관점이나 내용에 공감할 것이라고는 생각하지 않는다. 물론 일부는 이 책의 내용에 대해 매우 불쾌하게 생각할 수도 있으며, 여러 회계법인들 사이에서도 격렬한 논쟁을 불러일으킬 것으로 여겨진다. 그러나 이 책이 더 나은 생각들을 낳고 행동을 불러일으킬 수 있다면 그것으로서 제 역할을 다하는 것이라 믿는다.

이 책의 저자인 밥 에클스(Bob Eccles), 밥 허즈(Bob Herz), E. 메리 키건(E. Mary Keegan), 그리고 데이비드 M. H. 필립스(David M. H. Phillips)가 저술작업 기간 중 보여준 헌신적인 열정으로 품질, 적합성, 투명성의 복음을 전파하고 기업가치공시 혁명에 불을 지핀 것에 개인적으로 깊은 감사를 드린다. 또 그들이 상식의 벽을 뛰어넘어 진실로 중요한 것에 집중할 수 있게 한 점에 대해 다시 한번 감사의 말을 전한다. 독자들이 이 책을 통해 내가 얻은 것보다 더 많은 것을 얻기 바란다.

프랭크 브라운

글로벌 리더, 감사 및 경영자문 서비스

프라이스워터하우스쿠퍼스

서 문

　이 책은 조엘 커츠먼(Joel Kurtzman)의 아이디어에서 비롯됐다. 그는 기업가치공시관련 연구결과를 책으로 엮자는 것을 전 프라이스워터하우스쿠퍼스의 미국 파트너인 해럴드 칸(Harold Kahn)과 전 하버드 경영대학 교수이자 본 법인의 고문으로 있던 에클스에게 제안했다. 그들은 이 책이 미국에 국한되는 것을 원하지 않았기 때문에 기업가치공시 모델 초안설계에 도움을 준 프라이스워터하우스쿠퍼스 영국 파트너인 데이비드 필립스(David Phillips)를 프로젝트에 영입했다.

　칸은 스커더 켐퍼 인베스트먼트(Scudder Kemper Investments)사의 재무담당 이사로 떠났고, 거기에서 우리가 설파하던 바로 그 내용을 직접 실행에 옮기고 있었다. 그 후 허즈가 프로젝트 팀에 합류했다. 미국 내 최고 기술담당 이사로서, 허즈는 기술적인 문제에 골몰했고 이것은 뜻밖에 귀중한 결과를 가져와 본서의 일부에 기여했다. 그러던 중 키건을 영입하게 된 것은 매우 다행스런 일이었다. 그녀는 필립스의 바로 옆 사무실에서 일하고 있던 글로벌 코퍼레이트 리포팅 그룹(Global Corporate Reporting Group)의 책임자로, 대부분의 시간을 업무관련 출장으로 보내는 사람이었다.

허즈와 키건은 우리 회사 안에서 우리가 확보한 두 명의 기술담당이 사였고, 그들의 회계기준 및 규제에 대한 지식은 전세계를 대상으로 하는 폭넓은 것이었다. 이 책의 앞부분은 대표적 예로 미국시장에 초점을 맞추고 있지만, 우리는 이것이 전세계 시장에도 적용 가능하며 공감할 수 있다고 확신한다.

칸은 본서의 저술작업에 후원자로서 참여했으며 그의 충고와 우정을 높이 사고 싶다. 우리는 이 혁명의 초기 단계부터 동참해 지금은 다른 업무를 수행하고 있는 몇몇 동지들을 기억하고 싶다. 우선 이언 콜먼(Ian Coleman)은 전세계를 대상으로 한 조사에 훌륭한 아이디어를 주었고 언제나 지적인 도움을 아끼지 않았다. 댄 키건(Dan Keegan)은 이미 은퇴했지만 우리는 그를 잊지 않고 있다. 렌 린데그런(Len Lindegren)은 우리가 하는 일에 대해 처음부터 굳은 믿음을 보여주었다. 헤더 리처즈(Heather Richards)는 지금은 두 아이를 키우고 있다. 글렌 피터스(Glen Peters)는 아이디어가 풍부하고 매우 활동적이었다. 그리고 필립 라이트(Philip Wright)는 초기단계에서 우리를 잘 이끌어주었다.

이처럼 매우 뛰어난 사람들의 도움이 없었다면, 방대한 범위의 책을 6개월 안에 저술하는 것은 불가능했을지도 모른다. 먼저 미국의 「기업가치공시」 팀의 매트 위셀(Matt Wissell)과 쿤탈 매클로이(Kuntal McElroy)에게 감사드린다. 위셀의 헌신과 풍부한 아이디어 덕에 이 책의 저술을 끝낼 수 있었다. 제7장에서 드러나는 매클로이의 뛰어난 정량분석 능력과 품질관리에 대한 놀라운 기여는 우리에게 헤아릴 수 없을 만큼 가치 있었다. 위셀과 매클로이의 지속적인 도움과 훌륭한 논평, 그리고 인터넷을 다루는 능력은 이 책을 정해진 기간 내에 완성할 수 있게 했다. 이 책 어딘가에는 그들의 목소리가 담겨져 있다.

책의 저술작업 동안 리처드 베어드(Richard Baird), 딕 뒤부아(Dick Dubois), 조너넌 헤이워드(Jonathan Hayward), 커츠먼, 엘런 매스터슨(Ellen Masterson), 마이크 윌리스(Mike Willis) 등 프라이스워터하우스쿠퍼스의 여러 파트너들로부터 많은 도움을 받았다. 베어드는 비전을 현실로 만드는 구체적인 방법을 훤히 알고 있는, 그야말로 「액션맨」이었다. 우리는 그 방법을 배우기 위해서라도 다시 그와 같이 일하기를 고대하고 있다. 뒤부아는 프라이스워터하우스쿠퍼스의 차세대 감사 모델을 만드는 일을 담당했다. 이 작업에서 그는 값으로 따질 수 없는 깊은 통찰력을 보여주었다. 그리고 헤이워드는 자신의 분야와 이 책의 저술방향에 대해 통찰력을 갖춘 대단한 아이디어맨이었다.

커츠먼은 이 프로젝트가 시작될 수 있게 했을 뿐만 아니라 여러 번 중요한 조정을 했다. 그의 제안은 처음에는 몹시 급진적으로 보였지만, 결국에는 구조적인 변화를 이끌어내는 혜안이었으며 그는 이런 방면에 재능이 있었다. 매스터슨은 재무담당 이사로서의 경험을 갖고 우리가 혁명을 통해 바뀌기를 원하는 것들을 저술하는 일이 현실세계에서 얼마나 어려운지를 명확하게 보여주었다. 윌리스는 기술적인 분야에서 우리의 지주였다. 그가 없었다면 이 책의 모든 부분은 존재하지 않았거나 불완전했을 것이다(그는 또한 리스 분야에 많은 관심이 있었다).

빌 도피나이스(Bill Dauphinais)는 우리가 출판하려는 내용이 회사 안팎에 큰 반향을 불러일으킬 것임에도 불구하고, 우리가 주장하려는 것을 분명히 표현할 수 있도록 용기를 주었고 지원을 아끼지 않았다.

산업에 대한 조사를 했다는 것은 돌이켜볼 때 분명 우리에게 큰 발전을 의미했다. 존 플레처(John Fletcher)는 은행업에 대한 조사를, 러스티 넬리건(Rusty Nelligan)은 보험업에 대한 조사를 실시할 것을 제안했다. 로코 마지오토(Rocco Maggiotto)와 릭 리치드슨(Rick Richardson)과 제러미 스콧(Jeremy Scott) 덕분에 두 가지 조사가 성공적으로 끝날 수 있었다. 산업조사 전후로 루디 블레스(Rudi Bless)——은행업——와 이언 딜크스(Ian Dilks)——보험업——는 최종 산출물을 개선할 자료를 제공했다.

　제1장의 저술작업에 대해 우리는 특히 두 가지 공헌에 감사드리고 싶다. 첫번째로 스위스 레(Swiss Re)사의 재무담당이사(CFO) 존 피츠패트릭(John Fitzpatrick)과 최고경영자(CEO)인 같은 회사의 월터 킬홀츠(Walter Kielholz), 그리고 이 회사를 담당하고 있는 프라이스워터하우스쿠퍼스의 넬리건이 있다. 이 세 사람 덕분에 우리는 「기업가치공시」를 현실세계에서 실행에 옮기기가 얼마나 어려운 것인지, 그리고 이를 실행했을 때 얼마나 많은 효과를 볼 수 있는지에 대해 알 수 있었다. 그들의 통찰력은 제1장의 스위스 레에 관한 내용과 그 밖의 여러 부분에서도 찾아볼 수 있다.

　우리는 또한 메타프락시스(Metapraxis)의 로버트 비틀스톤(Robert Bittlestone)에 감사드린다. 그는 기업성과 측정 및 평가에 대해 우리와 오랜 대화를 나눴고, 시장에 보고되어야 하는 성과지표——기존의 재무적인 지표를 넘어서는——가 충실할 수 있는 방법에 대해 많은 통찰력을 우리에게 보여주었다. 그는 또한 우리가 여태까지 본 비즈니스 모델 중 가장 완성도 높은 것을 보여주었다. 이 내용은 제1장에 언급되어 있다. 프라이스워터하우스쿠퍼스 덴마크의 레온 올슨(Leon Olsen)은 제1장에 나타나 있는 용어와 개념에 대해 명확한 정의를 내리도록 이메일로 우리를 독려했다.

　제2장과 3장은 기술적인 도전요소에 대해 설명하고 있다. 여기에서 우리는, 전 프라이스워터하우스쿠퍼스 직원이었고 현재 크레디트 스위스 퍼스트 보스턴(Credit Suisse First Boston)에서 매도측 분석가로 일하고 있는 마우리조 루알디(Maurizo Lualdi)의 사려 깊은 검토와 비평을 받을 수 있었다(이 책에 기록하기 위한 목적으로 우리는 우리의 절친한 친구들 중 매도측 분석가로 활동하고 있는 사람들이 많다는 것을 밝혀두고 싶다). 스콧 뉴퀴스트(Scott Newquist)는 모건 스탠리(Morgan Stanley)사에서 근무했고 키더 피보디(Kidder Peabody)의 인베스트먼트 뱅킹(investment banking) 분야의 책임자로 있었으며, 현재 어드바

이저리 캐피털 파트너스(Advisory Capital Partners)에서 일하고 있다. 그는 제2장, 제3장의 이론과 결론에 대해 엄격하지만 공정한 비평을 해주었다. 이는 에클스가 뉴퀴스트와 함께 어드바이저리 캐피털 서비스(Advisory Capital Service)를 함께 창업한 것처럼, 우리가 투자 은행가(investment bankers)와 함께 일할 수도 있다는 것을 말해주고 있다. 뉴퀴스트는 이뿐만 아니라 제14장을 저술하는 데 중요한 정보를 제공했다.

제4장과 제5장은 우리 스스로 저술할 수도 있는 부분이었지만, 매우 훌륭한 학자들의 연구결과를 폭넓게 참조했다. 그 중 우리가 특별히 주목한 것은 뉴욕 대학교의 바루치 레브(Baruch Lev)의 무형자산에 대한 연구였다. 마크 거스테인(Marc Gerstein)의 《마켓 가이드(Market Guide)》는 인터넷 기업의 분기보고에 관한 것으로, 우리가 마지막 순간에 참조한 매우 유용한 글이었다.

제6장은 최초의 저자 견해와는 조금 다르게 변화되었다. 우리는 밥 허즈 그룹 소속의 짐 해링턴(Jim Harrington)에게 감사를 드린다. 해링턴은 인내를 갖고 에클스에게 이 부분에 대해 친절한 강의를 해주었다. 미국 회계의 역사에 대한 깊은 지식과 복잡한 양상을 보이는 현재 상황에 대한 견해 및 이를 위해 개선되어야 할 점 등에 대한 해링턴의 많은 의견이 제6장의 완성도를 더욱 높여주었다고 생각한다.

제7장에서는 다른 장의 저술을 병행하면서 이 장에 필요한 자료를 모으는 작업을 추진했다. 이 조사는 현재의 기업공시에서 나타난 주요 사실과 하이테크 산업의 시장에 대한 지각을 알아내기 위한 것이었다. 여기에서 우리는 먼저 폴 위버(Paul Weaver)에게 감사힌다. 그는 본서 저술 프로젝트를 후원해주었다. 조지 러프(George Rough)는 이 장의 연구를 위한 조사도구를 제공했다. IR(Investor Relations) 교육센터의 테리 프로비유(Terry Proveaux)와 짐 스태플턴(Jim Stapleton)이 없었으면 우리는 그토록 많은 자료를 모으지 못했을 것이다. 잔 에이커스(Jan

Akers)는 조사에 벤처 캐피털리스트를 포함하자는 의견을 제시했고, 이에 대한 결과는 다른 곳에서 논의되고 있다(www.pwcglobal.com/valuereporting).

제8장은 특정 내용에 대한 전문가적 지식이 매우 중요한 또 다른 장이다. 은행의 위험에 대한 중요한 부분과 이에 대한 통찰력을 얻은 것에 대해 우리는 밥 모리츠(Bob Moritz)뿐만 아니라 커스텐 두디(Kirsten Doody)와 엘라인 린(Elaine Lin)에게도 감사한다. 모리츠는 두디와 린을 우리 프로젝트에 배정해주었으며 그의 아이디어는 많은 도움이 되었다. 존 브롬필드(John Bromfield), 마이크 하우벤스톡(Mike Haubenstock), 브라이언 킨먼(Brian Kinman), 후안 푸야다스(Juan Pujadas), 그리고 밥 설리번(Bob Sullivan) 또한 좋은 아이디어를 우리에게 제공했다. 이들은 우리가 다루고 있는 종류의 위험에 대해 저마다 책을 저술할 수 있을 정도의 지식을 갖고 있었다. 우리는 제8장에 소개된 내용보다 더 많은 것을 배웠다. 밥 허즈 그룹의 또 다른 멤버인 밥 브하베(Bob Bhave)는 복잡한 주제들에 대해 설득력 있는 요약 정보를 제공했다. 우리가 도움받은 지식을 다시 표현할 수 있었던 것은 그가 보여준 노력의 결과라 할 수 있다.

우리가 현대의 경영 테크닉을 실행에 옮길 수 있고, 또 그에 대해 저술할 수 있다는 것을 보여주기 위해 제9장은 프라이스워터하우스쿠퍼스 영국에서 근무하는 제니퍼 우드워드(Jennifer Woodward)에게서 아웃소싱했다. 우드워드는 기대 이상으로 그 역할을 잘 수행해주었다. 짧은 시간에도 그녀는 자신의 지식을 기반으로 이 장을 완성시켰고, 본서가 말하고자 하는 바를 쉘(Shell)사의 비전과 훌륭히 통합해냈다. 그녀를 도와준 이는 쉘의 톰 델프가우(Tom Delfgauuw)였다. 그는 우드워드의 인터뷰에 성실히 응해주었다. 그의 노고에 깊은 감사를 드린다. 쉘이 본서의 저술작업에 도움을 준 것은 이 회사가 투명성에 대해 얼마나 많은 관심을 갖고 있는지를 보여주는 것이다. 쉘의 솔직한 답변은 오늘날 기업공시 세계에서 매우 드문 것이라 할 수 있다. 제9장은 말콤 베일리(Malcolm Bailey)와 데이비드 라이트(David Wright)의 도움을 받아 씌어진 것이다. 우리가 본질을 이해하는 데 도움을 준 또 다른 사람은 프라이스워터하우스쿠퍼스 덴마크의 파트너인 요겐 크라몬(Jorgen Cramon)과 헬레 뱅크 요겐슨(Helle Bank Jorgensen)이다.

제10장은 정말 모두 우리의 힘으로 썼다. 그러나 국제시장 & 오피니언 연구소(Market & Opinion Research International : MORI)가 프라이스워터하우스쿠퍼스를 위해 실시한 조사와 로저 스터브스(Roger Stubbs), 앨런 하이드(Allan Hyde), 로버트 칼라일(Robert Carlisle)이 실시한 조사에도 많은 도움을 받았다. MORI는 본서에 있는 수많은 은행 및 보험관련 자료를 수집해주었다.

제11장의 내용에도 많은 사람의 공헌이 담겨 있다. 프라이스워터하우스쿠퍼스 런던에서 본 프로젝트 팀에 참여하고 있던 재니스 링우드(Janice Lingwood)는 외부공시에 대한 새롭고 흥미 있는 자료를 모으는 데 앞장섰다. 프라이스워터하우스쿠퍼스의 《가치공시전망 2001(ValueReporting Forecast 2001)》에 그녀가 수집한 모든 내용이 소개될 것이다. 마크 오설리번(Mark O'Sullivan)과 캐롤라인 카든(Caroline Carden)은 링우드를 훌륭히 뒷받침했다. 패디 보이스(Paddy Boyce), 데니스 글리슨(Denise Gleeson), 애네트 웟슨(Annette Watson) 역시 그녀와 다른 많은 사람들에게 도움을 주었다. 콜로플라스트(Coloplast)의 카르슈텐 론펠트(Carsten Lonfeldt)는 지적 자본의 측정에 대해 깊은 통찰력을 보여주었으며, 그녀의 도움은 우리가 여기에서 말로 설명할 수 없을 만큼 큰 것이었다. 윌리스와 에릭 코헨(Eric Cohen)은 인터넷과 정보기술에 대해 많은 자문을 해주었으며, 이는 우리의 토론 내용을 더욱 강화시키는 데 힘을 실어주었다.

제12장은 그 자체로 매우 어려운 주제였고, 하나의 책으로서 분리될 수도 있는 내용이다. 캐서린 브로밀로(Catherine Bromilow)와 리처드

스타인버그(Richard Steinberg)는 실제로 이 책을 직접 저술한 사람이기도 한데, 그들은 우리와 깊이 있는 대화를 나누었고, 통찰력 있는 피드백을 제공했다. 그들이 없었다면 제12장은 무척 길고 불명확한 내용이 되었을 것이다. 브루킹스 연구소(Brookings Institution)의 마거릿 블레어(Margaret Blair) 역시 본 장의 정확성과 타당성을 확인하는 데 도움을 주었다.

제13장의 기초는 2000년 8월 15일 런던 외곽에서 개최된 프라이스워터하우스쿠퍼스의 「감사의 미래(Future of Assurance)」팀 회의에 근거하고 있다. 그 곳에서 우리는 다음과 같은 질문을 던졌다.『점잖은 위선을 벗어버리고 멋지게 보이는 것보다 정직한 것에 더 신경을 쓰면서, 이 책이 회계업계에 던져야 할 메시지는 무엇인가?』여기에서 우리는 다른 사람들의 도움에는 감사하면서도 다른 사람들이 말한 것에 대해 모든 책임을 지는 저자들의 그릇된 위엄을 피하려 한다. 이 회의의 참석자들은 제13장의 메시지를 우리들만큼이나 잘 간직하고 있었다. 그들은 우리만큼이나 그 메시지에 감동받기도 했다. 그래서 우리는 그들의 이름을 공개하려 한다. 그 회의의 공동의장인 뒤부아와 배리 위노그래드(Barry Winograd), 필립 애시턴(Philip Ashton), 베어드, 제러미 부커(Jeremy Booker), 헤이워드, 매스터슨, 카를 팔츠그라프(Karl Pfalzgraf), 그리고 윌리스가 그들이다.

매우 폭발적인 내용을 담고 있는 제14장은 데니스 샐러몬(Denis Salamone)과 위노그래드의 도움을 크게 받았다. 이들은 「기업가치공시 혁명」에 그 어떤 사람보다도 더 많은 기여를 했다. 우리는 또한 보스턴 컴퍼니 애셋 매니지먼트(Boston Company Asset Management)의 존 카타(John Kattar)와 스커더 켐퍼의 테드 트러스콧(Ted Truscott)과의 대화에서 많은 것을 얻을 수 있었다. 앨리슨 토머스(Alison Thomas)는 카타가 프라이스워터하우스쿠퍼스 런던의 프로젝트 팀에 들어오기 전부터 그녀를 우리에게 소개시켜주었고, 그녀 또한 우리에게 값진 조언을 아끼지 않았다. 여기에서 다시 한번, 칸이 우리에게 트러스콧을 소개시켜준 데 감사하고, 이 주제에 관해 우리와 많은 대화를 나눈 것에 대해서도 감사 드린다.

윌리스와 그의 동료 코헨은 제15장에서 또 다른 중요한 공헌을 했다. 기술에 대한 깊은 지식을 바탕으로 그들은 우리가 이 부분을 옳게 기술했음을 확신시켜주었다.

많은 사람들이 본 프로젝트의 후반에 참여했다. 그들이 참여한 시간은 짧았지만 그들의 공헌은 대단한 것이었다. 이렇게 방대한 양의 저술에서 오자와 탈자를 구분해내는 데는 상당한 노력이 소요됐다. 엘리자베스 로티토(Elizabeth Lotito)는 판권 및 위기관리 차원에서 모든 것을 점검해준 변호사였다.

앤디 캔토스(Andy Cantos)가 닷컴기업으로 이직하기 전 했던 것처럼 트렌트 보그스(Trent Boggess)와 마이크 캠벨(Mike Campbell)도 많은 자료를 수집해주었다. 멜리사 루오(Mellissa Luo)는 처음에는 파트 타임으로 참여했다가 이후 풀타임으로 참여해 프로젝트의 여러 가지 일들을 도와주었다. 어드바이저리 캐피털 파트너스의 샐리 에번스(Sally Evans)와 팸 모스키(Pam Morsky)도 출판작업 내내 큰 도움을 주었다. 특히 그들은 저자들의 여러 가지 요구를 성실하게 들어주었다.

존 와일리 & 선스(John Wiley & Sons)의 셰크 조(Sheck Cho)는 최종 교정작업 중에도 계속 집필할 수 있는 자유를 주었다. 그의 동료 피터 냅(Peter Knapp)과 콜린 스콜런스(Colleen Scollans)도 교정작업을 통해 본서의 출판에 기여했다.

그러나 가장 감사해야 할 사람은 아직 언급하지 않았다. 맥스 러셀(Max Russell)이 없었다면 우리는 정말 아무것도 이루지 못했을 것이다. 우리가 만들어내는 지루한 이야기를 가치 있고 멋진 문장으로 엮어내는 재주는 우리가 백 번이고 고맙다는 말을 해도 부족하다. 커츠먼은 맥스를 우리에게 소개시켜주었고, 토머스 페인(Thomas Paine,

1737~1809)의 글을 우리에게 알려주었다.

로저 립시(Roger Lipsey)는 영어에 대한 훌륭한 귀를 갖고 있다. 그녀는 우리의 문장에 현명한 조언을 해 마지막으로 맥스의 손을 거쳐 책에 실릴 수 있도록 했다. 유종의 미를 거두는 것은 언제나 시작하는 것보다 힘들다. 이는 로저와 맥스를 통해 가능한 것이었다.

돌아보건대, 회계시장이 격동기에 있었음에도 불구하고, 우리의 저작활동을 물심 양면으로 지원해준 프라이스워터하우스쿠퍼스의 경영진에 감사를 드리고 싶다. 회사의 밝은 앞날을 위해 프라이스워터하우스쿠퍼스 전세계 회계감사 부문의 새로운 리더인 브라운에게 감사를 전한다. 그는 이미 많은 논쟁을 불러일으킬 이 혁명을 후원할 용기를 보여주었고, 이러한 혁명이 실제로 일어나도록 탄탄하게 기반을 다지고 있다. 책은 대중을 선동할 수도 있다. 그러나 혁명에 실제로 필요한 것은 말뿐만이 아니라 행동이다. 물론 브라운은 이 모든 것을 해낼 사람이다.

개인적으로, 에클스는 그의 아내인 앤(Anne)과 네 명의 자녀 샬로테(Charlotte), 필리파(Philippa), 이자벨(Isabelle), 고든(Gordon)에게 감사의 말을 전한다. 이 책이 씌어지는 동안 그는 남편으로서 또한 아버지로서 육체적으로나 정신적으로 가정에 많은 시간을 투자하지 못했다. 그는 이 사실을 그 자신이 매우 잘 알고 있으며, 책이 출판된 후에는 반드시 가족의 품에 안길 것임을 밝혔다.

허즈는 그의 아내인 루이제(Louise)와 두 명의 자녀인 마이클(Michael), 니콜(Nicole)에게 그들의 인내와 이해에 대해 감사의 말을 전한다. 그의 저술작업 동안 아내와 아이들은 늦은 귀가와 주말 없는 생활을 감내해야 했다.

키건의 힘은 전세계의 많은 친구들과 동료들에게서 나온 것이다. 그들과 그들의 가족에게 그녀는 무한한 감사를 드린다.

허즈와 키건은 그들이 속한 그룹의 훌륭한 프로페셔널들에 감사를

전한다. 그들은 밤낮을 가리지 않고 지칠 줄 모르고 일하고 있으며, 복
잡한 회계업무를 훌륭히 수행해내고 있다. 그들의 노력이 허즈와 키건,
그리고 프라이스워터하우스쿠퍼스를 빛내고 있다.

필립스는 그의 아내인 캐롤라인(Caroline)과 세 명의 자녀인 루신다
(Lucinda), 샬로테(Charlotte), 토머스(Thomas)에게 감사한다. 또 주말
이면 그의 집을 찾아 그의 자리를 대신해준 친척들에게도 많은 감사를
전한다.

2000년 10월 11일

로버트 G. 에클스(Robert G. Eccles)

로버트 H. 허즈(Robert H. Herz)

E. 메리 키건(E. Mary Keegan)

데이비드 M. H. 필립스(David M.H. Phillips)

차 례

제2부 전장(戰場) 조사

제2장 가치는 어디로 사라졌는가? / 79

제3장 상식적인 사전준비 / 98

제4장 이익게임 / 122

THE VALUE REPORTING REVOLUTION

제5부 해결책인가, 문제점인가

제6부 아무도 우릴 막을 순 없다

제1부

혁명준비

I wish that every human life might be pure transparent freedom.

Simone de Beauvoir, *The Blood of Others*

기업가치공시 혁명을 위한 선언문

아마도 다음 장부터 소개될 내용은 대중의 동의를 얻지 못할지도 모른다.
어떤 것이 잘못됐다고 생각하지 않는 오랜 습관은 그 잘못된 것이 피상적으로 옳다는
느낌을 주고, 처음에는 관습을 지키려는 무서운 저항을 불러일으킨다.
그러나 그 소동은 이내 가라앉는다. 시간은 많은 사람들의 생각을 바꾸어놓는다.
— 토머스 페인(Thomas Paine), 《상식(Common Sense)》 중에서,
1776년 2월 14일

　현재의 기업공시 모델은 그 본래 목적을 다하지 못하고 있다. 즉 공시를 하는 회사나 공시정보를 받아보는 투자자들 모두 기업공시정보에 대해 만족하지 못하고 있다는 말이다. 이러한 상황은 바뀌어야 한다.

　100년 이상의 역사를 가진 미국의 기업공시에서, 가장 최근에 이루어진 주요한 혁신은 이상하게도 규제의 성격을 띤 것들이었다. 1929년의 주식시장 공황 이후, 미국 증권거래위원회(Securities and Exchange Commission : SEC)에서는 모든 상장회사에게 정해진 회계규칙을 따르는 재무제표를 작성해 회계법인들의 감사를 받고, 이를 공시하도록 했다.

　그 이후 기업공시 모델은 여러 차례 중요한 개선을 거쳤고, 더 복잡하게 변화되었다. 무수히 많은 부가 조항이 기업들의 공시 내용과 공시 방법을 바꾸고 개선시켰다. 현대의 최고경영자들은 이미 전략, 조직, 기술 및 인적 자원 같은 다차원적인 요소를 고려해 회사를 경영하고 있지만, 경영관리 기술의 이러한 엄청난 변화에도 불구하고, 기존 공시

모델은 이에 미치지 못하고 있는 실정이다.

이 책은 이러한 사실에 대해 풍부한 증거를 갖고 있다. 이러한 사실이 비밀이라는 것은 아니다. 1997년과 1998년, 프라이스워터하우스쿠퍼스(PricewaterhouseCoopers)는 전세계 14개국에 퍼져 있는 몇백 개에 달하는 기관투자가들과 매도측 애널리스트를 대상으로 조사를 실시한 적이 있다. 조사결과에 따르면, 단지 19%의 기관투자가들과 27%의 애널리스트들만이 기업공시에 따른 재무제표가 그 회사의 진정한 가치를 알아내는 데 도움이 된다고 응답했다. 경영공시 자료를 만든 사람들이나 그 사람들이 속해 있는 회사조차 이에 동의하고 있다. 또 미국 경영자들의 단지 38%가 자신들의 경영공시 자료가 매우 유익하다고 답했다. 더욱 놀라운 사실은, 하이테크 산업을 대상으로 실시한 조사에서 7%의 투자자들과 16%의 매도측 애널리스트, 그리고 13%의 회사 경영진들만이 공시된 회계자료가 회사가치를 파악하는 데 도움이 된다고 말했다는 것이다.

이러한 현상을 근본적인 시각으로 바라보면, 경영자·애널리스트·주주들은 자신들이 단기적인 이익게임——그들 중 그것을 좋아하는 이는 아무도 없지만 그 이외에 다른 대안이 없는——에 빠져 있다고 느끼고 있음을 알 수 있다. 그로 인해 자본시장은 너무 단기에만 초점을 맞추게 되었고, 가치를 적절하게 평가하기 위해 필요한 정보가 결여되는 결과를 낳았다. 한 기업이 저평가되어 있느냐, 고평가되어 있느냐에 대한 논쟁이 끊임없이 제기되었고, 특정 기업이나 전체 주식시장의 주가가 비정상적으로 많이 변동하는 결과를 가져오기도 했다.

이제는 이러한 상황을 바꾸어야 한다. 이것은 언젠가는 끝날 심심풀이 게임이 아니기 때문이다. 이는 자본분배의 불균형을 낳고 사회 내에서 가치가 생성되는 방식을 왜곡시키고 있으며, 개인들이 어렵게 번 돈을 투자했을 때 그들이 떠안게 되는 위험이 비정상적으로 커지는 결과를 낳고 있다. 또 회사가 이해관계자들의 요구에 책임을 지는 것을 어렵게 만들고 있는 것이다.

그러므로 이 시점에서 변화는 매우 중요하며, 시급한 문제다. 어쩌면 변화는 혁명을 요구하는지도 모른다. 그리고 이 책은 혁명을 불러일으키기 위한 준비를 촉구하기 위해 씌어졌다.

우리는 혁명을 원한다

1991년 〈하버드 비즈니스 리뷰(Harvard Business Review)〉지에 「성과측정 선언(The Performance Measurement Manifesto)」이라는 글이 실렸다. 이 글은 이미 진행 중인 혁명에 대해 설명하고 있다. 이 혁명은 기존 재무지표를 성과측정의 기반으로 삼는 것이 아니라, 여러 성과지표 중에 하나라고 여기는 것에 대한 내용이다.[1] 이 글에 따르면 위와 같은 생각의 변화를 일으키기 위해서는 다음 세 가지 질문에 답할 수 있어야 한다.

1. 기업의 성과를 측정하기 위해 가장 중요한 지표들은 무엇인가?
2. 이러한 지표들이 서로 어떻게 연관되어 있는가?
3. 어떤 성과지표들이 기업의 장기적인 재무적 성과를 예측할 수 있게 하는가?

이제 이러한 성과측정의 혁명이 성공하는 것은 시간 문제다. 신경제의 도래와 오래 관습의 변화에 따라, 경영자와 투자자들 모두 그들이 재무적인 성과지표만을 사용할 수는 없다는 한계를 절감하고 있다. 재무적인 성과지표는 경영자들의 결정을 기업 내에 묶어두고 있으며, 투자자들의 투자의사 결정을 기업들 사이에만 한정되도록 하고 있다.

요즘 유행하고 있는 균형성과표(balanced scorecard)의 개념을 도입하고 있는 회사들은 기업 성과측정을 재무적 지표에서 최소한 재무적·비재무적 지표를 같이 사용하는 것으로 그 범위를 확대시키고 있다.[2] 그리고 정보기술의 발전은 기업들이 훨씬 넓은 범위의 성과측정 지표를 쓸 수 있게 하며, 그들 사이의 관계를 파악하는 것을 가능케 하고 있다.

성과측정에서 성과공시로

성과측정 혁명의 성공이 예견되는 가운데 성과공시 부문에서도 새로운 혁명을 위한 시간이 도래했다. 새로운 혁명이 성공을 거둘 때까지 성과측정 혁명의 진정한 성공은 아직 이루어지지 않은 것으로 생각할 수 있다.

넓은 성과측정 범위에서 비롯되는 정보는 경영자들뿐만 아니라, 애널리스트와 투자지들에게도 중요하고 적합성(relevance)이 높다. 경영자들이 회사 내부적으로 사용하는 모든 측정지표를 시장에 공시하지 않는 이상, 그들은 계속 단기이익 우선주의에 빠지게 될 것이다. 이는 경영자들로 하여금 예상 분기이익을 하향 조정하고 공시 전에 조심스럽게 이해관계자의 기대를 관리하도록 하고 있다.

제2의 혁명을 일컫는 이름은 「기업가치공시(ValueReporting)」다. 우리는 경영자들이 내부적으로 사용하고 있는 모든 성과측정 지표를 시장에 완전 개방하는 것과 같은 완전한 투명성을 보이라고 요구한다. 그리고 이는 이해관계자들이 관심을 갖고 있는 사회적·환경적 책임을 포함하는 모든 성과를 그 대상으로 한다.

그것이 쉬울 것이라고 한 사람은 아무도 없다

혁명은 언제나 흥분되는 일이지만, 늘 부상자가 있게 마련이다. 성과측정의 혁명에서 모든 부상자들은 회사라는 울타리 안에 숨겨져 있었다. 시장은 단지 공시되는 재무결과에 미친 영향을 통해 그 혁명의 결과를 느낄 수 있을 뿐이었다.

그러나 지금 그 울타리는 더 높아졌다. 기업가치공시 혁명에서는 일반 기업들뿐만 아니라 회계법인들과 매도측 애널리스트, 그리고 정부 역시 다양한 수준의 가시적인 혼란을 경험할 수 있을 것이다.

이러한 혼란은 오히려 기업들에게 많은 기회를 제공한다. 우리의 혁명에 먼저 참여하여, 의미 있고 가치 있는 행동을 취하는 기업들은 막대한 경쟁우위를 점할 수 있다. 그러나 그들이 과연 우리 혁명에 참여할 것인가?

이 혁명의 진정한 승리는 기업들이 자신의 성과에 영향을 미치는 모든 재무적 · 비재무적 성과지표를 발굴하고, 그들 사이의 관계를 규명해 성과를 측정하고 시장에 공시하는 것뿐만 아니라 실제로 가치를 창출했을 때만 얻을 수 있다.

기업 스스로가 철저하고 성실하게 혁명을 일으키지 않으면, 그들은 최악의 상황을 피할 수 없다. 또 다른 경쟁자들에게 선수를 빼앗긴다면 뒤처진 기업들의 고통은 늘어날 뿐이다. 기업가치공시 혁명에서 우유부단함과 머뭇거림은 실패를 예견하게 할 뿐이다.

위험을 함께 나누기

기업가치공시 혁명에 수반되는 위험에 대해 기업들은 혼자 노출되어 있는 것이 아니다. 회계법인들과 매도측 애널리스트는 보통 투자은행들과 일하면서 투자자들에게 기업 연구보고서를 작성해주는데, 이들 또한 같은 위험에 처해 있다. 전통적으로 자본시장이 규제로 만들어지는 재무정보보다 비재무적인 정보에 더 초점을 맞추게 되면서, 기업들은 자신들이 제공하는 정보에 대한 적합성을 상실할 위험을 안고 있다. 그러나 현실적으로 시장이 요구하는 그런 정보를 제공할 수 있고, 또 그 정보를 증명할 수도 있는 기업들이 많이 있으며, 실제로 그러한 정보를 제공하고 있는 기업들도 있다.

매도측 애널리스트들은 고객, 즉 투자자들의 신뢰를 잃을 위험에 처해 있다. 그들이 작성하는 보고서는 머지않아 그 객관성을 의심받을 수도 있다. 여기에서도 일부 애널리스트들은 이미 변화될 미래에 충분히 대비하고 있다. 이러한 신종 애널리스트들은 개인과 기관투자가들에게 좀더 다양한 종류의 분석정보를 제공하고, 기업들을 비롯해 그 밖에 수많은 원천에서 정보를 끌어올 수 있다. 인터넷은 이런 애널리스트들이 정보를 수집하고 분석하기에 용이한 환경을 제공한다. 이러한 기업들과 애널리스트들은 혁명의 물결이 성공을 향해 흘러갈 수 있게끔 하고 있다.

혁명은 발발과 동시에 동조자들이나 비동조자들을 포함해 모두에게 영향을 미친다. 이는 시장 감독기관에게도 마찬가지다. 그들 또한 변화되어야 한다. 그렇지 않다면 규제는 혁명의 폭풍이 쓸고 지나간 자리에 버려진 잔재들을 위한 묘비명이 될 뿐이다.

혁명은 반드시 일어난다

기업성과측정의 혁명에서처럼, 기업성과공시에서도 혁명이 일어날 것이다. 이 혁명의 뒤를 받치고 있는 힘은 매우 강력하다. 자유를 원하는 기업가 정신과 급격히 발전하고 있는 기술의 힘, 그리고 제정 시초부터 논란이 되어왔던 SEC의 공정공시규정(Regulation Fair Disclosure : FD)이 가질 힘이 바로 그것이다. 이러한 세 가지 힘은 우리의 혁명을 성공으로 이끌 동기를 부여하고 강력한 수단을 제공할 것이다.

실물시장은 자본시장의 고질적인 병을 해소하는 데 중요한 역할을 할 것이다. 시장은 유용하고 빠른 정보에 굶주려 있으며, 이와 같은 시장의 욕구는 반드시 충족될 것으로 보인다. 차고에서 창업하고 있는 벤처 기업가들이나 거대 기업가들 모두 시장의 정보에 대한 욕구를 만족시킬 기회를 잡을 것이고, 이로부터 이익을 얻을 것이다.

이러한 이익은 가치로 전환될 것이다. 현명한 자들은 우리의 혁명에 먼저 참여해 자신들의 정보를 모두 공시함으로써 두 배의 이익을 얻을 것으로 보인다. 그들이 얻는 갑절의 이익은 직접적으로 정확하게 평가된 그 기업의 시장가치만큼 불어날 것이며, 다른 기업들에 이 사실을 알림으로써 간접적인 이익증대 효과를 거둘 수 있다. 우리의 혁명에 선도적으로 참여하는 기업을 따르는 사람들은 그 기업이 공시하는 정보와 분석정보를 원하는 사람들이다. 그 결과 그 선도 기업들은 높은 수익을 얻어 주주들에게 더 많은 가치를 제공할 수 있을 것이다.

우리의 혁명에 바로 이용될 수 있는 신기술이 출현해 혁명에 도움을 줄 수 있다면, 이는 매우 바람직한 일이다. 마치 대포라는 신기술을 도입해 전쟁터에서 기병대를 누른 것과 같이, 새로운 기술을 잘 이용하는 사람이 전쟁에서 승리할 확률이 높은 것이다. 기업가치공시 혁명을 위한 신기술은 확장 가능한 기업공시 언어(Extensible Business Reporting Language : XBRL)라는 비밀의 이름을 갖고 있다. 일단, XBRL은 누구나 기업의 웹사이트를 통해 정보를 내려 받고 여러 가지 방식으로 정보를 분석할 수 있게 해주는 기술이라는 설명만을 해두고자 한다.

XBRL을 받아들이지 않고 기존의 기업공시방법을 고수하는 기업들은 전화 대신 편지를 나르는 비둘기를 고집하는 사람들에 비유할 수 있다. 그러나 자본을 쥐고 있는 사람들은 과거에 집착하는 기업보다는 미래를 내다보는 기업에 투자할 것이다.

미국의 규제가 기업공시의 핵심요소에 직접 초점을 맞추려 하는 움직임은 매우 시의적절한 것이다. 규제라는 것은 거의 언제나 현실의 문제에 발맞추지 못하고 있고, 그 문제가 매우 심각해졌을 때 비로소 제정되는 것이 보통이다. 2000년 8월 10일 SEC에서 승인한 Regulation FD는 기업정보 접근의 불평등성을 해소시키고자 하는 것이다. 매도측 애널리스트들과 주요 기관투자가들은 개인투자자들에 비해 더 빨리 기업성과에 관한 정보를 얻을 수 있으며, 그 수가 계속 늘어나고 있는 개인투자자들은 상대적으로 불이익을 당하고 있는 실정이다. 그러나

Regulation FD가 승인된 이후부터 기업들은 동시에 모든 이들에게 실질적인 정보를 제공해야 한다.

개인투자자들은 당연히 Regulation FD를 환영하고 있다. 그들은 같은 목적을 갖고 있는 기업가치공시 혁명 또한 환영해야 한다. 이 혁명은 크건 작건 모든 투자자들과 관련된 모든 이해관계자들이 필요로 하는 기업성과 정보를 얻게 하려 한다. 그러나 그 정보를 얻기 위해서는 먼저 그것을 원해야 한다. 만약 우리가, 다른 사람이 혁명의 기치를 올리기만 바라고 있다면 혁명은 시작되지 않을 것이다. 투자자들이 빠르고 공격적으로 기업성과정보를 얻을 권리를 주장해야만 혁명이 성공할 수 있다.

혁명을 위한 계획

이 책은 기업공시의 세계에서 이미 시작된 변화의 불길을 활활 타오르게끔 할 의도를 갖고 씌어졌다. 제1장은 많은 기업들이 혁명에 뛰어들기 전에 각자의 위치에서 자신들의 강한 입지를 안전하게 지키려 노력하고 있음을 보여줄 것이다. 제2장에서 제5장까지는 혁명이 일어나야만 하는 근거, 곧 자본시장과 기업공시 관행은 타도되어야 한다는 조사 내용을 담고 있다. 제6장에서는 이 혁명을 일으키려던 예전의 시도들을 알아보고 혁명의 성공을 위해 극복해야 할 타성에 대해 언급하고 있다.

제7장에서 제9장까지는 기업들이 자신들의 주주나 이해관계자들에게 기업공시를 하는 방법을 어떻게 바꾸어야 하는지, 그리고 기업들이 안고 있는 위험을 어떻게 생각하고 보고해야 하는지 등에 대해 설명하고 있다. 이 장에서는 혁명을 완수하기 위해 반드시 겪어야 하고 이겨야 할 투쟁을 예견하고 있다.

제10장은 투쟁의 승리에 따른 전리품(이익)에 대해 말하고 있다. 제

11장은 이미 혁명에 참여한 기업의 사례를 들고 있다. 이어지는 제12, 13, 14장은 각각 기업의 이사회, 회계법인, 그리고 매도측 애널리스트들이 혁명에 참여해 어떠한 역할을 해야 하는지 설명하고 있다. 마지막 장인 제15장은 혁명의 불가피함을 역설하면서 아주 간단한 선택을 요구할 것이다.『혁명에 참여하라! 그렇지 않으면 그대에게 내일은 없다.』

　당신은 또한 우리의 웹사이트(www.pwcglobal.com/valuereporting)를 통해 기업가치공시 혁명에 동참할 수도 있을 것이다.

다음 장부터 나는 단지 단순한 사실과 평범한 논쟁, 그리고 상식에 대해 말할 것이다. 하지만 그 전에 내가 독자들에게 바라는 것은 편견과 선입관을 벗어던지라는 것과 스스로 결정하는 것에 따르는 이성과 감성의 괴로움을 감내하라는 것, 그리고 인간 본연의 성질을 되찾아 독자들의 견해를 오늘날의 것 이상으로 넓혀보라는 것이다.

── 토머스 페인, 《상식》, 1776년 2월 14일

Common Sense
상식적인 사전준비

용감한 사람만이 진지하고 논리적인 사고를 통해 얻게 되는
진실을 두려움없이, 그리고 솔직히 받아들일 수 있다.
— 알렉산드리아의 로단(Rodan of Alexandria)

기업가치공시 혁명 선언은 이제 현실적인 행동으로 보여줌으로써 완성되어야 한다. 이 혁명에 동참할, 용감하고 미래 지향적인 사람들이 명심해야 할 사실이 있다. 기업가치공시 혁명은 단지 많은 양의 좀더 자세한 정보를 투자자들에게 제공하자는 데 목적이 있는 것이 아니다. 중요한 것은 이를 위한 계획과 준비가 필요하다는 것이다.

당신이 우리의 혁명에 동참하기로 결정했다면(적어도 주목할 만한 점이 있다고 생각한다면), 이 혁명을 촉발시킬 상식적인 4단계의 계획과 준비에 관심을 기울일 필요가 있다.

- 1단계 : 기업가치에 결정적인 영향을 미치는 요인들(key value drivers : 가치동인) 간의 상관관계를 잘 나타내주는 비즈니스 모델을 정립해야 한다. 그리고 이런 요인들을 가장 잘 측정할 수 있는 방법을 결정해야 한다.
- 2단계 : 만약 이런 방법론이 정립되어 있지 않다면, 새로운 모델을 개발하라.

- 3단계 : 비즈니스 모델과 성과지표를 테스트하고, 실제 사용해봄으로써 유효성을 검증하라.
- 4단계 : 어떤 성과지표가 중요한지 경영자와 시장의 관점을 비교하라.

이 장에서 다룰 위의 각 단계를 설명하는 것은 쉬우나, 이를 실행하기는 어렵다. 경영자들은 앞의 4단계 실행에 대해 논의하기 이전에, 우선 상식적이면서도 잘못된 경영신념 두 가지에 대한 혁명론자들의 반박에 귀를 기울여볼 필요가 있다.

경영에 대한 잘못된 신념 1	나는 내 사업에 대해 뛰어난 직관력을 갖고 있다. 나는 이미 모든 내용을 알고 있기 때문에 비즈니스의 모델 따위는 필요 없다.
혁명론자들의 대답	말도 안 되는 소리는 그만하라. 당신은 재무적인 성과를 관리하기 위해 당신의 직관만을 이용하고 있는가? 그것은 매우 잘못된 생각이다.
위 대화의 교훈	기업가치공시의 혁명론자들은 신속하고 전술적인 의사결정에 융통성 있고 정당하게 직관적 방법을 사용하기도 하지만, 그런 의사결정이 엄격한 지침과 명확한 계획에 따라 내려진다면 더욱 효과적일 것이다.
경영에 대한 잘못된 신념 2	나는 투자자들이 원하는 정보가 무엇인지 알고 있다. 그들은 우리가 제공하는 것을 받아들여야 하며, 또한 그 정보에 만족할 것이다.

도대체 당신은 무엇을 근거로 투자자들이 원하는 것과 필요한 것을 알고 있다고 자신하는가? 당신은 그들이 원하는 것이 무엇인지에 대해 한번 물어보지도 않았는데 말이다.

다른 부류의 경영자들보다도 최고경영자(CEO)와 재무담당 이사들, 그리고 기업 IR 담당 책임자들은 이러한 생각을 하기 쉽다. 이런 믿음대로라면, 기업들은 종업원이나 고객들이 어떻게 생각하고 있는지도 신경 쓰지 않을 것이다. 그러나 현실적으로 기업들은 종업원의 의식과 고객의견에 대해 매우 열심히 조사하고 있다. 그러면서도 투자자와 매도측 애널리스트를 무시하는 이유는 과연 무엇인가? 기업가치공시 혁명에 참여하는 자들은 외부의 정보를 절실히 필요로 하며, 기업들의 정보공개 상황을 끊임없이 감시할 것이다.

혁명을 위한 준비

앞에서 소개한 1991년 〈하버드 비즈니스 리뷰〉의 글은 「성과 측정과 관리를 위한 다양한 지표들의 좀더 폭넓은 집합」[1]의 사용을 주장했다. 정확하게 1년 후, 로버트 캐플런(Robert Kaplan)과 데이비드 노턴(David Norton)은 〈하버드 비즈니스 리뷰〉에 또 다른 논문을 기고했고, 거기에서 「균형성과표」라는 말을 만들어냈다.[2] 이 균형성과표는 오늘날 모든 경영자들의 입에 회자되는 용어가 되었다. 이 개념은 매우 시의적절한 것이었으며, 이는 다시 같은 해 L. S. 마이셀(L. S. Maisel)의 논문에 같은 용어[3](균형성과표)로 소개되어 이를 증명했다.

그 후 균형성과표에 관한 책과 논문이 많이 출판되었고, 곳곳에서 이에 관한 학술대회와 세미나가 개최됐다.[4] 대부분의 대형 회계법인과 이름 있는 컨설팅 회사들은 균형성과표 시스템 구축 서비스를 제공하고 있으며, 몇몇 컨설팅 회사들은 균형성과표 시스템 구축 컨설팅과 소프트웨어만을 제공하기 위한 목적으로 설립되기도 했다. 이러한 현상은 비재무적인 성과지표의 필요성과 무형자산에 대한 관심을 폭발적으로 불러일으켰다.

많은 기업들이 여러 가지 이유로 균형성과표를 도입했지만, 기업의 외부공시에 사용하려는 목적으로 균형성과표 시스템을 도입한 기업은 전무하다시피 했다. 예를 들어 캐플런과 노턴은 균형성과표를, 다음 사항을 반드시 수반하는 전략적 경영 시스템의 토대를 제공하는 도구라고 설명했다.

- 비전과 전략을 명확히 함
- 경영자와 현장의 원활한 의사소통
- 계획 수립과 목표 설정
- 전략적인 피드백과 학습[5]

많은 기업에서 노력해온 균형성과표 시스템 구축의 폭넓은 경험을 기초로 올브(Olve), 로이(Roy), 그리고 웨터(Wetter)는 대부분의 기업들이 균형성과표를 도입하는 이유를 크게 두 가지로 설명한다.[6] 첫째는 경영진에 의해 하향적으로 발생한 것으로서, 전략적인 초점의 명확화와 통제(strategic focus and control)를 개선하는 것이고, 둘째는 조직의 내부에서 상향적으로 발생한 것으로 내부운영 통제(operational control)를 개선하는 것이다. 두 가지 모두, 저자들은 정보기술 활용의 중요성을 역설하고 있으며, 이러한 정보를 기업 지식경영을 촉진시키기 위해 사용해야 한다는 것을 강조하고 있다.

균형성과표는 〈도표 1-1〉에 나타난 가치창출(value creation)에 초점을 맞추고 있다. 올브, 로이, 그리고 웨터는 외부공시에 관한 짧은 내용을 기술한 적이 있다. 그들은 특정한 몇몇 상황에서는 균형성과표의 정보를 공시하는 것이 매우 유용하다고 했지만, 그 주장을 뒷받침할 만한 강력한 근거는 제시하지 못했다. 캐플런과 노턴 또한 사실상 외부공시에 대한 내용은 다루지 않았다. 그럼에도 불구하고 〈도표 1-1〉은 균형성과표가 가치의 실현(value realization)을 극대화시킬 수 있는 유용한 도구라는 것을 명확히 해주고 있다. 또 가치의 창조와 가치의 실현 사이에는 위험관리와 세금 계획을 통한 가치의 보존(value preservation)이 존재한다.

　균형성과표를 사용하는 많은 이유 중 하나는 재무적 지표가 후행지표(lagging indicator)라는 것이며, 이러한 재무적 지표만 이용해 경영하는 것은 자동차를 운전할 때 백미러만 보고 운전하는 것과 같기 때문이다.

　사실, 거의 모든 종류의 성과지표들이 하나 또는 그 이상의 성과 지표들의 선행지표(leading indicator) 및 후행지표로 사용될 수 있다. 선행지표라는 것은 논리적으로 다른 지표보다 먼저 발생하는 가치동인(value driver)이다. 현재 시점에서의 선행지표 값은 미래에 다른 지표들의 값과 상관관계를 갖는다. 후행지표는 그 반대의 개념으로 설명될 수 있다.

　회사의 가치동인들로 구성된 전반적인 비즈니스 모델을 이해하기 위해서는, 각 가치동인들 간의 관계와 각각의 동인들에 대한 적절한 성과지표를 이해해야 한다. 이러한 것은 기업들이 균형성과표 시스템 또는 이와 유사한 시스템을 구축하기 위한 필수 요소다.

비즈니스 모델의 예

〈도표 1-2〉는 가치동인들을 파악하고 가치동인들 간의 관계를 규명하기 위해, 보통 워크숍이나 브레인스토밍 회의 등을 통해 작성되는 비즈니스 모델의 예시다. 소프트웨어 컨설팅 회사인 메타프락시스(Metapraxis)는 급변하는 소비재 회사를 위해 〈도표 1-2〉와 같은 다이어그램을 개발했으며, 이를 「사업동인 분석」이라고 했다.

이 회사의 창립자이자 CEO인 로버트 비틀스톤(Robert Bittlestone)은 사업동인 분석이 단순히 인과관계를 명시하고 의사소통에 활용할 수 있는 틀일 뿐, 특정한 상황에서 동인들 간의 인과관계가 어떻게 되어야

〈도표 1-2〉

가치동인의 분석

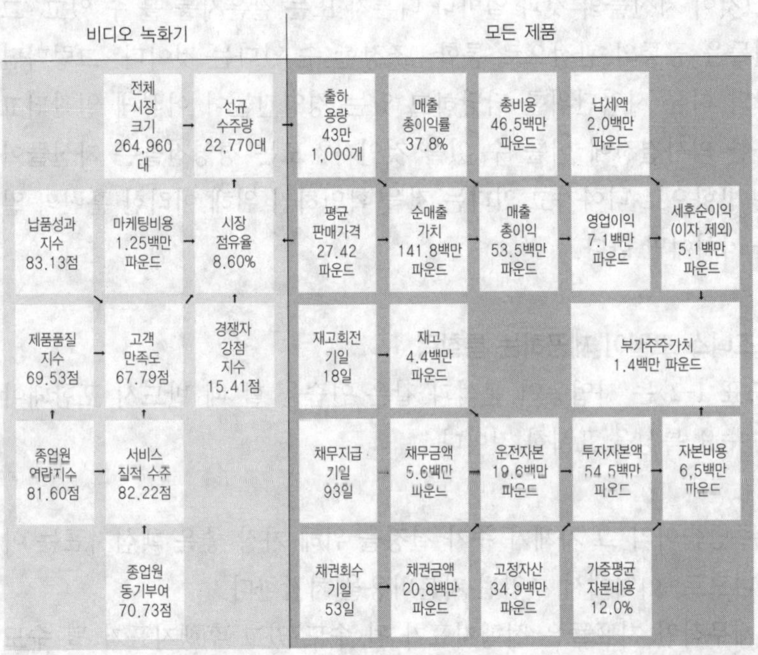

출처 : 로버트 비틀스톤, 메타프락시스, www.metapraxis.com

함을 말하는 것은 아니라고 주장했다. 그는 또한 『우리는 어떠한 형식으로든 마음 속에 비즈니스 모델에 대한 나름대로의 견해를 갖고 있다. 사업동인 분석을 통해 이를 가시화시켜 공유하고 논의한다는 것은, 경영진의 의사소통 방법에 획기적 발전이 아닐 수 없다』고 덧붙였다.

각각의 산업 특성과 다른 전략을 갖고 있는 모든 회사들은 회사 내의 주요 사업단위에 대해 적절한 사업동인 분석을 실시해야 할 것이다. 예를 들어 하이테크 산업이나 제약 산업의 경우에는 〈도표 1-2〉 중에서 특히 왼쪽 부분이 많이 다를 것이다.

비틀스톤이 관찰한 바에 따르면, 그러한 도표를 그리는 것은 경영진들이 기업 내부의 자원을 할당하는 데 사용되는 비즈니스 모델에 대해 엄밀하고 훈련된 관점을 갖도록 유도한다는 것이다. 그렇게 함으로써, 기업 내 각각 다른 사업단위의 경영자들이 각자의 비즈니스 모델을 보고 그것이 자신들의 것과 얼마나 다른지 또는 같은지를 볼 수 있고, 그 모델들을 공통의 관점으로 통합·조정할 수 있다는 것이다. 그렇다면 각각의 다른 사업단위를 담당하고 있는 경영진들이 어떻게 일관되고 훌륭한 의사결정에 이를 수 있을 것인가? 모든 경영진들은 자신들이 같은 방향으로 나아가고 있다는 것을 확인하기 위해 이러한 훈련의 일부를 거쳐야만 한다.

비즈니스 모델이 제공하는 통찰력

〈도표 1-2〉는 사업동인 분석과 같은 연습을 할 때 반드시 포함돼야 하는 주요 특성을 표시한 것이다.

- 주당순이익 그 자체가 주가 결정을 위해 가장 좋은 핵심지표는 아니므로, 이익에서 투입된 자본비용을 차감한다.
- 재무적인 지표들은 선행지표가 될 수도 있고 후행지표가 될 수도 있다. 예를 들어 매출총이익은 영업이익의 선행지표이며(매출총이

익이 먼저 산출되고 판매 및 일반관리비를 차감해 영업이익을 계산함), 총매출액의 후행지표다(매출총이익은 매출이 발생한 이후에 산출된다).

- 비재무적 지표는 선행지표로 사용될 수도 있고 후행지표로 사용될 수도 있다. 고객만족도는 시장점유율의 선행지표이며(고객만족도가 올라가면 시장점유율이 상승한다), 제품 질의 후행지표다(더 나은 제품은 더 많은 고객을 만족시킨다).
- 유형자산(고정자산 등)과 무형자산(종업원 역량 지수 등)은 모두 중요한 요소다.
- 성과지표는 기업 내부의 정보(출하량, 종업원 동기부여 등)뿐만 아니라, 기업 외부로부터의 정보(고객만족도, 시장점유율 등)에서도 구할 수 있다.
- 모든 제품을 포괄하는 평가지표는 거의 재무적인 것일 확률이 높고, 특정한 제품(예: 비디오 녹화기)에 대한 성과지표는 대부분 비재무적일 확률이 높다.
- 비재무적인 성과지표는 재무적인 지표의 선행지표일 가능성이 높으며, 다수의 인과관계를 내포하는 경향이 있다.
- 인과관계의 사슬에서 가장 앞서는 지표는 대부분 비재무적 지표이거나(납품성과지수 및 제품품질지수 등), 무형자산과 관계된 것이다(종업원 동기부여, 종업원 역량 지수 등).
- 다수의 평가지표들이 하나의 지표를 이루는 경우도 있다(시장점유율은 마케팅 비용, 고객만족도, 경쟁자 강점 지수, 신규수주량 및 평균 판매가격의 함수).
- 많은 비재무적 지표들은 매우 중요하지만, 거의 공시되지 않고 있다.

비즈니스 모델의 또 다른 측면

〈도표 1-2〉에서 볼 수 있는 마지막 특성은 비재무적인 성과지표에 대

한 공시의 중요성을 강조한다는 점이다. 개별적 또는 집합적으로, 비재무적인 지표들은 재무적 성과지표들의 선행지표이며, 궁극적으로 주주에게 가치를 가져다 주는 것이다. 예를 들어 제품 질의 개선은 고객만족도를 증대시키고 시장점유율을 높이며, 결과적으로 세후 순이익을 높여준다. 한 기업이 생산하는 제품의 질이 높아지고 있다는 것을 알고 있는 투자자들은 어느 정도의 정확도와 자신감을 갖고, 그 기업의 순이익이 증가할 것이라고 기대할 수 있다. 이는 더 높은 이익을 올리고 있지만 제품의 질이 나쁘거나 나빠지고 있는 다른 기업의 가치보다 그 기업의 가치가 더 높아지는 결과를 가져온다.

기업의 현재 이익과 과거의 이익을 갖고 그 기업의 미래 성과를 예측하는 방법을 사용하고 있는 투자자들은, 그러한 방법이 비재무적인 지표와 미래 수익 간의 관계를 이용해 예측하는 방법보다 더 효과적이라고 생각한다. 만약 기업의 과거·현재·미래의 이익이 서로 강한 통계적 중요성을 갖고 있으며 미래의 수익에 예상치 못한 변동이 거의 없다면, 그들의 생각이 옳다고 할 수 있다. 현실적으로 그러한 경우는 거의 없다. 매우 작은 이익의 변동이 회사의 주가에 매우 부정적 영향을 미칠 수 있다는 사실을 생각해보라. 주식시장에서 한 기업의 분기이익이 예상보다 낮은 것으로 발표되었을 때, 시장은 이러한 추세가 계속될 것으로 예상하고, 이런 영향은 주가에 반영된다. 그러나 언제나 그런 것은 아니지만 이렇게 떨어진 주가는 종종 반등하게 마련이다.

물론 현재의 이익은 미래 이익의 중요한 선행지표이기는 하다. 그러나 그것만이 전부가 아니다. 고객에 제품을 배달하는 역량, 서비스의 질, 그리고 고객만족도 등도 미래 이익의 중요한 선행지표다. 시장이 이런 선행지표들에 대한 정보를 갖고 있다면——기업의 현재 이익이 기대수준이나 「위스퍼 넘버(역주 whisper number : 시장에서 특정 이해관계자들과 기업 사이에서 주고받는 비밀스러운 주가정보·풍문 등)」에 비해 낮거나 높게 발표되었을 때에도——그 기업의 가치를 좀더 적절하게 판단할 수 있을 것이다(비밀에 싸여 있으면서 시장에 해를 끼치고 있는 「위스퍼 넘버」와 그것들이 미치는 영향에 대해서는 제4장에서 좀더 자세히 알아볼 것이다). 물론 현재 이익의 저하가 기업의 장기적 성과에 문제가 있음을 알리는 경우도 있다. 그것은 어떤 경우에는 기업 부기 시스템의 산물이며, 경영진이——제4장에서 언급될——이익게임(The Earnings Game)에 참여할 의사가 없음을 말하기도 한다.

〈도표 1-2〉의 사업동인 분석은 각 지표의 관련성 정도나 관계가 발생하는 시간차 등은 설명하고 있지 않다. 이 관련성의 정도와 시간차를 구하기는 어렵지만 불가능한 것은 아니다.

이를테면 맥킨지사(McKinsey & Company)의 연구에 따르면 전자상거래 회사들은 그들이 새로운 고객을 유치해 얻을 수 있는 이익보다도 더 많은 돈——고객당 광고 및 마케팅 비용으로 평균 250달러를 지출——을 새로운 고객 유치에 쏟아 붓고 있다고 한다. 그 기업들의 웹사이트를 방문하는 사람들 가운데 5%만이 그 사이트에서 실제로 거래하고 있는 상황에서, 고객들은 보통 자신들이 거래하기 시작한 첫번째 분기에 24달러 5센트만큼의 물건을 구매하고, 그 후 분기마다 약 52달러 5센트어치를 반복 구매한다고 한다. 불행하게도 한 번 거래한 고객의 3분의 2는 반복 구매를 하지 않는다.[7]

그러므로 고객의 유지가 문제해결의 실마리다. 맥킨지의 연구는 또한 고객유지율을 10% 증가시키면 주주가치의 9.5%가 증가한다는 것을 밝혀냈다. 고객유인(attraction) 관련 두 개의 성과지표, 고객전환(conversion) 관련 세 개의 지표, 그리고 고객유지(retention)에 대한 네 개의 성과지표가 각각 10% 향상되었을 때에도 같은 결과가 나타났다. 이와 반대로, 웹사이트에 방문한 고객을 유치하기 위한 비용이 10% 증가했을 때는 주주가치의 0.7%만이 증가한다는 결과가 나왔다.

〈도표 1-2〉는 또한 종업원의 동기부여에 따른 고객 서비스 수준 등과 같은 인과관계의 순환이 종종 발생함에도 불구하고, 이를 언급하고 있

지는 않다. 성과지표는 때로 역사나 문학을 공부하는 사람들이 사용하는 비선형적이며 1 대 1의 관계를 뛰어넘는 복잡한 방식으로 상호작용을 할 수도 있다.

통신회사에서 실시한 개별 고객에 대한 연구에서, 이트너(Ittner)와 라커(Larcker)는 당년도의 고객만족도와 이듬해의 고객유지율 및 매출의 관계가 비선형적이라는 것을 규명했다.[8] 고객만족도가 일정 수준이 넘으면 고객유지율과 매출 증가에 더 이상 기여하지 않는다는 것이다. 그러나 당년도의 고객만족도와 이듬해의 매출과의 관계는 선형적이었다.

이러한 관련성을 규명해내는 작업은 꽤 복잡해서 현실세계의 다른 것과 마찬가지로, 어느 순간 이런 작업에 투입된 노력에 비해 얻을 수 있는 이익이 작아질 수 있다. 경영진은 성과지표 간의 관련성을 정확하게 규명할 수 있을 만한 정도의 시간과 노력의 정도를 미리 결정해야 할 것이다. 투입될 시간과 노력의 정도는 예상되는 가치와 데이터의 가용성에 따라 달라진다. 이러한 작업은 처음에 생각했던 것만큼 어려운 일은 아니다. 비틀스톤은 『사업동인 분석도표(Business Driver Diagram)의 질적인 측면에 익숙해진다면 양적인 측면의 문제들은 자연히 해결될 것이며, 그 시점에 도달하면 작업은 생각보다 덜 어렵다고 느낄 것이다』라고 말하고 있다.

핵심지표는 소수에 불과하다

〈도표 1-2〉의 사업동인 분석에서 주주의 부가가치를 재무적 구성요소로 분해한 것과 같은 방법으로, 특정한 변수를 결정하는 내재적 동인의 관점을 하나의 박스로 표현할 수 있다. 물론 이러한 것은 매우 자세한 수준의 분석작업에서 이루어질 수 있다.

비틀스톤은 로리 모건(Rory Morgan)이 개발한 정교하고 경험적으로

검증된——브랜드 가치와 고객충성도 모델에 근거한——「제품수요
(product demand)」라는 변수의 결정요인을 예로 들고 있다(도표 1-3
참조).[9]

모건은 제품수요라는 하나의 변수와 관련해 서른여섯 개의 결정요인
을 찾아냈다. 서른여섯 개의 요인 모두가 기업 내부의 의사결정 목적상
반드시 측정될 필요는 없으며, 또한 이 모든 것이 반드시 외부적으로
공시될 필요는 없다. 그러나 〈도표 1-3〉은 기업이 비재무적인 성과지표
에 깊은 관심을 갖는다면, 발굴해낼 수 있는 비재무적 지표의 수는 매

〈도표 1-3〉

사업동인 분석으로 표현된 국제자본 엔진 및 충실도 원동력 모델

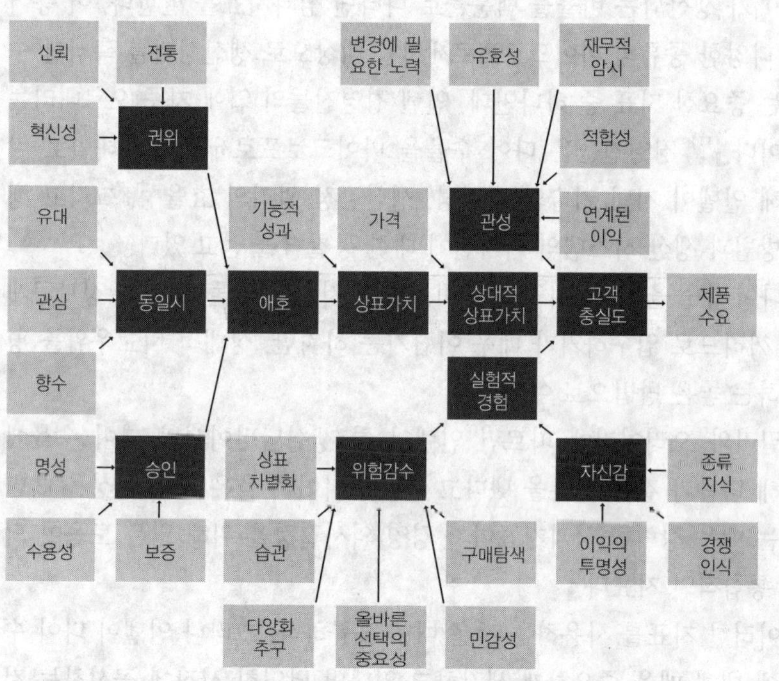

출처 : International Journal of Market Research(1999년 겨울), p.65

우 많아질 수 있다는 것을 극명하게 보여주고 있다.

물론 경영진들은 이런 지표의 수를 가능한 많이 발굴하는 것을 목적으로 하지 않는다. 가장 훌륭한 경영자는 제한된 수의 핵심적인 성과지표에 관심을 가진다. 그러면 과연 몇 개의 지표가 가장 핵심적인 것이 될 수 있는가? 우리의 목적은 이익이나 현금흐름과 같이 정말 중요하면서도 많은 관련 정보를 함축하고 있는 핵심지표를 골라내는 것이다. 또 이러한 핵심지표를 시장에 공시하는 것이다.

밀러(Miller)와 오리어리(O' Leary)는 인텔(Intel)사의 경영공시에 대한 연구[10] 중 「다이 수율(die yield)」이라는 진정한 의미의 핵심성과지표의 예를 발굴해냈다. 그들은 다이 수율에 대해 다음과 같이 설명한다. 『다이 수율이란 실리콘 웨이퍼 생산공정에서 「질 좋은 다이(good die)」가 생산되는 비율을 백분율로 나타낸 성과지표를 말한다. 이 용어는 다양한 종류의 마이크로프로세서를 대상으로 생산성과를 측정할 수 있는 중요한 지표 중 하나인데, 인텔 경영진들의 입에 자주 오르내리는 말이다.』[11] 경영진들은 다이 수율을 마이크로프로세서의 세대별로 비교해 인텔이 지닌 기술의 건전성, 생산공정 관리의 효율성, 그리고 생산방법과 생산 시스템의 디자인에 대한 통찰력을 얻고 있다.

다이 수율을 다른 기업들과 비교하는 것은 기업들이 서로 정보공개를 꺼리므로 입수하기가 매우 어렵기는 하지만, 상대적 비교우위를 평가하는 좋은 방법으로 여겨진다.

밀러와 오리어리에 따르면 인텔의 한 생산담당이사가 다이 수율에 대해 다음과 같은 결론을 냈다고 한다. 『다이 수율은 많은 현상을 대변하는 매우 강력한 성과지표이자 경영 의사결정을 위해 많은 도움이 되는 통합적인 지표다.』

이러한 지표를 사용하는 것은 매우 훌륭하다. 그러나 인텔이 다이 수율에 대해 매우 중요하게 생각하고 있다면 당연히 시장에 공시하는 것을 고려해야 한다. 인텔은 각 세대의 마이크로프로세서 생산에 대한 다이 수율이 시간이 지남에 따라 예전에 발표된 값보다 향상되고 있다는 것을 보여주는 식으로 이와 관련된 정보의 일부를 부정기적으로 발표하고 있다. 하지만 애널리스트들이 의미 있는 분석을 하기 위해 필요한 수준에는 미치지 못한다(www.chipanalyst.com 참조). 만일 모든 반도체 회사들이 다이 수율을 측정하고 시장에 보고한다면, 인텔과 인텔에 관심이 있는 애널리스트 및 투자자들이 이 다이 수율 분석을 통해 매우 중요한 비교분석 정보를 얻을 수 있을 것이다.

성과측정 방법 배우기

〈도표 1-3〉에서 가장 깊이 내재되어 있는 요인은 비재무적인 지표(신뢰, 혁신성, 유대, 관심, 향수, 명성, 수용성 등)로 측정될 수 있는 성격의 무형자산과 관련되어 있다. 그러나 이러한 지표는 측정하기가 어렵고, 측정을 하더라도 이에 대한 타당성(validity), 신뢰성(reliability), 적합성(relevance), 예측성(predictive value)을 보증할 수 없다. 즉 성과측정 방법은 다음 특성을 반드시 필요로 한다.

- 타당성 : 그 지표가 측정하고자 하는 현상에 부합되는가?
- 신뢰성 : 측정과정에 편견이 없으며 산출된 측정값의 오류 수준이 용인할 수 있는 범위 내에 있는가?
- 적합성 : 경영자들이 의사결정을 내리는 데 유용한 정보인가?
- 예측성 : 해당 지표들이 인과관계를 분석한 도표상에서, 다른 지표들의 선행지표라고 할 수 있는가?

만약 재무제표가 잘 정의된 회계원칙에 따라 작성되었다면, 그 재무제표에 공시된 성과지표 측정방법은 타당성과 신뢰성을 갖추고 있다고 말할 수 있다. 그러나 그런 지표들이 적합성과 예측성을 갖고 있다고 말하기는 어렵다. 지난 몇십 년 동안 예측성을 갖고 있는 성과지표를 찾으려는 수많은 노력이 있었다는 것은 재무제표 작성방법이 예측성을 갖고 있지 않다는 것을 반증한다. 비즈니스 모델이란 바로 이런 필요성에 따라 만들어진 것이다. 또 투자자들이 알고 싶어하는 것이기도 하다. 투자자들의 관심은 미래 수익이 어떻게 될지 예측하는 데 있다.

수많은 성과지표들

최초의 기업공시 혁명——20세기 초 SEC의 재무제표공시 의무화——에도 불구하고, 기업들은 자신들이 몇 년 동안 개발한 다양한 성과지표를 갖추고 있다. 여기에서도 그 성과지표에 대한 타당성, 신뢰성, 적합성, 예측성 측면에서 많은 편차가 존재한다. 제조·물류·유통 기능은 생산성, 품질·적시성 측면에서 엄청난 데이터를 쏟아내고 있고, 판매와 마케팅에서도 판촉 프로그램의 효과, 제안성공률, 광고효과 등에 대해 많은 성과지표를 만들어내고 있다.

인적 자원에 관련된 성과지표에는 성과평가를 받은 직원의 비율, 직원 회전율, 직원 교육시간 및 종업원 만족도 등이 있다. 신제품 개발과 관련해서는 신제품 성공률, 신제품 성장률, 시장 진입시간(time-to-market) 등이 있다. 연구개발 측면에서의 성과지표는 특허 취득건수, 학술지 기고 횟수, 직원 중 박사학위 소지자 비율 등이 있다.

대개 비재무적 가치동인 한 개를 측정하는 데는 여러 가지 방법이 있다. 즉 하나의 비재무적 가치동인을 측정하는 방법은 대개 한 가지 이상이다. 재무적인 지표도 마찬가지다. 여기에서 문제가 되는 점은 여러 가지 측정방법 중 타당성, 신뢰성, 적합성, 예측성을 가장 잘 반영하는 것을 선택하는 일이다.

수많은 측정 방법

균형성과표를 구축하는 과정에는 성과측정 방법론을 개발하는 작업

에서 다양한 원천의 정보가 필요하다. 다양한 정보의 원천에 대한 예는
다음과 같다.

- 이미 사용하고 있는 지표 : 이미 사용하고 있는 지표가 있다면 이
  것은 다른 성과지표와 통합하는 문제에 지나지 않는다. 전형적으
  로, 기업의 재무기능——여기에서 생성되는 지표는 거의 재무적인
  것임——은 기업 내 다른 기능 속에 존재하는 비재무적 지표를 발
  굴하는 과정에서 신중한 역할을 수행한다. 이들 부서 간의 협력을
  이끌어내기 위해서는 서로간의 정치적 장벽을 허물 수도 있는 조
  직 내 조정이 필요하다.
- 사용하고 있지는 않지만 현존하는 데이터의 조합을 통해 만들어낼
  수 있는 성과지표 : 이에 대한 대표적인 예가 바로「고객 수익성」
  이다. 고객 수익성을 구하기 위해서는 각 영업조직에서 판매 데이터
  와 생산부문의 제조원가 데이터의 조합이 필요하다.
- 이미 존재하는 것도 아니고 측정을 위한 새로운 방법이 필요하지
  만 조직 내에서 데이터를 생성해 도출할 수 있는 성과지표 : 전화
  판촉 노력이 그 대표적인 예다. 이 지표를 구하려면 판매 사원들은
  전화판촉에 대한 보고서를 작성하면 된다.
- 이미 존재하는 것도 아니고 측정을 위한 새로운 방법도 필요하나
  이에 대한 데이터를 외부에서 얻어 산출해야 하는 성과지표 : 이는
  다른 조직이 필요로 하는 정보를 수집할 수 있고 그들이 수집하는
  정보가 당해 기업에서 수집하는 것보다 더 많은 타당성과 신뢰성
  을 갖고 있는 것으로 판단되는 경우다. 제3자인 전문 데이터베이스
  서비스 회사들은 기업 내에서 감당할 수 없는 정보의 수집 및 분석
  업무를 대행할 수 있다. 대표적인 예로서 시장점유율, 시장성장률,
  고객만족도, 고객점유율 등이 있다.

신뢰하라, 그러나 검증하라

새로운 성과측정 방법론에 따라 규명된 기업의 비즈니스 모델을 토대로 균형성과표를 개발하는 과정은 여러 가지 면에서 가설을 수립하는 것과 비교된다. 경영자들은 주주가치를 창조하기 위해 자신들이 관리하고 있는 여러 변수에 대한 인과관계를 설정한다. 변수 사이에 실제로 인과관계가 존재하든 하지 않든, 그 인과관계의 정도와 변수 사이의 시간차는 실험을 위한 질문사항으로 설정되고 실제 데이터에 따라 검증된다.

정해진 기간 동안 정보를 수집함으로써, 경영자들은 가설로 설정한 관계가 실제로 존재하는지를 판단할 수 있다. 그 관계가 실제로 존재한다고 판명되는 경우, 경영진은 작성된 비즈니스 모델이 적절하다는 확신을 얻는다. 인과관계의 강도를 규정함으로써 모델을 좀더 정교하게 만드는 데 활용할 수 있다. 예를 들어 고객유지율의 5% 증가는 10%의 이익 증가를 유발하는 1%의 시장점유율 증대를 가져온다는 것 등을 파악하는 데 쓰인다.

물론, 모든 관계가 단순히 선형적인 것만은 아니다. 어떤 경우에는 어느 지표의 개선이 다른 지표에 부정적인 영향을 미치거나 그 지표의 수치를 감소시키는 경우도 있다(이를테면 수익성이 없는 고객을 유치해 시장점유율을 올린 경우에는 이익의 감소를 초래한다). 또 다른 경우를 보면, 한 지표의 값이 증가하면 다른 지표의 값은 그 지표가 증가한 것보다 더 크게 증가하기도 한다(직원 회전율이 감소하면 직원 생산성은 상대적으로 상승하는데, 이는 숙련된 직원의 수가 많아지면서 생산성이 배가되는 효과에 기인한다). 마지막으로 시간차를 밝혀내는 것 또한 가능하다(예를 들면 고객유지율의 증가는 9개월 후 시장점유율의 증가를 가져오고, 시장점유율의 증가는 6개월 후 실제 이익 상승을 유발한다).

성과측정 모델 개발의 유연한 측면

앞에서 설명한 성과측정 방법의 예처럼 정교한 수준에 달해 있는 기업들은 거의 없다. 기업들이 균형성과표를 도입한 지는 얼마 되지 않았다. 따라서 이들이 자신의 비즈니스 모델에 대한 적합성을 검증하고 시간차를 측정할 수 있을 만큼의 데이터를 수집할 충분한 시간이 없었다. 이런 현상은 특히 많은 성과지표가 새로운 성과측정 방법론을 필요로 할 때 발생한다. 이런 상황에서는 비즈니스 모델에 대한 가설을 검증하기 전에, 경영자들이 시간을 두고 필요한 데이터를 수집해야 한다.

기업 내 서로 비슷한 사업단위(예를 들어 프랜차이즈 채널이나 소매점 등)가 많이 존재하는 경우, 가설의 검증은 더 용이해질 수 있다. 시어스(Sears)사는 이런 기업의 대표적인 예다. 〈도표 1-4〉는 유통시장의 거인 시어스가 어려운 상황에 있을 때 기업 회생을 위해 실시한 노력의 하나로서 개발한 비즈니스 모델을 보여주고 있다.[12]

〈하버드 비즈니스 리뷰〉에도 이와 관련된 내용이 소개된 일이 있다. 이 글은 시어스 피닉스 팀(Sears Phoenix Team)이 2,000개의 점포와 30만 명의 종업원을 거느리고 있는 시어스의 회사 구조조정 작업을 어떻게 설계했는지, 그리고 그 팀이 어떻게 종업원·고객·투자자들을 한데 묶는 비즈니스 모델의 관점에서 구조조정 작업을 바라보기 시작했는지를 설명하고 있다.[13]

피닉스 팀원들은 재무적 지표처럼 엄밀하고 감사 가능한 비재무적 지표 위주의 선행지표를 발굴하려고 노력했다.[14] 결국 그들은 〈도표 1-4〉에 나와 있는 모델을 개발했다. 이 모델에서는 종업원 태도 5단위가 상승하면 고객의 호감(impression)은 1.3단위가 상승하고 0.5%의 매출 상승효과를 가져온다는 것을 보여준다.

피닉스 팀은 이처럼 정교하고 정확한 모델을 만들기 위해 수많은 시행착오를 거친 많은 노력을 기울였다. 이를테면 모델 자체를 개발하는

시어스의 수정 모델

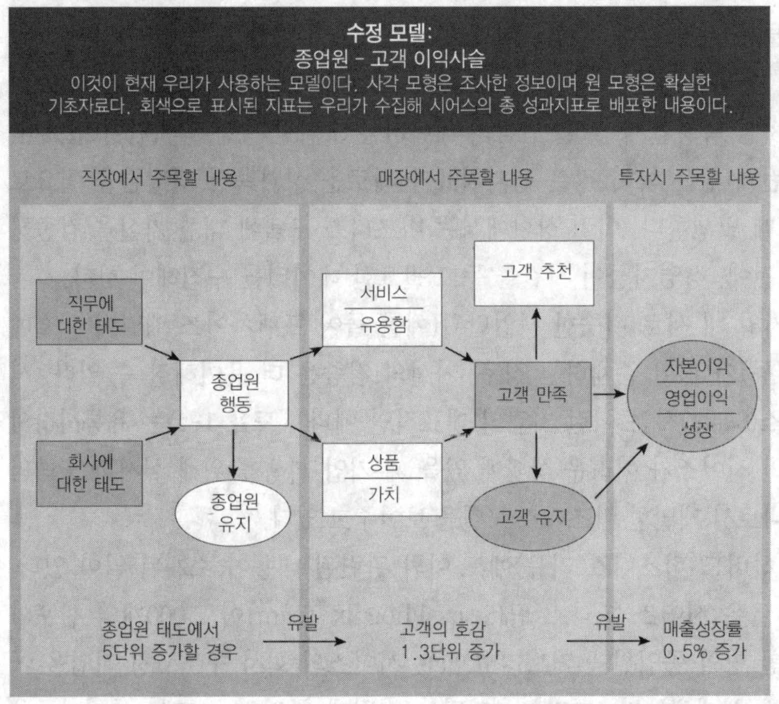

출처 : *Harvard Business Review*(1998년 1월, 2월)

과정에서는 개인의 성장과 개발, 권한이 위임된 팀들이 고객 데이터와 통계적으로 의미 있는 관계를 맺고 있다는 것을 증명할 수 없었다. 그 팀이 사용했던 성과지표와 관련된 다른 예를 들자면, 고객유지를 측정하는 지표가 존재하지 않아 그것을 개발해야 할 필요가 있었다는 것이다.

　이런 어려움에도 불구하고 시어스는 보상과 연결돼 있는 자신들의 「수정 모델」에 충분한 자신감이 있었다. 회사는 종업원 · 고객 · 주주

관련 성과지표 세 가지를 균등하게 반영해 경영진의 인센티브를 결정한다. 시어스는 『우리는 비즈니스 모델 개발을 통해 우리가 예전에 알고 있던 것보다 더 많은 것을 알게 되었으나, 그 모델을 계속해서 발전시켜야 한다. 그것은 우리가 알고자 하는 것 또는 우리가 알아야 하는 것을 완전히 알려주지는 못하고 있기 때문이다』라고 말하고 있다.[15]

이런 겸손함은 그들의 지혜를 반영한 것이다. 오늘날 주주가치의 창조를 위한 정확한 통찰력을 시어스만큼 잘 개발한 기업은 거의 없다. 그러나 일단 한 기업이 이러한 통찰력을 얻게 되면 경영자들은 자신의 기업이 가치를 창조하는 데 가장 중요한 것이 무엇인지 깨닫게 된다. 그리고 이런 사실을 주주들에게 보고하는 것을 고려해야만 한다.

일은 늘 뜻하는 대로 되지는 않는다

물론 데이터가 언제나 가설을 확인시켜주는 것은 아니다. 따라서 그 숫자들은 경영자들이 가정한 현존하는 지표들 간의 관계를 적절히 입증하지 못하기도 한다. 이는 주로 두 가지 이유 때문이다.

첫째, 그들이 만든 비즈니스 모델이 틀리기 때문이다. 어떤 지표들은 서로간에 인과관계가 없기 때문에 예측성이 결여되는 경우도 있다. 이런 경우, 경영자들은 이미 매우 가치 있는 통찰력을 얻은 것이며, 그들의 비즈니스 모델을 다시 생각해야 한다. 반면, 현 상황에 이르기까지 수집한 많은 데이터들은 새로 만들어질 모델을 검증하는 데 사용될 수 있다. 이는 「조직 학습(organizational learning)」의 극명한 예다.

둘째, 경영자들은 타당하지 않은 특정 성과지표 때문에 전체 모델을 실험적으로 검증하지 못할 수도 있다. 경영자들은 경영진이 이해하고 싶어하는 내재된 현상을 이끌어내지 못하고 있는 것이다. 이러한 경우는 가치동인 간 인과관계는 분명히 존재하지만 잘못된 성과지표가 그 적합성을 흐리고 있는 것이다.

예를 들면 「고객침투 정도」와 시장점유율은 분명 관계가 있다. 그러나 고객침투 정도라는 동인이 고객들이 구매한 제품의 수라는 지표로 측정되었을 때는 고객침투 정도와 시장점유율 간의 관계는 명확해지기 힘들다. 만일 이 고객침투 정도라는 동인을 고객이 다른 회사로부터 구매하지 않고 순전히 우리 회사로부터만 구매하는 제품의 수라고 정의한다면 양자 간의 관계는 증명될 수 있다.

판단력을 동원하라

실제로 지표들 간의 강한 상관관계 결여가 그 모델이나 성과지표의 문제를 반영하고 있는지를 판단하는 것은 쉬운 일이 아니다. 이는 경영진의 판단능력이 절실히 요구되는 상황이다. 타당한 성과지표를 갖고 정밀한 비즈니스 모델을 개발하는 것이 판단력을 대신하지는 못한다. 단지 판단을 위한 정보를 제공할 뿐이다. 엄격한 사고도 직관과 위험감수를 대신하지는 못한다. 단지 양자를 보완할 뿐이다.

인과관계가 존재한다는 것이 항상 정형화된 관계를 의미하지 않기 때문에 경영자들도 그 모델이 부적절하거나 관련성이 없어져 버렸는지를 판단할 수 있어야 한다. 지표들 간의 인과관계 또한 산업의 경쟁 구도와 함께 바뀔 수 있기 때문이다.

시장점유율의 확대를 추구하는 전략 또한 산업혁명기에나 적절했을 수도 있지만, 많은 인터넷 기업들조차 그러한 전략을 따라가고 있다. 그러나 어느 순간을 지나면 현존 고객들로부터 지속적인 고수익을 올리기 위해, 경영진들은 전략적 초점을 혁신과 신제품 개발에 맞추어야 할 것이다. 현재의 고객 기반을 유지하면서 가능한 한 완벽하게 그들이 필요로 하는 서비스를 제공하는 것이 고객을 더 늘리기 위해 비용을 투자하는 것보다 훨씬 더 수익성이 있다는 것을 증명할 수 있다.

만약 경영자들이 계속 같은 비즈니스 모델——그것이 아무리 잘 정의되고 검증된 것이라 해도——을 고수한다면, 비즈니스 모델이라는 것은 경영자들의 사고를 제한하는 족쇄로 전락하고 만다. 실험으로써 그 비즈니스 모델이 틀린 것이라고 완전히 증명될 때까지 기다리면 뒤늦은 후회를 경험할 것이다. 그 때쯤이면 이제 막 비즈니스 모델의 초안을 잡은 기업에 경쟁우위를 빼앗길 수도 있다. 아무리 원시적인 모델이라 할지라도 옳다면 정교하지만 틀린 모델보다 훨씬 낫다. 경영자들은 자신들이 발전시키려는 비즈니스 모델에 대해 늘 의문을 품고 늦지 않게 조치를 취해야 한다.

경영진이 비즈니스 모델을 애널리스트들과 투자자들에게 설명하는 일은 그 모델의 적합성 검증을 받을 수 있는 중요한 기회를 마련하는 것이다. 물론 경영자들의 귀가 열려 있다고 가정했을 때 그렇다는 얘기다. 기업가치공시가 요구하는 투명성은 두 가지 방법으로 달성될 수 있다. 시장에 더 많이 알리고 시장의 의견을 적극 수렴하는 것이다. 제10장은 이를 어떻게 할 수 있는지, 또 왜 그렇게 해야 하는지에 대해 말하고 있다.

동의할 수 있는가?

경영자들이 비즈니스 모델을 개발하고 그 지표를 모두 검증했다면, 그들은 꽤 많은 양의 매우 유용한 성과정보를 보유하게 될 것이다. 나아가 그것을 투자자들에게 보고하는 것에 대해 생각할 것이다. 그렇다면 과연 투자자들이 이에 관심을 가질 것인가? 그들은 단지 다음 분기의 이익에만 관심 있는 것은 아닌가?

앞에서 언급한 인텔의 사례를 보면 밀러와 오리어리는 기술적 애널리스트와 재무적 애널리스트 모두, 다이 수율이라는 성과지표가 매우 중요한 것이라는 경영진의 생각을 공유하고 있음을 발견했다. 한 애널리스트는 현재 가격경쟁 때문에 다이 수율의 중요성은 더욱 크다고 했다. 이러한 예에서, 경영진이나 시장 모두 핵심적인 비재무적 지표에 대해 비슷한 관점을 갖고 있음을 알 수 있다.

인텔뿐만이 아니다. 이 책은 시장이 재무적인 지표뿐만 아니라 많은 다른 지표에 대해서도 관심이 크다는 것을 증명할 증거를 많이 갖고 있다. 제7장은 하이테크 산업 조사에 따른 결과로서 이 점을 명확히 증명해줄 것이다. 제7장은 또한 경영자들이 애널리스트들과 투자자들에게 제대로 기업 성과정보에 대한 공시를 못하고 있음을 보여줄 것이다. 기업들은 이익정보와 몇몇 핵심적인 재무측정치를 시장에 보고하는 일은 비교적 잘 하고 있으나, 정말로 중요한 일들은 하고 있지 않다.

질문에 답하라

투자자들의 정보에 대한 욕구를 충분히 만족시켜주고 있는 기업은 하나도 없는가? 각 기업은 솔직하고 객관적으로 다음 질문에 답해야 한다. 완전한 해답에 이르기 위해, 기업은 다섯 가지 질문에 우선 답하도록 한다.

1. 경영자에게 중시되는 성과지표가 시장에서도 유용한 것인가?
2. 경영자들은 시장이 중요하다고 여기는 모든 지표에 대해 잘 알고 있는가?
3. 기업 내부의 시스템이 중요한 성과지표를 도출하기 위한 데이터를 산출하고 있는가?
4. 경영진들이 이러한 지표에 관한 정보를 잘 공시하고 있다고 생각하는가?
5. 기업이 제공하는 정보에 대해 시장은 만족하고 있는가?

이상의 질문에 대한 답은 경영진에게 시장이 그 기업의 비즈니스 모델을 잘 이해하고 있는지의 여부를 설명해준다. 만일 한 기업이 다양한 사업을 운영하고 있다면, 저마다의 사업에 대해 개별적인 모델을 정립해야 한다.

비즈니스 모델과 재무적 모델

여기에서 우리는 비즈니스 모델과 재무적 모델을 명확히 구분하려한다. 비즈니스 모델은 〈도표 1-2〉에서 볼 수 있듯이 재무적 지표와 비재무적 지표를 모두 포함하고, 재무적 모델은 비즈니스 모델에서 재무적인 부분에만 초점을 맞추는 것이다. 대부분의 애널리스트와 투자자들은 자신에게 익숙하고 구하기 쉬운 재무적인 모델만을 사용하고 있다. 그들이 사용하는 비재무적인 지표는 기업의 사업계획(예 : 성장률)이나 위험(예 : 할인율)을 산정할 때의 기본 가정에 포함되어 있다. 〈도표 1-2〉와 비슷한 모델을 만들려고 하는 애널리스트들과 투자자들조차 거의 없다.

기업가치공시에 대한 자본시장 조사

비즈니스 모델에 대한 경영진과 시장의 의견을 알아보기 위한 가장 훌륭한 방법 중 하나는 「기업가치공시에 대한 자본시장 조사(ValueReporting Capital Markets Survey)」라는 도구를 이용한 연구다. 이 도구는 경영자들이 중요하게 생각하거나 중요하게 여길 만한 성과평가 지표 리스트로 구성되어 있다. 당연히, 이러한 리스트를 만들기 위한 출발점은 내부적으로 사용하는 균형성과표와 경영정보보고서(management information report)다. 이 리스트의 완전성을 위해, 애널리스트와 투자자들은 이러한 지표의 리스트를 검토해야 한다. 기업가치공시에 대한 자본시장 조사는 그 밖에도 다음과 같은 요소에 대한 질문을 포힘할 수 있다.

- 기업의 재무보고서와 웹사이트의 유용성
- 기업공시정책의 성격
- 개별 또는 그룹 미팅의 효과
- 투자자들의 매도측 애널리스트들에 대한 인식

• 더 나은 기업공시의 효과

이와 같은 내용을 담은 질문서를 만들어 기업의 중역, 주요 애널리스트와 투자자들에게 설문조사를 한다. 설문조사의 결과에 몇 명의 애널리스트와 투자자들과 함께 심층 인터뷰를 실시해 얻어진 결과를 가미한 정량적인 분석을 추가한다면 좀더 의미 있는 정보를 얻을 수 있을 것이다.

기업들은 이사회(board of director)를 별도의 설문 대상으로 포함시키는 것을 원할 수도 있다. 기업의 중역들은 이사회의 정보 요구를 결정하는 데 거의 관심을 기울이고 있지 않다. 이 조사는 이러한 문제를 해결하는 좋은 방법일 수 있다. 제12장은 기업가치공시 혁명에서 이사회의 역할을 상세히 설명하고 있다.

본 조사는 자본시장의 정보만족도에 대해 객관적이고 정량적인 자료를 제공할 것이다. 개별 회사들은 세밀하고 완벽한 방법을 통해 이런 것을 제대로 알려고 하지 않는다. 반면, 그들은 고객과 종업원 만족도를 조사하는 데는 많은 노력을 기울이고 있다. 그들은 당연히 주주들의 반응도 조사해야 한다.

이를 통해 경영자들은 기업, 애널리스트, 그리고 투자자 등 저마다의 의견차이가 어떠한지 알 수 있다. 이는 특히 기업의 비즈니스 모델에 대해 각각의 그룹이 동의하는가를 확인하는 데 매우 중요하다. 물론 이 조사의 데이터를 갖고 모든 것을 확정지을 수는 없다. 세 개의 그룹 간에 이런 의견 조율이 없다면, 조사는 단지 한 기업 내 경영진들 간의 조사에 포함되어 있는 성과평가 지표의 수준을 조율하는 데 그칠 것이다. 본 조사에 포함된 성과평가 지표 리스트는 성과지표 간의 인과관계에 대해 자세히 밝히고 있지는 않다. 따라서 지속적인 조사결과를 바탕으로 지표 간의 인과관계를 밝혀내는 노력이 필요하다.

그러나 이런 종류의 조사는 경영진들이 명확하게 공유하지 못하고 있던 전략과 비즈니스 모델을 밝혀줌으로써, 즉각적인 효익을 얻게 해준다. 시장이 기업을 어떻게 보고 있는가를 아는 것은, 그 기업이 자신을 더 잘 알 수 있게끔 하는 한 가지 방법이다.

스위스 레의 사례

스위스 레(Swiss Re)는 스위스에 본사를 둔 선도적인 재보험회사다. 1998년, 프라이스워터하우스쿠퍼스가 실시한 기업가치공시에 대한 자본시장 조사에 참여했던 이 회사는 기업가치공시 혁명을 선도적으로 시작했다. 이를 위한 기업 내부의 프로젝트는 예전에 이미 시작되고 있었으며, 이후 프라이스워터하우스쿠퍼스가 이 프로젝트에 참여했다. 당시 CEO는 부임한 지 2년 된 월터 킬홀츠(Walter Kielholz)였고, 재무담당이사(Chief Financial Officer : CFO)는 그 해에 부임한 존 피츠패트릭(John Fitzpatrick)이었다. 두 사람 모두 회사의 투명성을 높이는 데 많은 관심이 있었다. 회사의 투명성에 대한 이런 노력은 1990년대 초부터 꾸준히 이어져 왔고, 전임 CEO 루카스 뮬레만(Lukas Muhlemann)이 1994년에 이를 적극적으로 추진한 바 있다. 스위스 은행업의 비밀유지 전통을 생각해본다면 이런 투명성의 시도는 과감한 것이라 할 수 있다.

킬홀츠의 지휘 아래, 회사는 내부 보고용으로 균형성과표를 만들었으며, 추가적인 내부 보고용으로 미국의 일반적으로 인정된 회계원칙에 따라 재무제표를 작성하기 시작했다. 이 시도는 회사에 개선된 내부 재무원칙을 주입시키고, 필요할 때마다 투자자들에게 더 나은 정보를 제공하고 미국 증시 상장을 지원하기 위한 것이었다.

스위스 레의 IR 담당자들로 구성된 프로젝트 팀과 같이, 우리는 쉰여섯 개의 성과지표를 다섯 개의 그룹, 즉 재무적 성과, 자본관리, 고객·시장, 조직·프로세스, 인적 자원으로 나누고 각각에 대한 질문을 만들었다. 열세 명의 스위스 레 경영진, 매도측 애널리스트 스물아홉 명, 기관투자가 마흔두 명을 대상으로 조사했는데, 그들은 주로 회사 주식 보유량 순위 109위 안에 드는 사람들이었다. 또 이들이 소유한 주식은 스위스 레 전체 등록주식의 58%에 해당되었다.

조사의 결과는 많은 것을 시사해주었다.

- 기업의 경영진은 다섯 개 그룹의 성과지표가 모두 같은 비중으로 중요하다고 생각하고 있었다.
- 비재무적인 지표가 더 중요하다고 생각하고 있는 사람들은 투자자나 애널리스트가 아닌 바로 경영진이었다.
- 경영진은 회사가 인적 자원이나 고객·시장 관련 지표를 시장에 알리는 데 그리 적극적이지 않다고 인식했다.
- 경영진은 전세계 고객·시장 관련 내부 보고용 성과평가 시스템에 개선의 여지가 많은 것으로 생각하고 있었다.
- 애널리스트와 투자자들은 회사의 자본관리에 대한 정보를 가장 불만족스럽게 생각하고 있었다.
- 모든 응답자 그룹은 더 나은 기업공시 방법의 주요 이점에 대해 같은 의견을 갖고 있었다. 경영의 신뢰성 증가, 주가상승, 장기투자자들의 증가와 자본비용의 감소가 그것이다.

이 조사의 결과는, 스위스 레가 시장이 원하고 있지만 잘 공개하지 않는 세 가지 재무정보, 즉「경제적 이익(economic profit)」,「위험조정자본(risk-adjusted capital)」,「내재가치(embedded value)」가 있음을 밝혔다. 킬홀츠와 피츠패트릭은 내재가치——대부분 생명보험 계약 포트폴리오의 현재가치——가 앞으로 몇 년 간 회계이익을 추정할 수 있는 중요한 척도로서, 시장이 원하는 바로 그런 지표일 것이라고 판단했다. 1999년 주요 보험사를 대상으로 행한 설문조사는 내재가치의 중요성을 다시 확인시켜주었다. 그러나 경제적 이익과 위험조정 자본은 확장된 공시 항목에 일단은 포함시키지 않기로 했다. 이들 지표는 내부 보고 목적으로 작성하고 있기는 하지만, 시장에서 이를 측정할 공인된 방법이 아직 없기 때문이었다.

기업은 내재가치에 대한 공시를 실시하기 전에 기업 내부용으로만 사용하고 있던 이 지표를 좀더 안정적이고 공인된 것으로 다듬어야 한다는 것을 깨달았다. 이에 대해 CFO 피츠패트릭은 다음과 같이 말하고 있다. 『외부 기업공시는 반드시 엄격한 기준을 통과해야 한다. 공시되는 지표들은 진정한 경제적 가치의 변동만을 포함해야 하고 회계 시스템의 변동을 반영해서는 안 된다. 경영자들은 경제적 가치의 변화가 아닌 것을 평가할 수는 있지만, 시장은 그럴 수 없다.』

2000년 2월까지도, 기업은 2001년 2월에 1999년 내재가치를 발표하고 몇 달 후 2000년 수치를 발표하겠다고 공언하고 있었다. 이는 독립 회계사들이 검토한 전형적인 공시의 영역 밖에 있는 것이다. 그러나 이러한 지표의 중요성은 갈수록 커지고 있었으며, 이에 따라 분기별로 면밀한 조사가 이루어졌다. 킬홀츠는 이런 정보가 회계감사 대상의 정보와 같은 방법으로 관리돼야 한다고 굳게 믿고 있었다. 이러한 정보를 보상 프로그램(compensation program)에 사용하고 있는 것으로 미루어볼 때 그는 또한 이 같은 정보의 중요성을 알 수 있었다.

킬홀츠는 일단 기업이 내재가치 또는 다른 부가정보에 대한 공시를 실시했다면 이는 반드시 계속되어야 한다고 생각했다. 시장에서 정보는 한번 공시되면 이를 제거할 수 없기 때문이다. 킬홀츠와 피츠패트릭은 이러한 사실을 부담으로 인식하지 않고 오히려 분명한 이익이 있는 것으로 여겼다. 그들은 내재가치 지향적이고 핵심적인 목표와 결과를 공시하는 것은 종업원과 투자자들의 행동변화를 촉진할 수 있는 길이라고 생각했다. 첫째, 내부 경영자들은 기업의 중요한 가치동인을 외부에 공시되는 정보와 마찬가지로 중요하게 관리할 것이다. 둘째, 투자자

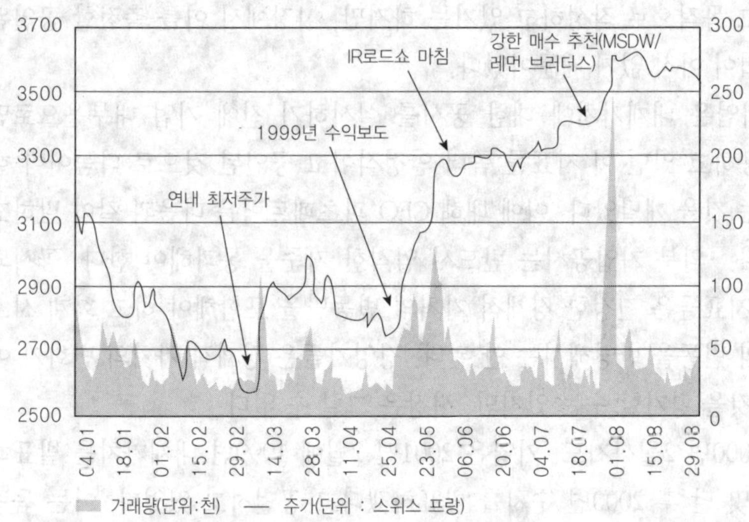

출처 : 스위스 레

들은 내재가치를 추정하는 데 소요되는 시간과 노력을 절약하고 그 내재가치의 성장을 가져오는 요소의 가치를 추정하는 데 관심을 집중할 수 있다.

내재가치를 자발적으로 공개하는 것은 스위스 레의 기업공시 개선 프로그램 가운데 일부에 지나지 않는다. 2000년 8월에는 CEO와 CFO가 우리와 함께 이 프로그램을 검토했고, 이는 앞으로 18개월 동안 지속적으로 추진될 것이라 했다.

이 프로그램은 새로운 종류의 정보, 새로운 정보전달 방법, 그리고 기업 경영진과 애널리스트, 투자자들 사이에 좀더 활발한 의사소통 방법을 제공한다는 목적 아래 진행되고 있다.

이 프로그램에 대해 논의하면서, CEO와 CFO가 단기적인 주가 상승을 가져오지는 않지만 이 프로그램은 반드시 추진돼야 하고 또 옳은 것

스위스 레의 투자설명회 일정표, 2000년 5월

날 짜	장 소	종 류	투자자 수(기관)	스위스 레 참여자
5월 10일	취리히	애널리스트 회의에서 발표	참석 : 매도측 38 매수측 6 기관(전화통화) 17	스위스 레 상임 경영자
5월 12일	제네바	발표 1건	기관 25 기관(점심식사) 6	CEO
5월 16-17일	런던	발표 2건 1 대 1 면담 8건	기관 20 기관 9	CEO, CFO, IR
5월 18-19일	뉴욕/보스턴	1 대 1 면담 9건	기관 10	CEO, 기업재무 담당
5월 22일	뉴욕	1 대 1 면담 5건	기관 6	CEO, 기업재무 담당
5월 22일	프랑크푸르트	발표 1건 1 대 1 면담 2건	기관 6 기관 2	CFO, IR
5월 23일	스톡홀름/ 암스테르담	발표 2건 1 대 1 면담 2건	기관 17 기관 2	CFO, IR
5월 24일	밀라노	1 대 1 면담 5건	기관 6	유럽 부문 책임자, 기업재무 담당
5월 25일	파리	발표 2건 1 대 1 면담 1건	기관 14 기관 1	유럽 부문 책임자, 기업재무 담당
총계		발표 9건 1 대 1 면담 32건	미국투자자 17 영국투자자 38 유럽투자자 107 총162 투자자 (10일 동안)	

출처 : 스위스 레

이라는 강한 믿음을 가졌음을 알 수 있었다. 피츠패트릭은 개선된 기업 가치공시를 실행하는 것은 매우 긴 여정을 거쳐야 하며, 기업의 성과와 그것을 어떻게 명확히 보고하는가는 결국 그 회사의 주가를 결정한다고 언급한다.

이 기업은 분명히 옳은 방향으로 나아가고 있다. 현재의 CEO가 부임하면서부터, 기업의 주가는 1996년 말 1,429스위스 프랑에서 1998년 말에 3,581스위스 프랑으로 상승했다. 다음 장에서 논의될 내용이지만, 보험시장과 주식시장의 변동을 반영해, 기업의 주가는 1999년의 이익

공시가 있기 하루 전인 2000년 5월 9일 현재 2,800스위스 프랑 이하로 떨어졌다. 그러나 2000년 8월 말에는 주가가 다시 3,500프랑대로 상승했고, 2000년 11월 중순에는 3,808 프랑으로 최고점에 이르렀다. 〈도표 1-5〉는 스위스 레의 주가 추이를 보여준다. 주요 투자은행의 두 번에 걸친 적극 매수추천으로 정점에 이르면서, 주가와 거래량 모두가 상승했다.

동시에 기업은 투명성의 정도를 더욱 강화시키는 노력을 다양하게 전개했다. 비용 관리에서 주목할 만한 수치를 시장에 발표했으며 여러 가지 차원에 다양한 지표를 공개했다. 〈도표 1-6〉에서 보듯, CEO를 포함한 회사의 중역들은 2000년 5월 중에는 162명의 투자자들과 애널리스트들을 만나서 회사의 성과와 계획을 설명하고, 그 때까지 제기된 많은 질문에 대한 해답을 제시했다.

외부 환경도 호의적으로 작용했다. 시장은 미국 연방정부가 당분간 이자율 인상을 중단할 것이라는 기대를 하고 있었고, 이는 보험회사의 주가상승에 호재로 작용했다. 킬홀츠와 피츠패트릭은 좋은 시장환경, 나은 기업성과, 그리고 개선된 경영공시의 결합이 회사의 주가상승에 도움을 주었다고 확신한다. 주가상승에 영향을 준 세 가지 요소의 중요성에 대해 각각 어떤 가중치를 주고 싶으냐는 질문에 대해, 그들은 『개선된 기업공시가 좋은 시장환경, 나은 기업성과가 주는 혜택을 극대화시켰다』고 답했다.

제2부

전장(戰場) 조사

REPORTING

VOLUTION

THE VALUE

RE

The facts will eventually test all our theories, and they form, after all, the only impartial jury to which we can appeal.

Jean Louis Rodolphe Agassiz, *Geological Sketches*

Where Has All the Value Gone?
가치는 어디로 사라졌는가?

현실이란 사물이 있는 그대로를 의미한다.
—— 월리스 스티븐스(Wallace Stevens),
《필요한 천사(The Necessary Angel)》 중에서

주가 결정에 대해 생각하고자 할 경우, 현재 증권시장은 암흑 속의 상황에 처해 있다. 간단히 말해 주가를 적절히 또는 정확히 평가하기 위해 필요한 정보가 증권시장에는 없거나 증권시장에서는 구할 수 없다. 그 결과 증권시장은 어떻게 되었는가? 주가는 극심하게 변동하며, 구경제와 신경제 기업들에 대한 상대적 평가방법에 대한 논쟁이 발생했다. 결국 구경제와 신경제 기업 중 많은 정보가 공개된 소수 기업에 대해서만 비정상적으로 가치가 편중되고, 결과적으로 위험-수익 분석에 따른 자본의 최적 배분이 이루어지지 않고 있다.

이와 같은 상황은 혁명의 전조가 된다. 항상 기존 질서에 커다란 분열이 생길 때면, 사회적 압력으로 큰 변화가 생기게 마련이다. 여론과 부와 권력의 불평등한 배분 및 누가 공익에 기여하는지에 대한 의문이 크게 출렁거리고 있으며, 이 모든 것은 현재의 상황에 대한 도전을 의미한다.

그렇다고 해서 현 체제가 전적으로 도덕적 정당성이 없다는 것은 아니다. 물론 기업의 주가를 평가할 때 증권시장에서는 많은 정보를 사용

하고 있으나, 기업이 보고하는 정보 중에서 기업의 본질적 가치와 관련되는 부분은 점점 감소되고 있다. 그 대신 증권시장에서 주가를 결정할 때 기업이 제공하는 실적에 대한 정보보다는 채팅 방의 루머, 뜬소문, 기대 이상 또는 이하의 실적, 예외적인 사건과 증권시장의 여론 등이 중시되고 있다.

단기적 투자자들은 이를 엄연한 현실로 인식하며, 사실 그들에게는 이것이 현실이다. 증권시장의 루머, 뜬소문이나 예외적 사건 및 증권시장의 여론을 빨리 얻을 수 있다면, 그들은 돈을 벌 수 있을 것이다. 이렇듯 많은 사람들은 주식에 투자하는 것을 복권을 사는 것과 비슷하게 여기고 있다.

반면에 가치나 성장성 같은 전략을 따르는 투자자들의 경우에는 장기간 어떤 기업의 주식이 저평가 또는 고평가되어 있는지 여부를 판단하는 데 도움이 될 만한 정보를 필요로 한다. 하지만 회계규정에 따라 작성된 전통적인 회계지표는 점점 더 주식의 실질가치와의 연계성이 줄어들어 양질의 정보에 대한 투자자들의 욕구를 충족시켜주지 못하고 있다. 결과적으로 증권시장에서는 주식의 가치와 주가 결정요소에 대한 회의가 커져만 가고 있다.

가치의 변동성

2000년 상반기 동안 주요 뉴스의 첫 면을 장식한 표제들을 보면 요즘 미국 증권시장에서 주가변동 폭이 얼마나 큰지 분명히 알 수 있을 것이다.「롤러코스터 증권시장」,[1)] 「절벽을 오르내리는 주가」,[2)] 「변덕스러운 증권시장」,[3)] 「청룡열차」,[4)] 「인내력 시험의 장」,[5)] 「광란의 시기가 지난 후, 미래는 단지 추측일 뿐이다」,[6)] 「난세(亂世)의 일기」.[7)] 비록 분명하기는 하나, 이러한 표제어가 증권시장에서 실제로 벌어지고 있는 현기증이 날 정도의 등락을 설명하기에는 여전히 부족하다.

2000년 4월 4일

2000년 4월 4일은 주목할 기간 가운데 가장 극적인 날이었다. 오후 1시 18분 나스닥 종합주가지수가 무려 574.57포인트, 거의 14% 하락했으며, 거래량은 지난 달의 최고치를 경신해 6억 주 증가한 27억 9,000만 주에 달했다. 그리고 3분 뒤인 1시 21분에 모든 거래소에 있는 투자자들의 서류상 누적손실액은 거의 1조 1,900억 달러에 육박했다. 그 후 한 시간도 지나지 않아 나스닥 종합주가지수는 451.84포인트를 회복해, 장 마감 때에는 단지 74.79포인트, 다시 말해 2% 약간 못 미치게 하락했다.[8] 과연 이것이 있을 법한 일인가?

경제이론에 따르면, 기업의 주식가격은 미래 현금흐름의 순현재가치다. 그렇다면 나스닥에 등록된 수많은 기업들의 미래에 대한 예측이 단 하루 만에 그렇게 극단적으로 변동한단 말인가? 인터넷을 무용지물로 만들 새로운 기술이 개발됐다는 오전 뉴스에 시장이 하락하고, 오후엔 그 뉴스가 거짓임이 판명된 것인가? 아니면 보이지 않는 두 세력이 나스닥의 모든 기업들의 주가를 하락시켰다가, 다시 회복시킨 것인가? 그것도 아니면 투자자들이 오전에는 미래 현금흐름의 감소를 예상하다가, 오후에는 다시 원상회복시켰단 말인가?

물론 그렇지는 않을 것이다. 이와 같은 주가의 극심한 변동은 나스닥에 등록된 기업 자체와는 상관이 없다. 그보다는 타성에 젖은 투자, 미수거래, 수수료가 저렴한 인터넷 증권투자 및 채팅 방에서의 시세 예측 등이 불을 지폈던 것이다. 그렇다면 내재된 성과에 대해 양질의 다양한 정보를 제공한다면, 극심한 주가 변동을 없앨 수 있을까? 아마도 그렇지는 않을 것이다. 그러나 완화시킬 수는 있을 것이다.

흥미로운 두 지수

2000년 4월 4일의 극심한 변동을 비정상적인 현상이라고 생각하고, 그 원인에 대해 확실한 결론을 내릴 수 없다고 여기는 사람들은 장기적

인 나스닥 지수의 움직임을 관찰할 것이다. 〈도표 2-1〉을 보면, 약 2년
도 지나지 않아 나스닥 지수는 2,000에서 5,000까지 올랐고, 거의
3,000까지 하락했다가, 한 달 뒤 다시 4,000까지 회복했다. 그리고 그와
같은 변동을 좀더 현실감 있게 표현하자면, 우리가 이 장을 집필하는 두
달 동안에도 최고점과 최저점이 발생했다.

신경제의 기술집약적인 주식들이 몰려 있는 나스닥 종합주가지수는
미국에서 가장 변동이 심한 지수로서의 오명을 갖게 되었다. 그러나 나
스닥 지수만이 그런 것은 아니다. 전통적으로 안정된 다우존스 산업평
균지수와 S&P 500지수도 극단적으로 변동했다. 투자자들의 심리가 신
경제의 성장주와 구경제의 가치주 사이에서 출렁거림에 따라 나스닥 지
수와는 반대방향으로 극심한 변동을 나타냈으며, 다우존스 산업지수[9]
와 나스닥 지수[10]의 가장 큰 등락 폭이 발생한 날은 다름 아닌 2000년 4
월 4일로 일치했다.

야후!

미국 주요 증권거래소의 변동성이 커짐에 따라 개별 주식들의 변동
성은 더욱 커졌다. 〈도표 2-1〉에는 나스닥 지수의 대표주로서 야
후!(Yahoo!)의 주가가 예시되어 이를 설명하고 있다. 1998년 7월과
1999년 12월 사이에 야후!의 주가는 187달러에서 404달러로 두 배 이
상 올랐으며, 주주들에게 거의 1,180억 달러에 이르는 부를 가져다 주
었다. 그러나 그 후 두 달 반 동안 주가가 계속 하락해 2000년 2월 17일
에는 163달러까지 하락했으며, 주주들의 부는 거의 1,310억 달러 줄었
다.[11] 게다가 나스닥 지수가 2000년에 최저수준으로 하락한 2000년 5
월 24일 야후!의 주가는 123달러로 장을 마감했다.

야후! 주식의 변동성은 인터넷의 전망과 인터넷 기업의 대표격인 야
후의 전망에 대해 시장이 갖고 있는 어려움에서 기인했다. 이와 같은
상황에서 낙관론과 비관론의 논쟁은 어쩌면 당연한 것인지도 모른다.

나스닥 종합주가지수와 야후! 주식의 가치 변동

나스닥 종합주가지수	날 짜	야후!의 주가[a]
100	1971. 2. 5	상장 전
1000	1995. 7. 17	상장 전
2000	1998. 7. 16	187
3000	1999. 11. 3	181
4000	1999. 12. 29	404
4500	2000. 2. 17	163
5000	2000. 3. 10	178
5000	2000. 3. 24	194
4500	2000. 3. 30	170
4500	2000. 4. 3	160
3500	2000. 11. 5	125
3042[b]	2000. 5. 24	123
4000	2000. 6. 20	148

a 상기 주가는 종가임.
b 2000년 1월 1일부터 2000년 7월 31까지의 기간 중 최저치임.

물론 〈도표 2-1〉에서 보면 알 수 있듯이, 이와 같은 논쟁의 원인은 시장 전체의 관점과 개별기업의 관점에 따라 다를 수 있다. 예를 들어 야후! 주식의 주가가 두 달 반 동안 하락하는 동안 나스닥 지수는 실제로 4,000에서 4,500으로 상승했다.

야후!는 1996년 4월 상장된 신주 상장기업이므로, 이렇게 등락했다는 것도 어느 정도 일리가 있다. 그러나 2000년 4월 4일, 171달러에서 133달러로 하락했다가 장 마감시 167달러로 회복한 야후! 주가의 변동성을 설명하기에는 기업실적 정보에 근거한 합리적인 분석 이상의 것이 필요함을 암시한다.

베타계수 검증

주가의 변동성에 대한 전통적인 지표로서 베타계수가 있다. 이 계수가 1보다 적을 경우에는 시장 전체의 변동성보다 낮음을, 그 반대의 경우에는 변동성이 높음을 의미한다. 예를 들면 제너럴 모터스(General Motors : GM)의 경우 베타계수가 0.99인 반면, 시스코 시스템스(Cisco Systems)사의 경우 베타계수가 1.45로 상대적으로 높다. 또 2000년 중반 야후!의 베타계수는 3.45에 달했다. 이렇듯 신경제의 기업들은 구경제의 기업들보다 더욱 높은 변동성을 보이고 있다.

뉴욕증권거래소에서 시장가치가 가장 큰 25개 기업의 베타계수 평균은 1.11인 반면, 나스닥에서 시장가치가 가장 큰 25개 기업의 베타계수 평균은 1.46이며, 2000년 중반 아마존닷컴(Amazon.com)의 베타계수는 2.63으로 하이테크 주의 경우 더욱 높은 수치를 나타내고 있다. 물론 신뢰할 수 있는 베타계수의 계산조차 할 수 없는 신생 하이테크 업종의 소규모 기업은 더욱 높은 수치를 보일 것이다.

이와 같이 하이테크 업종의 기업이 더욱 높은 변동성을 보이는 이유는 한편으로 전통적인 이익과 현금흐름에 따른 재무적 지표가 전통적인 기업에 비해 상대적으로 덜 중요하기 때문이다. 더욱이 손실로 인해 실적과 현금흐름이 마이너스를 보이는 기업들의 가치측정에 대한 합의가 이루어지지 않았기 때문이다. 그 결과 다른 종류의 작은 정보가 지나치게 중요하게 부각되기도 하며, 시장에서는 단기간에 정보의 신뢰성을 구별하느라 고된 시련을 겪게 된다. 이로 인해 비정상적인 변동성을 발생시켰던 것이다.

변동성과 투명성

기업을 관리해왔던 모든 성과지표에 대한 투명성이 완벽하게 보장될 경우 변동성이 사라질 것이라고 생각한다면, 이는 너무 순진한 발상이다. 정보의 독립적인 영향력에 따른 변동성은 계속 존재할 것이며, 이와 같은 영향력은 주가에 계속 영향을 미칠 것이고 또 미쳐야 한다. 그렇다면 문제는 「가치와 관계 있는 내부정보와 외부정보의 올바른 균형점을 어떻게 찾느냐」이다.

더욱 많은 정보가 투자와 관련된 위험을 줄여줄 수 있듯이, 정보는 기업의 미래 전망에 대한 불확실성 또한 줄여줄 수 있으며, 어느 정도까지는 변동성까지 줄여줄 수 있다. 그러나 기업들이 시장의 신뢰에 따른 수혜를 얻기 위해서는 가치창조를 결정하는 데 중요한 정보를 제공해야 한다.

이와 같은 일은 대부분의 기업에게는 커다란 도전을 뜻한다. 시장이 원하는 대부분의 정보는 비재무적 정보이며, 그와 같은 정보를 어떻게 최상으로 측정하고 보고해야 하는지에 대해 아직까지 이렇다 할 합의가 도출되지 않았다. 또 그것은 기존의 보고방법 및 보고대상에 대한 변화를 의미하며, 더 나아가 혁명을 필요로 한다.

상대적 가치

2000년 3월 27일 상장된 지 10년밖에 안 된 신경제를 대표하는 시스코 시스템스는 세상에서 가장 가치 있는 기업이 되었다. 같은 날 91년 동안 구경제의 확고부동한 위치를 차지했던 GM의 경우 시장가치가 881억 9,000만 달러인 반면, 시스코 시스템스의 경우 무려 시장가치가 5,554억 4,000만 달러에 달했다(다음 분석표 참조).

한 달 전 크레디트 스위스 퍼스트 보스턴의 애널리스트 폴 와인스타인(Paul Weinstein)은 시스코 시스템스가 세상에서 가장 처음으로 1조 달러[12]의 가치가 있는 기업이 될 것이라고 예측했다. 또 인터넷상으로 하드웨어와 서비스를 제공하는 시스코 시스템스는 마이크로소프트(Microsoft)사를 제치고 세상에서 가장 가치 있는 기업이 되었으며, 더욱 경이적인 것은 이를 성취하는 데 10년도 채 걸리지 않았다는 것이다.

전통적인 회계의 소중함과 진실됨으로는 이해할 수가 없다. 그러나 2000년 5월 27일 신경제의 시스코 시스템스 시장가치는 5,554억 4,000만 달러로 구경제의 GM 시장가치인 881억 9,000만 달러의 다섯 배에 달했다.

1999년에 전년대비 더 높은 이익을 달성했음에도 불구하고, GM의 가치는 시스코 시스템스의 16% 정도로 더욱 낮게 평가되었다. 개략적으로 2000년 6월로 끝나는 회계기간 동안 GM은 55억 9,000만 달러의 순이익을 실현한 반면, 시스코 시스템스의 경우 2000년 4월로 끝나는 회계기간 동안 25억 6,000만 달러의 순이익을 실현했다. 그러나 주가수익비율에서는 시스코 시스템스의 경우 194.23[a]인 반면에 GM사의 경우 6.54로 훨씬 낮았다.

더욱이 재무제표상 자산가액을 볼 때 시스코 시스템스가 213.9억 달러[b]인 데 비해 GM의 경우 2,747억 3,000만 달러[c]였다. 이렇듯 회계상 장부가액으로는 열 배 이상의 자산을 더 보유한 GM이 시장가치에서는 단지 20%밖에 안 된다니 정말 가슴 뛰게 놀랄 일이다. 시스코 시스템스의 주당 장부가격 2달러 40센트는 주가 · 장부가액비율이 33.35와 같다는 것을 의미하며, GM의 주당 장부가격 33달러 33센트는 주가 · 장부가액비율이 2.55와 같다는 의미다.[d] 이것으로 추론해볼 수 있는 것은, 주가 · 장부가액비율의 차이 대부분은 현재의 회계원칙에서는 평가해서 공시할 것을 요구하지 않는 무형자산의 가치와 관련이 있다는 점이다.

---

a. 야후! Finance, http://finance.yahoo.com

b. 시스코 시스템스 1/29/2000 10-Q

c. GM의 1999년 연차보고서.

d. 야후! Finance, http://yahoo.marketguide.com

2000년 5월 2일, 상장된 지 4년밖에 되지 않은데다가 누적결손이 11억 9,000만 달러에 이르는 아마존닷컴의 경우 시장가치가 196억 달러였다. 이것은 1837년부터 사업을 시작해 1890년 법인설립 이후 지속적으로 배당을 하고, 1955년 이후로는 끊임없이 주당 배당액을 늘려온 프록터 & 갬블(Procter & Gamble : P&G)사의 시장가치 780억 달러의 25%에 달하는 금액이다. 더욱이 인상적인 것은, P&G는 재고감모손실이 발생한 1921년과 구조조정비용이 발생한 1992년, 그리고 1993년을 제외하고는 해마다 이익을 실현했다는 사실이다.

그러나 이와 같은 신경제의 가치평가가 변할 수도 있다. 2000년 6월 30일 아마존닷컴의 시장가치가 거의 130억 달러까지 떨어진 반면에 P&G의 기업가치는 750억 달러를 유지했다. 이와 같이 최근에 상장되어 이렇다 할 이익을 실현하지 못하고 있는 신생 인터넷 기업이 몇십 년 동안 이익을 창출해온 구경제의 탄탄한 기업의 시장가치보다 높게 평가되는 예는 이제 흔한 일이 되었다.

비록 시스코 시스템스와 GM, 아마존닷컴과 P&G의 차이가 극단적이라는 것은 인정하지만, 이러한 비교사례는 역사가 오래 되었고, 분명히 이익을 내고 있으며, 재무제표상으로 많은 유형자산을 보유한 구경제의 탄탄한 기업들의 가치를 신경제의 기업들이 추월하면서부터 발생한 논쟁을 설명하기에 충분할 것이다. 그렇다면 신경제 기업들이 과대평가된 것인가? 아니면 구경제 기업들이 저평가된 것인가? 이도저도 아니면 둘 다 맞는 것인가?

시장상황이 신경제 기업들에게 호의적인 방향으로 흐를 때 신경제 기업들의 옹호자들은 신경제를 탄생시키는 데 중요한 역할을 한 이러한 기업들에게 시장이 보상을 한 것이라고 주장했다. 또 신경제를 과소평가하고, 여기에 적응하는 데 무기력함을 보인 구경제의 굴뚝 산업들의 경쟁력 저하 또는 경쟁열위를 시장이 인식했다고 주장했다. 이렇게 경쟁력이 떨어진 구경제의 회사들이 저평가되는 분명한 이유가 있다. 그들은 가치가 더 낮다.

그러나 시장 상황이 반대로 바뀌었을 때, 신경제 기업들이 과대평가되었다며 혹평한 사람들은 투기적 거품이 마침내 터지려 한다고 주장했으며, 여전히 기본적인 이익실적이 중요하다고 주장했다. 그리고 사업 경험이 없는 20대의 기업인(인터넷 기업)들은 곧 대가를 지불할 것이라 혹평했다. 이와 같은 혹평가들은 또 신경제 기업들은 높은 주식가격으로 유형자산을 구입하고, 구경제의 기업들은 좋은 현금흐름으로 인터넷 역량을 배양함에 따라 신·구경제의 구분이 모호해졌다고 지적했다.

이렇듯 급격한 변동에 대한 논쟁은 오늘날의 사업환경에서 진행되는 개혁에 필연적으로 수반하는 불확실성에서 발생한 것이다. 또한 이와 같은 개혁에 부응하지 못한 실적측정 또는 가치결정의 전통적 방법론에 기인한 것이기도 하다. 이 점은 신경제의 신기업들뿐만 아니라 구경제의 탄탄한 기업들에게도 적용된다.

수치에 대한 논쟁

약간의 정량적 분석이 격양된 논쟁에 도움이 될 수 있을까? 그러나 현재 분석을 위한 정확한 수치를 갖고 있지 못하기에 답은 다소 모호할 것이다. 이익과 이익성장률이 주식가격의 평가에 사용되는 가장 보편적인 지표이므로, 그것을 시발점으로 하겠다. 역사적 기준에 따라 주가수익비율과 예상이익성장률이 모두 높다면, 이는 시장가치가 비합리적이거나 이제까지 형성된 이익과 주가와의 관련성이 더 이상 없음을 의미한다. 우리는 제3장에서는 비합리성을, 제4장에서는 비관련성을 다룰 것이다.

우선은 〈도표 2-1〉을 보자. 가장 주목할 만한 하이테크 업종의 기업들이 대다수를 차지하고 있는 나스닥 지수가 얼마나 빠른 기간에 그와 같이 엄청난 부를 창출했는지를 알 수 있을 것이다. 나스닥 지수는 2년도 못 되어서 2,000에서 5,000으로 2.5배가 솟구쳤으며, 1,000에서 2,000으로 상승하는 데는 3년이 걸렸다. 반면에 100에서 1,000으로 상승하는 데는 무려 24년이라는 시간이 걸렸다. 이는 신경제의 출현이 아주 최근에 발생한 현상임을 의미한다. 가치평가와 가치평가방법에 대한 그와 같은 논쟁의 혼란은 당연하며, 그와 같은 극심한 변동 또한 당연하다.

장기적 성장주들의 주식가치 상승이 11% 근처에 머무는 동안 1999년 1년 동안 나스닥 지수는 84.3%의 성장률을 보인 반면, 다우존스 지수는 25.2%, S&P 500 지수는 19.6%의 성장률을 보였다. 그리고

1995~2000년까지 5년 동안 나스닥 지수가 450%의 성장률을 보인 반면, 다우존스 지수는 거의 200%, S&P 500 지수는 217%의 성장률을 보였다. 이렇듯 신경제 주식에서의 엄청난 가치증가는 구경제 주식에서의 상당한 가치증가를 상대적으로 왜소하게 만들었다.

하이테크 부문의 더 높은 이익성장률은 적어도 부분적으로는 신경제 주식들의 주가를 설명할 수 있을 것이다. 뉴욕에 있는 메릴 린치사(Merrill Lynch & Co.)의 수석경제학자인 브루스 스타인버그(Bruce Steinberg)의 말을 인용해 〈파이낸셜 포스트(The Financial Post)〉지는 미국의 기술부문이 다른 경제부문보다 더 빠른 매출 및 이익성장률을 보이고 있다고 보도했다. 또 그는 2000년에 기술부문의 이익이 30% 성장한 데 비해, 비기술부문은 10% 성장할 것으로 예상했다.[13]

이것은 하이테크 업종 기업의 높은 가치평가를 지지하는 중요한 근거가 된다. 1980년대에는 하이테크 업종 기업들의 이익이 3% 증가한 반면에, 다른 업종의 기업들은 9% 증가했다. 그러나 1990년대에 이르러서는 하이테크 업종의 이익증가율이 시장 전체 이익성장률의 두 배로 빠르게 성장했다.[14]

이와 같이 이익의 고성장은 지속적으로 주가수익비율을 상승시키고, 더욱이 주식의 가치를 끌어올리는 데 기여할 수 있을 것으로 예상할 수 있다. 2000년 7월 나스닥 100대 기업들의 주식은 이익의 90배에 거래됐는데, 이는 다우존스 기업들의 20배와 비교된다. 100대 나스닥 기업들에게 1달러의 수익은 다우존스 기업들의 1달러보다 4.5배의 가치가 더 있는 것이었다.

가장 최근인 1995년에는 신·구경제 기업들의 주가수익비율이 약 20[15]배로서 서로 비슷했다. 그러나 1999년대 말에 이르러서는 S&P 500개 중 432개에 이르는 비기술업종의 주가수익비율이 다음 12개월 예상이익의 22배인 데 비해, 나머지 68개 기술업종의 주가수익비율은 47배로 두 배 이상 높았다.[16]

미래의 현금화

만약 예상이익성장률이 지속적으로 증가하고 주가수익비율이 정당하다고 가정하더라도 하이테크 업종 기업들의 전례 없는 주가수익비율은 투자자들의 배당에 대한 성향이 감소하는 상황에서 점점 더 주목할 만한 가치가 있는 듯하다. 현재 주가로 주당 배당금을 나누어 산출한 평균 배당수익률은 1980년대에 4.2%였으며, 1999년에 이르러서는 1.14%[17]로 하락했다. 이는 오늘날 투자자들이 배당금보다는 주식가격의 증가에 따른 자본이익에 더 많은 중점을 두고 있다는 것이다. 이것은 또한 투자자들의 위험을 증가시키고 있다. 매회계연도 말에 투자자들은 약간의 현금배당을 얻기보다는 변동성이 심한 시장에서 자신들이 구입한 주식을 구입가격보다 높게 팔 수 있기를 기대하고 있는 것이다.

하이테크 업종의 회사들이 배당을 적게 하는 것은 사실이며, 이는 놀랄 일이 아니다. 많은 하이테크 업종의 기업들은 정책적으로 무배당을 회사 규정으로 하고, 자금을 신기술에 다시 투자하고 매출의 성장을 위한 자산취득과 경쟁우위를 유지하기 위해 사용하는 것에 초점을 둔다. 1998~99년 동안 인터넷 주가지수(Internet Stock Index : ISDEX)에 속한 기업들은 모두 배당을 하지 않았다.

이러한 주식을 사는 투자자들은 현재의 현금보다는 미래의 현금화에 초점을 맞추는 전략을 갖고 있다. 물론 성공적인 예감을 믿고 짧은 기간 동안 시장 변동에 재빨리 행동을 취할 수 있는 단기투자자를 제외한 대부분의 투자자들에게는 단기적인 변동성을 뛰어넘는 장기적인 관점에서의 내재가치에 대한 안목과 투자주식 가치가 있는가를 결정할 수 있는 충분한 정보가 필요하다.

가치의 집중

극심한 변동성과 신·구경제 기업들의 가치평가방법에 대한 활발한 논쟁은, 시장이 결정하는 주가의 정확성에 대한 문제를 제기하는 두 가지 중요한 원인이 되었다. 세번째로는 더욱 미묘한 이유이기는 하나 고도의 시장가치의 집중이다.

상품시장에서는 시장점유율로 집중을 측정하듯이 자본시장에서도 가치의 집중을 측정할 수 있다. 자본시장에서의 자본집중현상은 심각한 상태다. 즉 소수의 기업들이 전체 주식시장 가치의 대부분을 차지하고 있는 실정이다. 예를 들면 1999년 말 나스닥에 상장된 5%의 하이테크 업종의 기업들이 전체 상장기업들의 총가치 중 75%의 비중을 차지하고 있었으며, 상위 10대 기업만으로도 거의 총 시장가치의 56%를 점하고 있었다.[18] 〈도표 2-2〉를 보면 이와 같은 자본의 집중은 미국만의 상황이 아니라 토론토, 상파울루, 독일, 파리, 홍콩과 스위스 등 전세계적으로 광범위하게 일어나는 현상임을 알 수 있다.

비록 집중현상이 높은 것은 사실이지만, 문제는 현실적으로 이와 같은 현상이 더 심화될 가능성이 있다는 것이다. 1999년 11월 8일 〈월 스트리트 저널(The Wall Street Journal)〉의 기사 "Handful of U.S. Stocks Drive NASDAQ Index Gains"에서 E. S. 브라우닝(E. S. Browning)은 소수의 기업들이 나스닥지수를 좌지우지한다고 말함으로써, 지난 한 달 동안 나스닥 지수 상승의 40%는 마이크로소프트, 시스코 시스템스, 인텔 등 세 기업이 주도했고, 여기에 MCI월드컴(MCI WorldCom)과 선 마이크로시스템스(Sun Microsystems)사까지 더하게 되면 전체 상승분 중 50%를 넘는다고 지적했다. 만약 이와 같이 가치의 증가가 소수의 기업에 집중된다면, 시장 전체에서의 집중은 시간이 흐름에 따라 더욱 심화될 것이며, 이는 많은 기업들의 부익부 빈익빈 현상을 가중시킬 것이다.

이와 같은 소수의 기업에 대한 가치집중은 스스로의 힘으로 목적을 달성할 수 있게 하는 예언과도 같다. 그들의 주가 상승은 더 많은 애널리스트와 투자자들의 주의를 끌게 되며, 이는 다시 주가를 더욱 높게

전세계의 자본집중

거래소	상위 5% 기업[a]	상위 10대 기업[b]
나스닥	75	56
뉴욕	67	23
토론토	73	41
부에노스아이레스	63	76
상파울루	64	44
암스테르담	72	92
독일	80	54
이탈리아	61	55
런던	80	38
마드리드	76	60
파리	81	42
스위스	79	75
오스트레일리아	77	46
홍콩	84	68
한국	80	59
대만	54	37
도쿄	69	30

a : 거래소별로 전체 시장가치에서 상위 5%의 기업이 차지하는 비율(%)임.
b : 거래소별로 전체 시장가치에서 상위 10대 기업이 차지하는 비율(%)임.
출처 : 국제증권거래소협회

끌어올린다. 어떤 기업에 흥미를 갖는 애널리스트들이 증가한다는 것은 그 기업에 대한 정보가 더욱 증가함을 의미하며, 대부분 그러하듯 이와 같은 정보가 긍정적이라면 더 많은 투자자들이 투자를 할 것이다. 그 기업의 가치가 증가함에 따라 지수투자자(index investor)들도 자신의 포트폴리오에서 그 기업의 비중을 높여야 하고, 이는 그 주식의 주가를 더욱 상승시킬 것이다.

개인투자자들도 시류에 편승하려 할 것이며, 이는 또한 똑같은 결과를 가져오게 된다. 게다가 개인투자자들은 주위 사람들에게 이 주식에 대한 소문을 퍼뜨릴 것이다. 그리고 방송매체도 그 기업에 점점 더 많은 관심을 보이게 될 것이다. 이렇듯 관심과 평가는 순환고리를 형성해 선순환을 하게 된다. 그러나 그러한 순환고리는 제4장에서 언급하겠지만 너무 쉽게 끊어지기도 한다.

가치집중에서 주가수익비율의 영향

가치에서의 집중은 주로 주가수익비율에서의 차이와 연관이 있다. 2000년 2월, S&P 500에서 상위 20% 기업들의 주가수익비율은 평균 70.8이다. 이는 나머지 80% 기업들의 평균인 14.7의 거의 다섯 배(4.8배)에 가까운 수치다. 4.8배라는 비율은 1970년대 초의 몇몇 예외를 제외하고는 과거 30년 동안 시장의 등락에도 불구하고 일정하게 유지됐던 2.2배와 비교되는 수치다.[19]

아주 높은 주가수익비율을 가진 기업에 대한 가치의 집중은 오늘날 전반적으로 시장에 들어맞는다. 윌셔 5000 지수(Wilshire 5000 Index) 중 가장 가격이 높은 10%의 주식(7,200개에 이르는 미국의 공개 기업 가운데 거의 모두를 포함하고 있음)은 그 지수의 전체 가치 중 대략 75%를 차지하고 있다. 2000년 1월, 나머지 90%[20] 기업의 주가수익비율이 22.6인 데 비해 10% 기업의 주가수익비율은 41.2였다. 소규모, 그리고 중간규모의 많은 기업들은 미국 역사상 최대 호황에 전혀 끼여들지 못하고 있는 것이다.

주가수익비율의 역사적 평균이 여전히 유효하다면, 오늘날의 주식시장은 높은 주가수익비율을 자랑하는 소수의 기업에게 훨씬 큰 가치를 두게 된다. 2000년 2월 24일, 〈월 스트리트 저널〉의 샌퍼드 C. 번스타인(Sanford C. Bernstein)은 조사보고서에서 『현재의 가치집중과 가치평가는 우리의 데이터베이스를 뛰어넘었기 때문에 전례 없는 위험을 초래하고 있다』[21]고 결론내렸다.

그러므로 가치집중과 가치평가가 밀접하게 연관되어 있다는 것에 의문이 생긴다. 높은 주가수익비율에 따른 높은 가치평가는 일부 소수의 회사에 대한 높은 가치집중으로 나타난다. 가장 우세한 기업들의 경영자는 그들 주식에 대한 시장의 평가에 만족할 것이고, 나머지 기업의 경영자는 시장이 자사의 가치를 과소평가했다고 생각할 것이다.

시장가치가 공정한 가치인가?

프라이스워터하우스쿠퍼스를 위해 MORI(Market Opinion & Research International)가 CFO와 IR 팀장들을 대상으로 실시한 미국 200대 기업에 관한 설문조사에서 응답자 중 61%는 자신들의 주식이 과소평가됐다고 느끼고 있으며, 31%는 적절하게 평가됐다고 느끼며, 단지 5%만이 과대평가됐다고 보았다. 1998년 12월 2일부터 1999년 1월 29일 사이에 다우존스가 5.4%, 나스닥이 28.2% 상승했음에도 불구하고 많은 경영진들은 아주 호황인 시장에서조차 그들 기업의 주가가 과소평가됐다고 생각했다.

이와 같은 현상은 하이테크 산업에서 더욱 심하게 나타난다. 프라이스워터하우스쿠퍼스가 실시한 미국과 캐나다의 하이테크 산업에 대한 조사에서 이들 기업의 경영진 대부분은 자신들의 주가가 과소평가됐다고 생각하는 것을 알아냈다. 단지 18%만이 주가가 정당하다고 생각하고, 45%는 주가가 약간 과소평가됐다고 보며, 30%는 상당히 과소평가됐다고 생각했다. 그리고 1%만이 자신들의 주가가 약간 과대평가됐다고 생각했고, 누구도 상당히 과대평가됐다고 보는 사람은 없었다(5%는 의견을 제시하지 않았다). 2000년 중반 주요 시장의 조정기간 동안 수집된 이들 자료에 유의하라. 그러나 많은 사람들은 조사기간 중에 여전히 대규모의 조정은 일어나지 않았다고 말한다.

누가 옳은가?

대부분 스톡옵션을 가지고 있는 경영자도 인간이기 때문에 시장의 평가보다 좀더 높은 가치를 자기 기업에 두려는 경향이 있다(어느 부모가 자기 자식이 뛰어나지 않다고 생각하겠는가). 어쩌면 그들이 옳고, 시장이 실제로 그들 기업의 주식을 과소평가하는지도 모른다. 어쨌든 이들 경영자는 자신들의 기업에 관해 시장이 모르는 정보를 갖고 있다. 이런 정보가 있어야만 시장은 주식가치에 대해 합리적인 결정을 할 수 있는 것이다.

경영자는 자사의 최근 성과나 가치를 창출하기 위한 앞으로의 계획에 대해 잘 알고 있다. 만약 시장이 이런 정보에 동일하게 접근할 수 있는데 다른 결과에 도달한다면, 경영자가 주식이 과소평가됐다고 생각하는 것은 기만적인 자기 이익으로 간주될 수 있다. 결국 시장은 가끔 제대로 작동한다. 시장이 어느 기업의 주식을 높게 평가하지 않는 이유는 그 기업의 가치가 거의 창출되지 않았기 때문이다.

올바른 정보가 부족하기 때문에 시장이 잘못 작동할 수도 있다. 이러한 정보의 부족은 불확실성을 초래하고, 그 결과 미래의 수입, 이익, 현금흐름에 대해 보수적인 추정을 하게 된다. 불확실성은 위험에 대한 인식을 증대시키며 결과적으로 높은 자본비용 때문에 높은 할인율이 이익의 추정에 적용된다.

그 결과 더 많고 다양한 정보가 이용될 수 있다면 정당화될 수 있는 주식가격보다 더 낮은 주식 가격을 형성하게 된다. 물론 정보의 부족과 불확실성이 때때로 높은 시장가치에 기여하기도 한다. 그러나 시상은 닷컴 기업에 작렬하듯이 뜨겁게 달아오르지만, 그만큼 쉽게 식는다는 것을 기억해야 한다.

도대체, 그럼 누구의 일인가?

기업에 대한 정보 부족 현상은 상당 부분 매도측 애널리스트와 그들의 고용인 및 투자은행의 책임이다. 그들은 애널리스트를 활용해 광범위하고 빈번한 기업분석 자료 제공을 약속하면서 많은 하이테크 기업을 증권시장에 상장시킨 사람들이다. 최초 공모(Initial Public Offering : IPO)가 끝나고 나면 은행과 그들의 약속은 하룻밤 사이에 사라져 버린다. 앞에서 언급한 하이테크 산업에 대한 조사에서 그 기업들 중 3분의 2는 다섯 명이나 그 이하의 애널리스트들이 그 기업을 관찰하고 있고, 단지 6%의 기업만을 스무 명 이상의 애널리스트들이 관찰하고 있다고 한다.

그러나 누구도 이들 기업으로 하여금 매도측 애널리스트들을 활용해 기업의 성과정보를 투자자에게 보고하라고 할 수는 없다. 기업은 스스로 이러한 의무를 수행할 수 있다. 그러한 의무를 이행하지 않는다면 그들은 위험한 상황으로 내몰릴 수 있다. 하이테크 기업의 경영진은 시장성장률이나 새로운 제품의 시장진입속도, 새로운 제품에서 생긴 수익 등 핵심성과 측정에 관한 정보 제공을 적극적으로 하지 않는다는 것을 스스로 인정한다. 그러나 우리의 조사에 따르면 경영진과 투자자 모두 이러한 측정값을 매우 중시하는 것으로 나타났다. 좀더 자세한 내용은 제7장에서 자세히 기술될 것이다.

극단적인 경우, 어떤 기업에 대한 정보 부족은 투자자들이 그 주식에 투자하지 않도록 하는 원인이 될 수 있다. 라이벨 리서치 그룹(Rivel Research Group)이 실시한 〈인베스터 릴레이션스 매거진(Investor Relations Magazine)〉의 최근 연구조사는 이를 뒷받침하고 있다. 조사에 참가한 1,700명의 투자전문가(매도측 애널리스트, 매수측 애널리스트, 포트폴리오 관리자 등)들 중 78%가 불충분한 정보로 인해 어떤 주식에 투자하지 않도록 권유하거나 실제로 투자하지 않았다고 말했

다.[22]

투자자나 투자자에게 조언을 해주는 애널리스트의 이런 행동은 기업의 주식에 대한 유동성을 감소시키고 매도·매수의 시세 폭을 증가시킨다. 이러한 주식은 기대수익에 비해 위험한 투자대상이 되고, 더 나아가 잠재적 투자자의 관심을 감소시키게 된다. 따라서 악순환이 진행되어, 많은 중소기업들이 하이테크라는 행운이 뒷받침되지 않는다면 쓴맛을 보게 된다.

위에서 암시하는 바는 분명하다. 자사의 주식이 과소평가되어 있다고 느끼는 경영진은 그 원인이 정보의 부족 때문인지 심각하게 고려해야 한다. 주가의 과소평가가 정보의 부족 때문이 아니라면, 경영진은 시장이 비합리적이란 사실을 받아들여야 한다. 인내심을 갖고 시장이 곧 합리성을 되찾기를 기다려야 한다.

Analyze This
상식적인 사전준비

진실이란 무시된다고 해서 존재하지 않게 되는 것은 아니다.

— 앨더스 헉슬리(Aldous Huxley), *Proper Studies*

고전적인 딜레마가 하나 있다. 『지금 주식시장에 투자할 것인가, 아니면 빠져나갈 것인가?』 물론 경우에 따라 다를 것이다. 비록 이제까지 적용되던 기업의 가치평가에 대한 규칙이 계속 적용된다고 당신이 믿더라도 결정하기가 어렵다. 또 이처럼 오래 된 규칙이 큰 혁명으로 인해 없어져 버린다면 결정은 더욱더 어렵게 마련이다.

당신은 지금 투자할 것인가? 지금 주식시장이 정점에 도달했다고 믿는다면, 당신은 좀더 많은 돈을 주식에 투자하려고 하지는 않을 것이다. 그러나 시장이 계속 올라갈 것으로 생각한다면 주식에 투자하는 것은 이해가 가는 일이다. 그렇다면 하나의 인덱스 펀드(index fund)에만 투자하고 보유할 것인지, 반대로 소량의 주식을 데이트레이딩(day-trading)할 것인지는 당신이 얼마나 적극적인가에 달려 있는 단순한 문제다.

보유할 것인가, 아니면 빠져나갈 것인가? 그 대답은 현재의 평가기법과 평가의 원천이 되는 정보에 대한 당신의 견해에 달려 있다. 전통적인 재무평가기준을 신뢰하는 사람들이, 현재 시장이 정점에 도달해 있고 세기의 전환에 앞서 10년 간 실현된 이익은 더 이상 일어날 것 같지 않다고 말하는 것은 일리가 있다.

1990년 1월부터 2000년 6월 사이 다우존스 산업평균은 395% 상승했고, S&P 500 지수는 430% 상승했으며, 나스닥 지수는 880% 상승했다. 극심한 변동성에도 불구하고 제2장에서 언급했듯이 일반적인 추세는 매우 긍정적이라고 할 수 있다.

시장이 호경기라고 믿는 사람들은, 전통적인 평가기준이 과거에는 유효했을지라도 너무 결점이 많아 더 이상 지침으로서의 구실을 못한다고 지적한다. 전통적인 평가기준은, 호경기라는 전망치에 대해 현재는 불경기라고 믿는 사람들의 반론을 위해 사용된다. 호경기라고 믿는 사람들은 주가수익비율이 미래 수익에 대한 예측치로서는 부족하며, 전통적인 평가기준은 투자자들의 위험에 대해 변화하는 인식을 표시하지 못하기 때문에 현재의 평가방법론이 부적합하다고 말한다. 그들은 새로운 평가기준(특히 비재무적인 기준들), 새로운 평가방법론(특히 무형자산들에 대한), 그리고 실물 옵션 전망으로 인해 오늘날의 주식가격은, 주가를 예측하는 사람들이 주장하는 것만큼 비적합한 것이 아니라고 주장한다. 대신에 그들은 오늘날의 주가가 정확하게 실제 본질적 가치를 반영하고 있다고 말한다.[1]

그러나 불경기라고 믿는 사람들은 이에 대해 사실과 다르다고 주장한다. 즉 그들은 가치평가나 평가를 위한 새로운 접근방법이 높은 주가를 정당화하기 위해 고안된 속임수로서 간주하며, 이는 투자자를 속여 계속 주식시장에 투자하도록 하기 위한 것이라고 생각한다. 그들은 시장이 분별력을 찾고 전통적인 평가방법이 구경제에서처럼 신경제에서도 유효한 것으로 증명되면 모두가 눈물을 흘릴 것이라고 주장한다.

결국 진리는, 아마 이 두 가지 견해 사이에 있을 것이다. 명확한 의견 제시를 회피하는 말처럼 들릴지 몰라도, 우리의 목적은 현재의 가치평가 수준에서 어느 한 가지 입장을 취하는 것이 아니다. 우리는 당신의 브로커가 아니다. 오히려 우리는 시장이 수행해야 할 필요가 있는 가치나 정보의 결정방법 중 가장 적당한 것에 초점을 맞추는 것이다. 그러한 맥락에서 우리는 이익이나 주가수익비율과 같은 전통적인 재무평가의 유효성이 감소하고 있으며, 기업의 무형자산이나 비재무적 수치에 기반을 둔 성과평가의 유효성이 상당히 증가하고 있다는 증거를 확실하게 알고 있다.

시간의 문제

시장이 상승하다가 한동안 떨어지더라도, 역사는 또다시 오르고 앞으로도 계속 그렇게 될 것임을 보여준다. 따라서 시장이 저점이었을 때 주식을 팔아버리고 나오는 것은 위험·이익의 기대치가 감소되지 않는 한 잘못된 듯하며, 그렇지 않다면 그대로 시장에 남아 있는 게 최선이다. 펜실베이니아 대학 와튼 비즈니스 스쿨의 제러미 J. 시겔(Jeremy J. Siegel)은《장기적 주식(Stocks for the Long Run)》에서 다음과 같이 주장한다.

시장을 이기기 위한 우리의 노력은 대부분 비참한 결과를 초래하곤 한다. 너무 큰 위험을 부담하고 거래비용 또한 너무 높다. 그리고 우리 자신이 순간적인 감정에 빠지는 것을 자주 발견하게 된다. 시장이 침체해 있을 때는 비관적이고, 시장이 호황일 때는 낙관적이다. 따라서 이러한 행동은 실제로 시장에서 그냥 주식을 보유하고 있을 때보다 낮은 수익을 가져온다.[2]

시겔은 이 점에 대해 확신을 갖고 주장한다. 펀드 매니저에게 자산배분 전략을 자문해주는 회사를 설립한 앤드류 스미더스(Andrew Smithers)나 케임브리지 대학에서 교수로 있는 스티븐 라이트(Stephen

Wright)도 자신의 글 「많이 논쟁되고 면밀히 인용을 밝힌 책(brilliantly argued and superbly documented book)」에서 시겔을 『주식을 사고 장기간 보유하는 전략의 가장 설득력 있는 옹호자』라고 부른다.[3] 놀랄 만할 일은 아니지만, 시겔의 이러한 추천을 더욱 흥미롭게 만드는 것은 그가 신중하게 현재의 주식가격, 특히 인터넷 회사의 주식가격에 자주 의문을 제기한다는 점이다.

당신의 주가와 이익을 염두에 두라

시겔의 장기적인 전략이 아주 오랜 기간 계속된다면 어떻게 할 것인가? 2000년 6월 30일 뉴욕증권거래소 종합주가지수에 포함된 주식의 주가수익비율이 역사적 평균 수치인 14.5보다 두 배나 많은 28.4라는 것을 고려해보자. 이러한 큰 차이 중 많은 원인은 투자자들이 시장의 기본적인 토대를 무시하고 시장이 계속 올라갈 것이라고 생각해 투기한 데에 있다.

예일 대학의 존경받는 경제학자 로버트 실러(Robert Shiller)는 격찬을 받은 《비이성적 풍요(Irrational Exuberance)》에서, 『현재의 주식시장은 투기적인 거품의 고전적인 특징을 띠고 있다』고 기술하고 있다. 이러한 상황에서 일시적으로 높은 주가는 실질가치의 지속적인 평가에 따른 것이 아니라, 투자자들의 열광으로 지탱되는 것임을 보여준다.[4]

정말 열광이다. 2000년의 상반기 동안 투자자들은 주식 뮤추얼 펀드에 2,124억 5,000만 달러 이상의 돈을 쏟아 부었는데, 이는 1999년 같은 기간의 두 배에 달하는 금액이다.[5] 물론 많은 사람들은 10년, 20년, 또는 30년 간 주식시장에 머무를 것으로 기대하지는 않는다. 그들은 주식이 계속 올라가는 한 로켓을 타고자 하고, 그것이 내려가기 전에, 아니 적어도 너무 많이 떨어지기 전에 떠나고자 하는 단기적인 투자자들이다.

이러한 전략에는 정교한 타이밍이 필요하다. 현재의 극심한 변동성 장세에서 이와 같은 투자전략을 통한 성공에는 무엇보다도 운이 크게 작용한다. 실러는 이를 다음과 같이 표현한다. 『시장이 현 상태를 유지하거나 실제로 가격이 오른다고 할지라도 주식시장에 대한 향후 10~20년 간의 전반적인 전망은 오히려 빈약하며 아마 더욱 위험해질 것이다.』[6]

당신의 Q비율 또한 염두에 두라

시겔의 책에 대한 칭찬의 말에도 불구하고, 스미더스와 라이트는 주식시장의 장기적인 전망에 대해 실러의 다소 엄격한 견해에 동의하고 있다. 그들의 주장은 기업의 순자산가치(자산에서 부채를 차감한)에 대한 그 주식의 시장가치, 즉 Q의 가치에 기반을 두고 있다. Q비율이 1을 초과할 때, 시장은 거의 대부분 하락하고 때때로 추락하기도 한다. 왜냐하면 주식가치가 기업자산의 대체원가를 초과하기 때문이다.

2000년 5월부터 다우존스 산업평균과 S&P 500 지수는 Q비율이 약 2.8로 같았으며, 이는 지난 100년 간 중 가장 높은 수치였다.[7] 만일 스미더스와 라이트가 옳다면 다우존스 산업평균지수는 2000년 중반의 1만 600에서 1996년 1월의 수치인 5,300보다도 약간 낮은 점으로 빠르게 하락할 것이다.[8]

이 두 저자는 장기적으로 볼 때 시장이 예측 가능하며, 매수해 보유하는 전략은 대부분의 기간 동안 적절한 전략이지만, 지금은 그 시기가 아니라고 한다. 왜냐하면 주식이란 때로 전체적으로 과대평가될 수 있기 때문이다. 현명한 투자자는 이것을 인식하며 시장이 현재처럼 현저히 과대평가되어 있을 때는 주식을 매도한다.[9] 합리적인 투자자라면 시장이 현재 정점인지 아닌지 예측하기 힘들 때도 이런 식으로 할 것이다. 그들은 이런 상황에서도 주식을 보유하는 사람이 있다면, 위험이 너무 크다고 지적하며 경고할 것이다.[10]

비록 스미더스와 라이트의 Q비율이 투자의사결정을 하는 데 강력하고 유익한 지침이지만, 그들은 실질적으로 Q비율을 사용할 수 없는 두 가지 이유를 말하고 있다. 첫째, Q비율은 실제 주식 브로커에게 필요한 단기적인 시장 움직임에 대한 예측에는 쓸모없다고 주장한다.[11] 둘째, Q비율은 장기간 주식시장이 과대평가되어 있음을 보여줄 수 있기 때문에 투자자들은 돈을 잃을 것으로 여겨 주식을 사지 않을 것이므로, 이런 현상은 주식 브로커의 이익에 심각한 피해를 줄 수 있다.[12] 이것은 다시 시간 구조와 애널리스트의 역할에 문제를 제기하게 된다. 그리고 이에 대해 좀더 상세한 내용은 다음 장에서 기술될 것이다.

주가수익비율이 소문만큼 좋은 지표는 아니다

호경기라고 믿는 사람과 불경기라고 믿는 사람들 가운데 세상 물정에 밝은 몇몇 이들은 적어도 한 가지 사실에 대해서는 동의한다. 역사적인 주가수익비율과 현재의 주가수익비율을 비교하는 것은 너무 단순한 방법이며, 특히 시장이 정점에 도달한 때를 알아내려는 원시적인 방법이다. 스미더스와 라이트는 비록 주가수익비율이 1932년에 높게 보였지만 실제로는 상승하고 있었으며, 이 때 투자하지 않은 사람들은 세기의 좋은 거래기회를 놓쳤다고 본다.[13] 이것은 이익이 주식가격의 선행지표라기보다 주식가격이 이익의 선행지표일 수 있으며 이익 또한 변동한다는 사실처럼, 주가수익비율은 미래 수익의 불완전한 지표이기 때문에 발생한다. 이례적으로 높은 주가수익비율이 반드시 미래 수익이 좋지 않다는 것을 의미하지는 않는다.[14]

위험 : 과거와 현재

록우드 자문기관(Lockwood Advisors)의 수석 경제학자 마이클 에데세스(Michael Edesess)는 현재의 주가수익비율 수준을 근거로 결론을 이끌어내는 데 주의를 요한다고 말한다. 그는 현재의 주가수익비율 수준이 높은 것이 아니라 과거의 주가수익비율이 너무 낮았다고 주장한다. 그 이유는 과거의 위험에 대한 인식이 높았기 때문이라는 것이다. 또 과거에는 오늘날보다 투자의 가치를 평가하기 위해 필요한 정보를 입수하기가 훨씬 힘들었으며,[15] 이 때문에 투자자들은 매우 보수적으로 되었다고 에데세스는 말했다. 따라서 그는 미래 이익의 성장에 대해 주가수익비율의 예측력을 살펴본 후 결론지었다.『만약 과거의 투자자들이 현재 우리가 알고 있는 것을 알 수 있었다면, 그리고 알려지지 않은 것에 대해 덜 겁냈다면 시장은 현재와 매우 흡사했을 것이다.』[16]

미국경영자협회(American Enterprise Institute)의 제임스 K. 글래스먼(James K. Glassman)과 케빈 A. 하셋(Kevin A. Hassett)은 그들의 책《다우 3만 6,000(Dow 36,000)》에서 더 나은 정보와 경험의 결과로 위험 프리미엄(투자자들이 주식을 소유할 때 요구하는 무위험 투자수익률을 초과하는 수익률)이 낮아지고 있다고 말한다. 또 그들은 다우지수 3만 6,000이나 현재 네 배 정도의 주가수준이 합리적이라고 주장한다. 그들에게 21세기 초의 주식에서 가장 중요한 한 가지 사실은 주식이 너무 싸다는 것이다.[17]

그들은 장기적인 투자자들 처지에서는 주식을 보유하는 것이 국채를 보유하는 것만큼 위험이 없다는 견해를 나타내는데, 물론 주식은 변동성이 더 강하지만 장기적인 투자자에게는 문제가 되지 않는다는 것이다. 즉 주식의 평균수익률에 대한 역사적인 증거가 매우 주목할 만해서 위험 프리미엄이 제로인 것으로 보인다. 그리고 이익과 배당이 해마다 성장하기 때문에 1%의 수익률은, 보수적으로 보면 채권에 대한 현금수익과 대응이 된다. 이것은 주가수익비율이 100임을 의미한다.

글래스먼과 하셋의 말이 맞다면, 물론 많은 전문가들이 그렇게 생각하지는 않지만, 합리적인 주가수익비율에 대한 현재의 기대치는 근본적인 수정이 필요하다. 그리고 그들의 주장이 반만 옳다고 해도 위의 내용은 사실이다. 결국 핵심은, 주식가격과 지수는 투자자들의 위험과 수익에 대한 기대치에 따라 큰 영향을 받는다는 것이다. 제8장에서는 투자자들이 얻은 정보가 어떻게 그들의 기대치에 영향을 미치는지에 관해 토론할 것이다.

무형의 세계에 대한 이해

현대의 주가수익비율은 비난을 받고 있다. 비판가들은 현재의 이익 부분(earning part)이 비현실적으로 낮기 때문에 주가수익비율이 지나치게 높다고 주장한다. 제2장에서 제기됐던 문제, 즉 연구개발에 대한 지출, 정보기술, 마케팅, 상표관리, 고객충성도 프로그램과 같은 무형자산은 오늘날의 회계기준에 따르면 비용으로 취급된다. 이러한 비용은 경쟁적인 압력과 기업혁신 비용 때문에 계속 증가하고 있는데, 이는 문제를 더욱 악화시키고 있다.

현실적으로 투자인 지출을 비용화함으로써, 발생년도에 큰 비용이 생긴다. 근본적인 문제는 현재 발생한 구조개혁 비용이나 연구개발에 따르는 투자와 같은 비용은 미래에 창출할 수익 사이에 기간의 불일치가 발생하는 데 있다. 이럴 경우의 이익은 이러한 비용이 자본화되어 수익을 창출하는 데 기여하는 기간 동안에 걸쳐 상각되었을 경우의 이익보다 낮을 것이다. 이러한 문제를 연구한 뉴욕 대학의 저명한 회계학 교수인 바루치 레브(Baruch Lev)와 폴 자로윈(Paul Zarowin)은 이 문제를 「재무정보와 시장가치의 단절」[18]이라고 결론지었다.

이런 연구는, 시장이 이러한 비용을 기업가치를 창출하는 데 중요한 무형자산으로 간주한다는 주장을 뒷받침하고 있다. 한 예로 노스캐롤라이나 대학 케넌-플래글러 경영대학원(Kenan-Flagler Business School)의 존 R. M. 핸드(John R. M. Hand)는 인터넷 기업을 대상으로 한 연구에서 이익보다 마케팅 비용이나 연구개발 비용 등이 기업의 가치와 더 깊은 연관성이 있음을 발견했다.[19] 다른 사람들도 비슷한 결과를 발견했는데, 엘리자베스 드머스(Elizabeth Demers)와 레브는 인터넷 기업연구에서 투자자들이 인터넷 기업의 가치평가에 연구개발 비용이나 광고비(고객획득 비용)를 자산으로 본다는 것을 알아냈다.[20] 이와 유사하게 트루먼(Trueman), 왕(Wong), 장(Zhang)도 다른 인터넷 기업 연구에서 판매비, 마케팅 비용과 연구개발 비용 등을 차감하기 전 매출총이익이 특히 주식가격과 확실하게 연관돼 있음을 발견했다.[21]

주가수익비율 평가

1982년 말 S&P 500은 장부가에 비해 1.3배의 시장가치가 있었는데, 1998년 말에는 이 수치가 5~6.5배[22]까지 증가했다. 이는 재무제표에 표시되는 자산에 비해 무형자산에 대한 중요성이 상대적으로 커지고 있음을 강조하고 있다. 시가총액이 근 상위 24개 인터넷 기업의 비율은 21.8이었다. Q비율을 비판하는 사람들은 이러한 무형자산이 기업의 대차대조표에 나타나지 않기 때문에, 고려되지 않는다는 점을 지적한다. 만약 이런 무형자산이 대차대조표에 표시된다면 Q비율은 좀더 의미가 있을 것이다.

현재 및 역사적 Q비율의 분석이 신뢰할 만하지 않다는 사실 외에도, 이익과 자산을 보수적으로 평가하는 회계관습이 이익과 주주의 수익률 간의 관계를 약화시킨다. 회계관습의 저명한 비판가인 레브와 자로윈은 과거 20년 동안 이익과 주식수익률 간의 관계가 명백히 왜곡되어 있다는 것을 보여주었다.[23] 따라서 현재의 이익이나 주가수익비율은 미래 주식가격을 예측하는 데 좋은 지표는 아니다. 그들은 좀더 진정한 평가수단이며 조작 가능성이 적다고 생각하는 현금흐름에서도 이러한 사실이 동일하게 적용된다는 사실을 발견했다. 또 이러한 두 가지 평가지표가 주주의 수익을 예측할 때 유효성에 한계가 있다고 주장한다.

무형자산에 대한 고려

실제로는 자산 성격이나 비용 처리되는 항목으로 인해 가치평가가 왜곡되는데, 이에 대한 한 가지 명확한 해결책은 이것들을 자본화하는 것이다. SEC의 위원이었던 스티브 월먼(Steve Wallman)처럼 레브와 자로윈도 이러한 접근방법을 주장하는 옹호자다.[24]

그러나 많은 이들에게 이 방법은 적지 않은 염려를 불러일으키며 이론의 여지가 많은 제안이다. 우선 미래수익 창출에 기여하는 무형자산의 진정한 가치는 그 측정과 올바른 시기를 택하는 측면에서 결정하기가 어렵다고 말한다. 또 무형자산은 새로운 기술이 끊임없이 창출되고 새로운 경쟁자들이 쉽게 진입할 수 있는 지식집약시장과 주로 연관돼 있기 때문에 무형자산의 가치가 금방 없어질 수도 있다는 것이다.

마지막으로 이러한 비용을 자본화하는 것은, 경영자로 하여금 비용을 여러 기간에 걸쳐 분산시킴으로써 이익을 좋게 보이게 할 수 있으므로 이에 대해 의구심을 갖게 한다. 더 심한 문제는, 경영자가 무형자산에 대한 지출이 비용인지, 아니면 자산인지 구분할 수 있는 재량권을 행사할 수 있기 때문에 이익을 조작할 수 있다는 것이다. 무형자산을 제쳐두고서도 이익의 질은, 다음 두 장에서 상세히 서술하겠지만, 중요한 이슈임에 틀림없다.

과연, 이러한 염려가 충분한 근거가 있는가? 소프트웨어 기업에 대한 연구(예외적으로 미국 기업회계기준에서는 연구개발비용이 자본화될 수 있다)에서 어부디(Aboody)와 레브는 연중 자본화되는 소프트웨어 비용과 주식가격 사이의 명확한 관계를 발견했지만, 이러한 방법이 보고되는 이익의 질을 손상시켰다는 어떠한 증거도 발견하지 못했다. 또 소프트웨어 비용이 발생할 때 비용화하는 것보다 자본화하는 것이 투자자에게 좀더 가치와 연관된 유용한 정보를 산출한다고 결론지었다.[25]

지식자본평가표

레브는 무형자산과 관련된 회계규칙이 변하기를 바랐지만 그것이 이루어질 때까지 그냥 기다리고 있지만은 않았다. 그는 기업의 대차대조표상에 기록되는 유형자산과, 비록 반영되지는 않지만 기업의 시장가치에 반영되는 무형자산 간의 점증하는 차이에 대해 기술하기 위해, BEA 크레디트 스위스 투자자문(BEA-Credit Suisse Asset Management)의 포트폴리오 매니저인 마크 보스웰(Marc Bothwell)과 함께 지식자본평가표를 개발했다. 이 평가표는 특허출원 중에 있는데, 그는 『지식자산에 대한 투자의 경제적 결과를 측정하는 도구』라고 말한다.[26]

레브의 방법론을 단순하게 설명하자면, 일반적인 3개년의 역사적 이익과 I/B/E/S 국제통계 추정치에 바탕을 둔 3개년의 미래이익을 반영한 정상이익(marginal earnings)에서 유형 및 재무적 자산의 이익을 차감하는 것이다. 이것으로 지식자본이익(Knowledge Capital Earnings : KCE)이 산출되는 데, 이를 다시 10.5%의 지식자본할인율(세 가지 지식집약산업인 소프트웨어, 생명공학, 제약업의 세후수익률 평균)로 나누면 지식자본수치를 도출할 수 있다. 이 방법은 지식자본 마진(KCE/매출) 및 지식자본영업 마진(KCE/영업이익)과 같이 새로운 재무적 평가기준을 산출할 수 있다.

2000년 2월 〈CFO 매거진(CFO Magazine)〉에 발표된 「두번째 연간 지식자본평가표」에서는 산업의 범위 및 몇몇 특정 기업에 대한 평가방법을 제시하고 있다.[27] 또 이 리포트에서는 지식이익이나 지식이익성장률이 전통적인 평가방법에서의 이익(이익성장률)이나 영업현금흐름(영업현금흐름성장률)보다 시장수익과 밀접하게 관련되어 있다는 사실을 제공해준다.

기업의 장부가치에 포함된 유형자산에 지식자본과 같은 무형자산을 포함시켜 포괄적인 가치를 측정할 수 있다면, 이상하게만 보이던 비율은 합리적으로 보이기 시작할 것이다. 한 예로 유형자산 중심의 제지산

업의 장부가 대비 시장가치비율은 2.56인 데 비해, 아메리카 온라인
(America Online: AOL)은 194.4[28]다. 그러나 AOL의 지식자본 454억
달러를 장부가 5억 9,790만 달러와 합치면 장부가 대비 시장가는 2.5가
된다. 그러나 제지산업은 상대적으로 지식자본이 적기 때문에 이것이
장부가에 합쳐진다 해도 장부가 대비 시장가는 2.14로 감소할 따름이
다. 놀랍게도 1999년 9월 30일 AOL의 시장가치는 1,162억 달러로서,
장부가 대비 시장가 비율은 194.4였다.

주가/성장 흐름비율

연구개발과 관련해서 인식된 회계적 왜곡을 처리하기 위한 또 다른
방법으로는 마이클 머피(Michael Murphy)가 제시한 주가/성장 흐름
(P/GF)비율이 있다.[29] 이 비율의 분모는 연구개발 비용에 세후이익을
합한 것이다. 머피는 연구개발 비용이 자본계정에서 감가상각으로 나
타나지 않기 때문에 세후이익에 더하는 것을 중요하게 생각한다. 대신
에 연구개발 비용은 미래의 투자수익을 나타내게 된다. 머피는 하이테
크 주식을 고르는 것에 대해 투자자들에게 조언하는 일에 관여하기 때
문에, 레브의 방법에 비해 단순한 이 방법은 단지 연구개발 비용만을
다루고 있다.

새로운 평가기준을 주시하라

무형자산의 가치에 대한 바람직한 평가는 풀어야 할 중요한 문제이
지만 이것 외에 다른 문제들도 있다. 특히 상당한 관심을 받고 있는 한
가지는 아직 이익을 내고 있지 못하거나 당분간 그러하리라고 보이는
인터넷 기업과 생명공학 기업과 같은 신경제 주식의 가치를 평가하는
일이다.

인터넷 주식시장에서 거래되고 있는 주식 중 시장가치 기준으로 상

위 24개 인터넷 기업을 살펴보자. 전체적으로 이들 기업은 4,200만 달러의 순이익과 1조 450억 달러의 시장가치를 가지고 있었다. 과거 벤처 캐피털 계통에서는 이익이 없는 기업의 가치를 평가하는 문제에 매우 조심스럽게 접근했다. 따라서 그들은 전통적인 기법을 사용하기 위해 이런 기업들이 이익을 낼 때까지 기다렸다. 그러나 전통적인 기법으로 이런 기업의 가치를 결정하는 것이 얼마나 효과적이겠는가?

그런데 인터넷 기업이 이익을 창출하기 오래 전인 설립 초기단계에 상장됨으로써, 공개주식시장은 이 문제를 처리해야만 했다. 얼마나 문제가 커졌는가? 1999년 1월 1일부터 상장한 506개 기업이 나스닥 총가치의 20%를 차지하는데, 이들 중 75%가 이익이 전무한 상태다.[30]

다른 비율을 찾아라

정규적으로 보고된 이익이 없는 상태에서, 시장은 다른 평가방법을 찾는다. 주가수익비율의 훌륭한 간결성을 모방해, 수익이나 매출대비 주가비율이 신경제 기업의 가치를 평가하는 일반적인 방법으로 나타났다. 특정 기업의 주가/매출비율은 주가수익비율을 사용하는 것과 비슷한 방법으로, 유사한 회사와 비교해 기업의 주식이 비싼지 싼지를 결정하는 데 도움을 준다.

주가/매출비율은 시스코 시스템스와 같이 확고한 수익과 이익의 성장을 보이는, 이미 잘 확립된 기업에서도 활용된다. 〈월 스트리트 저널〉에서 수전 풀리엄(Susan Pulliam)은 다음과 같이 논평했다. 『이익이 없는 기업의 가치를 평가하는 데만 사용된 매출은 현재 애널리스트들의 보고서에서 시스코 시스템스의 주가를 평가하는 방법으로 등장하고 있다.』[31] 왜냐하면 시스코 시스템스의 경우 주가수익비율이 평균기업과 비교할 때 너무 커서 몇몇 사람들은 주가/매출비율이 더 의미 있는 수치라고 생각하기 때문이다.

시스코 시스템스가 1990년 초, 1991년 매출의 여섯 배 정도로 거래된 반면에, 2000년 1분기에는 미래 매출의 25배로 거래되었다. 그 결과 다른 비율의 벤치마크라 할 수 있는 「Peg 비율(주가수익비율을 성장률로 나눈 수치)」은 바꾸어야 했다.

역사적으로 주식은 주가수익비율이 성장률과 일치할 때, 즉 Peg 비율이 1일 때 충분하게 가치가 평가된 것으로 볼 수 있다. 그러나 지금은 주가수익비율이 너무 높아 성장률을 훨씬 초과하고 있다. 시스코 시스템스의 다음 해 이익에 대한 Peg 비율이 2000년 4월 기준으로 4.5라는 것에 주목하라.[32] 이것은 주가수익비율에 대한 성장률의 공헌도가 많은 기업에서 근본적으로 올라갔음을 의미한다.

재무적 비율에서의 이들 수치 변화가 얼마나 희한한 일인지 고려한다면, 기업가치를 결정하는 데 비재무적 평가치가 사용된다는 것은 놀랄 만한 일이 아니다. 다소 색다른 예가 되겠지만 인터넷 기업과 특히 관련 있는 평가 방법으로 「고유의 사용자당 평균가치」라는 것이 있는데, 이는 시가총액을 고유의 사용자 수로 나누어 얻는다. 이와 같은 예로 페이지뷰당 평균가치와 마케팅 비용당 평균가치 및 사용시간당 평균가치 등도 계산할 수 있을 것이다.

새 평가기준이 논쟁을 일으키다

이렇게 새롭고 때로는 색다른 가치평가기준의 일천한 역사를 고려하면, 가치평가와 관련해 많은 논쟁이 제기되는 것은 놀랄 만한 일이 아니다. 앨런 웨버(Alan Webber)는《급변하는 기업(Fast Company)》에서 이와 같이 새로운 평가기준을 「신경제에 맞는 신수학」의 한 종류로 보았다.[33] 다른 이들은 이것을, 희한한 가치평가를 정당화하고 쉽게 속는 투자자들을 끌어들이기 위한 속임수라고 간주하기도 한다. 인티그럴 캐피털 파트너스(Integral Capital Partners)사의 대표 사원인 로저 맥나미(Roger McNamee)는 다음과 같이 말한다.『이런 것 중 어떤 것도 이해가 가지 않지만 누구도 파티가 끝나기를 바라지 않는다. 또 사람들은 이런 것이 열광임을 알고 있으나 거기에 계속 머무르기를 원한다.』[34]

주가/매출비율과 같은 새로운 평가기준에 대해 염려하는 사람들은, 매도측 애널리스트들이 정확히 반대되는 논리를 갖고 있다고 주장한다. 매도측 애널리스트들은 투자자들에게 기업의 가치에 근거해서 조언하기보다는, 투자자들이 근본적인 가치를 고려하지 않은 채 상승하는 힘에 따라 투자할지라도 투자자들이 지불하려고 하는 금액을 합리적으로 설명하려고 한다. 그러나 풀리엄은『투자자들이 얼마를 지불해야 되는지보다는 얼마를 내려고 하는지에 초점을 맞추는 것은 주객이 전도된 것이 아닌가?』[35]라고 날카롭게 질문한다.

새로운 평가기준을 비판하는 사람들은 열광자(mania)란 말을 즐겨 사용한다. 이에 대해 가장 큰 목소리를 내는 사람 중 한 명인 페인웨버(PaineWebber)의 투자전략가 에드워드 커슈너(Edward Kerschner)는, 새로운 평가기준이 기업집단과 차입금에 의한 기업매수(LBO)의 추종자와 같은 열광자들의 견해를 정당화하기 위해 사용된다는 점에 주목한다. 그는 새로운 평가기준이 전혀 새롭지 않으며, 단지 어리석다고 신랄하게 이야기한다. 또 예전의 열광자들의 경우처럼 새로운 평가기준의 완전한 몰락은 몇 년 안에 일어날 것이며, 초기의 교정단계에서도 같은 충격을 줄 거라고 결론지었다.[36]

새로운 평가기준에 회의적인 사람들은 매력적인 인터넷 기업일지라도 모든 기업은 궁극적으로 돈을 벌어야 한다는 점을 지적한다. 와튼 경영대학원의 교수인 시겔은 1999년 4월 초 AOL에 관한 분석에서 AOL의 주가수익비율이 12개월 이익을 기준으로 700(1999년 기대이익을 기준으로는 450)에서 이익이 충분히 성장했을 때의 30배까지 감소한다 하더라도, AOL이 2,000억 달러의 시장가치를 유지하기 위해서는 67억 달러의 순이익을 내야 한다고 추측했다. 그는 또한 1998년, 제너럴 일렉트릭(General Electric : GE)만이 미국 기업 중 이 정도의 이익을 달성한 기업이라고 언급한다. 또 AOL이 1998년 평균 마진률이 5.7%인 일곱 개 미국 기업[GM, 포드(Ford), 월마트(Wal-mart), 엑슨(Exxon), GE, IBM, 시티그룹(Citigroup)] 수준이 되려면 10%의 매출 총이익에서 연간 매출 670억 달러를 달성해야 한다고 한다.[37]

현실을 점검하는 시간

1999년 AOL의 매출은 47억 8,000만 달러였고 순이익은 7억 6,200만 달러였다. 시겔이 계산한 매출과 이익수준에 도달하려면 AOL은 70%의 매출성장률과 54%의 이익성장률을 달성해야 한다. AOL의 타임워너(TimeWarner)와의 합병을 무시하고도, AOL은 과거 5년 간 129.4%의 매출성장률을 달성했기 때문에 이런 매출성장률은 가능하게 보인다. 그러나 문제는 매출성장률의 3분의 2 수준인 이익성장률이 이치에는 맞지만, 실제 이 기간 동안 1998년에만 이익을 달성했기 때문에 이익성장률의 계산은 불가능하다는 것이다.

새로운 평가기준을 변호하며

새로운 평가기준이 단지 전통적인 재무평가기준에서 정당화될 수 없는 주식가격을 합리화하기 위한 시도라고 한다면, 누구도 새로운 평가기준과 주식가격 사이에 어떤 관계가 있는지 알려고 하지 않을 것이다. 비이성적인 시장에서 투자자들은 어떻게 기업가치가 창출되는지, 그리고 얼만큼의 가치가 창출되느냐 하는 것에는 관심이 없다. 그들은 가격이 계속 오를 주식에만 관심이 있는데, 왜냐하면 다른 사람들이 주식을 살 것이기 때문이다. 즉 이것은 재무적 또는 비재무적 차원의 성과와는 아무 관련이 없다.

신경제에서의 새로운 평가기준

인터넷 기업에서 새로운 평가기준이 가장 성행하고 논란을 불러일으키고 있는데, 이에 대한 최근의 몇몇 연구는 새로운 평가기준이 주식가격과 연관이 있다는 것을 제시하고 있다. 이것은 어떤 성과치로서 잘하는 기업과 그렇지 않은 기업을 시장이 구별하며, 그러한 성과치들이 가치와 연관이 있음을 암시해준다.

이런 최근의 연구 가운데 가장 재미있는 것 중 하나는 드머스와 레브가 실시한, 인터넷 부문이 극심한 타격을 받은 2000년 1분기 동안의 자료들을 포함한 연구다.[38] 그들은 명확한 이익이나 전통적인 재무적 가치평가 변수가 없는 상황에서 인터넷 기업에 대한 미래전망에 대해 투자자들의 의구심이 늘어나는 것을 고려할 때, 이들 기업에 대한 근본적인 가치평가 요인을 찾는 것은 투자자들이니 경영자에게 싱딩히 중요하다고 말한다.[39] 드머스와 레브가 연구한 핵심적인 비재무적 가치평가 요인에는 접근성(사이트를 방문하는 고유한 사람들의 수), 점착성(사이트 방문자를 얼마나 잘 유지하는가), 고객충성도(재방문 정도) 등이 포함된다.

그들은 현금소진비율과 같은 재무적 평가지표와 더불어, 이러한 가치동인의 측정이 장부가 대비 시장가 비율에서 변동의 중요한 부분을 설명한다는 것을 알았다. 유사하게 트루먼, 왕, 장은 고유한 방문객이나 페이지뷰와 같은 비재무적 평가지표가 아마존닷컴과 같은 인터넷 소매상의 주식가격을 부수적으로 설명한다는 것을 발견했다.[40] 그들은 또한 아마존닷컴과 같은 인터넷 소매상의 경우, 미래의 수익을 예측할 때 페이지뷰 평가가 중요한 역할을 한다는 사실을 강조한다. 또『페이지뷰는 그 기업의 제품에 대한 미래 잠재적 수요를 반영하며, 적어도 간접적으로나마 기업이 웹사이트에서 청구할 수 있는 광고료에 영향을 미친다』고 말한다.[41]

구경제에서의 새로운 평가기준

제1장에서 언급했던 것처럼 비재무적 가치동인은 인터넷 기업에만 국한된 것이 아니다. 와튼 경영대학원 교수인 라커와 크리스토퍼 D. 이트너(Christopher D. Ittner)는 내구재 기업, 비내구재 기업, 소매기업, 통신회사, 금융회사를 대상으로 여러 소비자 만족치와 재무적 평가치 사이의 관계에 대해 연구했다.[42] 그들은 소비자 만족수준이 매출, 매출성장률, 이익률, 그리고 매출이익률 등과 같은 미래 재무적 평가치의 선행지표라는 것을 알아냈다.

새로운 평가기준의 필요성

그러면 새로운 평가기준은 우리를 어디로 인도하는가? 인정하건대, 새로운 평가기준의 사용은 상당히 새로운 경험이다. 우리는 어떤 주어진 산업에서 가장 중요한 것이 무엇인지 이해하기 위해 애쓰고 있다. 새로운 평가기준이 오용될 수도 있고 오용될 것이라는 사실에는 의심의 여지가 없다. 그러나 새로운 평가기준에 대한 필요성은 명확하다. 심지어 새로운 재무평가기준보다 오래 된 재무평가기준에 더 중요성을 두는 사람에게도, 오래 된 재무평가기준은 더 이상 가치에 대한 명확한 결론에 도달하는 데 도움이 되지 않는다. 풀리엄에 따르면, 신경제에 대해 열광적으로 옹호하는 페인웨버의 커슈너는 시스코 시스템스의 경우 28%의 성장률을 고려한다면 실제로 이익의 150~175배 수준에서도 시스코 시스템스의 주식은 싸다고 강조했다.[43]

2000년 5월, 시스코 시스템스의 가장 높은 주가수익비율은 148.2로 커슈너가 합리적이라고 생각하는 가장 낮은 수치를 유지했으며, 2000년 9월 20일의 주가수익비율은 172.2로 여전히 커슈너의 범위에 있었다. 그러나 인터넷 기업에 대한 현재의 열광에 대해 커슈너와 같은 관심을 갖고 있는 시겔은 시스코 시스템스가 과대평가되어 있다고 믿는다. 그는 소규모 인터넷 기업이 시스코 시스템스처럼 규모가 큰 인터넷 기업보다 높은 주가/매출비율을 정당화하기 위해 필요한 성장률을 달성하기 쉽다고 생각한다.[44] 이러한 기업들은 커슈너에게는 커다란 의구심을 불러일으키는 대상이다. 그는 신경제 기업들이 수익에서 성장은 제공해주지만 가치에 있어서는 그렇지 않은 것으로 인식하고 있다. 이 두 명의 비판가도 신경제의 가치평가에서 서로 동의하지 않는다면, 우리는 새로운 평가기준을 찾아서 어디로 떠나야 하는가?

현실적으로 보자

기업가치를 평가할 때 실물 옵션이라는 다소 모호한 주제에 대해 언급하지 않고서는 새로운 평가기준에 대해 완전히 이야기할 수 없다. 이 개념은 브랜드나 연구개발, 그리고 생산설비와 같은 실제투자에 재무적 옵션 이론이 적용되며, 이것은 신경제 기업과 구경제 기업 모두와 관련이 있다. 현재 기업가치를 평가하는 데 널리 사용되지는 않지만, 실물 옵션은 재무적 또는 비재무적으로 새로운 평가기준보다 더 많은 논란을 불러일으킬 수 있다.

이러한 실물 옵션이 개념적인 기업전망(요구되는 자료가 많고 수학적으로 복잡함)에서 실제 사용되거나 또는 사용될 때, 시스코 시스템스의 기업가치 평가를 둘러싼 커슈너와 시겔 사이의 논쟁은 풀릴 것이다. 아마도 시스코 시스템스의 엄청난 가치는 시스코 시스템스의 실물 옵션에 달려 있을 것이다. 실물 옵션을 적극적으로 주장하는 사람 중 하나는 크레디트 스위스 퍼스트 보스턴의 리서치 애널리스트인 마이클 모브생(Michael Mauboussin)이다. 그는 특히 불확실한 시장에 속한 기업의 주식은 현재 알려진 사업의 현금흐름의 할인된 가치와 실물 옵션의 포트폴리오로 구성된다고 주장한다.[45] 이러한 실물 옵션은 예기치 않은 기회를 이용할 수 있는 기업의 능력을 포착하기 때문에 가치를 창출한다. 모브생은 실물 옵션에 대해 스스로 문제를 제기하고 답한다.

『생각하지 못한 것의 가치를 평가하는 것인가?』『예』,『생각하지 못한 것들이 가치가 있는가?』『예』[46]

또 모브생은 일반적인 일곱 가지 옵션 형태를 세 가지 항목으로 나타냈다.[47]

1. 투자/성장 옵션
   - 미래의 기회를 이용하기 위한 역량을 늘리기 위해 규모를 키워라.
   - 수요변화에 따라 제품 · 공정 · 설비를 변경하라.
   - 한 산업에서 이루어진 투자로 다른 산업을 발전시키기 위해 범위를 넓혀라.
2. 투자횟수/축소 옵션
   - 새로운 정보에 따라, 흐름에 맞는 역량을 위해 규모를 줄여라.
   - 새로운 정보에 따라, 비용에 좀더 효과적이고 유연한 자산으로 바꿀 수 있도록 변화하라.
   - 필요하다면 관련된 산업의 운영을 축소하거나 포기하기 위해 범위를 좁혀라.
3. 연기/학습
   - 투자할 기회가 있어도 조건이 허락될 때까지 투자하지 마라.

아마존닷컴의 실물 옵션 분석표

모브생은 아마존닷컴을 실물 옵션의 혼합이라고 부른다. 그는 실물 옵션이 기업의 가치를 창출해낸 네 가지 방법에 대해 언급했다.

첫째, 아마존닷컴은 핵심시장에서의 위치를 발판으로 유사한 사업에 진출함으로써 범위를 넓히는 옵션을 사용했다. 둘째, 이 기업은 현재 사업과 새로운 벤처의 더 많은 매출액을 지원하기 위해 유통능력을 늘리면서 규모를 확대하는 옵션을 사용했다. 셋째는 학습 옵션인데, 이는 미래에 가치를 창출하는 장을 가져다 주는 인수로부터 나왔다. 넷째,

옵션 기법을 사용해 가장 가치 있고 촉망받는 새로운 기업에 지분투자를 했다.

〈도표 3-1〉은 아마존닷컴이 실물 옵션을 통해 시장가치를 어떻게 증가시켰는지를 보여준다.

구경제의 실물 옵션

구경제 기업들도 물론 실물 옵션을 이용할 수 있다. 엔론(Enron)사를 살펴보자. 1999년 6월의 〈비즈니스 위크(Business Week)〉지에 따르면 엔론의 회장과 관리담당이사인 제프리 K. 스킬링(Jeffrey K. Skilling)은, 엔론이 미국 내 천연 가스 파이프라인 회사에서 가스나 전

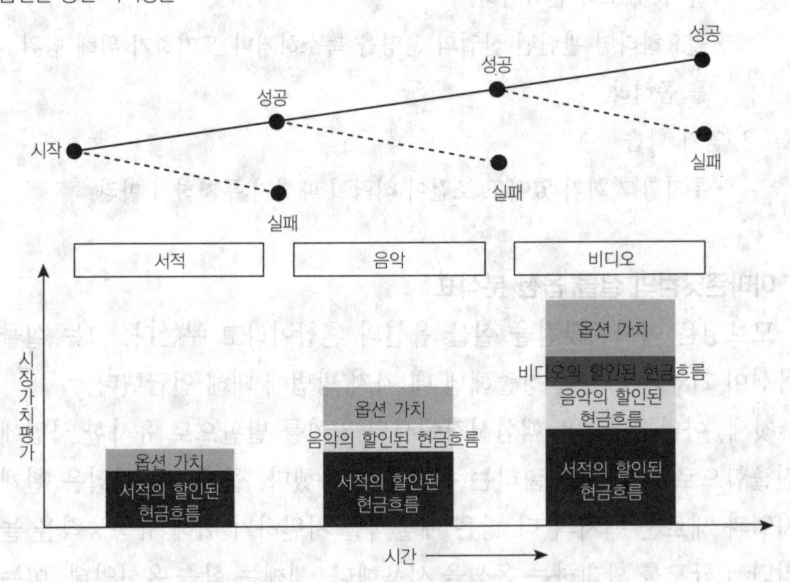

〈도표 3-1〉

아마존닷컴
옵션을 통한 가치창출

출처 : 크레디트 스위스 퍼스트 보스턴. *Frontiers of Finance* 10권, 1999. 6. 23. p. 20

기, 물, 그리고 최근에는 전기통신에 이르는 국제적 수송 딜러로 변환하는 데 실물 옵션을 고려한 것이 도움을 줬다고 인정했다.[48]

실물 옵션에 대한 사고의 한 가지 예는 전기를 일으키기 위해 가스발전소를 짓는 것이었다. 이러한 발전소는 다른 효과적인 설비보다 50~70% 정도 높은 비용이 들지만, 이러한 과정이 엔론에게는 전기에 대한 옵션을 주었다. 왜냐하면 가스는 전기를 발생시키는 데 사용될 수 있기 때문이다. 엔론은 최근 몇 년 동안 역사적 평균치보다 175%나 높은 가격수준을 보인 전기의 극심한 가격변동성을 이용할 수 있는 것이다. 〈비즈니스 위크〉는 산업 애널리스트들이나 엔론의 연간 보고서에서 이 기업의 실물 옵션 전략에 대해 직접 언급한 부분은 없다고 보고하고 있다. 하지만 엔론은 1999년 초 이후 산업에서 항상 높은 주가수익비율을 보인, 다른 두드러진 기업보다도 늘 높은 성과를 보였다. 엔론은 실물 옵션을 사용하고 있고 시장은 그것을 알고 있다. 2000년 7월, 엔론의 주가수익비율은 50 정도였는데, 이는 주요 경쟁자의 주가수익비율보다 2~4배 정도 높은 것이다.

실물 옵션의 가치는 때때로 연기나 허상처럼 보이지만, 그것은 엄격한 사고와 복잡한 수학적 계산에 기초를 두고 있다. 그러나 실물 옵션은 가정과 밑에 깔려 있는 자료 면에서는 한계가 있다. 또 확률을 측정하기 위해 자료가 많이 필요하기 때문에 사용하기가 어려운 것으로 알려져 있다.

아마 이러한 기술적 어려움은 시간이 지남에 따라 해결될 것이고, 실물 옵션은 더 일반적인 분석기구가 될 것이다. 실제 많은 사람들이 그러하리라고 믿고 있으며, 학계나 기업에서는 그 목적을 향해 일하고 있다.

개념은 지금 여기에 있다

그 동안, 단지 실물 옵션 전망이란 것은 이른바 개념적인 주식으로 불리던 주식가격에 대해 몇몇 규칙과 엄격한 사고를 제시하는 방법 중 하나였다. 이러한 예로서는 2000년 2월, 주가/매출비율이 놀랍게도 1,761을 기록한 제너럴 매직(General Magic)과 이보다 더 경이적인 2,781을 기록한 선라이즈 테크놀로지 인터내셔널(Sunrise Technologies International)사의 경우를 들 수 있다. 〈월 스트리트 저널〉에서 로버트 맥고프(Robert McGough)는 『이런 개념적인 주식을 가진 놀랄 만한 새로운 세상이여』[49]라며 분통을 터트렸다.

이와 같이 개념적인 주식에 의구심을 가진 사람들은, 과거에 이런 주식들이 중요한 하강국면을 겪었다는 것을 좋은 이유로 지적한다. 그러나 이러한 의구심에도 불구하고 그들은 이런 주식의 상승에 동참하기 위해, 적어도 때때로 개념적인 주식에 손을 뻗친다는 것을 알고 있다. 그렇게 하지 못한다면, 그들이 지불하려는 주식가격에 대해 경제적 정당성을 찾든 못찾든 간에, 그들의 전반적인 포트폴리오의 성과를 해칠 수 있기 때문이다.

실물 옵션 사고는 장기적인 생존 가능성과 새로운 비즈니스 모델을 채택하고 있는 기업들로부터 그렇지 못한 기업을 가려내는 한 가지 방법을 제시해준다. 또 이것은 불확실한 환경에서 영업하는 기업이, 쇄신할 수 있는 기회를 인식하고 이를 활용할 수 있도록, 기업의 고유가치를 규칙화된 시각으로 보려는 시도인 것이다.

결국, 마이크로소프트와 같은 기업도 개념적인 주식에서 벗어난 지는 그리 오래 되지 않았다. 그리고 시스코 시스템스, 델 컴퓨터(Dell Computer), 퀄컴(Qualcomm), MCI 월드컴은 어떠한가? 이 모두가 최초의 사업을 뛰어넘어 그들을 잘 이끌어준 기업쇄신 덕에 초기 기대를 훨씬 능가하게 됐다. 그들은 새로운 제품, 새로운 서비스, 그리고 새로운 시장을 창출했다. 그들은 실물 옵션을 가졌으며 그것을 잘 활용했다.

이런 성공에도 불구하고 위험은 높다. 2000년 6월 30일 나스닥의 평균 주가수익률은 181을 기록했다.[50] 고전적인 가치평가 기법으로는 이런 높은 수치에 적합한 기업과 그렇지 않은 기업을 가려낼 수 없다. 실물 옵션 분석과 같은 새로운 기법 없이 이런 주식들 사이에서 선택한다는 것은 주사위를 던지는 행위와 비슷하다. 그러나 선택하지 않는다는 것은 투자자들이 실제 가치창조에 대해 간과한다는 의미이며, 이는 1990년대에 우리가 뼈저리게 배운 사실이다.

The Earnings Game
이익게임

웃어야만 하는 곳에서는 웃고,

진실될 수 있는 곳에서는 진실되어라.

── 알렉산더 포프(Alexander Pope),

《인간론(An Essay on Man)》 중에서

이익게임 역사에 기록으로 남을 사례가 하나 있다. 2000년 4월 5일, 야후!는 월가 전문 애널리스트 29명이 예측한 주당순이익 9센트보다 11%나 많은 10센트[1]의 1/4분기 주당순이익을 발표했다.[2]

그보다 한 달 전 「멀텍스닷컴(Multex.com) 보고서」는 주당순이익 9센트가 전년도의 분기 주당순이익을 125%[3]나 초과하는 데 주목하면서 『이익예측에 대한 투자 공동체의 확신이 매우 높다』고 발표했다. 보고서는 또한 시장 전체의 평균보다 회사에 대한 합의된 예측치(consensus estimate)의 편차가 훨씬 낮기 때문에 기대치로부터 실제 결과의 중요한 변동은 주가에 심각한 악영향을 가져올 수 있다고 보고했다.

시장은 기쁘게도, 야후!가 일치된 측정치를 완전히 넘어서도록 해주었으나, 그것이 기쁜 일은 아니었다!

나스닥이 4월 5일 폐장할 때 야후!의 주가는 165달러 56.25센트까지 떨어졌다. 폐장한 후에도 더욱 떨어졌다. 1주일 후에 나스닥 종합지수는 9.5% 떨어진 데 비해 야후! 주식은 거의 18%까지 떨어졌다. 아주 양호한 이익을 발표한 후 단 1주일 만에 야후!는 160억 달러의 시장가치를 잃었다. 이는 나이키(Nike)의 122억 달러나 페더럴 익스프레스(Federal Express)의 시가총액 119억 달러보다도 큰 것이었다.

야후!의 최고경영자였던 팀 쿠글(Tim Koogle)은 상황을 냉철하게 헤쳐나갔다.[4] 『주식시장은 가끔씩 어리석다. 하지만 우리가 실제로 신경쓰는 시장은 우리가 수익을 얻는 시장이다.』 쿠글은 자신이 무엇을 말하는지 아는 사람이다. 주식시장은 완전히 어리석어질 수 있다. 지금은 과거보다도 더 그렇다. 실제로 완전히 비합리적으로 바뀔 수 있는 것이다. 합리성이 무너질 때 혁명이 일어난다.

실제로 무엇이 추락하고 있는가?

야후!의 추락은 이익에 아직 반영되지 않은 나쁜 뉴스의 결과인가? 대조적으로 야후!에 관한 모든 뉴스는 조짐이 좋았다. 많은 사람들이 인터넷 기업의 중요한 가치 요인으로 생각하는 기업의 수익은 기업 애널리스트들의 기대를 상회하며 전 분기보다 두 배 이상 늘었다.

등록된 사용자(야후!의 서비스에 등록한 고객)들도 전분기의 1억 명에서 1억 2,500만 명으로 늘었다. 그리고 더 좋은 뉴스는 야후!의 배너광고, 스폰서십, 그 밖에 마케팅 원천으로부터의 광고 수익 또한 늘었다는 것이다. 4월 6일자 〈월 스트리트 저널〉은 이와 같은 희소식을 기사로 실었다. 『인터넷 선도기업(야후!)의 성과는 지난 며칠 동안의 시장가격 변동과 비교했을 때 매우 안정적이다.』[5]

그럼 무엇이 문제인가? 짐깐! 회사의 주당순이익 10센트는 비공시서인 「소문(whisper)」에 의한 주당순이익의 예측치 12센트보다 낮았던 것 같다. 따라서 시장이 기대했던 실제 상위기대치(above-expectation)보다 보고된 순이익이 높지 않았기 때문에 야후!의 주가는 급락한 것이다.

혼란스러운가? 당신만 그런 것이 아니다. 특히 미국에서의 자본시장은 기업과 시장에서의 투자결정에 부정적인 영향을 미치는 근본적인 모순을 보이고 있다.

그럼 무엇이 모순인가? 연구결과에 따르면 보고된 이익이 장기간의 가치를 설명하는 데 점점 덜 중요해지고 있는 반면, 단기간의 가치를 설명하는 데는 과도할 만큼 시장에서의 관심이 집중되고 있다. 따라서 회사, 매도측 애널리스트, 투자자들의 보고된 분기이익에 대한 관심이 증가했다. 보고된 이익을 공식적인 기대치와 비교하고, 그러한 기대치를 초과할 것이라는 비공식적 인식을 고려하는 관점에서 높은 반응을 보이고 있다.

이와 같이 이익게임은 시작된다. 그것은 특히 이익추정치를 예측하고 재추정하는 일을 직업으로 삼는 매도측 애널리스트를 제외하고는 아무도 진정으로 하고 싶어하지 않는 게임이며, 아무도 진정으로는 좋아하지 않는 일련의 법칙에 따라 행해진다.

이론적으로 행해지는 게임

경제이론의 초기에는 비교적 간단한 법칙 세 가지가 이익게임이 어떻게 운영되어야 하는지를 제시하고 있다. 이들 법칙은 기업으로 하여금 위임장(proxy statement)과 연단위의 「10-K 보고서(역주 SEC에서 규정하는 기업공시 항목 중 재무제표 공시를 규정하는 항목)」, 그리고 분기단위의 「10-Q(역주 감사되지 않은 재무제표 등을 포함한 정보를 분기별로 발표하도록 규정하는 항목)」보고서를 미국에서 제출하고 연단위의 주주총회를 열도록 요구하는 현존하는 규칙들과 완벽하게 일치한다.

- 법칙 1 : 기업들은 이익을 있는 그대로 보고해야 한다. 경영자는 자기 일에 최선을 다해야 한다. 회사를 운영하고, 장기와 단기를 조

정하고, 이익을 평준화하거나 시장의 기대치를 조작하지 않고 있는 그대로의 이익을 보고해야 한다.

- 법칙 2 : 애널리스트들은 이익이 얼마인지 추정하지 말고 이익을 해석해야 한다.

애널리스트들은 이익을 추정하는 데 최소한의 노력을 하고——기업과 산업, 그리고 거시경제에 관한 다른 정보들의 전후 상황에 맞춰서——보고된 숫자들이 기업의 미래 전망에 대해 의미하는 바를 해석하는 데 좀더 관심을 기울여야 한다.

- 법칙 3 : 투자자들은 애널리스트들이 투자자들에게 말하는 대로 행동해야 한다.

투자자들은 애널리스트들의 말을 듣고, 추천하는 것을 읽고, 그러고 나서 주식을 팔지(또는 그들의 포지션을 약화시킬지) 또는 살지(또는 그들의 포지션을 강화시킬지)를 결정해야 한다.

이론상 이 세 가지 법칙은 효력이 있을 것이다. 단, 다음과 같은 가정하에서 그렇다.

- 보고된 현재의 이익은 일어날 수 있는 미래 이익에 관해 많은 양의 정보를 제공하는 진실한 수치다.
- 보고된 이익은 주가를 형성하는 시장에 지극히 유용한 지침을 제공한다.
- 현재 이익이 변화하는 대로 주가는 동일하게 움직인다. 왜냐하면 그러한 단기의 변화가 미래의 변화에 대한 좋은 지침이 되기 때문이다.
- 아무도 이익을 「진실한 이익」보다 높이거나 낮추려고 하지 않기 때문에 보고된 이익의 질에 대해 아무런 의심이 없다.[6]

- 법칙 1 : 지속적인 이익성장의 기록을 내라.
- 법칙 2 : 이익기대치를 신중하게 관리하라.
- 법칙 3 : 이익기대치를 조금만 넘어서라.
- 법칙 4 : 기대치를 달성하거나 초과달성하는 사업 의사결정을 내려라.
- 법칙 5 : 기대치를 달성하지 못한 주식의 주가를 떨어뜨려라.
- 법칙 6 : 위스퍼 넘버에 신중하게 귀기울여라.
- 법칙 7 : 위스퍼 넘버를 달성하지 못한 주식의 주가를 떨어뜨려라.

이론적으로는 훌륭하지만 실제로 어느 누가 이러한 법칙을 따라 행하겠는가? 현실적으로 일어날 수 있는 일들을 고려해보자.

가까이에서 행해지는 게임

최근 미국 IR협회(National Investor Relations Institute)의 조사에서는 열 개의 기업 중 단 한 개 정도의 기업만이 애널리스트들이 기업의 이익예측치를 예측할 때 도와주기를 꺼린다는 것을 밝혀냈다.[7] 나머지 90%는 적극적으로, 앞에서 언급된 초기의 모형(version)보다 훨씬 복잡한 이익게임의 모형대로 행동한다.

훨씬 복잡한 모형은 당연히 더 많은——사실은 일곱 개(위의 표를 보라)——법칙을 갖고 있다. 하지만 게임과 일련의 법칙은 무언가를 공유하고 있다. 그것들은 가치를 결정하기 위한 열쇠로서 하나의 수치(이익)에 초점을 맞춘다. 그와 같은 단 하나의 초점이 지속되는 한——그 숫자가 이익이든, 현금 흐름이든, 경제적 부가가치(Economic Value Added : EVA)이든 또는 그 밖의 무엇이든——법칙의 어떠한 조합에 따라 게임을 수행하더라도, 또는 어떤 법칙일지라도, 최적의 자본시장에 이르지는 못한다.

이러한 법칙이 실제로 잘 작용하는가? 법칙들이 완전한 기업의 의사결정을 뒷받침하는가? 법칙들이 시장에 믿을 만한 가치정보를 제공하는가? 법칙들이 기업과 그 주주들을 위한 가치창조에 기여하는가? 이와 같은 사실을 고려하고 당신 혼자 힘으로 결정해보라.

법칙 1 : 지속적인 이익성장의 기록을 내라

일반적으로 받아들여지는 이론에서, 잘 나가는 기업은 모두 불확실성을 줄이는 계획 및 통제 시스템을 갖고 있다고 주장한다. 이러한 시스템들은 계량적인 목표를 설정하고, 그 목표를 달성하기 위한 진행을 관찰하고, 필요한 수정을 하고, 목표달성에 대해 경영자에게 보상을 한다(또는 목표 미달에 대한 처벌을 한다).

시장이 결국 그 성과를 평가하고 결과적으로 그들에 대한 보상을 결정하므로 경영자들은 자연히 불확실성을 줄이려 애쓴다. 그러므로 일관된 분기별 이익성장 추세가 중요한 부분이다. 그렇게 함으로써 경영자는 회사가 앞으로도 계속 좋은 성과를 낼 것이라는 강력한 신호를 시장에 보내는 것이다. 그 성과로서 주가의 상승과 경영자에 대한 굳은 신뢰가 형성될 것이다.

대부분의 경영진은 이것을 신조처럼 받아들이며, 많은 예들이 그렇다는 것을 보여준다. 그러나 경영자들이 분기 이익의 일관된 성장이라는 어려운 목적을 달성했을 때조차 시장이 그들이 바라는 대로 반응하리라는 보장은 없다. 중요하다고 여길지도 모르겠지만, 이익은 시장의 주익를 끄는 유일한 요소가 아닐 때가 있다.

에머슨 일렉트릭사(Emerson Electric Co.)의 예를 생각해보자. 1999년 4월까지 에머슨은 165분기 연속 순이익 성장이라는 놀라운 기록을 이어가고 있었다.[8] 몇 년 동안 시장은 기업에게 높은 주가와 증가추세의 주가수익비율이라는 보상을 해왔다. 1994년에 에머슨의 주가수익비율은 14.8이었지만 1997년 주가수익비율은 23.1까지 치솟았다.[9]

그 때 이래로 주가수익비율은 23.1 이상으로는 올라가지 않았고 2000년 6월쯤에는 약 21을 유지하고 있었다. 왜 에머슨의 주가수익비율은 회사의 이익이 계속 상승하던 3년 동안 더 이상 올라가지 않았을까? 제3장에서 토의했듯이, 주가수익비율의 구성요소 중 하나는 기업의 성장률이다. 에머슨의 경우 칼 퀸타닐라(Carl Quintanilla)가 〈월 스트리트 저널〉에 기고한 대로, 투자자들은 회사가 원가절감에만 치중하면서 수익을 증대시키고 장기간의 성과를 보장하기 위해 해야 할 일——예를 들면 합병 같은——을 하지 않는다는 사실에 대해 염려하고 있었던 것이다.

법칙 2 : 이익기대치를 신중하게 관리하라

매도측 애널리스트들은 나소 복잡한 재무석 모델을 이용해 회사의 다음 분기 이익을 추정하는 데 아주 많은 시간을 보낸다. 그들은 자신들의 추정치를 회사의 과거 성과(전 분기와 지난 해의 같은 분기) 및 다른 유사한 기업에 대한 추정치와 비교한다. 그리고 주식의 매입이나 매도에 대한 의견을 낸다. 분기 재무정보가 감사되지 않았거나 종종 고쳐지기 때문에, 이러한 분석에는 더욱 많은 시간이 걸린다.

나와 함께 춤을

예측치는 매우 널리 알려지기 때문에, 이익이 어떠하리라는 시장에서의 인식에 경영자는 영향을 미치려고 할 것이다. 경영자들은 보통 애널리스트와의 사려 깊은 대화를 통해 시장에 영향을 주게 된다. 어느 재무 칼럼니스트는 이것을 「잘 구성된 왈츠」[10]라고 부른다.

SEC의 의장인 아서 레빗(Arthur Levitt)은 좀더 직접적으로 표현한다. 그는 『애널리스트들은 기대치를 짜맞추기 위해 회사로부터 지속적인 지침을 얻으려고 한다』[11]고 솔직히 선언하고, 냉정하게 그러한 행위를 「역기능적 관계의 망(web of dysfunctional relationship)」이라고 언급

했다.[12]

기업들은 그러한 행위에 자유롭게, 그리고 열성적으로 참여하기까지 한다. 227개 기업에 대한 1998년 미국 IR협회의 조사에 따르면 응답자의 77%가 애널리스트들에게 그들의 이익추정치가 기업이 원하는 선에서 벗어났는지 여부에 대해 알려주며, 71%는 애널리스트들에게 기업이 추정치에 만족하는지 여부를 말해준다는 것이다. 그리고 46%는 미래추세에 대한 지침을 제공한다.[13]

큰 시장가치를 가진 기업들(15억 달러 이상)이 작은 시장가치를 가진 기업들(5억 달러 이하)보다 더 많은 지침을 제공했다. 중간 정도의 시장가치를 지닌 기업들(5억~15억 달러)은 중간 정도였다. 좀더 일반적으로, 그 조사에서 86%의 기업들이 애널리스트의 보고서 초안에 대해 검토하고 검토의견을 표명했으며, 거의 5분의 4는 실제로 출판되기 전에 애널리스트들의 향후 이익추정이나 이익추정 모형에 대해 검토하고 검토의견을 표명했다.[14]

내게 도움을 다오

왜 기업들은 이런 도움을 주는 것일까? 왜냐하면 애널리스트들이 명시적으로 그것을 요구하기 때문이다. 〈포천(Fortune)〉지 선정 500대 기업의 CFO에 대한 1999년 7월 〈CFO 매거진〉 조사에 따르면 애널리스트들은 기업의 이익을 추정할 때 거리낌없이 회사의 도움을 요청하고 있다고 CFO 대부분이 생각하고 있다. 1~5까지의 등급을 매기는 설문조사에서 (뻔뻔스럽게도) CFO들의 62%가 『회사의 이익추정에 공감하는지 여부에 대해 애널리스트들이 질문할 때 얼마나 노골적으로 하느냐?』[15]라는 질문에 대해 4 또는 5의 등급을 매기고 있었다. SEC의 공정공시규정이 그러한 행위를 제한시킬 수 있을지 여부는 시간이 지나야 알 수 있을 것이다.

조사 데이터에 근거한 최근의 학문적 연구에 따르면 기업들이 적극적으로 애널리스트들의 이익 기대치를 조정한다는 일반적인 인식은 좀 더 분명해진다. 데이비드 버그스탈러(David Burgstahler)와 마이클 임즈(Michael Eames)는 1986~96년까지 실제 주당순이익과 예측치에 대한 연구를 하기 위해 「잭스 투자 연구 데이터베이스(Zacks Investment Research database)」를 사용했다.[16] 그들은 『연간이익의 분포가 예측된 손실보다 더 작은 손실을 보이고, 예측된 「작거나」, 「제로인」 이익보다 더 큰 이익을 보인다. 이는, 보고된 이익이 이익기대치보다 낮은 상황을 피하기 위해 경영자들이 의식적인 행동을 취한다는 추정과 일치한다』[17]고 발표했다.

기업들과 애널리스트들에게는 모두, 적어도 단기간에는 예측한 이익보다 실제 이익이 적은 경우를 줄이는 것이 유리하다. 애널리스트들은 실제 이익에 대한 「올바른」 수치를 맞추기 때문에 영리해 보인다. 마치 결과가 공표되고 동료들이 모두 선생님의 정답지를 볼 수 있다는 것을 알면서 퀴즈를 푸는 것과 같다. 사실, 기업의 지침에 동의하지 않고 그들의 동료보다 더 멍청해 보이는 위험을 감수하는 애널리스트들이야말로 용감하다고 할 것이다.

애널리스트들이 기업의 지침을 따르는 것에 기업 또한 만족하게 된다. 애널리스트들이 기업의 지침을 따르는 경우에는, 그들이 지나치게 낙관적이어서 실제 결과가 나왔을 때 실망하는 것을 방지하거나, 지나치게 비관적이어서 회사의 실적에 대한 의구심을 제기함으로써 투자자들이 금방 실망하는 것을 막아준다.

이익을 전혀 내지 못하는 상황에서의 기대치 조정

기대치를 조정하는 이 법칙은 이제 많은 인터넷 주식에서 흔히 발생하는 이익이 전혀 없는 기업으로 확장되고 있다. 법칙2의 이런 변형은 수익이나 손실에 관한 기대치를 조정하는 것과 관련이 있다.

〈마켓 가이드(Market Guide)〉의 투자연구 이사이자 마켓가이드닷컴

(www.marketguide.com)의 테크놀로지 코너 칼럼(Technology Corner column)을 맡고 있는 거스테인에 따르면 『설사 금액이 크더라도 돈을 잃는 것은 괜찮지만 예측했던 월가의 기대치보다 더 많은 주당 손실을 공표하는 것은 곤란하다』고 한다.[18] 거스테인은 2000년 상반기 인터넷 분야의 중요한 변동사항을 좇아 만든 데이터에 기초해서, 이 점을 잘 뒷받침하는 신속한 분석을 제공했다. 그는 2000년 9월 28일로 마감되는 13주 동안 손실을 기록한 713개의 인터넷 기업들을 분석했다.

이 기간 중 해당 회사들의 주가는 평균 26.94% 하락했다. 기대치보다 더 작은 손실을 공표했던 272개 인터넷 기업들의 주가는 24.38% 하락해 차이를 보였다. 이러한 차이는 기대치보다 손실 폭이 20% 이상 적었던 108개 기업에게서 더 잘 나타난다. 그들의 주가는 13.65%만이 하락했다. 그러나 기대치보다 20% 이상의 손실을 기록한 32개 기업들의 주가는 거의 40%(39.32%)나 하락했다.

HBO의 사례가 보여주는 것

HBO & 컴퍼니(HBO and Company : HBOC)와 그 이익기대치 관리 사례를 보자. HBOC는 법칙2에 따라 월가에 너무 공격적이지도 않고, 너무 보수적이지도 않은 이익 기대치와 전망을 계속 공시했다. 매케슨 코퍼레이션(McKesson Corporation)과 합병하기까지 28분기 이상 동안 HBOC는 합의된 이익 기대치를 연속적으로 충족시키거나 약간 상회했다.[19]

1998년 초 애널리스트들은 HBOC의 주식을 「매수(buy)」 또는 「매집(accumulate)」 추천항목으로 기재했다.[20] 다우존스 온라인 뉴스 서비스(Dow Jones Online News Service)는 『HBOC가 건강 정보 부문의 중요한 주도자로 인식되어왔으며…, 1991년 이래로 분기마다 애널리스트들의 이익 추정치를 충족시키거나 상회해왔다』[21]고 보도했다. 인터스테이트 존슨 레인(Interstate Johnson Lane)의 재무 애널리스트인 스티브 슈크(Steve Shook)는 1998년 3월에 『HBOC는 산업을 주도하는 소수의 기업 중 하나이며, 그들은 미래 성장을 잘 활용할 수 있도록 포지셔닝되어 있다』고 말하고, HBOC의 주식 가치가 『지난 해보다 두 배로 뛰었다』고 덧붙였다.[22]

법칙3 : 이익 기대치를 조금만 넘어서라

HBOC에 대한 공시는 HBOC의 영업과 현재 재무상태에서 전망되는 결과에 대한 모든 형태의 경고성 언어, 위험 경보, 그리고 주의를 담고 있었다. 그러나 분기마다 HBOC는 영업의 결과로서 예견됐던 이익을 충족하거나 넘어섰다. 더 이상의 이익을 올리는 것은 불가능하다는 경고나 위험의 형태는 1991~98년까지, 즉 HBOC가 매케슨 코퍼레이션과 합병에 동의할 때까지 계속됐다.

같은 식으로 HBOC의 주가는 주식분할을 통해 조정된 후 1996년 1월 주당 18달러 63센트에서 꾸준히 상승해 1998년 6월 70달러 50센트까지 올라갔다. 매케슨 코퍼레이션과 합병된 1998년 10월 16일에는 HBOC의 주가가 59달러 13센트로 세 배 이상 상승했다.

보고된 이익이 이익 기대치보다 높다는 사실이 분기마다 HBOC의 주가를 더욱더 높이 밀어올렸다. 물론 HBOC가 동시에 주가의 상승을 수반하는, 이익 기대치보다 높은 이익에 대한 뉴스를 시장에 전하는 유일한 기업은 아니다. 1999년 3/4분기에 S&P 500의 대상기업 중 4분의 1 이상이 합의된 이익 기대치를 성취했다고 보고했고, 약 12%만이 이익 기대치를 달성하지 못했다. 약 60%의 나머지 기업들은 대부분 합의된 기대치를 약간씩 넘어섰다.[23]

러셀 2000(Russell 2000)은 순자산이 중간 규모인 회사들로 구성된 지수인데, 애널리스트들의 관심에서 다소 벗어나 있으며 일반적으로 덜 복잡한 투자 관계를 가지고 있다. 러셀 2000의 회사 중 10%의 기업만이 기대치를 정확히 충족시켰다. 14%의 기업은 기대치보다 낮았다.

30%의 기업은 기대치를 약간(10% 미만으로) 상회했으며 나머지는 그 이상으로 기대치를 상회했다.[24]

기업들과 애널리스트들은 기대치를 조정하기 위해 좀더 잘 협력하는 지혜를 익힌 것 같다. 윌리엄 키니(William Kinney), 버그스탈러와 로저 마틴(Roger Martin)은 1992~97년 사이에 2만 2,000개의 연간 종합지수 예측치와 보고된 이익을 연구했다.[25] 이들은 보고된 이익이 예측치보다 낮은 기업들의 수가 29% 감소하고, 보고된 이익이 예측치와 일치한 기업들의 수가 41% 증가했다는 것을 알아냈다. 보고된 이익이 예측치보다 높은 기업들의 수는 14% 증가했다.

그들은 『이익의 조작이 많아졌거나』 또는 『애널리스트들에 따른 더욱 정확한 이익 예측이 있었다』고 결론을 내렸다. 유사하게, 2000년 4월 20일자 〈월 스트리트 저널〉은 1992년 중반에 절반쯤의 기업들이 기대치와 같거나 더 높은 이익을 내고 나머지 기업들은 기대치를 충족시키지 못했으나, 대조적으로 1999년 말에는 전체의 70%의 기업들이 기대치를 충족시키거나 상회했으며, 30%의 기업들만이 기대치를 충족시키지 못했다는 것을 보여주는 분석기사를 실었다.[26] 기사에 따르면 그러한 변화는 『회사들이 애널리스트들의 기대치를 조정하는 게임에 훨씬 더 능숙해졌으며, 더 잘 해나갔기 때문』이라는 것이다.[27]

만약 기업들이 기대치를 충족시키거나 가볍게 넘어서는 이익 측정치를 만들어내기 위해 애널리스트들과 협력하지 않는다면, 보고된 이익과 비교했을 때 실제 이익의 분포는 대충 종 모양의 곡선이 될 것이다. 예측보다 더 높은 이익의 빈도수가 예측보다 더 낮은 이익의 빈도수와 엇비슷할 것이며, 어느 쪽으로든 극단적으로 예측하는 사람은 거의 없을 것이다. 이와는 대조적으로 이들 데이터는, 예측보다 더 높은 이익을 보고한 경우가 예측보다 더 낮은 이익을 보고한 경우보다 대략 4 대 1 비율로 더 많으며, 예측보다 더 높은 이익을 보고한 경우로의 비대칭이 더욱 커지고 있음을 보여주고 있다.

법칙4 : 기대치를 달성하거나 넘어서는 사업 의사결정을 내려라

목표를 세우고 그 달성 여부를 측정할 때의 가장 큰 장점은, 특히 목표를 달성함으로써 그들에게 보상이 주어진다면, 목표를 달성하기 위해 사람들이 매우 열심히 일하리라는 것이다. 긍정적인 관점에서 봤을 때 목표를 달성하기 위해 그들은 더 열심히 일하고, 위험을 부담하고, 창조적인 방법을 찾아낼 것이다.

부정적인 관점에서 봤을 때, 그들은 장기 이익을 희생하고 단기 결과를 산출해내는 의사결정을 내릴지도 모른다. 고정자산 유지를 위한 투자를 지연시키거나, 회계기간이 끝나기 전에 매출을 늘리기 위해 가격을 인하하는 고전적인 예를 들 수 있다. 회계적으로는 완벽하게 합법적인「판단의 근거」와 더불어서, 그러한 결정은 이익을 가능한 한 가장 유리하게 하려는 것이다. 몇몇 경우에, 재량권남용은 허용 가능한 한계를 넘어서게 된다. 재량권의 사용이 한계를 초과했을 때, 그것은 회계분식이 된다. 그러나 어떤 면으로 보든지 이는 이익조정이며 기업, 투자자, 감독기관, 학계에 다 같이 매우 중요한 관심사다.

적당히 판단하라

매도측 애널리스트들과 기관투자가들은, 기업들에게는 기업의 이익을 조정할 수 있는 기회가 많이 있다고 믿는다. 프라이스워터하우스쿠퍼스의 전세계를 대상으로 실시한 기관투자가들에 대한 조사에서 기업들이 주어진 어떤 회계기간에서든 보고된 이익을 결정하는 데「많은 재량권」을 갖고 있다는 데 62%가 동의하고 있다. 18%만이 그렇게 생각하지 않고 있으며, 나머지는 의견을 제시하지 않았다.

이러한 결과는 각 나라의 샘플을 통틀어볼 때 거의 변함이 없었다. 그리고 많은 사람들이 미국 회계기준(U.S. GAAP)을 가장 엄격한 회계기준이자 가장 많은 규정을 가진 회계기준으로 여기는데도 기업들이 그러한 재량권을 갖고 있다고 생각하는 미국 투자자들의 비율은 76%

로 평균보다 더 높았다. 매도측 애널리스트들도 유사한 의견을 나타냈다. 조사한 국가 모두를 통틀어, 평균 65%가 기업들이 이익을 보고할 때 재량권을 갖고 있다는 데에 동의했다. 하이테크 산업의 애널리스트들과 투자자들 사이에서는 매우 유사한 결과가 나타났는데, 애널리스트들의 77%와 투자자들의 78%가 동의했다.

나와 함께 일해요

앞에서 살펴본 버그스탈러와 임즈의 연구는, 기업들이 보고된 이익을 조정할 때 재량권을 사용한다는 믿음을 뒷받침한다. 이들은 보고된 이익과 추정치가 같아지도록 기대치는 하향 조정하고, 애널리스트들의 예측치를 충족시키기 위해, 특히 기대치보다 이익이 낮아지는 것을 피하기 위해 이익은 상향 조정한다는 사실을 알아냈다.[28]

신기하게도 시장은 이익을 조정하는 기업의 행태를 아는데도 불구하고 회사가 보고하는 이익정보에 대한 시장의 만족도에 거의 영향을 주지 않는 것 같다. 우리가 전세계를 대상으로 실시한 조사에서 79%의 투자자들과 82%의 애널리스트들은 이익에 관해 적정한 정보를 얻고 있다고 말했다. 하이테크 산업에 대한 조사에서도 유사하게 70%의 투자자들과 90%의 애널리스트들이 이익에 대해 적정한 정보를 얻고 있다고 답했다.

미국에서는 그 비율이 다른 나라보다 현저하게 높았다. 이는 이익이 조정되고 있다는 것을 시장이 알더라도, 조정된 이익이 기대치를 충족시키거나 넘어서는 한, 시장은 만족한다는 것을 시사한다. 버그스탈러와 임즈의 연구는, 이익조정이 기업들과 애널리스트들 사이의 협력을 필연적으로 수반한다는 것을 명확히 보이면서 이러한 사실을 입증하고 있다. 즉 애널리스트들은 그들의 예측치를 추정하기 위해 기업으로부터 지침을 얻고, 기업들은 예측치가 확실히 충족되도록 적극적으로 행동한다.

이와는 다르게, 조사된 기업의 경영자들은 시장이 생각하는 것보다 이익을 조정할 수 있는 재량권을 덜 갖고 있다고 생각한다. 미국에서 조사된 CFO의 9%만이 기업들이 주어진 특정 회계기간에서도 보고된 이익의 수준을 결정할 수 있는 많은 양의 재량권을 갖고 있다는 점에 동의했고, 27%는 대체로 동의했다. 그러나 39%는 대체로 부인했으며, 10%는 강하게 부인했다. 하이테크 산업에서는 2%만이 강하게 동의했고 21%가 대체로 동의했으며, 40%는 대체로 부인했고, 15%는 강하게 부인했다.

액면 그대로 받아들일 때 이와 같은 통계 수치는, 이익조정의 실행이 이익 예측치에 영향을 미치는 데——예측치에 영향을 미친다는 것은 경영자들이 시인한 내용이다——한계를 갖고 있음을 의미한다. 다른 연구는 적어도 어떤 상황에서는, 경영지들이 보고된 이익에 영향을 미칠 수 있는 회계적인 재량권을 사용할 수 있고, 또 실제로 사용하고 있음을 시사하고 있다. 론 커즈닉(Ron Kasznik)은 1999년 4월 1일자 〈저널 오브 어카운팅 리서치(Journal of Accounting Research)〉에 실린 통계연구 보고서에서『경영자들은 이익을 조정하지 않으면 이익이 경영진의 예상치보다 낮을 경우, 보고된 이익을 상향 조정하기 위해 재량적인 발생주의원칙(accruals)을 이용한다』고 결론을 내렸다.[29]

그는 또한 경영자에게 주어진 재량권의 정도가 클수록 경영자들이 예상치와 실제 보고된 이익의 차이를 좁히기 위해 재량권을 더 많이 쓰는 경향이 있음을 알아냈다.『융통성이 더 많은 기업의 경영자들이 융통성이 덜한 기업의 경영자들보다 예측 실수를 더 많이 줄인다는 것을 발견했다』고 그는 언급했다.[30]

너무 서두를 필요는 없다

대부분의 기업이 이익을 조정한다는 것을 의심하는 사람은 거의 없다. 그것에 관해 해야 할 일이 명확해 보이진 않는다. 폴 M. 힐리(Paul

M. Healy)와 제임스 M. 왈렌(James M. Whalen)은 이 주제에 관한 학술서에 대해 총괄적인 논평을 하면서, 학술 연구들은 이익조정이 일어나고 있다는 확고한 증거를 제공하고 있다고 말했다. 하지만『연구들이 이익조정이 자주 발생한다든가, 비교적 드물게 발생한다든가, 또는 어떤 발생항목이 조정되고 있는가, 자원배분 결정에 어떤 효과를 미치는가 같은… 이해관계가 걸린 문제에 대한 증거를 거의 제공하지 못하기 때문에 기준 제정 기관들과 감독기관들에게 아주 제한된 가치만을 주고 있다』는 데 주목했다.[31] 그들은『현재의 기준이 투자자들과의 의사소통을 원활하게 하는 데 대체로 효과적인지 또는 광범위한 이익 조정을 방조하는지』를 결정하는 것은 어렵다고 결론지었다.[32]

미국에서는 1999년 8월 12일 제정된「SEC 회계공보 99호(SEC Staff Accounting Bulletin No.99)」의 중요성 기준에 관한 원칙을 통해,「중요성 기준의 허점(materiality loopholes)」에 의존해 기업들이 이익을 조정할 수 있는 능력을 제한하려는 시도가 이뤄져 왔다. 그 때까지 중요성 기준은 일반적으로 통용되던 백분율에 따른 주먹구구식의 방법에 기초하고 있었는데, 본질적으로 이 기준은 경영자들에게 보고된 이익을 결정하는 데에 상당한 재량권을 사용할 수 있는 여유를 주고 있었다.[33]

새 기준은 추가적인 기준을 제정하고 단순히 중요성 금액 이하로 낮다는 것이 중요성에 대한 지침의 충족을 보장하지는 않는다고 명시하고 있다. 예를 들면「이익이나 다른 추세들의 변화를 숨기거나, 기업에 대한 애널리스트들의 합의된 기대치를 달성하지 못했음을 숨기는 것」은 새 기준에 대한 위반이 되는 셈이다.

본질적으로, 새 기준의 제정은 경영자들이 법 조항만을 충족시키는 것뿐만 아니라 그 정신을 충족시키도록 보장하려는 시도인 것이다. 다소 아이러니컬하게도 기준은「법」에 더 많은 조항을 추가시킴으로써 그러한 시도를 하고 있다. 우리는 이익게임 그 자체가 여전히 남아 있는 한 이러한 시도가 단지 상황을 영속 시킬 뿐이라고 생각한다. 정신을 변화시키려면, 이익게임은 가치게임(Value Game)이 되어야 한다.

시장을 초조하게 하는 방법 — 법칙들을 깨라

대부분의 기업들은 법칙4에 따라 행동한다. 법칙4를 깬다면 시장은 매우 초조해질 것이다. 따라서 감독기관들은 조정되지 않은 진실된 이익의 세계에서 살 수 있을 만큼 용감한 기업들에게 틀림없이 박수를 치겠지만, 법칙4를 깨뜨리는 기업은 거의 없다.

〈월 스트리트 저널 유럽(The Wall Street Journal Europe)〉에 실린, 클리블랜드에 있는 보험회사인 프로그레시브 코퍼레이션(Progressive Corporation)——이익을 조정하지 않는 회사——에 관한 기사는 이러한 행위가 드물다는 점을 강조한다. 『CEO들에게 충격을 주는 사례가 있다. 만약 기업이 분기 이익을 조정하거나 평준화하지 않는다면 무슨 일이 생길지 상상해보라』고 적고 있다.[34]

기업들이 법칙2(기대치를 관리하라)와 법칙4를 동시에 파기한다면 무슨 일이 일어날까? 기사는 다음과 같이 덧붙인다. 『애널리스트들에게 조정되지 않은 이익에 대한 어떤 「지침」도 주지 않는 상황을 상상해보라. 어느 누가 제정신으로 월가를 무시해버리겠는가?』

한 가지, 이익에 대한 지침의 부족 때문에 생겨난 불확실성은 애널리스트들의 일을 훨씬 더 어렵게 만든다. 그리고 그것이 애널리스트들을 당황하게 한다. 한 애널리스트는 프로그레시브 코퍼레이션의 이익을 추측하는 것이 「마치 학기말 시험을 보는 것 같기」 때문에 잠을 잘 이루지 못했다고 한다.

프로그레시브 코퍼레이션이 법칙4에 따라 행동하는 것을 거부한 결과 단기 주가에 변동이 있었다. 프로그레시브의 주가는 주당 애널리스트들의 합의된 이익 예측치를 44센트 넘어서며 1998년 10월 16일 20포인트까지 올라갔다가, 이익이 기대치보다 주당 49센트 떨어진 석 달 후에는 30포인트 하락했다.[35] 회사의 장기 주가도 변동성이 커졌다. 프로그레시브의 베타는 1.4로 올스테이트(Allstate)사의 0.89에 비해 높았다.

그러나 그러한 변동성 때문에 프로그레시브의 주주에 대한 수익이 줄지는 않았다. 회사는 몇 년 동안 일관되게 S&P 500보다 나은 성과를 올려왔다. 1999년 4월 프로그레시브가 15년 간 올린 수익률은 4,438%로서 S&P 500의 735%보다 높았다.

어떻게 프로그레시브는 주가의 변동성을 극복했을까? 〈월 스트리트 저널〉의 기사는 13%의 주식을 소유한 최대 주주 피터 루이스(Peter Lewis)가 회사를 경영한다는 사실에 주목했다. 유사하게 CEO가 최대 주주인 버크셔 하더웨이(Berkshire Hathaway)와 로스(Loews)사는 월가에 이익지침을 제공하지 않는다. 루이스는『이익을 평준화하기 위해 요구되는 회계적 재량권 때문에 스스로를 잘못 인도하는 경영이 초래되고, 이익조정이「정직하지 않으며」실제로 적절히 기업을 경영할 경영자의 능력에 손상을 준다고 생각한다』고 말했다.

누가 누구를 속이는가

경영자들은 우선, 보고되는 결과들을 산출하기 위해 재량권을 행사한다는 사실을 잊을 때 스스로를 오도한다. 그들은 스스로가 보인 좋은 결과가 회계기준을 교묘하게 이용하거나 수익을 증가시키고 비용을 줄이기 위해 내린——현재의 요구를 만족시키기 위해 미래에서부터 이익을 강탈해오는——결정이라는 것 외에는 거의 아무것도 나타내지 못한다는 사실을 잊을지도 모른다. 그러한 행위가 한 분기나 두 분기 동인만 발생하고, 여러 일들이 결국 바르게 고쳐지며, 장기간에 대한 가치를 창조해내는 투자결정과 같이 지연됐던 결정이 내려지면 이익 예측치는 경제적 실질에 아주 가까운 수치로 되돌아온다.

하지만 그러한 행위가 연속되는 분기에서 이익 기대치를 달성하기 위해 점점 더 연장된다면? 경영자는 언젠가는 회계와 경영의 재량권 한계를 넘어 완전한 사기꾼으로 전락하는 미끄러운 비탈에 자신이 서 있음을 발견할 것이다. 잘 알려진 HBOC의 사례를 상기해보자. 최근 사법부는 HBOC의 전 CEO인 앨버트 버곤지(Albert Bergonzi)와 제이 길버트슨(Jay Gilbertson)에 대한 기소를 발표했다. SEC는 1933년에 제정된 증권법과 1934년에 제정된 증권거래법의 사기방지 조항을 위반한 혐의로 두 사람에 대해 고발조치했다고 발표했다. SEC의 샌프란시스코 지역 위원장인 헬렌 L. 모리슨(Helane L. Morrison)은『이것은 그 계획의 범위와 무고한 투자자에 대한 충격의 관점에서 보건대, 지금까지 일어난 회계보고에 관한 사기 사건 중에서 가장 큰 사건이다』[36]라고 말하고 있다.

SEC의 고소장에서 밝혀진 대로 HBOC의 신중하게 조직화된 이익 조정은 거짓말의 연속이었다. SEC는 고소장에서 버곤지와 길버트슨이『회계분식의 사기극을 만든 장본인이며, 이 사기극을 벌이는 동안 피고들은 그들의 사기행위로 주가가 상승한 HBOC의 주식매각뿐만 아니라 회사의 재무적 성과와 연동된 고액의 보너스로 부당하게 그들의 부를 늘려왔다』고 밝혔다.[37]

앞에서 언급된 주가 부풀리기는 시장과 애널리스트들의 이익 기대치에 일치해 확실히 예측 가능한, 그리고 증가추세의 이익을 달성하기 위해 꾸며진, 계속적이고 광범위한 이익 조정계획에 따라서 달성되었다. 그러나 HBOC의 수익과 이익이 비틀거리자 경영진은 시장의 기대치를 계속 충족시키기 위해 불법 회계분식과 용인될 수 없는 이익 조작이라는 사선을 넘고 말았다.

1999년 4월 매케슨 HBOC(McKesson HBOC)가 HBOC의 소프트웨어 판매와 관련해 회계분식에 대한 자체 조사에 착수한다고 발표하자 회사의 주가는 65달러에서 34달러선으로 곤두박질쳤다. 매케슨 HBOC는 이 주가하락으로 90억 달러 이상의 시장가치를 잃었다.[38]

법칙 5 : 기대치를 달성하지 못한 주식의 주가를 떨어뜨려라

매도측 애널리스트처럼, 기업들은 이익에 대한 시장의 기대를 충족시키기 위해 필요한 모든 것을 하고 싶은 유혹에 직면하게 된다. 시장의 기대를 충족하지 못할 때, 특히 보고된 이익이 이익 기대치를 충족시키지 못했을 때, 극적인 결과를 맞을 수 있다.

구경제를 확고부동하게 고수했던 163년 역사의 P&G는 이제 얼마나 엄격하게 법칙5가 적용되는지를 안다. 2000년 3월 7일, 회사는 예상되는 분기이익이 전년도 같은 분기보다 10~11% 떨어지고 그 전의 예측치보다는 7% 더 높을 것이라고 발표했다.[39] 투자자들은 회사의 주식을 매도해버렸고, P&G는 하루 만에 거의 회사 시장가치의 3분의 1인 764억 달러어치를 잃었다.

더욱 주목할 만한 사실은, P&G가 두 제약회사 워너 램버트(Warner Lambert)와 아메리칸 홈 프로덕츠(American Home Products)를 인수하겠다고 발표한 1월에, 이전 12개월 기간 중 가장 높았던 주가에서 20% 정도 가격이 떨어진 상태였다는 것이다. 이 모든 것은 1990년대에 P&G가 일반적으로 시장평균보다 성과가 좋았으며, 주가의 변동성 또한 시장평균보다 낮았음에도 불구하고 발생했다.

이익 기대치와 실제 보고된 이익의 차이

수많은 학술적 연구보고에 따르면 이익이 이익 기대치를 충족하지 못할 때, 시장은 부정적으로 반응한다는 것을 확인시켜주고 있다. 키니, 버그스딜러, 마틴은 이익 기대치와 실제 보고된 이익의 차이(또는 예측하지 못한 이익)와 주식투자 이익과의 관계는 『아마도 회계연구분야 중에서 가장 폭넓게 연구된 경험적 관계일 것』이라고 말한다.[40]

최근에 그들은 그 규모가 작은 「기대이익차이(이익 기대치와 실제 보고된 이익의 차이)」의 효과에 대해 연구했다. 그들은 보고된 이익이 이익 기대치보다 높은 경우에는 가격상승과 연관이 있으며, 보고된 이익이 이익 기대치보다 낮은 경우에는 가격하락과 연관이 있음을 발견했다. 몇몇 사례에서는 예기치 않은 작은 기대이익차이로 인해 큰 가격변동이 생겼다.

그들은 또한 상당수의 경우에서 두 변수의 관계가 일반적으로 예측했던 바와 반대라는 것과, 샘플 전체에 대해『우리가 행한 모든 테스트에서 기대이익차이를 설명할 수 있는 것은 매우 적다』는 것을 발견했다. 그들은『기대이익차이에 대한 정보는 모든 수익률 변동에 대해 일부분만을 설명해주기 때문에, 확실히 주식수익률은「기대이익차이」이외에도 많은 종류의 정보를 포함하고 있다』고 결론을 내렸다.[41]

만약「기대이익차이」와 수익률의 관련성이 그렇게 약하다면, 그리고 이따금씩 반대 방향이라면, 왜 경영자들은 이익 기대치를 조정하고 충족하는 일에 그처럼 신경 쓰는 것일까? 한 가지 이유는 경영자들은 그러한 통계적 평균치가 그들 자신의 상황에 어떻게 적용될지 확신할 수 없기 때문이다. 키니, 버그스탈러, 마틴은「예기치 않은 작은 기대이익차이」도 큰 효과를 미칠 수 있다는 것에 주목했다. 이것은 연간 이익 기대치가 발표될 때쯤에는 이익 기대치가 이미 세 분기 동안의 실제 이익을 포함하고 있으므로, 훨씬 안정적인 연간 이익 데이터를 사용한 연구 결과다. 만일 연구자들이 분기 데이터를 사용했다면, 결과는 달라졌을지도 모른다. 커즈닉의 연구 또한 연간 데이터를 사용했으므로 결과는 동일하다.

어떤 경우에서든지, 단기에서는 이익 기대치로부터의 작은 편차조차 회사의 주가에 커다란 충격을 줄 수 있기 때문에 경영자들은 살아남기 위한 중압감에 시달린다. 작은 편차가 회사의 주가에 큰 충격을 줄 수 있다는 것은, 특히 회사가 인수 또는 합병을 시도할 때 주가가 하락해서 인수·합병의 거래를 위험하게 하거나, 적어도 덜 유리하게 거래 조건을 이끌게 될 때 매우 곤란하게 작용할 수 있다. 또 주가의 하락은 경영자의 보상과 관련 있는 스톡옵션 가치에 영향을 미칠 수 있다. 극단적으로 말한다면 주가의 하락은 아주 단기간 내에 경영자의 해고로 이어질 수 있다.

지나친 반응인가, 정당한 반응인가?

시장이 단기간의 「기대이익차이」에 그렇게 강하게 반응할 때, 시장은 전체적으로 비합리적인 것일까? 어느 정도 시장은 지나치게 반응하고 있다. 바스카란 스와미너턴(Bhaskaran Swaminathan)과 찰스 M. C. 리(Charles M. C. Lee)의 연구는 지나친 반응에 대한 증거를 제시하고 있다. 그들은 연구결과에서, 『주가가 공개된 또는 비공개된 정보에 끊임없이 반응해 본질적 가치에 이르지 못하고 있으며, 시장이 가격결정의 오류를 수정하는 데는 오랜 시간이 걸릴 수 있다』고 말했다.[42] 하지만 시장은, 특히 보고된 이익이 이익 기대치보다 낮은 경우, 그런 지나친 반응에 대해 몇 가지 정당한 이유를 갖고 있다. 기대이익차이가 부정적일 때 어느 능력 있는 CFO가 기대치를 충족하기 위해 얼마 되지 않는 금액을 채워넣지 않을 수 있겠는가?

만일의 경우에 대비한 기금(미래의 이익)에서 얼마 되지 않는 금액을 채워넣을 수 없다면, 이것은 시장뿐 아니라 회사경영에도 충격을 주게 된다. 그것은, 특히 어려운 상황에서는, 경영진이 이해하고 받아들이려고 하는 것보다도 더 심각한 문제를 안고 있는 사업에 대한 통제력 부족을 의미하는 것일지도 모른다. 그럴 때 시장은, 현재 보고된 이익이 이익 기대치보다 낮은 것은 앞으로도 좋지 않은 분기 이익이 연속되리라는 신호일지도 모른다고 염려하게 마련이다. 최초의 나쁜 뉴스는 나쁜 뉴스들의 범람에 대한 전조가 된다. 몇 차례 분기 동안 연속해서 기대치를 조금씩 상회하도록 교묘한 가공 처리를 해서 이익을 만들어낸 모든 행위에 대한 대가를 치러야만 하는 것이다.

물론 경영자들은 이러한 결과에 관해 잘 알고 있으므로, 미리 시장에 합의된 이익 추정치가 실제 이익보다 높다는 신호를 보냄으로써 그러한 사태를 피하려고 한다. 이것은 오히려 시장이 더욱 빨리 반응하도록 촉진할 수도 있지만, 경영자들은 기업 애널리스트들이 놀라거나 당황하는 것을 원하지 않으므로, 더 조용한 반응을 기대하며 그러한 방법을 쓴다. 그래서 예상된 이익에 대한 지침을 제공할 뿐만 아니라, 경영자들은 기대치를 조정하고 창조적으로 충족시킴으로써 조심스럽게 결정된 실제 이익의 공시를 미리 내게 된다.

〈포천〉 500대 기업의 CFO에 대한 〈CFO 매거진〉 조사에 따르면 CFO의 72%는 보고서를 미리 발행하거나 이익에 대한 지침을 용인하고 있었다.[43] 「미국 IR협회조사서」는 기업의 실제 예상되는 이익결과가 합의된 예상치보다 한참 밑으로 떨어질 때 이와 유사한 행위를 발견했는데,[44] 기업 열 곳 중 한 기업만이 아무런 시도도 하지 않겠다고 말했고, 대부분(70%)은 신문 발표를 하고 나서 기업 애널리스트들과 개별적으로 접촉하겠다고 말했다. 나머지는 실제 결과가 기대치에 미치지 못할 것이라는 신호를 주는——기업 애널리스트들과의 개별적인 접촉, 전화를 통한 회의 주선, 이익 추정치가 화제가 될 때 새로운 추정치의 제시 등——여러 가지 형태의 선별적인 공시방법을 실행하겠다고 말했다. 예상컨대, 이러한 행위는 SEC의 공정공시규정이 통과됨에 따라 모두 종지부를 찍을 것이다.

이익게임 법칙의 요구 때문에 경영진의 시간과 에너지, 창의력이 완전히 비생산적인 일에 낭비되고 있다. 아주 귀중한 경영진의 시간과 에너지, 창의력이 낭비되고 있는 것이다.

〈CFO 매거진〉 조사는 다섯 명의 CFO 중에서 세 명이 애널리스트와 협의를 하느라 업무 시간의 10% 이상을 사용하며, 두 명은 20% 이상을 사용한다고 밝혔다.[45] 이익게임의 일곱 가지 법칙이 이렇게 쓴 시간을 가치유지를 위해 필요하도록 만들어놓았을지 모르겠지만, 기업 애널리스트들에게 투여한 시간은 사업을 경영하거나 가치를 창출하는 데 전혀 사용되지 않는 시간들이다.

법칙 6 : 위스퍼 넘버에 신중하게 귀기울여라

매도측 애널리스트들은 이익게임에서 경영자들만큼의 창조성과 기술을 보여줄 수 있다. 이들은 이익게임의 법칙에 대한 지식을 보유하고 있을 뿐만 아니라, 경영자들이 이익 기대치를 달성하거나 초과하는 방법에 대해서도 알고 있다. 기본적으로, 기업 애널리스트들은 이익 예상치보다 실제 이익이 높아 가격이 올라간 주식을 매수한 투자자들 사이에서는 명성을 얻을 수 있기 때문에 경영자들이 성공하기를 바란다.

그러나 이러한 경영자와 애널리스트들의 공동협력은 자멸하기도 한다. 만약 시장의 모든 이들이 합의된 예측치를——기업들이 그 예측치를 산출하는 것을 도와주고 있으며, 완전히 달성하거나 근소한 차이로 초과시킨다고 예상되는——알고 있다면, 그들 역시 분기이익 보고가 이익 기대치를 달성하지 못한 경우가 아니라면, 거의 가치 없는 정보를 제공한다는 것을 알 수 있다.

결국 이익게임은 기업의 실제 이익이 얼마나 합의된 예측치를 초과할 것인지를 알아내는 양상으로 변모할 것이다. 올바른 답을 얻을 수 있을 정도로 영리한 사람이라면 이익결과가 보고되었을 때 매수해야 할지, 그대로 보유하고 있어야 할지, 또는 매도해야 할지도 알 수 있을 것이다. 즉 모두가 이익게임에 통달한 다른 전문가들보다 더 유리한 점을 찾는 일에만 집중할 것이다.

매도측 애널리스트들이 혜택받은 기관투자가들에게 제공하는 「진실한」 이익 예상치인 위스퍼 넘버(whisper numbers : 시장의 소문에 의한 수치) 또는 「시장이 믿고 있는 수치」로 들어가보도록 하자. 위스퍼 넘버는 공식적인 예상치보다 높다. 이러한 경향은 호황시장일 경우 사실이지만, 호황시장이 불황시장으로 접어들 때, 위스퍼 넘버가 합의된 측정치보다 더 작아질는지 여부는 아직 확인되지 않았다. 위스퍼 넘버가 합의된 측정치보다 훨씬 높으리라는 것을 알고 소문이 퍼지기 전에 주식을 매수한 투자자들은, 공식적인 이익이 발표되었을 때 매매차익을 얻을 수 있다.

위스퍼 넘버가 시장에 유포된 것은 그리 오래 전 일이 아니다. 널리 인용되는 마크 배그놀리(Mark Bagnoli), 메소드 D. 베네이시(Messod D. Beneish), 그리고 수전 G. 와트(Susan G. Watts)의 연구결과에서는 1994년부터 이 단어가 사용됐다고 한다.[46] 위스퍼 넘버에 대한 인식은 1999년 내내 이익 예측치——적어도 수익이 있었던 기업들 중——를 지속적으로 초과했던 인터넷 주식의 성장과 함께 지난 몇 년 동안 커져왔다. 많은 사람들에게, 위스퍼 넘버가 존재한다는 소문은, 투자은행들이 개인투자자들보다는 기관투자가들을 선호한다는 믿음을 강하게 만들었다.

기업 재무정보, 위스퍼 넘버, 그리고 산업 뉴스를 제공하는 인터넷 투자자 정보 서비스 업체인 스트리트아이큐닷컴(StreetIQ.com)의 톰 번(Tom Byrne)이 내린 정의를 보자.

『우선 이 단어에 대한 정의를 내려보자. 위스퍼 넘버는 월가의 전문 거래인들, 증권 애널리스트들, 그리고 거대 투자자들 사이에서 돌아다니는 비공식적이고 비공개적인 주당순이익 예상치이다. 이들 수치는 일류 증권사들이 선호하는 매우 부유한 고객을 위해 특별히 의도된 것이다. 정의 내리는 것조차 놀랄 만한 일이다.』[47]

번은「부유한 고객에게 또 다른 가치가 부가된 서비스를 제공해주려는」의도에서 고의적으로 기업이 실제 달성할 수 있는 수치보다 적은 예상치를 발표하는 애널리스트의 행위를 비난했다. 스트리트아이큐닷컴은, 애널리스트들의 추정치를 판매하는 I/B/E/S가 해마다 1만 5,000 달러씩 받고 파는「기대이익차이에 대한 지표(Earning Surprise Indicator)」를 무료로 제공함으로써 개인투자자들에게 힘을 주고「힘없는 사람들(the little guy)」을 보호해주는 기업이라고 자칭한다.

화려한 수식어로서 번은 위스퍼 넘버의 존재를 비난하면서, 그것은 일반투자자들에게 다음과 같이 명확한 메시지를 전달하고 있다고 이야기한다.『힘없는 사람들이 주가에 대한 담합인 위스퍼 넘버로 인해 손실을 보더라도, 그들의 수고는 중요하지 않다.』[48]

웹 또한 위스퍼 넘버를 사용할 줄 안다

인터넷 시대에 누구나 예상할 수 있듯이, 어떤 이들은 이러한 불공정을 기회로 여긴다. 지난 몇 년 동안, 수많은 웹사이트가 부와 계층에 관계 없이 투자자들에게 위스퍼 넘버를 제공하기 위해 생겨났다. 이러한 현상은 또한, 이익게임 고유의 문제에 대한 시장의 해결——제도적인 것이 아닌——에 주요한 예가 된다.

스트리트아이큐닷컴과 더불어 어닝스위스퍼스닷컴(Earnings Whispers.com), 위스퍼넘버닷컴(WhisperNumber.com), 더위스퍼넘버스닷컴(TheWhisperNumbers.com), 그리고 저스트위스퍼스닷컴(JustWhispers.com) 모두가 위스퍼 넘버를 제공한다. 이익 예측치를 제공해주는 업체의 시초인 퍼스트 콜(First Call)도 기업 애널리스트들의 합의된 예측치들을 조정하기 위해 지난 4분기 동안의 기업의 역사적 성과를 이용하는 이른바 「히스퍼 넘버(hisper number)」로 시장에 진입했다. 비록 확실하진 않지만 어닝스위스퍼스닷컴의 이익 추정치가 퍼스트 콜의 이익 추정치보다 두 배 정도 정확하다고 밝힌 블룸버그(Bloomberg)의 연구를 볼 때, 적어도 부분적으로는 퍼스트 콜이 그들 나름대로 위스퍼 넘버를 개발하긴 한 것 같다.[49]

위스퍼 넘버는 어디에서 오는가?

공개적으로 이용 가능한 위스퍼 넘버를 만들어내는 기업들은 다양한 정보 원천과 정교한 방법——인터넷이 어떻게 시장을 공평하게 하고 모든 투자자들에게 유용한 가치평가 정보를 제공하는지에 대해 다시 설명해주는——을 합리적으로 이용한다. 투자자들 자신이 가치 있는 정보 원천으로서 작용하게 된 것이다. 피드백 구조를 띠고 있는 인터넷은 동시에 정보를 모으고 정보를 퍼뜨리는 기구로서 작용한다. 정보가 시장으로 흐르고 시장은 정보를 소화해냄에 따라, 더 많은 정보가 새로운 정보를 반영하며 수집되고 있다.

인터넷상으로 개인투자자, 애널리스트, 그리고 언론에게 위스퍼 넘버를 실제로 맨처음 제공한 기업으로 자칭하는 위스퍼넘버닷컴이 어떻게 위스퍼 넘버를 만들어내는지 살펴보자. 먼저, 웹사이트에 접속하는 이들에게 설문조사를 실시해 데이터를 수집한다. 사이트에 따르면, 특허를 얻은 소프트웨어가 『정식 데이터 검색 직원, 정식 뉴스 리포터, 작업 관리자, 전문 프로그래머, 그리고 두 명의 디렉터와 함께 매일 수많은 정보 원천을 검색한다』고 한다.[50] 그들은 주가 변화 예측능력이 74%에 이른다고 주장한다.

어닝스위스퍼스닷컴은 또 다른 접근방식을 취한다. 회사의 웹사이트에 따르면, 위스퍼 넘버에 대한 그들의 원천은 「기업 관계자들, 곧 경영자, 종업원, 또는 경리부 직원과의 접촉이다.」[51] 비록 정확성과 법률적 문제가 확실히 있긴 하지만, 인터넷이 기업 내부원천에서부터 익명성을 띤 데이터 수집을 촉진시키고 있다는 것은 주목할 만하다.

만약 어닝스위스퍼스닷컴이 내부 정보 원천을 찾을 수 없을 때는, 조사하는 기업의 판매상이나, 기업 고객에게서 정보를 수집한다. 이들은 위스퍼 넘버에 대한 정보를 지녔을지도 모르는 브로커나 투자자들에게 문의를 하기도 하고, 유용한 정보를 지니고 있다고 믿는 사람들에게 e메일을 보내 정보를 수집하기도 한다.

어닝스위스퍼스닷컴은 이러한 메시지들 중 몇 개는 가치가 있다고 믿고 있기에 온라인을 통해 위스퍼 넘버를 제시한 이들에 대한 신뢰 검토를 실행한다. 이들이 마지막으로 의지하는 수단은 메시지 보드 (message boards)를 검색하는 것이며, 수집된 모든 정보는 위스퍼 넘버를 계산하는 데 이용된다. 그러고 나서 위스퍼 넘버를 과거 가장 정확했던 애널리스트들의 측정치와 기대치를 초과했던 기업의 과거 성과와 비교한다. 어떤 경우에는 위스퍼 넘버를 수정하기도 한다.

이러한 방법은 일종의 「변형된 이익 기대치(meta-earnings expectation)」를 만들어낸다. 단순히 기업의 지침이나 합의된 예측치에 따른 기대치로서보다, 위스퍼 넘버는 본질적으로 내재되어 있는 편견을 수정하기 위해 수많은 정보와 애널리스트와 기업의 과거 기록을 추가로 고려한다. 이러한 시도는 기업·매도측 애널리스트·법인투자가들에게는 유리했지만, 개인투자자들에게게는 불리했던 과정을 고쳐보려는 목적에서 이루어진다. 또 이렇게 함으로써 정보에 대한 접근의 용이성 때문에 대기업이나 부유한 고객이 지녔던 이익을 제거해 시장을 공평하게 하고 있다.

위스퍼 넘버 또한 조작될 수 있다

당연히 위스퍼 넘버는 인터넷의 개방성과 자유스러움으로 상징되는 문제를 지니고 있다. 인터넷이 가치 있는 정보를 쉽게 수집하고 퍼뜨릴 수 있는 것처럼, 잘못된 정보 역시 쉽게 수집하고 퍼뜨릴 수 있다. 유용성이 반드시 정확성을 보장하지는 않는다.

잭 리링크(Jack Reerink)가 쓴 「잠깐만요. 위스퍼 넘버를 조작하고 싶으세요?」라는 글은 수상한 개인투자자의 귀띔을 받고서 로이터(Reuters) 통신의 조사전문 저널리스트들이 위스퍼넘버닷컴 사이트의 위스퍼 넘버를 조작하는 실험을 한 몇 개의 예들을 열거하고 있다. 예를 들면 저널리스트들은 한 하이테크 중소기업의 분기이익에 대한 위스퍼 넘버를 주당 8센트 손실에서 주당 제로 이익으로 상향조정하는 데 성공했다. 이들은 단순히 자신들의 예상치를 사이트에 올렸을 뿐이다. 사이트에 올라온 예상치를 반영하는 것은 위스퍼 예측치를 예상하기 위해 데이터를 수집하는 방식이며, 조작에는 2분도 채 걸리지 않았

다고 한다.[52)

리포터들은 그 후 위스퍼넘버닷컴에 이러한 실험결과를 알려주었다. 회사 설립자인 폴 호크(Paul Hauck)와 존 셔(John Scherr)는 사실 투자자들이 사이트의 데이터를 조작할 수 있다고 인정했다. 하지만 자신들의 사이트는 60~70%의 적중률로서 여전히 주가 움직임을 훌륭하게 예언하고 있다고 주장했다. 공식적으로 합의된 예상치들이 보고된 수익을 정확히 예상하는 비율보다는 이들의 적중률이 더 높기 때문에 이들이 옳을 수도 있다.

저널리스트들의 실험은 위스퍼 넘버가 편견이 거의 없는 순수한 상태가 아닐 수도 있다는 것을 증명하고 있다. 일부는 이러한 결과를 이익게임의 또 다른 요소로 여길 것이다. 아마도 소규모 투자자들은 자신들에게 본질적으로 불리한 게임보다 조작할 수 있는 게임을 선호할지도 모른다.

법칙 7 : 위스퍼 넘버를 달성하지 못한 주식의 주가를 떨어뜨려라

위스퍼 넘버는 진정 투자자들이 이익을 얻는 데 도움을 주는가? 위스퍼 넘버를 달성하지 못하는 회사의 주식들을 투자자들은 매도해야 하는가?

위스퍼넘버닷컴은 이익이 위스퍼 넘버에 도달하지 못했을 때 투자자들이 매도를 해야 한다는 실제 증거를 제시하고 있다. 1999년 2분기의 자료를 기초로, 이들의 위스퍼 넘버는 5일 동안의 주가 동향을 74%의 정확도로 예측했으며, 24시간 동안의 주가 동향은 64%의 적중도를 보였다.[53)

위스퍼 넘버가 시장가격에서 합의된 예측치보다 더욱 중요하다는 더 많은 증거를 보고 싶은가? 합의된 예측치는 충족시켰으나 위스퍼 넘버를 충족시키지 못한 회사의 70%는 5일 동안 주가가 하락했으며, 56% 이상은 하루 동안 가격이 하락했다.

위스퍼 넘버가 얼마나 정확하게 실제 분기이익을 예측하는지에 대해 최초로 조사한 사례로 짐작되는 배그놀리, 베네이시, 그리고 와트의 연구는 위스퍼 넘버가 합의된 예측치보다 더욱 중요한 정보를 제공한다는 좀더 많은 증거를 제공하고 있다. 하이테크 기업 127개 사에 대한 위스퍼 넘버와 기업 애널리스트들의 예측치를 이용해, 그들은 다음과 같은 결론을 내렸다.

- 위스퍼 넘버는 퍼스트 콜의 예측치보다 더욱 정확하다.
- 퍼스트 콜은 과소평가하는 경향이 있는 반면, 위스퍼 넘버는 이익을 과대평가하는 경향이 있다.
- 위스퍼 넘버는 퍼스트 콜의 예측치보다 「시장의 이익 기대치에 대해 더 훌륭한 예측치」다.
- 상당한 경제적 이익이 위스퍼 넘버와 퍼스트 콜 예측치의 차이에 따른 거래로 발생할 수 있다.[54]

위스퍼 넘버는 당신이 이익게임에서 승리하도록 도와주는가?

몇 가지 이유로 인해 그렇지 않다. 첫번째 이유로, 위스퍼 넘버가 점점 널리 알려질수록 위스퍼 넘버의 유용성은 떨어진다. 물론 정확한 정보에 기초한 위스퍼 넘버를 가정하고, 위스퍼 넘버가 일부 사람에게만 전해질 때, 시장가격은 주식가격을 결정함에 있어 위스퍼 넘버에 대한 정보를 반영하지 않는다. 결론적으로 말해 위와 같은 정보를 지닌 사람은 그렇지 못한 사람보다 거래에서 이점을 가질 수 있으나, 일단 위스퍼 넘버가 널리 퍼진다면 그러한 이점은 사라진다.

최근에 「메타위스퍼 넘버(metawhisper number)」라고 불리는 것이 세간에 화제다. 메릴 린치의 인터넷 애널리스트인 헨리 블러짓(Henry Blodget)은 1999년 10월 초 야후!의 주당 이익 14센트는 합의된 예측치인 9센트와 11~12센트인 위스퍼 넘버를 뛰어넘었으며, 심지어 이중으로 비밀화된 위버-위스퍼 넘버(über-whisper number) 13센트마저 초과했다고 적고 있다.[55] 아마도 그것이 2분기 후에 야후!가 위스퍼 넘버를 달성하지 못하자 주식가격이 떨어진 이유일 것이다. 결국, 이중으로 비밀화된 위버-위스퍼 넘버를 달성한 회사는 모두 위스퍼 넘버를 초월할 수 있을 것이다. 이 모든 것은 게임을 한층 더 복잡하게 해서 아마도 법칙8──위버-위스퍼 넘버에 귀를 기울여라──을 만들어야 할지도 모른다.

  그리고 메타위스퍼 넘버는 위스퍼 넘버가 이익게임의 문제를 해결하지 못하는 두 번째 이유가 된다. 위스퍼 넘버는 합의된 예측치를 단순한 관심 정도로 대체시키고, 그 위에 위버-위스퍼 넘버에 대한 필요성을 만들었다. 이처럼 이중으로 비밀회된 수치는 영화 〈애니멀 하우스(Animal House)〉에서 페이버 칼리지(Faber College)의 학장인 워머(Wormer)가 델타 토 치(Delta Tau Chi) 모임에서 강요했던 「이중비밀검증(double-secret probation)」 같은 비밀이 되고 있다. 사실, 이익게임은 마치 모임의 남자들이 다음의 토가(역주 toga : 헐렁하고 우아하게 주름잡은 로마 시민 특유의 겉옷) 파티를 열기 위해 개발한 그 무엇과 같은 인상을 준다.

  이것은 다시 위스퍼 넘버가 해결책이 될 수 없는 세번째 이유가 된다. 일단 위스퍼 넘버가 시장에서 관심의 초점이 되면, 위스퍼 넘버는 해당 기업이 관리하고 달성해야만 하는 기대치를 만들어 내게 되는데, 이는 마치 갈색 띠에서 검은 띠로 가는 것과 같다.

  최종적으로, 위스퍼 넘버는 단기간에만 초점을 두고 있기 때문에 이익게임의 문제점을 줄일 수 없다. 위스퍼넘버닷컴이 5일과 24시간이라는 기간 동안의 수치로서 자신들의 위스퍼 넘버에 대한 유용성을 선전하고 있다는 것에 유의해야 한다. 위스퍼 넘버가 실제로 행하는 것은 단기간으로의 집중을 강화하고, 이익의 발표 전에 낭비되는 시간과 에너지의 양을 증대시킨다는 것뿐이다.

위스퍼 넘버는 게임의 중요성을 감소시키기보다는 단순히 내기에 거는 돈을 올릴 뿐이며, 기업의 장기 전망에 대해 유용한 정보를 제공하지 못하고 있다. 미국 개인투자자협회(American Association of Individual Investors)의 의장인, 존 마르케스(John Markese)는 다음과 같이 강조했다. 『위스퍼 넘버는 단기 거래나 잦은 거래를 부추기는데, 그것은 본질적으로 완전한 투자 전략은 못 된다.』[56]

공정한 공시가 위스퍼 넘버를 잠재울 것인가?

2000년 8월 10일 SEC는 공정공시에 관한 새로운 법률, 이른바 「공정공시규정(Regulation FD)」을 승인했다. 새로운 법률은 기업이 모든 이들에게 실질적인 정보를 동시에 제공할 수 있도록 SEC가 고안한 것이다. Regulation FD에 따라 이론적으로는, 시장 전체가 알기 전에는 기업 애널리스트나 기관투자가들이 이익 기대치나 이익 기대치의 변화를 미리 알 수 없게 됐다. 제14장과 제15장에서 Regulation FD를 더욱 자세히 토론할 것이다.

이 장의 화두는 『Regulation FD가 위스퍼 넘버를 잠재울 수 있을까?』라는 질문이다. 기업이 우호적인 애널리스트에게 이익에 대한 정보를 귀띔(whisper)해주고 다시 애널리스트가 혜택받은 고객에게 그것을 몰래 알려주는(whisper) 것은 명백히 위법이다. 그러나 Regulation FD는 이익게임에 거의 영향을 미치지 못할 것이며, 아이러니컬하게도 위스퍼 넘버의 가치를 더욱더 증대시킬 것이다.

내부 정보가 거의 없기 때문에, 애널리스트들은 독자적인 연구조사에 의지해야 할 것이며——본질적으로 나쁘지 않은 현상이다——이익예측치의 편차는 증가하게 될 것이다. 따라서 합의된 예측치는 좀더 불확실해지고 진실한 수치에 대한 위스퍼 넘버는 더욱더 유용해질 것이다.

　우리가 본 대로, 위스퍼 넘버는 현재 웹사이트에서 관행으로 자리잡고 있으며, Regulation FD의 어떠한 규제도 위스퍼 넘버를 없애지는 못할 것이다. 또 Regulation FD는 고위직 경영진에게만 적용된다는 점에 주의해야 한다. 적절한 가치를 갖고 있는 정보에 접근할 수 있는 하위직 종업원은 어떠한 법도 위반하지 않고 위스퍼 넘버를 퍼뜨릴 수 있다. 따라서 공정한 공시가 위스퍼 넘버의 가치를 더욱 증대시키는 결과를 낳게 될 수 있다.

　하지만 장기적으로 볼 때, Regulation FD는 기업의 보고서와 공시에 매우 유익한 영향을 미칠 것이다. 선별된 애널리스트들이나 투자자들에게 은밀하게 기업의 정보를 줄 수 없게 된 기업의 경영진이나 투자관련 직원들에게 최선의 대안은 적합한 정보를 적시에 시장 전체에 제공하는 것이라는 결론에 이르게 할 수도 있다.

The False Prophet of Earnings
이익에 대한 잘못된 믿음

성실함과 참됨은 모든 미덕의 근본이다.

— 공자

혁명은 종종 이데올로기의 대립에서 발생한다. 우리의 혁명 안에서도 기업공시를 통해 발표된 이익에 대한 맹목적인 믿음을 갖고 있는 완고한 이데올로기의 제창자들이 있다. 그러나 그들이 그토록 추종하던 이익게임의 산물인 이익이라는 것은 기업가치를 올바르게 평가할 때 다른 지표들보다 훨씬 덜 중요하다는 것이 입증됐다. 투자자들이 이러한 사실을 완전히 인식했을 때 잘못된 믿음을 배제하고 진실을 추구할 수 있을 것이다.

공시된 이익이라는 것은 단순히 기업의 과거 성과를 측정하기 위해서다. 이것은 다른 주주들과 투자자들에게 비교적 짧은, 특정 기간 동안에 기업이 재무적으로 얼마나 잘 운영됐는지를 말할 뿐, 그 이상의 의미는 없다. 기업들은 이익의 숫자가 자신들이 의도한 대로 산출될 수 있도록 하는 데 많은 노력을 기울인다. 그들에게 이익은 자본시장을 관리하기 위한 도구일 뿐, 그 기업의 사업을 관리하기 위한 도구는 아니다.

최선의 의도로 포장된 길

현재 우리가 사용하는 기업 재무정보공시 모델의 최초 설계는 「완전한 공정성」을 이루기 위한 목적이 최대한 반영된 것이다. 그러나 현실 세계에서 70년 간 사용되면서 거듭된 수많은 수정은 그 자체로 많은 문제를 불러일으키고 있다.

최근 미국 기업공시 관행은 1933년의 증권법(Securities Act of 1993)과 1934년 증권거래법(Securities Exchange Act of 1934)에 근간을 두고 있다. 이러한 법률은 1929년의 경기침체와 대공황으로 인해 제정되었다.

뉴욕에서 출판된 《회계사 핸드북(Accountants' Handbook)》제1권에서는 『당시의 열악한 회계 및 기업공시 관행이 1929년의 주가폭락과 대공황의 한 원인이 됐다』[1]고 지적하고 있다. 1933년과 1934년에 제정된 이 증권법은 통합된 보고방법의 부재와 보고된 숫자를 산출하는 데 적절한 방법을 사용했는지를 검증해주는 제3자가 없었다는 중요한 두 가지 문제를 해결하기 위한 시도였다.

SEC에서 제정한 1934년 증권거래법은, 상장기업이 주주들에게 재무적 성과를 어떻게 보고하는가를 규정하고 이에 대한 표준을 제시했다. 이와 거의 동시에, SEC는 회계 전문직 종사자들에게 외부 재무보고를 위한 통합된 원칙을 세우도록 했다. 그리고 회계 전문직 종사자들로 하여금 일반적인 회계기준에 의거해 기업이 그 보고서를 작성했는지 확인하도록 했다. 《회계사 핸드북》에서는 이러한 조치의 목적을 법적으로 정의된 사회적인 의무, 즉 자본시장에서 투자자들에게 확신을 심어주고 그 확신을 유지할 수 있도록 하기 위해서라고 밝히고 있다.[2]

그럼에도 불구하고 회계사들은 이러한 의무를 달갑게 받아들이지 않았다. 1930년대 회계 전문직 종사자들은 SEC의 명령에 저항했다. 이는 당시 「회계감사의 한계와 재무제표의 주관성」[3]이 통일된 회계 및 감사

원칙의 제정을 어렵게 만들고 있었음을 보여준다. 당시의 재무제표는 회사마다 상이한 양식으로 작성되고 있었기 때문이다.

회계사들은 고객과의 관계와 법적인 책임 사이에서 많은 고민을 해야 했다.『당시의 법률적인 환경은 전문 회계 서비스 업계를 변화 시켰다. 그러나 회계사들과 고객 사이의 관계는 봉건적인 상하관계와도 같은 것이었기 때문에 양자 간 불화의 여지는 크지 않았다.』[4]

회계사들은 결국 기업이 해마다 신고해야 하는 재무보고서 감사의 책임을 수용하게 된다. 오늘날 미국 내 5대 회계법인[5], 즉 (크기 순으로) 프라이스워터하우스쿠퍼스, 딜로이트 & 투시(Deloitte & Touche), KPMG, 언스트 & 영(Ernst & Young), 그리고 아서 앤더슨(Arthur Andersen)이 대부분의 국내 주요 기업과 다국적 기업을 감사하고 있다. 그리고 그들의 감사는 미국 공인회계사협회(American Institute of Certified Public Accounts : AICPA)와 미국 재무회계기준심의회 (Financial Accounting Standards Board : FASB)에서 만든 규정에 따르고 있다.

뿌린 대로 거두기

1934년 이후, 관련 규정뿐만 아니라 회계 업계 또한 많은 변화를 겪었음에도 불구하고, 오늘날의 이익게임의 씨앗은 이미 그 당시에 뿌려졌다. 1929년 뉴욕증권거래소(New York Stock Exchange : NYSE)는 미국 회계사협회(American Institute of Accountants : 현 AICPA)에게 그 후 1934년 법에서 최고조에 달했던 개혁에 협력할 것을 요청했다.

증권거래소와의 협력을 위해 구성된 특별위원회는 당시 가장 영향력 있는 회계사 중 한 사람인 조지 O. 메이(George O. May)와 NYSE 회장인 J. M. B. 호크세이(J.M.B Hoxsey)로 구성됐는데, 이익에 대한 공시와 이익을 조작하기 위해 사용하는 충당금의 축소에 특별한 관심을 가졌다.

특별위원회는 그러나 그 개혁이, 투자자들이 「회계적 이익 산정의 주 관적 성향」을 이해하지 못할 것이라는 우려를 무시하는 방향으로 추진 되고 있는 데에 반대했고, 기업의 현재 가치를 평가하기 위해 10 또는 20을 곱할 수 있는 이익산출법을 사실로서 택하고자 했다.[6] 오늘날 매 도측 애널리스트들이 수행하고 있는 업무는 메이의 이러한 생각을 그 대로 반영하고 있는 것이다.

계속되는 논쟁

순이익의 계산에 대한 중요한 질문과 논쟁은 계속되어왔으며 앞으로 도 계속될 것이다. 예를 들면 『순이익은 과거의 비용 모델에 근거해 산 출해야 하는가, 또는 현재 비용을 기반으로 해야 하는가? 순이익이라 는 것이 현재 회사운영상의 주요 성과지표를 반영해야 하는가, 또는 모 든 것을 포함(all-inclusive)하는 것이어야 하는가? 고정자산, 영업권 및 무형자산의 상각 등과 같은 비현금 활동이 순이익에서 얼마만큼 제외 되어야 하는가?』와 같은 질문들이다. 이러한 질문은 기업결합, 종업원 에 대한 스톡옵션 부여, 자산·부채의 현재 가치 포함 여부 등의 주요 한 회계적 이슈와 관련돼 있다. 최근 몇 년 간 나타난 또 다른 이익 측 정방법은 특정 항목을 고려하기 전에 산출되는 이익, 즉 영업권전 이익 (earnings before goodwill : EBG), 이자·세금·감가상각전 이익 (earnings before interest, taxes, depreciation, and amortization : EBITDA), 주요 이익(core earnings), 지속적인 이익(sustainable earnings) 등이 있다.

신경제 체제하에서 널리 알려진 어느 기업은 마케팅을 미래에 대한 투자로 본다는 전제 아래 「마케팅 비용전 이익」을 보고하고 있다. 즉 미래에 대한 투자는 기업의 최근 성과평가에 포함되어서는 안 된다는 것이다. 이는 「이익으로부터 차감하고 싶지 않은 비용전 이익(Earnings Before Expenses We Don't Want To Deduct From Earnings :

EBEWDWTDFE)으로의 작은 첫걸음이다.

실제 이익의 숫자는 얼마나 효용이 있을 것인가?

FASB를 비롯해 다른 나라의 회계기준 제정기관들은 기업성과 보고에 지대한 관심을 보이고 있다. 그러나 그들로부터의 즉각적 개선(quick fix)은 기대하기 어려운 실정이다. 따라서 그들의 노력에도 불구하고 현재의 상태는 바뀌지 않고 있다. 상황이 바뀌고는 있지만, 신문기사 또는 보고서를 통해 기업들과 애널리스트들은 일반적으로 인정되는 회계원칙에 따라 공시된 회계 숫자들을 더 근사하게 보이도록 고치는 것에 많은 제약을 받지 않고 있다.

기업 애널리스트들의 분석결과를 조사하는 퍼스트 콜은 20개 인터넷 기업에 대해 두 가지 주당순이익 추정치를 발행할 것이라고 발표했다.[7] 두 가지 방법 중 첫번째 것은 영업권을 포함한 일반 이익을 바탕으로 한다. 「현금주당순이익(cash EPS)」이라 불리는 두번째 방법은 자산을 확보하기 위해 지불된 프리미엄과 영업권과 관련된 비용을 제외한 이익을 보고하는 것이다. 이는 장부가액보다 시장가액이 높은 인터넷 기업의 인수와 관련이 많다. 대부분의 경우, 현금주당순이익은 일반 주당순이익을 초과한다.

이익에 대한 문제가 얼마나 복잡해졌는가에 대한 증거로, 퍼스트 콜은 기업들이 인터넷 사업에서 본 손해를 제외해 순이익을 계산하는 것을 인정하지 않았다. 그러나 어떻게 이것이 가능하겠는가?

〈월 스트리트 저널〉의 로라 조한스(Laura Johannes) 기자는 하나의 예를 들어준다. 사무기기 판매 회사인 스테이플스(Staples)는 기업 애널리스트들이 스테이플닷컴(www.staple.com) 부서의 손실을 제외한 이익을 예측하도록 설득했다.[8] 퍼스트 콜은 다수의 기관투자가들을 대상으로 실시한 조사에서 인터넷 사업 손실을 제외하고 이익을 산출하는 데 동의하는 애널리스트들의 시장전망 보고서를 제외시키도록 압력을 행사하는 상황에까지 이르렀다.

조한스의 글은 또한 다음과 같은 내용을 포함하고 있다.『퍼스트 콜이 기업 애널리스트들과 기업들이 원하는 대로 이익 수치를 쪼개는 것에 무감각해지는 동안, 퍼스트 콜의 연구담당이사 척 힐(Chuck Hill)은 인터넷 부문의 손실을 제외하는 행태는 이미 도를 넘어섰다』고 말했다.[9] 스테이플스의 CEO인 토머스 스템버그(Thomas Stemberg)에 따르면 현실은 퍼스트 콜이 알고 있는 것보다 훨씬 복잡하며, 아무튼 스테이플스는 인터넷 부문과 비인터넷 부문의 손익을 구분하고 있다고 한다. 즉 스테이플스는 인터넷 사업부문의 손실이 비인터넷 사업부문의 손실에 포함돼야 한다고 생각하지 않았다.

그렇다고 해서 시장이 그러한 수치에 쉽게 넘어갈 것인가? 숫자를 더하고 빼는 것은 어려운 문제가 아니다. 시장이 그러한 숫자 놀음에 속는다면 그것은 시장에 무슨 문제가 있는 것이다. 만약 속지 않는다면 그럴 듯한 논쟁이 일어날 것이다. 어떤 경우든, 이 예는 하나의 숫자──손익계산서상 맨 마지막에 표시되는 순이익을 어떻게 정의하든지 간에──에 중점을 둘 경우 그에 따른 역기능이 얼마나 많은지를 보여준다. 특히 지나칠 정도로 단기적인 것에 초점을 둘 때, 시장은 무언가가 크게 잘못돼 있다는 것을 인정한다.

단기적인 삶

미국에서의 분기별 보고는, 투자자들에게 영업의 진행 상황과 12월마다 기업이 자신에게 주는 「최종 점수」를 보충할 중간진행 보고를 하기 위한 목적으로 만들어진 것이다. 현재 분기별 보고는 점점 그 의미를 잃어가고 있으며, 12개월 숫자의 중요성은 급격히 줄어들고 있다.

분기 이익보고서를 채택하는 기업들이 늘어난 이유는 시장과 기업 모두 단기적인 이익에 집착하고 있음을 의미한다. 프라이스워터하우스 쿠퍼스가 미국의 200대 기업을 대상으로 실시한 조사는 이러한 사실을 증명한다. 이 조사에서, 응답자의 58% 이상은 금융권이 단기이익에 집중하고 있다는 것에 강하게 동의했고, 38%는 보통의 정도로 동의했다. 단지 6%의 응답자들만이 보통의 정도로 이에 동의하지 않았고, 강하게 동의하지 않는 경우는 사실상 없었다.

하이테크 기업들을 대상으로 행한 조사에서도 비슷한 결과를 얻었다. 하이테크 기업들이 일반 기업들보다 단기적인 시간틀에 따라 움직이는 것이 사실이지만, 그 사실을 고려해도 그들의 시각은 너무도 단기적이다. 36%의 응답자가 시장이 너무나 단기성과 지향적이라고 말했고, 47%가 보통의 정도로 동의했으며 1%의 응답자들만이 이에 동의하지 않았다. 이 조사는 단순히 업계의 일반적인 인식을 확인한 것이다.

더 흥미로운 사실은 시장, 즉 매도측 애널리스트와 기관투자가들이 이런 관점을 공유하고 있다는 것이다. 이 조사는 북미, 유럽, 아시아 14개국의 매도측 애널리스트와 기관투자가들을 상대로 동일한 질문에 대한 정보를 확보했다.[10] 표본 중에서 62%의 애널리스트와 63%의 투자자들은 시장이 너무 단기이익에 집중하고 있다고 느꼈다. 이러한 관점은 다른 나라보다 분기이익을 강조하고 있는 미국에서 팽배하고 있다.

미국 내의 급변하는 하이테크 산업분야의 기업 애널리스트들과 투자자들은 시장을 좀더 단기적인 관점으로 보고 있다. 설문조사에 응답한 88%의 기업 애널리스트와 81%의 투자자들이 이러한 견해를 갖고 있다고 응답했다. 일면 놀라운 점은, 하이테크 기업들이 처한 상황이 매우 빠르게 변하고 있다는 것이다. 인터넷 시대에서의 1년은 영원과 같은 시간이다. 반면 이 기업 애널리스트들과 기관투자가들은 자신들의 산업분야에서 오늘의 투자가 향후 몇 년 간은 긍정적인 이익을 가져오지 못하리라는 것을 인식하고 있다.

결과에 주의하라

그러나 그것이 문제가 되는가? 분기보고는 단순히 좋은 자본시장의 규정이라고 주장할 수 있다. 경영진은 3개월마다 보고를 해야 한다는 사실을 잘 알기 때문에, 매우 긴장해 있을 것이다. 이것은 주주가치를 창출할 수 있는 프로젝트에만 투자하도록 열심히 주의를 기울일 것이다.

그러나 단기적인 성과를 보여야 한다는 압력 때문에 경영자가 장기적으로 가치를 창출할 수 있는 기회를 희생하게 한다는 반대의 관점이 존재한다. 경영자가 단기적인 이익에 따라 가격이 결정되는 스톡옵션을 갖고 있을 때 특히 그렇다.

경영자들은 시장의 단기적인 집중이 좋지 않다고 믿는 미국기업의 설문조사 자료가 있다. 56%의 응답자들은 시장이 너무 단기에 집중돼 있고, 이로 인해 기업들의 장기적인 가치창출이 가능한 프로젝트의 투자가 방해를 받는다고 생각한다. 하이테크 산업의 설문조사에서는 61%가 이에 동의하고 있음을 나타낸다. 미국 기업 조사에서 39%는 이것이 점차 자신들의 회사에 적용된다고 느낀다. 하이테크 산업의 설문조사에서는 19% 정도가 그렇게 느끼고 있다.

미국 회사들을 대상으로 한 이 조사에서, 경영자들은 자신들이 시장에 매우 단기적인 관점을 갖고 있다는 사실이 결코 좋은 현상은 아니라고 믿고 있다는 것이 밝혀졌다. 시장이 너무 단기적인 것에 초점을 맞추고 있다고 대답한 56%의 응답자(하이테크 기업의 경우 61%)는 이러한 현상이, 경영자로 하여금 장기적 이익을 가져올 투자를 주저하게 한다고 생각했다. 한 가지 재미있는 결과는 단지 39%(하이테크 기업의 경우 19%)만이 그러한 현상이 자신의 회사에도 적용되고 있다고 답했다는 것이다.

시장 또한 이와 비슷한 견해를 갖고 있었다. 세계 여러 나라를 대상으로 실시한 조사에서, 미국 애널리스트의 61%(14개 전체 표본국가에 서는 56%)와 미국 투자자의 77%(전체 표본국가에서는 57%)가 단기 적 압력이 장기가치창출을 저해한다고 느끼고 있었다. 하이테크 관련 설문조사에서 49%의 애널리스트들과 55%의 투자자들도 이에 동의한 다.[11] 자본시장을 구성하는 일원인 기업, 투자자, 그리고 매도측 애널 리스트들은 자신들이 단기적인 이익 추구에 몰두할수록 장기적 이익추 구와는 멀어진다고 믿고 있다.

단기적인 이익에 덜 집중하는 시장이 주주들을 위해 좀더 많은 가치 를 창조한다는 결정적인 증거가 없으므로 이 가설을 검증하는 방법은 분기별 이익이 보고되지 않는 다른 나라들의 이익을 조사하는 것이다. 이 문제는 국가경쟁력, 자본시장과 그 유동성의 크기, 무역정책 등의 변수들과도 관계가 있다.

게다가 단기적인 이익에 집중하지 않고 있는(아직 이익이 발생하고 있지 않기 때문에) 인터넷 기업들도 비교 대상이 될 수 있다. 그러나 분 기 이익게임에 참여하는 사람들 모두가 이 게임이 적절히 작용하지 않는 다고 믿는다면, 아마도 그것은 사실일 것이다.

거미줄같이 얽힌 복잡함

이익게임에서의 복잡한 규칙과 그 규칙이 어긋나는 정도가, 이 게임 이 잘못된 것이라는 증거를 제공한다. 많은 에너지가 주주들의 장기적 인 가치창출에 별로 기여하지 않는 복잡한 활동에 소모되고 있다.

힐리와 왈렌의 이익관리 조사보고서에 관한 포괄적인 검토 논문은, 보고된 이익이 『가치창출과 관련된 것으로 판명되었다』[12]고 언급하고 있다. 제3장에 언급된 레브와 자로윈의 보고서와 같은 학문적인 보고 서는 그러한 이익정보의 가치 관련성이 지난 20년 동안 꾸준히 감소하 고 있음을 밝혀냈다.[13]

이익 대 현금흐름

가치평가에 대한 논쟁에서 이익 대 현금흐름의 중요성에 대한 논쟁의 이슈가 제기된다면 문제는 더욱 복잡해진다. 힐리와 왈렌은 이익이 현재 현금흐름[14]보다 미래 현금흐름의 예시자여야 한다고 주장한다. 반면에 레브와 자로윈은『현금흐름은 발생주의에 따른 이익보다 관리적인 조작과 주관적인 가정을 덜 받아들이기 때문에 이익보다 많은 정보를 내포하고 있는 것으로 가끔 주장되고 있다』[15]고 강조한다. 그들의 분석은 현금과 주식수익률의 관계가 이익과 주식수익률 사이의 관계보다 크지 않음을 증명했음에도 불구하고, 대다수의 자본시장 관계자들은 그 반대로 생각하고 있다.

〈월 스트리트 저널〉은 J. P. 모건(J.P. Morgan), 골드먼 삭스(Goldman Sachs), 그리고 크레디트 스위스 퍼스트 보스턴과 같은 회사의 주식 애널리스트들이『주식 가치평가에서 호의적인 현금흐름을 수반하는 이익을 빠뜨리고 있다』[16]고 보고한다. 『현금흐름을 적절하게 계산하는 것과 관련된 회계원칙이 없고, 미국 회계관련 기관이 현금흐름 산출과 관련된 규칙을 만들려 하지 않고 있음에도 불구하고 그들이 보고된 이익을 무시하는 것』은 이익의 활용도가 점점 떨어지고 있음을 증명한다.[17]

이와 같은 이유로 스턴 스튜어트(Stern Stewart)가 개발한, 자본비용을 반영하는 수익성 평가방법인 경제적 부가가치(Economic Value Added® : EVA®)의 인기가 증가하고 있다. EVA의 주창자들은 자본비용을 반영하지 않기 때문에 주주가치를 감소시키는 경우에도 기업들은 이익이 난 것으로 공시할 수 있다고 지적한다.

G. 베넷 스튜어트(G. Bennett Stewart)는 EVA의 기본원칙을 상세히 설명하고 있는 자신의 저서에서「기존 학문적 연구의 저항할 수 없는 실체」를 언급하고 있다. 이는 이익, 주당순이익, 이익성장률, 자기자본수익률 등과 같은「회계적 성과 평가」는 주가와 우연한 상관관계를 가

질 뿐 주가에 영향을 미치는 요소는 아니라고 말한다.[18] 스튜어트는 「쓸모없을 정도로 진부한 재무회계 시스템」과 연결되어 주주들을 위한 이익창출을 저해하는 「이익에 대한 잘못된 인식」과 「이익 숭배」를 지양한다.

스튜어트는 가치평가·의사결정·보상은, 영업이익에서 이익을 창출하기 위해 쓰인 모든 자본비용을 차감한 값으로 정의되는 EVA와 연결돼야 한다는 단순한 기본 생각에 해결책의 기반을 둔다.[19] 그러나 이 단순한 생각의 실행은 꽤 복잡하다. GAAP에 따른 이익에 대해 160개의 잠재적인 조정을 거쳐야 함에도 불구하고, 많은 기업들은 그들의 자본분배 과정을 개선하기 위해 인센티브를 조정된 이익과 연결시킴으로써 EVA를 사용한다. 코카콜라, 지멘스(Siemens), 몬트리올 은행(Bank of Montreal), 알칸 알루미늄(Alcan Aluminium), 그리고 테이트 & 라일(Tate & Lyle)과 같은 기업들은 그들의 EVA를 공시한다. 그리고 기업 애널리스트들은 스스로 이 지표를 산출한다.

특히 장기투자 전략을 고수하는 세련된 투자자들은 장기이익을 추정할 때 「이익」이라는 지표는 그 한계가 있음을 잘 알고 있다. 그러나 기업의 이익 발표는 단기적으로 주가에 영향을 끼치며, 가격이 하락하기 전에 매도해 주가상승의 이익을 보려는 단기투자자들에게도 영향을 준다. 그들은 단기적으로 이익이 주가에 어떠한 영향을 미치는가에 대해 매우 민감하다.

단기적인 주가에 영향을 받는 스톡옵션을 가진 경영자와 인수(acquisition)를 위해 주식을 이용하고자 하는 기업들도 마찬가지다. 그 결과 빙대하고 복잡한 회계, 감사, 감독기관, 기업 재무부서, 매도측 애널리스트, 개인 및 기관투자가들, IR 컨설팅 회사와 관련 웹사이트 등이 등장하게 된 것이다.

그런 활동들은 게임이라고 불릴 만하다. 그 게임의 참여자인 기업들, 애널리스트들과 투자자들은 모두 높은 투자이익을 위해 경쟁한다. 기업들은 이익발표에 따른 주가상승을 원한다. 애널리스트들은 숫자를 예측해 자신들의 투자고객에 조언을 제공하고 개인적인 신뢰를 축적하고자 한다. 특히 단기적인 전략을 갖고 있는 투자자들은 손실을 가져다 줄 기업의 주식은 팔고 이익을 가져다 줄 기업의 주식은 매입함으로써 수익을 올리기를 원한다.

고칠 수 있는가?

제4장에서 언급한 힐리와 왈렌은 현재의 회계 및 기업공시 기준이 문제의 일부인지, 또는 해결책의 일부인지는 결론짓기 어렵다고 말하고 있다. 훌륭한 학자들이 늘 그렇듯이, 그들은 미래의 연구를 위한 좋은 기회를 알고 있다.

그러나 SEC 회장인 레빗은 미래의 좋은 연구결과가 나오는 것을 기대하지 않고 있다. 그는 현재의 기준이 최상이며, 다만 그 기준의 엄격한 집행만이 요구될 뿐이라고 믿는다. 그에게 그 기준은 이익 조작 (earnings management) 문제의 원인이 아닌 해결책이다. 1998년 뉴욕대학교에서의 연설에서, 그는 이익 조작에 대해 「개선의 노력을 잘 하지 않는 관례」에 대항하는 정열적인 캠페인을 발표했다.[20]

『월가가 기대하는 이익을 달성하기 위한 노력이 상식적인 비즈니스 관행을 무시하고 있는 데 대해 나는 점점 더 우려하고 있다. 너무 많은 기업의 경영자, 회계감사인, 그리고 애널리스트들은 서로 짜고 하는 게임의 참가자들이다. 합의된 이익, 예측, 그리고 완만한 이익곡선의 만족을 위해 열중하고 있는 가운데, 충실한 공시의 수행만이 미래의 희망을 가져다 줄 것이다.』[21]

일부 유명인사 중 목소리 내기를 좋아하는 이들은 레빗의 이러한 주장에 편승했다. 그 중 대표적으로 워런 버핏(Warren Buffett)은 그의 주주들에게 레빗의 주장을 지지해줄 것을 강하게 요청했다. 미국의 감독기관들은『다수의 경영자들이 이익 조작 또는 속임수가 필요할 뿐만 아니라, 그것이 그들의 주요 임무라고 생각하는 것』에 대해 강력한 조치를 해야 한다는 것이다.[22]

　그의 비평은 구조조정 비용과 합병 회계에 초점을 맞추었다. 그는 이「회계속임수」와「존중받지 못하는 회계전략」의 주요 원인 중 하나가 바로 인수·합병 때 가능한 최고의 주가를 얻고자 하는 경영진의 욕망이라고 말한다. 그는 또한 경영자들이 자신들의 회계법인으로부터 최소한의 암묵적인 지지를 받는다고 주장한다. 그는 모든 경영자들이 그러한 생각을 가짐으로써 윤리적 불안감을 사라지게 하는 관행을 비난한다.

　레빗은 의심스러운 이익 조작 관행의 완전한 항목, 즉 투자자들과 기업 애널리스트들에게 잘못된 정보가 제공되는 다섯 가지 주요 원인(회계요술)을 다음과 같이 설명한다.

1. 대욕탕(big bath) 비용 : 기업들이 미래에 보고되는 이익을 증대시키기 위해 현재의 구조조정 비용을 증가시키는 것.
2. 창조적인 취득 회계 : 미래의 이익을 보호하기 위한 기술. 가장 많은 논란을 불러일으키는 것 중 미래의 이익에 전혀 기여함이 없이 일시에 상각될「진행 중(in-process)」인 연구개발비의 구분.
3. 잡다한「충당금」: 반품, 대출 손실, 또는 불경기의 예상이익을 확보하기 위해 필요한 충당금 등과 같은 미래성 부채를 과대평가하는 경우.
4. 중요성(materiality) : 중요성의 범위 내에서 하는 의도적인 기록 조작.
5. 매출인식 : 당기매출과 순이익으로 잡기 위해 매출인식 시점을 아

주 적극적으로 정의하는 경우

레빗의 결단

레빗은 말로 하는 캠페인만 전개한 것이 아니다. 그는 규정 준수에 대한 엄밀한 조사, 회계법인의 철저한 기준 집행, 좀더 많은 감사교육 및 관리, 필요에 따라 좀더 많은 기준 작성, 그리고 적절한 감사위원회의 구성 및 작동을 위한 아홉 가지 행동계획을 강조하고 있다.

언론은 그의 연설을 열광적으로 보도했다. 〈포천〉은 「거짓말, 이익 조작(Lies, Damned Lies and Managed Earnings)」이라는 글을 실었고,[23] 〈비즈니스 위크〉는 「이익 속임수 : 즉 기업이 어떻게 자신들이 원하는 숫자를 얻는가」라는 기사를 실었다.

레빗의 캠페인은 적어도 단기적으로 효과를 거두는 듯했다. 기업인 수시 진행 중인 연구개발비 제각(write-off)은 66%까지 줄어들었고, 인수 · 합병 활동에 대한 가치는 10%만 줄어들었지만 다른 합병관련 상각은 절반까지 감소했다. 자산을 평가감한 숫자는 28%나 줄었다.[24]

레빗의 이익 조작 문제를 해결하는 방법은 당연히 많은 비판을 불러일으켰다. 가장 심각한 비판은, 레빗이 이익 관리의 원인을 제공한 매도측 애널리스트의 현실적인 행동을 이끌어내는 데 실패했다는 것이었다. 스티븐 바(Stephen Barr)는 〈CFO 매거진〉에서 『그가 제안한 해결책은 그가 병에 대한 증상을 잘못 읽어냈다는 것을 시사한다』고 논평했다.[25]

상무장관(Secretary of Commerce)을 지낸 바바라 프랭클린(Barbara Franklin)은 『레빗이 문제의 한 단면을 공격하는 것으로는 어떤 것도 해결할 수 없다. 경영진이나 임원들이 문제의 해결을 주도해야 한다』고 말했다.[26] 물론, 레빗이 월가의 매도측 애널리스트들에게 말한 것은 최근의 분기 이후를 보라는 간곡한 충고이자 투명성과 개방성에 근거하지 않은 속임수에 대한 경고였다. 그는 이것이, 모든 사람들이 적어도 어떻게 문화적인 변화를 이루어내야 하는지에 대한 설명 없이 무조건 문화적인 변화를 수용할 때만 가능하리라고 생각한 것이다. 좀더 많은 규정은 이 문제를 해결하는 가장 좋은 방법이 아니며, 특히 이익게임에서의 또 다른 일면을 무시하는 규정들도 문제해결의 방법은 아니다.

법칙을 바꿔라

그렇다면 이익게임의 해결책은 무엇인가? 규정의 악용을 막는 것이 가장 좋은 방법임에도 불구하고, 레빗이 말한 것처럼 단순히 이익을 평가하고 보고하는 규정을 강화하는 일만이 능사가 아니다. SEC는 좀더 적극적으로, 동적이고 때때로 부정적인 단기적 성과를 부각시키고 장기적인 성과에 별 관심을 기울이지 않음으로써 이익게임을 영속화하고 있는 매도측 애널리스트들의 태도에 대해 강경한 입장을 취해야 한다.

SEC가 이런 부분에 대해 증권사들을 규제할 권한이 없음에도 불구하고, 위원회장과 간부들이 이런 문제에 간섭하기 위해 그들의 직책을 이용하고 있다. 레빗 회장은 다른 이슈들에 대해 이런 행동을 하는 것을 주저하지 않았다. 역대 SEC의 감독관 중 특히 유명한 월먼도 마찬가지였다.

그렇다면 우리가 제시하는 해결책은? 이익게임을 모두 없애는 것이다. 그렇게 하기 위해서는 두 가지가 이루어져야 한다. 첫째, 분기별 이익공시를 무시하고 월별, 주별 또는 매일——어쨌든 합리적인 기간별로——이익과 그 밖의 재무정보를 공시하는 것이다. 이를 위한 시스템 개발에 비용이 많이 들어간다 하더라도, 이들 비용은 시장의 자체적인 이익추정에 따른 주가산정의 단기적인 주가 왜곡을 피할 수 있게 해주는 좋은 투자가 될 것이다.

이 방법은 연속경영공시(continuous business reporting)라고 이름붙

일 수 있는데, 이는 오래 전부터 그 필요성이 제기돼왔고 월먼과 같은
사람들의 지지를 받았다. 시장이 적절하고 정확한 정보를 지속적으로
(near-continuous base) 받는다면 당 분기의 이익은 분기가 거듭될수
록 그 투명성이 증가될 것이다. 최근 시장가격은 이런 정보들을 이미
반영하고 있기 때문에 분기별 이익발표는 단순히 시장이 알고 있는 내
용을 명문화하는 것뿐이다. 이에 따라 애널리스트들의 지표, 예고, 위
스퍼 넘버 같은 것은 사라질 것이다.

　두번째로 단기간의 이익, 현금흐름 등 모든 이익관련 지표에 대한 관
심을 대폭 줄여야 한다. 이들 지표는 단기적 투자자 또는 데이 트레이
더들에게 결정적인 정보가 될 테지만, 앞으로 몇 년 동안 어느 회사가 가
치를 창출할 것인지에 대해 조사하는 투자자들에게는 별 관계가 없다.

　이런 장기투자자들에게는 미래 가치칭출의 기반인 무형자산과 비재
무적 성과에 대한 정보가 필요하다. 물론 가치는 결국 이익과 현금흐름
으로 전환된다. 그러나 투자자들이 모든 연관된 정보에 접근할 수 있을
때 이익관련 지표들은 기업의 미래를 예측하기보다는 기업이 과거에
얼마나 잘 운영됐는지를 알려주고자 하는 그 근본 목적을 되찾게 될 것
이다.

Inside the Exciting World of Accounting Standards
현행 회계기준의 문제점

그가 어떤 심판을 받았는지는
신이 아니고서야 누가 알겠는가?

―― 윌리엄 셰익스피어(William Shakespeare), 《햄릿(Hamlet)》 중에서

과거 실적주의에 대한 맹목적 추종과 이익게임이 궁극적으로 추구하는 목표는 별 관계가 없다. 그럼에도 불구하고, 왜 여태까지 이러한 상황을 뒤집으려는 시도가 없었을까?

경영진들은 이익게임을 변화시키고자 하는 시도를 열성적으로 지원해야만 하지 않을까? 그뿐만 아니라 그러한 움직임에 적극적으로 참여해야 하지 않을까? 그들은 『우리는 더 이상 이익을 맹목적으로 추구하지 않겠다』고 말하고 시장이 필요로 하는 무형자산과 비재무적 지표에 대한 정보의 제공을 시작할 수는 없을까?

확실히 시장이 필요로 하는 무형자산과 비재무적 지표에 대한 정보를 기업에 요구한 사람은 없었다. 그러나 누구도 그들이 기업에 그러한 정보를 요구해서는 안 된다고 말하지 않았다. 특히, 기업의 주가가 저평가돼 있다고 생각하는 경영자들은 반드시 그러한 정보의 공시를 고려해야 한다. 그리고 그들은 분기이익보고에 따른 주가의 정기적 요동을 완화시키기 위해 이익관련 정보를 가능한 정기적으로 제공해야만 한다.

물론 초단타 매매자를 제외한 모든 투자자들은 이익게임의 영향을 줄이고자 하는 시도를 전폭적으로 지지할 것이다. 특히 장기적인 관점을 가진 주요 기관투자가들은 이러한 변화를 촉진하기 위해 커다란 영향력을 행사할 것이다. 그리고 그들은 이익게임에서 명색뿐인 구경꾼으로 서 있기보다는 추가적이고 더욱 유용한 성과정보를 요구하기 시작할 수도 있다.

결국 시장이 필요로 하는 정보를 얻을 수 있어야 한다는 것에 대한 책임을 지는 사람이 이익게임의 풍토를 개혁하는 데 앞장서야 하지 않을까? 즉 SEC와 다른 나라의 관련 기관들은 구시대에 세워진 원칙에 근거하는 재무적 보고 모델의 수정을 주장해야만 한다.

감독기관들은 매도측 애널리스트들과 단기간보다는 예측된 이익에 중점을 두는 다른 투자자들을 격려함으로써 애널리스트들과 투자자들의 책임 있는 행동을 서두르도록 해야 한다. 전세계에 있는 회계 및 기업공시 기준 제정자들은 제13장에서 언급되는 비재무적 가치동인과 무형자산 보고의 새로운 기준을 만들기 위해 산업협회와 함께 일해야 한다.

그럼 이 새로운 기준들은 어떻게 만들어질 수 있을까? 아마도 우리는 19세기와 20세기 초에 경영자들이 「경영공시」라는 것이 필요하다고 인식한 그 당시로부터 교훈을 얻을 수 있다. 회계법인과 함께 이들은 재무적 보고의 기준을 개발했다. 단지, 회계 전문가들은 자신들의 회계관행을 기준으로 규정했다. 그 후 감독자들도 자신들을 위한 기준을 만들어야 한다고 결정했다. 이러한 과정에는 10년이 걸렸다.

신경제 시대를 사는 우리에게 몇십 년이라는 여유시간은 없다. 앞의 네 장에서 설명한 것처럼 변화는 매우 절실하기 때문에, 그리고 이번 장에서 보여주는 바와 같이 현재까지의 진전이 극히 미미하기 때문에 그 기간은 훨씬 짧아야 한다.

회계 전문가들과 감독기관의 꾸준한 노력에도 불구하고 신경제의 힘은 기존 회계기준이 감당하지 못하는 일련의 성과지표에 대한 시장의 관심과 주의를 모았다. 그러나 냉혹한 현실은, 시장이 원하는 정보를 제공하기 위한 과정 또는 부족한 것을 체계적으로 해결하기 위한 성취가 매우 적었다는 사실이다. 특히 미국 내 감독기관들과 회계기준 제정자들의 무자비한 활동은 관련성이 매우 적어보이는 회계보고 모델을 더욱 복잡하게 하는 규정을 계속해서 만들고 있다. 불행하게도 새로운 보고와 공시 모델을 개발하는 절차를 빨리 진행하지 못하게 하는 높은 장벽이 존재하고 있다.

누가 속도에 대한 필요성을 느끼는가?

대부분의 기업 경영진은 본능적으로 새로운 차원의 성과보고에 반대한다. 그들은 특히 새로운 공시를 처음 할 때는 많은 공시비용이 그 이익을 초과할 것이라고 생각한다. 감독기관들이 시장의 정보 욕구를 해결할 수 있다는 주장과 마찬가지로, 우리는 이런 시각에 반대한다.

우리는 외부의 재무적 보고가 매우 강화되고 시장이 단기적 이익에 집중되고 있는 지금, 새로운 공시방법을 실험하는 것은 그 비용과 위험이 매우 클 것이라는 경영진의 견해에는 동의한다. 경영자들이 이익게임을 좋아하지 않는다 하더라도 그들은, 모든 참여자가 새로운 게임의 규칙에 동의할 때까지 다른 게임을 시작하려 하지 않는다. 모르는 악마보다 알고 있는 악마가 더 낫다. 기관투자가들은 확실히 좀더 많은 정보를 원한다. 그러나 그들은 독점적인 이익을 위해 그런 정보를 원하는 것이다. 따라서 그들은 기업과의 사적인 만남에서 이런 정보들을 얻고자 한다. 기업 경영자들은 그런 정보를 SEC 규정을 위반하지 않는 선에서 크고 중요한 투자자들에게 제공해야 한다는 고민에 직면하게 된다. SEC가 Regulation FD——제14장에서 자세히 언급될 것이다——라고 불리는 정확한 공시를 위한 새로운 기준을 도입한 이후 기업의 고민은 더욱 복잡한 상황 속에서 전개됐다.

물론 매도측 애널리스트는 자신들이 중요한 역할을 틀어쥐고 있는 게임(이익게임)을 바꾸고자 하는 의지가 없다. 투자자들이 기업들에게서 좀더 많은 정보를 직접 얻을 수 있고 기업들의 분기이익 발표가 별로 중요한 정보가 되지 않는다면, 분명 매도측 애널리스트들의 입지와 그들의 임금은 줄어들 것이다. 매도측 애널리스트들은 기업에서 정보를 제공받을 수 있고 그 정보를 거래의 수수료를 유발하는 투자 자문에 사용하는 운 좋은 상황을 즐기고 있다.

그들은 현재의 선택적인 공시관행을 통해 정보를 용이하게 얻고 있으며, 이러한 관행에 대해 경영진이 부담하는 어떠한 법적인 부담도 없다. 연구와 투자은행 업무를 구분하는 「만리장성」과 같은 광범위한 규정이 증권사에 적용된다고 해도, 이러한 규정이 실제로 적용되고 있는지 의문이 생긴다.

몇 년 동안 진행된 불공정한 규제 활동은 기업 애널리스트들을 매우 큰 투자자들 다음으로 가장 유리한 위치에 올려놓았다. 그러나 Regulation FD가 통과되기 바로 전부터 시장은 매도측 애널리스트들의 이러한 위치에 손상을 가하기 시작했다. 많은 기관투자가들은 최근 매도측 애널리스트들의 추천에 점점 덜 의존하고 있다. 인터넷은 기업 자체에서 나오는 좀더 많은 정보를 만드는 한편, 모든 투자자들에게 가능한 강력한 분석적 도구를 만들어주고 있다.

경영자는 단지 규정에 따라서 반드시 필요한 정보만을 공시하고 나머지 정보는 시장이 알아서 파악하게 할 수도 있고, 적극적인 접근방법을 택해 규정에 상관없이 그들이 필요하다고 생각하는 정보들을 모두 시장에 공시할 수도 있다. 경영자들은 이러한 선택권을 지니고 있다. 주주들이 필요로 하는 정보를 경영자들이 완전히 이해했을 때, 그리고 그들 자신이 정보제공의 직접적 책임을 지고 있음을 수용했을 때, 비로소 이것이 모든 이들의 관심사로 떠오르게 되는 것이다.

변화는 반드시 올 것이다

명백히 기업공시에 관련된 모든 사람들은 기업공시의 내용과 절차에서, 그 근원을 바꾸기 위한 어느 정도의 조직적인 장벽을 세울 책임을 질 수 있다. 우리가 직면한 변화가 불가피한 것이라면, 기업들은 100년 전쯤 기업공시의 기준을 만드는 데 선배 기업들이 그러했던 것처럼, 그 변화의 절차를 이끌고 감독기관들보다 앞서나가야 한다. 그러면 시장은 이러한 변화를 강제적으로 이행하도록 압력을 줄 것이며, 이 모든 일은 정부의 감독 없이 진행될 것이다.

변화는 이미 시작됐다. 2000년 8월 16일에 인터넷 사이트 거래 감사자들(ABC Interactive, BPA International, and Engage I/PRO)은 오딧 센트럴(Audit Central)이라고 불리는 새로운 합작 사이트의 추진 계획을 선언했다. 이 사이트는 600개의 온라인 인터넷 거래 감사로부터 많은 정보를 축적할 것이다. 관련된 고객 모두는 오딧 센트럴이 자신들의 정보를 외부에 공개하도록 허용하는 데 동의했다. 투자자들은 처음으로 페이지뷰 또는 방문별 평균 페이지뷰와 같은 지표에 따른 기업의 성과를 비교할 수 있는 주요한 자료를 얻게 될 것이다.[1] 제13장에서는 오딧 센트럴에 대해 자세히 조사했다.

젠킨스의 좋은 의도

오딧 센트럴이 제공하는 시장의 해법(market solution)은 의도는 좋았지만 결국에는 실패한, 문제를 더 많은 규정으로 해결하려는 시도와는 분명하게 내비된다. 10년 전쯤 신경제라는 단어가 나타나기 이전에 AICPA는 아서 앤더슨 회계법인의 중역인 에드먼드 L. 젠킨스(Edmund L. Jenkins)를 책임자로 내세워 재무적 보고에 대한 특별위원회를 구성했다. 젠킨스 위원회라고 알려진 이 위원회는 재무적 보고와 공시정책의 신뢰성 및 적절성의 확보가 주목적이었다.

그 위원회 활동의 최종 보고서는 《고객 중심의 기업공시 개선 (Improving Business Reporting—A Customer Focus)》이라는 이름으로 1994년에 출간됐다.[2] 이 책은 현행 기업공시 관행이 부적절하다는 결론을 내렸다. 새로운 기술과 심화된 경쟁이 불러일으킨 변화의 물결은 다음과 같은 부문에 영향을 미쳤다. (1) 기업의 설립 및 경영, (2) 제품개발, (3) 위험관리, (4) 다른 조직과의 협력. 그러나 기업공시는 제자리걸음을 하고 있다

고객 중심적 사고를 제고하고 있는 기업들을 본받아, 젠킨스 위원회는 고객이나 다른 공시정보 사용자들(출자자와 채권자, 그리고 이들에게 자문을 제공하는 매도측 애널리스트들과 같은)에게 기업들이 같은 생각을 적용해야 한다고 주장한다(매도측과 매수측이 현저히 다름에도 불구하고 젠킨스 위원회는 그들을 구분하지 않았다).

위원회의 보고서는 기업들이 『제품개발 기간과 같은 비재무적 지표를 비롯해 경제적 가치와 같은 재무지표, 그리고 장기적 가치와 경쟁우위를 제공하는 활동에 중점을 두도록 디자인된 새로운 성과평가 지표를 개발하고 있다』고 밝히고 있다. 『효과적인 기업공시가 기업 내부 운영 관리에 중점을 둔 새로운 성과지표를 제외할 수 있는가?』라는 질문이 제기될 수 있다.[3]

이러한 질문에 대해 『아니오』라는 답을 제시하면서, 이 보고서는 기업공시의 개정 방향에 대해 다음과 같이 몇 가지를 제안하고 있다.

- 경영 계획, 기회 및 위험요인, 그리고 측정의 불확실성 등을 포함하는 좀더 미래지향적인 정보.
- 주요 비즈니스 프로세스가 어떻게 수행되고 있는가를 나타내는 비재무적 지표를 포함해 장기적 가치를 창출하는 인자에 대한 집중.
- 경영자가 경영을 위해 사용하는 정보와 시장에 제공하는 정보와의 일치.

　이 보고서의 부록은 기업공시의 통합적 모델(comprehensive model of business reporting)과 그것이 미국 상장기업의 현행 공시와 다른 점에 대해 자세한 설명을 담고 있다. 이 모델은 기업공시를 위한 다섯 가지 범주의 새로운 주요한 정보를 포함한다.

1. 재무적·비재무적 정보 : 경영자가 사업수행을 위해 이용하는 상위수준의 정보와 성과지표로, 현재 공시가 요구되지는 않지만 재무적·비재무적 정보 측면의 사업부문별(business segment) 정보를 포함한다.
2. 재무적·비재무적 정보에 대한 경영진의 분석 : 최근의 재무제표에 포함된 재무 자료의 추세와 변화에 대한 경영자의 분석이 비재무적인 것까지 확장되고 사업부문별로 상세하게 공시된다.
3. 미래지향적인 정보(forward-looking information) : 기회와 위험에 대한 정보는 다음과 같다. 경영계획과 주요한 성공요소에 대한 인식, 실제 성과와 과거에 공시된 기회, 위험과 계획에 대한 비교. 이는 현재 거의 모든 기업공시 정보가 과거 지향적이고 비교 성격이라는 것에서 큰 차이를 보이고 있다. 또 기회와 위험에 대한 토론은 일반적인 「경영관리 및 분석」에서부터 분리되어 다른 부분에서 강조된다. 여기에서 「위험」이라는 주제는 매우 중요하며, 제8장에서 이에 대해 자세히 언급할 것이다.
4. 경영진과 주주에 대한 정보 : 이사, 최고경영진, 그들의 임금, 주주들, 거래, 그리고 특수관계자들과의 관계 등을 포함한다. 최근 기업공시 관행과 통합적 기업공시 모델 간의 중요한 차이는 인식되지 않는다.
5. 해당 기업의 배경 : (1)넓은 의미의 목적과 전략, (2)사업과 자산에 대한 범위와 이에 대한 정의, 그리고 (3)산업구조의 영향 등을 포함한다. 기업들은 현재 (1)번과 (3)번 항목에 대해서는 공시하

지 않아도 관계 없지만, 많은 기업들이 이미 이들 항목을 공시하고
있다.

월먼의 지지

젠킨스 위원회가 논평을 얻기 위해 그 보고서를 배포하는 동안 SEC
의 월먼 위원은 대중 연설과 기고 등을 통해 위원회의 관점과 동일한
생각을 활발하게 전파해나가기 시작했다. 젠킨스 위원회와 마찬가지
로, 그는 오늘날의 회계와 보고체계는 주요한 변화가 필요하다는 것을
인식했다. 그가 인식한 한 가지 주요한 변화 대상은 지적 재산권, 상표,
저작권, 인적 자원 등의 연성 자산(soft asset)에 대한 인식이 부족하다
는 것이다.[4]

월먼은 1996년 가을 SEC에서 무형지산의 보고에 대한 토론회를 소집
했다. 「오늘날의 공시 내용」에 덧붙여 월먼은 제품개발과 제품수명주
기가 얼마나 짧아졌고, 또 다양한 종류의 새로운 금융상품이 어떻게 기
업의 전반적인 방향과 내부적 위험의 형태를 그야말로 하룻밤 만에 바
꾸어놓을 수 있는가를 감안하여 공시의 적시성에 대한 우려를 표명했
다.[5]

아무도 신경 쓰지 않았다

사용자가 필요로 하는 정보의 연구와 관련해 1,600페이지의 데이터
베이스를 구축한 젠킨스 위원회의 보고서와 월먼의 무언의 지지에도
불구하고 위원회의 제언에 대한 기업들과 시장의 반응은 매우 실망적
이었다. 기업 경영자들은 추가정보 제공에 따르는 비용뿐만 아니라 위
원회가 문제로 제시한 여러 가지 사항——앞으로 다가올 법적 위험과
경쟁우위를 얻기 위한 경쟁자들의 정보사용 가능성——을 들어 그들의
의견에 반대의사를 표시했다.

일부 경영자들은 자본시장의 정보 이용자들이 이런 정보를 정말로

원하는지, 이 정보를 갖고 무엇을 할 것인지, 그리고 기업들이 젠킨스 보고서에서 강조하는 낮은 자본비용과 같은 장점을 얻을 수 있겠는지 반문한다.

경영자들이 내심 우려하는 바는 새로운 기업공시 형태가 또 다른 규제를 불러일으키지나 않을까 하는 우려에서 비롯된다. 이런 사고를 가진 기업의 경영진들은, 기업들이 이미 추가적인 정보를 많이 제공하고 있고, 그렇게 하는 데 실질적인 이익이 있다면 계속 그렇게 할 것이라고 주장하면서 규제적인 해법보다는 시장에서의 해법이 더 나은 방법이라고 생각하고 있다. 즉 그들은 더 나은 공시방법이라는 것이 추가적인 보고 의무를 지는 것이라고 인식한 셈이다. 심한 경우, 이러한 시도는 회계법인들의 일거리를 늘리기 위한 수단이라고 꼬집은 사람도 있었다.

이러한 반응에 대해 FASB의 회장 데니스 베레스퍼드(Dennis Beresford)는 『대부분의 구성원은 현 재무적 공시 시스템의 많은 변화에 관심이 없다는 느낌을 받았다』[6]고 말했다. 그리고 그는 현 상황을 고수하는 풍토는 빨리 변하지는 않을 것이라고 덧붙였다. 그는 또한, FASB가 전통적인 재무회계문제 이상으로 그 역할을 확대하는 것에 대해 매우 신중한 입장을 취할 것이라고 예상했다.[7] 그럼에도 불구하고 그는 다른 비평가들과 같이, 시간이 지나면 기업들은 시장에 점점 더 많은 정보를 제공할 것이라고 생각했다.[8]

〈공인회계사 저널(CPA Journal)〉은 기업공시제도 개선을 위한 심포지엄의 내용을 요약하면서 미국 법조인협회의 법률 및 회계위원회(American Bar Association's Committee on Law and Accounting) 회원인 댄 골드워서(Dan Goldwasser)가 한 다음과 같은 말을 인용했다. 『좀더 많은 정보를 원하지 않는 애널리스트를 만나보지 못했다. 또 나는 정보를 제공할 준비가 돼 있는 회사 재무담당자도 만난 적이 없다.』[9]

아마도 그는 그러한 애널리스트나 기업 담당차 모두를 만나보지 못했을 수도 있다. 제9장과 제11장에서는 기업의 투명성을 증대시킬 수 있는 방법에 대해 자세히 알아볼 것이다.

끝없는 무용담

젠킨스 위원회 보고에 대한 반감에도 불구하고, 어떤 기업들은 이와 유사한 기업공시를 시작했다. 곧 무형자산의 가치에 대한 이해를 위한 브루킹 연구소(Brooking Institution) 태스크포스 팀은 「보이지 않는 부(Unseen Wealth)」라는 제목으로 무형자산의 가치에 대한 보고 및 측정에 대해 자세한 연구결과와 그 추천에 대한 보고서를 출간했다. 그리고 FASB는 비재무적 지표에 대한 보고에서 최근 사례를 보기 위해 기업공시 연구 프로젝트를 시직했다. 2000년 1월 31일에 《성보기술을 통한 기업공시정보의 배포(Electronic Distribution of Business Reporting Information)》라는 첫번째 보고서가 출판되었다. 두번째 보고서는 SEC와 FASB에 따른 공시요건의 중복을 피하기 위한 방법을 다룰 것이다.

최근 신생 인터넷 기업의 높은 시장가치와 1999년 말과 2000년 초의 극심한 시장 변동성 때문에 레빗 SEC 회장은 제프리 E. 가튼(Jeffrey E. Garten) 예일 대학교 경영대학원 원장에게 『신경제의 가치는 무엇이며, 투자자 집단과 금융시장이 기업을 평가할 수 있는 적절한 정보를 가지고 있는가?』에 대해 강의할 수 있는 최상의 교수단을 구성해달라고 요청했다. 아마도 이는 새로운 보고와 공시 모델의 개발을 위한 노력이 필요하다는 방향성과 관련규정 제정을 위한 동인을 제공할 것이다.

현재 기업공시 모델을 재정비하려는 노력은 미국에만 한정된 것이 아니다. 영국 정부는 기업이 시장과 어떻게 의사교환을 하고 있는지를 조사하기 위한 「회사법 검토위원회(Company Law Review Commission)」를 만들었다. 그 이유 중 하나는 『투자자 또는 주주들이 기업의 성과와 가능성을 평가하기 위한 목적으로 볼 때, 현 회계와 기업공시는 적절한 투명성과 양질의 정보를 제공하는 데 실패했다』는 것이다.[10] 캐나다 공인회계사협회(Canadian Institute of Chartered Accountants)는 이사회에 비재무적 정보를 보고하는 것과 관련해 문제점과 요인을 연구하는 프로젝트를 기획했다.[11] 이 프로젝트는 비재무적 정보공시를 위해 어떤 것들이 이루어져야 하며 어떤 것들이 이미 이루어졌는지 밝히는 것을 주목적으로 했다. 경제협력개발기구(Organization for Economic Co-operation and Development : OECD)는 1999년 중반 암스테르담에서 지적 자산의 공시 및 측정에 관해 「기업에서 인적 자산으로 구성된 무형자산의 중요성 증대」라는 토론회를 개최했다.[12]

이런 노력은 무엇을 말하는가? 그 교훈은 무엇인가? 간단하다. 감독기관, 전문적 기준 제정자, 연구자들은 업계(business community)의 지원 없이는 새로운 지표를 위한 공시실무를 전수할 수 없다. 자본을 필요로 하는 기업을 운영하는 경영자들은 투자자들이 필요로 하는 정보를 제공할 책임이 있다. 기업가치공시의 혁명에는 경영진의 적극적 의지가 필요하다. 경영진의 강력한 의지는 다른 이들의 참여를 불러일으킬 수 있다. 그러나 경영자들이 선도역할을 할 때까지는 아무 일도 이루어지지 않을 것이다.

뉴욕 경영대학원의 레브 교수가 실시한 무형자산 연구 프로젝트와 같은 고무적인 활동도 있다. 레브는 회계전문가, 컨설턴트, 그리고 여러 정부 대표자들로 이루어진 그룹을 구성해 이 주제에 대한 관련 연구를 추진하고자 했다. 이 그룹은 연구를 위한 장소며 아이디어와 정보교환을 추진하기 위해 해마다 주요 회의를 개최할 것이다.

기업회계기준 엔진은 계속 돌아가고 있다

SEC 회장과 회계 책임자는 미국이 전세계에서 가장 좋은 재무보고 시스템을 보유하고 있다고 주장한다. 만약, 그 판단기준이 그러한 선언, 규칙, 규정, 그리고 자세하고 복잡한 정도라고 한다면 미국 회계기준은 당연히 세계 으뜸이다. GAAP는 FASB, 회계원칙심의회(Accounting Principles Board : APB), 회계절차위원회(Committee on Accounting Procedure : CAP), FASB 현안 태스크포스 팀(Emerging Issues Task Force : EITF), 그리고 AICPA의 회계기준위원회(Accounting Standards Executive Committee : AcSEC) 등을 포함한 여러 조직이 40년 동안 만든 공식적인 의견(pronouncement)의 거대한 집합을 의미한다.

이러한 의견은 재무회계기준심의회 보고서, 해석, 기술공보, 실무지침, EITF 합의, AcSEC의 의견서(Statements of Position), 그리고 산업별 회계와 감사지침 등 다양한 형태로 나타난다. FASB는 130개가 넘는 재무회계기준 보고서, 44개의 재무회계기준 해석, 400개가 넘는 EITF 합의서, 7개의 개념보고서(concepts statements), 50개가 넘는 기술공보, 그리고 몇백 개의 질문과 답변을 포함한 특별 실무지침 등을 발행했다. 이것이 충분하지 않은 경우에는 상장기업에 대해서는 일반적으로 인정되는 회계원칙을 해석하고 보충하는 또 다른 규칙과 규정이 만들어졌다. 이러한 구체적인 내용은 규정 S-X와 S-K 및 100개가 넘는 회계규정, 거의 50개의 재무보고 공표(Financial Reporting Releases), 그리고 회계 시리즈 공표(Accounting Series Releases) 등과 같은 SEC의 핵심 규정에서 확인할 수 있다.

이만하면 충분하지 않는가? 일반적으로 수용되는 회계원칙을 완전히 사용하기 위해서는 공식적인 의견만을 알고 이해하는 것으로는 충분하지 않다. SEC의 직원들은 정기적으로——공식적인 것은 아니지만——

모든 이들에게 적용될 전문적 회의와 연설을 통해 그들의 특정 보고
와 공시문제에 대한 견해를 주장하는 것이 적절하고 중요하다고 생
각한다.

이 모든 노력은 결국 기업이 외부공시할 수 있는 것과 없는 것에 대
해 아주 자세하고 복잡한 규칙이 돼버린다. 이들 규칙이 너무 복잡해서
이들 규칙과 이들이 어떻게 적용되는지 완전히 이해하는 재무이사들과
전문적 재무회계사들의 수는 점점 줄어들고 있다. 미국 5대 회계법인
중 가장 큰 프라이스워터하우스쿠퍼스는 SEC의 규칙 및 기술적 회계
부분과 관련된 하나 또는 그 이상의 분야에 정통한 100명 이상의 전문
가들을 보유하고 있다.

갈수록 복잡해지는 규정

규정이 매우 섬세하고 자세하기 때문에, 그 자체로서 영속성을 갖게
되었고, 이들은 복잡한 부분을 계속 늘려갈 것이다. 기업이 어떻게 특
정 거래를 설명할 것인지에 대한 새로운 규정은 투자은행가들이 이를
위한 방법을 찾는 기회를 나타낸다. 이는 새로운 규정과 새로운 구조에
대한 필요성 또는 새로운 허점을 보완하는 새로운 규정의 필요성을 가
져온다. 이러한 현상은 점차 두드러지게 나타날 것이다. 규칙은 새로운
규칙을 낳고 그 규칙은 다시 새로운 규칙을 낳을 것이다. 불가능한 것
은 아니지만 진정한 개선을 찾기는 매우 어려운 반면, 변화와 개선의
기회는 한정돼 있다.

리스의 교훈

리스(Lease) 회계를 예로 들어보자. FASB는 재무회계기준 13편인
「리스 회계」를 1976년 11월에 발표했다. 주요 논점은 그 리스가 단순한
운용 리스(operating lease)인지, 금융 리스(capital lease)인지에 대한
것이었다. 운용 리스인 경우 임대인은 대차대조표에 리스의 가치를 보

여주어야만 한다. 금융 리스 여부를 결정하는 주요 기준 가운데 하나는 최소 지급 리스료가 시장공정가치의 90%를 초과하느냐는 것이다. 이 기준을 회피하기 위해 리스와 관련된 전문가들은 최소 지급 리스료가 시장공정가격의 89.9%가 넘지 않도록 리스계약을 작성하는 현상이 나타난다.

FASB와 SEC의 직원들은 자신들의 의견을 교묘히 이용하려는 교활한 시도에 대응하기 위해 더 많은 의견서를 발행한다. 제임스 애들러 (James Adler)의 《회계사 핸드북》에 따르면 재무회계기준의 제13장이 발표된 이후 관련된 열 개의 재무회계기준위원회 보고서, 여섯 개의 재무회계기준위원회 해석, 열한 개 재무회계위원회 기술공보, 그리고 스물네 개의 EITF 합의서 등이 출시됐다고 한다.

애들러의 책에 따르면 『이들 다양한 의견은 리스 회계를 둘러싼 복잡성과 많은 논란을 나타내고 있다.』[13] 그러나 경영진의 주관적인 판단으로 결정되는 자산의 경제적 수명 등의 문제와 같이 운용 리스와 금융 리스를 구분하는 기준이 불가피하게 추정에 의존하기 때문에 좀더 많은 규정을 만드는 것만으로 문제를 해결할 수 있을 것 같지는 않았다. 이와 유사하게 FASB가 발표한 「금융자산의 이전 및 서비스와 부채상환에 관한 회계처리(Accounting for Transfers of and Servicing of Financial Assets and Extinguishments of Liabilities : FAS 125)」와 「파생상품과 헤징 활동에 대한 회계처리(Accounting for Derivatives and Hedging Activities : FAS 133)」는 이미 자세한 세부 규정, 해석 및 가이드 등을 파생시켰다.

전부 헛된 것은 아니다

위의 리스 사례에서 얻은 교훈을 미국 감독기관들에 대한 전체적인 비난으로 해석하지 않기 바란다. FASB는 기업의 재무공시에 매우 큰 공헌을 했다. 그 한 예로「연금을 제외한 퇴직 후의 복리후생에 대한 회계(Employers' Accounting for Postretirement Benefits Other than Pensions : FAS 106)」는 투자자에게 기업 퇴직 후의 복리후생의무에 관한 정보를 제공한다. 이는 기업이 이런 비용에 관심을 갖고 관리할 수 있도록 한다.

다른 예로「기업 내 부문별 공시와 관련 정보(Disclosure about Segments of an Enterprise and Related Information : FAS 131)」는 전체를 구성하는 부분에 대해 연단위별뿐 아니라 분기별로 파악하고자 하는 기업 애널리스트와 투자자의 요구에 부응하고 있다.

왜 기준 제정자인가?

재무적 보고를 위한 모델의 복잡성과 방대함은 새로운 제품생산에 따른 요구사항을 맞추기 위해 지속적으로 변화되고, 덧붙여지며 바뀌는 오래 된 기업의 낡은 디자인과 유사하다. 기업현황을 그 현상이 발생한 지 한참 후에야 보고하는 재무적 지표의 중요성이 지속적으로 감소하고 있다는 것은 매우 바람직하지 않은 현상이다. 그보다 더 나쁜 것은 규칙을 확대하고 증가시켜야 한다는 강박관념이야말로 결국 사람들이 그 숫자가 정말 무엇을 의미하는지 이해하지 못하게끔 만드는 일이다. 따라서 사람들은 이익과 매출 같은 단순한 몇몇 지표에 관심의 초점을 맞춘다.

그 결과 기업들과 SEC 간 이념의 차이로 인한 논쟁 사이에 FASB는 끼여 있다. 경영자들은 시장으로부터 지속적으로 증가추세의 이익을 보고해야 한다는 압력을 느끼고 있으며, 그 이익의 변동성을 증가시킬 만한 규정 제정에 반대하고 있는 입장이다. 그들은 풍부한 경험을 바탕으로 그러한 규정이 반드시 주가의 변동성을 증가시킬 것이라고 믿고 있다. 반면에 SEC는 주가의 변동성은 경제와 시장의 자연적 환경에 따

를 뿐이며, 주가의 변동성은 보고되는 이익에 따라 반영되어야 한다고
믿는다. SEC는 이익을 발생시킨 사건이 일어나는 즉시 그것을 (이익
에) 반영함으로써, 기업공시가 주가의 변동성에 반영되도록 규정화하
고 있다.

최근 많은 논쟁을 불러오는 이 같은 문제에 대한 토론은, 예를 들면
FASB가 제안한 인수·합병시의 지분통합 회계(pooling accounting)
배제, 스톡옵션의 공정가치 평가, 금융상품의 시장가치 확대 적용 등이
있다. 이러한 문제는 기업과 SEC 간의 긴장감을 반영한다.

이익, 그러나 다시

제5장에서 말한 것과 같이 기업은 이익에 대한 새로운 정의를 내림으
로써 SEC의 움직임에 대응한다. 영업권, 보유 증권가치의 하락과 같은
특정 비용을 제외한 이러한 정의는 이익을 좀더 안정적이고 호의적으
로 만들어준다.

이는 FASB 및 전세계의 회계기준 제정기관들에게 기업들이 당기순
이익을 지나치게 강조하는 행태를 완화시킬 수 있는 재무적 성과지표
의 필요성을 강조하는 역할을 했다. 이는 또한 현재의 이익보다는 미래
의 이익과 현금흐름의 예측을 위한 지표를 개발하려는 의도다.

호주·캐나다·미국·영국의 회계기준 제정자들은 국제회계기준위
원회(International Accounting Standards Committee : IASC)와 함께
영업, 금융, 투자활동에 따른 손익계산서를 재구성하자고 제안했다. 만
약 FASB의 기업결합과 같은 경험이 이를 위한 가이드가 된다면 재무적
성과 보고와 같은 기본적 문제에 대한 공식적 의견선언은 늦어질 것이다.

혼동을 주는 기업결합

「APB 의견서 제16호(Opinion No. 16)」에서 찾아볼 수 있는 「기업결
합(Business Combination)」에 관한 현행 규정은 1970년에 발표됐다.

이「APB 의견서 제16호」에 대한 수정과 갱신이 끊임없이 요구되는 동안 FASB는 4년 전부터 공식적으로 이를 바꾸려고 노력했다. FASB는 매우 논란이 되는 지분통합 회계의 배제와 영업권 상각 기간의 단축 등을 제안했다. 기업계와 자본시장의 주요 기관들은 그 제안이 인수 후의 이익을 저하시킴으로써, 기업의 인수·합병과 전반적인 자본 형성에 부정적인 영향을 끼칠 것이라고 주장했다.

시장이 정말로 가치에 중점을 둔다면, 영업권 비용은 이익에서 차감되기 전에 쉽게 파악될 수 있기 때문에 위와 같은 회계처리는 전혀 문제가 되지 않을 것이다. 게다가 현금이익에 대해 초점을 맞추는 것은, 시장이 이익을 고려할 때 이미 영업권 비용을 반영하고 있음을 증명한다. 어떤 거래가 주주가치를 창출하는 것이라면, 시장은 분명히 영업권 비용이 이익을 희석시키는지 여부에 관계 없이 그 거래를 인정해야 한다. 사실상, 대부분의 인수·합병 거래는 가치를 창조하지 못한다. 이는 전략과 전략의 실행, 그리고 문화적인 측면의 결과로 이해돼야 한다. 회계처리는 여기에서 문제되지 않는다.

매수법(Purchase method)과 지분통합법(Pooling method) 사이의 논쟁처럼, 규정이라는 것은 합작투자, 협력, 파트너십과 같이 다양한 종류의 비즈니스 관계에서 명확하지 않은 존재로 자리잡고 있다. 기업 간의 공식적인 투자관계와 관련된 회계처리에는 원가법, 지분법, 연결회계의 세 가지가 있다.

전통적으로 원가법은 한 기업이 다른 기업의 지분을 20% 미만 보유한 상태로서 중대한 영향력을 갖지 못한 경우 사용된다. 현금배당을 얻을 때까지는 이익이 나다나지 않는다. 지분법은 힌 기업이 디른 기업의 지분을 20~50% 소유하고 중대한 영향력을 갖고 있으나 지배권은 갖지 못한 경우에 사용된다. 여기에서 투자회사는 피투자회사의 이익 중 투자비율에 해당하는 이익을 자기 손익계산서에 표시한다. 세번째 방법인 연결회계는 지배권을 의미하는 50%를 초과해 지분을 소유하는 경우에 사용된다. 그러므로 이익과 손실은 그 기업에 대해 유효한 통제권을 행사하지 못했다는 것이 입증되지 않는 한, 반드시 손익계산서에 포함되어야 한다.

신경제는 이러한 이슈에 또 다른 측면을 극명하게 보여준다. 즉 완전히 독립적인 개체들 간에 발생하는 순수 시장거래와 투자관계로 얽혀 있는 기업들 간의 내부거래 중간쯤에 위치하는 다른 형태의 관계가 확산되고 있는 것이다. 이러한 관계, 이른바 부담 없는 계약관계는 동시에 협력자와 경쟁자가 될지도 모르는 다른 파트너, 합작 투자사, 협력사와 기업 간의 네트워크 관계를 말한다. 이들 관계는 그 중요성이 날로 증대되고 있으며, 이것을 공시하는 것 또한 매우 중요해지고 있다.

전략적 제휴의 예를 들면, 미국의 1,000대 기업들이 이러한 제휴에서 얻는 매출의 비중은 1980년 2% 미만에서 1997년 21%로 증가했다.[14] 이 이유 중 하나는 전략적 제휴를 활발하게 추진하고 있는 기업들의 성과가 좋다는 것이다. 이러한 기업들은 〈포천〉 500대 기업 평균보다 약 40%가 높은 자본이익률(return on equity)을 보였다.[15] 그 결과로 5년 전 20%에 비해 미국 내 60% 이상의 경영자들은 전략적 제휴를 추진한다.[16] 그리고 이러한 제휴는 모든 산업과 국가에서 이루어지고 있다.

특히 주목할 만한 점은 대부분의 전략적 제휴 파트너들이 사실 모두 경쟁자들이었다는 것이다. 이는 아마도 전략적 제휴를 맺은 기업들의 50% 이하만이 상대 파트너에게 기업의 가치평가를 요청한 이유일 것이다. 즉 그들은 경쟁자들에게 귀중한 정보를 주고 싶어하지 않는다. 그러나 협업을 위한 전략적 제휴를 위해서는 상대방에게 전반적인 성과에 대한 정보를 제공해야 한다. 미래에는 이런 일이 자주 일어날 것으로 생각한다. 제11장에서 논의될 내용이지만, 전략적 제휴의 파트너 기업들 간에 이루어지는 투명성은 업계 전반의 투명성 확보를 위한 큰 힘이 될 것이다.

FASB의 개선을 위한 노력

세계 어디에서나, 기업이 누구에게 그 성과를 보고해야 하는지에 대한 정의가 논란이 되고 있는 상황에서, 현행 회계규정은 기업의 범위가 잘 정의되어 있다는 시각을 반영하고 있다. 그러나 FASB가 지난 18년 동안 연결 및 지분법회계 등의 규정에 대한 수정을 고려하는 사이에 세상은 변했다. FASB의 결합에 대한 고려는 위에서 언급된 새로운 종류의 기업결합을 거의 탐구하지 못했다.

이러한 제안에 따라 촉진된 논쟁에는 아이러니가 존재한다. 많은 하이테크 기업의 경영자들은 그러한 제안이 신경제 하에서 생겨난 많은 기업들을 강타할 것이라는 두려움을 갖고 있기 때문이다. 그 제안 중 특히 논란이 되는 사항은 매수법과 지분통합법, 스톡옵션 등 주로 수익의 인식을 둘러싼 이슈들이다. 또 하나의 아이러니는 새로운 규정을 통과시키도록 결심해야 하는 사람이 다름 아닌 FASB의 회장 젠킨스 자신이라는 것이다.

훌륭하지 않은가?

요술 지팡이를 휘둘러서 FASB의 모든 의견에 절대적인 합의를 이루어낸다면 어떤 결과가 나타날 것인가? 기업 애널리스트들과 투자자들은 FASB와 SEC가 기업공시에 대한 자신들의 요구를 수용했다고 생각할 것이고, 기업들은 그 규정에 따라 제공해야 하는 정보를 기꺼이 제공할 것이다

이러한 마술세계에서도 큰 문제점은 여전히 존재한다. 각 나라는 회계기준과 실무관행, 규정과 집행구조, 기업경영원칙 등에 대한 그들만의 고유한 외부공시 규정을 갖고 있다는 것이다. 각 나라가 자신들만을 위한 자본시장을 따로 갖고 있다면 이런 문제는 존재하지 않는다. 그러나 세계화의 물결은 그러한 상황을 뒤집어놓았다. 여러 나라의 제품시

장에서 영업을 하는 다국적 기업은 현지 회계방식에 따라 기업성과를 보고해야 한다. 이러한 결과는 그들 본국의 회계관습을 적용하는 경우와 다를 수 있다. 현지 회계와 자국 회계의 결과와 방법은 일반적으로 다르다. 다른 회계방식으로 작성된 각각의 재무제표는 서로의 신뢰성에 악영향을 끼칠 수 있다. 통합된 회계기준이 없으면 회계의 신뢰성이 위협받는다는 것이다.[17]

세계적으로 통합된 기준의 미비로 인한 결과 중 하나는, 시장이 이러한 통합 기준 부재의 공백을 채우려 한다는 것이다. 매도측 애널리스트들은 각각 다른 회계원칙 하의 보고와 각기 다른 나라에 존재하는 국제 경쟁자들의 재무제표를 조정하려는 시도를 하고 있으며, 이에 따른 보고서를 투자자에게 제공하고 있다.

예를 들면 모건 스탠리 딘 위티(Morgan Stanley Dean Witter)'는 주요 다국적 기업들 간의 비교 보고서를 출간하고 있다. 지역적 위치에 상관없이 각 산업분야의 최고 기업을 찾는 투자자들에게는 무척 유용할 것이다. 국제 경쟁자들과의 성과를 비교하고자 하는 기업에게도 유용할 것이다. 국제 연결 회계는 산업 내의 세계적 규모를 가진 제품 생산자들에게 계속해서 중요한 이슈이며, 이런 분야의 기업들 간 동등한 비교——동일한 회계기준에 따른——는 그 중요성이 더욱 증대됐다.

또 다른 공통적인 회계기준(common accounting standards) 제정 압력은 각 나라 간의 증권거래 통합에서 비롯된다. 전통적으로 각 나라의 증권거래는 증권거래소에 등록된 기업을 위한 회계규정을 동반한다. 그러나 증권거래가 국가 간에 통합될 때 두 가지 중요한 질문이 제기된다. 누가 거래를 감독할 것인가? 그리고 어떤 회계기준을 사용할 것인가?

기술은 공통적인 회계기준의 필요성을 증대시킨다. 오늘날 투자자들은 세계 여러 기업의 자세한 재무정보를 인터넷에서 찾는다. 그들은 소프트웨어 패키지에 여러 가지 정보를 입력하고 다양한 종류의 분석을 수행한다. 불행히도 소프트웨어가 서로 다른 회계기준 간의 조정을 하지 못하기 때문에 이것은 정확한 비교분석 결과가 아니다. 이 사실은 분석적 패키지의 사용을 제한한다.

제15장에서 자세히 언급될 XBRL의 등장은 전세계적으로 통용되는 일반적 회계기준 제정 압력을 더욱 증대시킨다. XBRL이란 인터넷을 통해 기업 재무정보를 분석용 프로그램에 다운로드받을 때 그 사용의 용이성과 속도를 현저하게 향상시키는 것이라고만 밝혀둔다. XBRL은 인터넷 시대에 투자자와 애널리스트의 욕구를 충족시키기 위해, 전세계적으로 통일된 형식의 정보를 통해 기업성과를 의미 있게 비교할 수 있는 수단인 것이다.

공통 회계적 언어의 부족에 대한 강력한 해결책으로서, 우리가 상표등록하려 하는 TRUST GAAP(Totally Resolved United STates GAAP)가 있다. 우리의 마술세계 속에서 모든 FASB 규정에 대한 쟁점이 해결됐을 때, 모든 나라는 잘 정의되고 상세한 회계원칙인 TRUST GAAP를 사용할 것이다. 왜 그렇지 않겠는가? 미국 자본시장은 전세계 시장의 49%를 차지하는 세계에서 가장 큰 자본시장이다.

만약 미국의 일반적으로 인정되는 U.S. GAAP가 미국 경영자들의 이해에 도전한다면 다른 나라의 경영자들이 그것을 이용하기는 더욱더 어려워진다는 데 문제가 있다. 그러면 U.S. GAAP나 TRUST GAAP는 다른 나라로 수출할 수 있는 상품이 될 수 없다. 세상의 모든 나라에서 사용할 수 있는 국제회계기준(International Accounting Standards : IAS)이 훨씬 더 나은 상품이 될 것이다.

현재의 활동상황

국제적인 기준을 확보하는 것은 쉬운 일이 아니다. A. T. 커니(A. T. Kearney)사의 컨설턴트인 필즈 위커미우린(Fields Wicker-Miurin)은

<월 스트리트 저널> 2000년 5월 15일자에서 『회계는 국가적 기업법과 연결돼 있고, 이는 국가적 특성과 연결돼 있으므로, 이를 깨는 것은 아마도 가장 어려운 작업이 될 것이다』라고 말하고 있다.[18] 문제는 그 원칙을 만드는 것보다 원칙의 실행에 있다. 국가적 위신, 자본시장에의 여러 가지 접근방법, 법적 통치권한에 대한 인식부족 등은 이상을 실현하는 데 주요 장벽으로 작용하고 있다.

다른 좋은 생각과 마찬가지로 전세계의 회계와 보고기준의 개념은 새로운 것이 별로 없다. 사실 이러한 생각은 1904년으로 거슬러 올라가, 미주리 주 세인트루이스에서 있었던 최초의 국제적인 회계 컨퍼런스가 열렸을 때부터 시작된 것이다.[19] 그 후 1973년, 비전을 가진 회계 전문직 종사자들은 재무경영자, 기업 애널리스트, 학자들의 조언을 얻어 국제회계기준위원회(IASC)를 조직했다.

초기 15년 동안, IASC는 전세계의 여러 곳에서 사용되는 다양한 회계기준을 기반으로 단일 기준을 개발하는 데 주력했다. 따라서 이 기준은 하나의 문제에 대한 여러 가지 처리방법을 인정하게 됐다. 그러나 1990년대 초 IASC의 노력은 기존의 기준과 인정될 수 있는 처리방법의 수를 줄이는 것으로 그 초점을 이동했다. 이 노력은 「개선 프로젝트(Improvement Project)」로 알려져 있다.

다음 단계는 이러한 전세계적인 기준을 개발·운영하기 위해 IASC와 국제증권감독위원회(International Organization of Securities Commissioners : IOSCO)의 합의를 도출하는 것이다. 이는 국제 간 증권상장을 위해 국제회계기준의 사용을 보증하는 IOSCO의 기반이 된다. 이러한 시도는 또한 미국 EITF와 유사한 표준의 해석 기능을 가진 상임해석위원회의 설립과도 연관돼 있다. IOSCO의 회원으로서 SEC는 IASC의 변화를 유도하는 중요한 역할을 계속하고 있다.

주식확보

IASC의 기준은 1990년대까지 천천히, 그러나 확실하게 신뢰를 얻었다. 선진국과 개발도상국가의 기업들은 국제회계기준으로, 또는 본국의 회계기준을 국제회계기준으로 조정해 공시하기 시작했다. 아직은 많은 차이점이 있으나 특정한 규정을 비교하는 데는 도움이 됐다. 여러 국가의 증권거래소는 기업 등록시 국제회계기준을 인정한다. 그러나 미국과 캐나다는 이를 인정하지 않는다.

미국에서 SEC는 미국 증권거래소에 등록하고자 하는 외국 기업들로 하여금 U.S. GAAP를 사용하거나, U.S. GAAP에 따라 보고되는 경우의 자세한 순손익과 주주지분의 조정내용을 제공하도록 하고 있다. SEC는 미국의 접근방법이 보고서의 숫자로 의사결정 관리를 가능하게 하는 완전하고 자세한 규정이기 때문에 좀더 자세한 정보를 제공하고 투자자들을 더 잘 보호할 수 있다고 주장하고 있다.

미국 자본시장의 엄청난 규모[20]와 NYSE 또는 나스닥의 등록 인가를 받은 엄청난 숫자의 기업들은 외국기업들이 미국 증시에 진출하게 하는 강력한 인센티브를 제공한다.[21] 따라서 외국 기업들은 미국에서 일반적으로 사용되는 회계기준으로 전환하고 유지하기 위한 거액의 비용을 감수하고 있다.

동시에 다른 나라의 증권시장이 가진 유연성은 많은 외국 기업들을 자극하고 있다. 1999년 말 기준으로 미국 증권거래소에 등록된 전체 3,025개 사 중 394개(13%)의 외국 기업이 있었다.[22] 이와는 대조적으로 2000년 9월 영국 증권거래소의 주요 시장은 전체 2,403개 중 502개(21%)의 외국기업이 있었다.[23]

이 불균형을 해소하기 위해 미국 증권거래소와 나스닥은 SEC에 국제회계기준을 사용하는 외국 기업을 등록할 수 있도록 허가를 받기 위한 로비를 하게 만들었다. SEC는 이에 대해 매우 조심스러운 태도를 보였다. 이는 국제회계기준은 재무결과를 보고하고 준비하는 데 충분하지

못하다는 생각을 반영하는 것이며, 또한 미국 기업들이 두 가지 이상의
회계원칙으로 공시할 때 벌어질 혼란에 대한 우려를 나타내는 것이다.
그러나 미국 증권거래소에 등록된 외국 기업이 국제회계기준에 따라
공시하는 것이 허락된다면, 미국 기업들도 아마 똑같이 그렇게 하려고
열심히 로비를 할 것이다.

중요한 전환점

2000년은 국제회계기준 제정을 위한 중요한 한 해였다. IASC를 재구
성하고 전세계적인 회계기준 제정자로서의 지위를 부여했다. IASC의
재구성은 2001년 초부터 그 효력을 발휘할 것인데, 대부분 독립적인 상
임직으로 구성된 새로운 이사회의 선임을 통해 이루어졌다. 그리고
IASC 위원들의 후원을 통해 많은 직원을 배치했다. SEC와 FASB는 이
러한 움직임을 적극 지원하고 있다.

유럽에서는 유럽연합(European Union : EU) 내 15개 나라에서 상장
기업의 재무정보공시 방법을 2005년까지 IAS로 표준화한다는 계획을
발표했다. G7에 해당하는 나라(캐나다 · 프랑스 · 독일 · 이탈리아 · 일
본 · 영국 · 미국)들은 재무안정화 포럼(Financial Stability Forum)에서
자신들의 재무 시스템을 강화하기 위한 목적으로, 핵심적인 기준 열두
개로 이루어진 IAS를 회계표준으로 지목했다.

그러나 SEC가 외국기업에게 IAS를 사용하도록 할 것인가는 여전히
문제로 남아 있다. 미국시장이 IAS를 전폭적으로 받아들이기 위해서는
IAS와 U.S. GAAP 간의 차이를 줄이려는 끊임없는 노력이 필요하다. 많
은 이들이 머지않은 장래에 미국시장이 IAS를 받아들이게 될 것으로
생각하고 있다. 기업들이나 투자자들은 모두 공통의 보고양식에 대한
필요성을 절실히 느끼고 있다.

문제는 얼마만큼의 시간이 걸릴 것인가다. IAS와 U.S. GAAP의 차이
가 더 벌어지지 않게 하기 위해, SEC가 새로운 규제를 더 이상 만들지

않기를 바랄 뿐이다. 그 대신, 그들은 IASC를 적극 지원해 회계와 기업 공시를 위한 국제 표준을 만드는 데 일조해야 할 것이다.

다음단계로의 도약

그러는 동안 기업들과 회계법인을 배제한 채 매도측 애널리스트 등이 자체적인 기법으로 정보의 공백을 채울 것이다. 여기에는 많은 논란의 여지가 있다. 그러나 시장에서 생성된 그러한 기법과 기업들 또는 다른 사람들이 인터넷을 통해 흘리는 정보는 매우 제한적이며 높은 신뢰도를 기대하기 어렵다. 일정한 기준에 따라 작성되고 인증받은 기관의 감사를 거친 재무제표와 주요 성과지표에 대한 정보, 그리고 사업가치 동인에 대한 정보 등이 훨씬 더 만족스러울 것이다.

우리는 이런 것들이 기업, 사용자, 그리고 회계법인들이 상호 협력해 만들어낸 시장해결 모델(modified market solution model)을 통해서 산출될 수 있다고 믿는다. 이것은 다양한 원칙과 실험에 따라 개발되고 검증되어야 한다. 결국 지표에 대한 정의와 방법에 대한 충분한 합의가 이루어진다면 이 실험은 따르기에 즐거운 규정과 공식적인 기준으로 전개될 것이다. 그러나 우리는 이 새로운 규정이 U.S. GAAP의 난해한 복잡성에 이르지 않기를 간절히 희망한다.

제3부

반드시 이겨야 하는 싸움

THE VALUE REPORTING REVOLUTION

Justice is the constant and perpetual wish to
render to every one his due.
Justinian I, *Institutes, I*

Out, Out Damned Gap!
차이를 극복하라

인간은 선천적으로 지식을 갈구한다.

— 아리스토텔레스(Aristoteles), 《형이상학(Metaphysics)》 중에서

세계 공통의 회계기준을 마련하는 작업은 매우 중요한 일로서, 모든 기업가치공시의 혁명가들을 위한 일종의 공용어를 마련하는 초석이 될 것이다. 왜냐하면 좀더 분명한 의사소통을 통해 이들 혁명가가 자신들의 과업을 좀더 효과적으로 달성할 수 있기 때문이다.

그러나 이러한 조치가 매우 유용하다고는 하나 이제 겨우 길고 험난한 여정에 첫발을 내딛은 것에 불과하다. 사실, 어떤 면에서 보면 재무제표상에 나타난 수치는 이미 지나온 과거를 말해주는 일종의 이정표와 같다고 볼 수 있다. 투자자들은 이 이정표 외에도 「전방 우회로」 또는 「정상속도 재개」라고 표기된 도로표지와 같이, 앞으로 가야 할 길을 결정하는 데 도움이 되는 정보도 필요로 한다.

따라서 기업은, 스위스 레가 행했던 방식대로, 투사자들이 필요로 하는 정보를 식별할 수 있도록 도로표지판을 세워야 한다. 또 투자자들이 언제든지 이용할 수 있는 기술적인 정보 제공에 최선을 다해야 한다. 그럼으로써 기업은 자사의 혁명 의지를 표방하고 다른 기업의 참여도 유도할 수 있을 것이다.

어떤 정보?

프라이스워터하우스쿠퍼스는 투자자들이 필요로 하는 정보에는 무엇이 있는지를 규명하기 위해 투자자들을 대상으로 4년 간에 걸쳐 여러 가지 조사를 실시한 일이 있다. 이 같은 조사 작업은 성과평가 방법론을 개발해 타당하고 신뢰할 수 있는 방식으로 정보를 제공할 수 있는 출발점이 된다.

첫번째 조사는, 로버트 G. 에클스(Robert G. Eccles)와 사라 C. 마브리낙(Sara C. Mavrinac)이 지난 1993년에 미국의 기업, 애널리스트, 투자자를 대상으로 실시했던 연구 조사 방식을 그대로 따랐다. 즉 투자를 결정하는 일에서 가장 중요한 재무적 · 비재무적 정보의 유형을 규명한 것이다.[1] 그러나 프라이스워터하우스쿠퍼스는 조사대상 범위를 미국뿐만 아니라 유럽과 아시아까지 포함한 13개 국의 기관투자가 및 매도측 애널리스트들로 했다.[2]

이러한 조사결과, 응답자들이 투자결정을 위한 성과지표 총 21개 중 다음과 같은 아홉 가지 성과지표를 합리적인 투자의사 결정에 특히 중요하게 생각한 것으로 나타났다.[3]

1. 이익
2. 현금흐름
3. 비용
4. 자본지출
5. 연구개발 투자 금액
6. 부문별 성과
7. 명문화된 전략적 목표
8. 신제품 개발
9. 시장점유율

이 목록을 보면 투자를 결정할 때 재무적인 지표와 비재무적 지표가 모두 중요하다는 것을 알 수 있다. 일부 지표는 기업의 단기적 성과 전망과 관련이 깊고, 장기 전망과 관련한 지표도 일부 있다. 또 이 조사에서는 응답자들이 아홉 개 각 항목과 관련해 입수하고 있는 정보의 질에 대한 질문도 있었다. 예상한 대로 투자자나 애널리스트 모두 대체로 비재무적인 지표보다는 재무적인 지표에 관한 정보의 질에 좀더 높은 만족도를 느끼는 것으로 나타났다. 기업가치공시의 혁명이 전세계적으로 확산되지는 않았지만, 혁명에 대한 필요성은 이미 모든 사람들이 인지하고 있다.

이 같은 조사는 특히 특정 산업에 대한 집중 분석을 할 때 유용하다. 이러한 조사를 통해 기업과 시장에 대한 특정 산업의 중요도, 정보의 질, 기업의 정보 생성용 시스템, 정보 보고에 관한 경영자 자체 평가, 획득된 정보의 질과 양에 대한 시장의 만족도 등과 관련한 성과를 평가할 수 있기 때문이다.

프라이스워터하우스쿠퍼스는 이미 금융, 보험 및 하이테크 산업에 대한 조사를 완료했으며, 현재는 제약, 소비재, 소매, 가스와 석유, 전기, 정보통신 및 오락과 미디어 분야에 대한 조사를 진행하고 있다.

이 장에서는 특히 하이테크 산업의 조사결과를 집중적으로 다루고자 한다. 가치평가에 대한 논쟁과 민감성에 대한 우려를 고려해볼 때, 전세계적으로 단순 재무성과 기반의 기업공시보다는 기업가치에 기반한 공시를 필요로 하는 이유를 밝히는 데 가장 좋은 사례가 되기 때문이다.

조사의 정확성을 기하기 위해, 컴퓨터 및 반도체 관련 업체는 물론 네트워크와 통신업체에서 소프트웨어, 인터넷, 그리고 전자상거래 업체에 이르기까지 광범위한 기업들을 하이테크 산업 범주에 포함시켰다. 조사대상 업체 중 85%가 나스닥 상장업체였고, 뉴욕 증권거래소에 상장되어 있는 업체도 12%에 이르렀다. 조사 당시, 대상 업체의 절반

이 넘는 55%의 기업들이 향후 3년 동안 21% 이상의 소득 성장을 기대하고 있었다.

조사대상 업체들의 매출과 시장가치 규모는 천차만별이었지만 크게 성공한 기업들은 거의 없었다. 즉 조사대상 중 절반 이상이 1억 달러 미만의 매출을 올리고 있었으며, 40%가 넘는 업체들의 시장가치는 시가총액 2억 5,000만 달러 미만이었다. 또 이 조사에는 매도측 애널리스트와 기관투자가, 그리고 벤처투자사를 샘플링해 정보의 필요성과 그에 따른 충족도를 결정하는 데 활용했다.[4] 하위부문 분석 및 별도로 실시된 벤처 캐피털에 대한 분석자료 등을 포함한 이 조사의 세부 내용은 www.pcwglobal.com/valuereporting을 참조하기 바란다.

정말로 중요한 것은?

하이테크 산업과 관련된 37개의 성과지표 각각에 대해 알아보기 위해 IR의 최고책임자인 CFO와 CEO 또는 대표이사와 같은 경영자를 주요 대상으로 설문조사가 이루어졌다.[5] 물론 성과평가 목록이 모든 것을 포함하는 완전한 것은 아니며, 특정 지표의 상대적 중요도는 하이테크 분야에서의 기업의 역할(예를 들면 소프트웨어 대 인터넷·전자상거래)에 따라 차이가 있었다. 따라서 이번 조사에서는 총량적 데이터 정도면 충분하리라 본다. 〈도표 7-1〉은 조사대상 기업의 경영자들이 다양한 지표의 상대적 중요도(「높다」에서 「낮다」까지)를 어떻게 평가했는지 보여준다.

〈도표 7-1〉을 보면, 중요도가 「높다」고 본 열 개의 지표 가운데 단지 세 가지만 재무와 관련된 지표임을 알 수 있다. 그 세 가지 지표 중 「이익」만이 그 산출방법과 보고에 대해 엄격한 규제를 적용받고 있다. 매출총이익(gross margin)과 현금흐름에 대한 정의는 기업마다 차이가 있으며, 이 두 지표의 경우 보통 보고대상에 포함되지만 의무사항은 아

기업에 대한 성과평가의 상대적 중요도[a]

높 다	중 간	낮 다
• 전략 방향	• 신제품 매출	• 직원확보 비용
• 현금흐름	• 지적 자본	• 브랜드 개발비용
• 시장성장률	• 판매 및 마케팅 비용	• 고객확보 비용
• 매출총이익	• 신제품 성공률	• 라이선스 수입
• 경영진의 자질 · 경험	• 직원유지율	• 주문달성률
• 시장규모	• 연구개발비	• 생산가동률
• 경쟁구도	• 제품개발 주기	• 거부율
• 이익	• 유통경로	• 거래의 증가율
• 신제품 출시 속도	• 현금소진율	• 로열티 수입
• 시장점유율	• 브랜드 가치 · 지명도	• 품질보증 비용
	• 종업원 1인당 매출	• 재고 평가 절하
	• 고객회전율	• 거래의 유형
	• 자본지출	• 협약의 교환
	• 부문별 성과	

a 응답자는 「1 = 매우 가치 있다 및 5 = 전혀 가치 없다」의 5점 규모로 지표를 평가하도록 요청받았다. 높은 중요성의 지표는 1.00~1.99, 중간의 중요성 지표는 2.00~2.99, 낮은 중요성의 지표는 3.00 이상. 최하의 중요성 점수는 4.21이었으며, 그 나머지는 모두 3.00~3.99였다.

니다. 그러나 최근 들어 다양한 「잉여 현금흐름(free cash flow)」에 대한 보고를 시작하는 기업들이 점차 늘고 있다.

또 나머지 일곱 개의 지표 중에서 전략 방향, 경영진의 자질 · 경험, 신제품 출시 속도(speed-to-market)는 기업의 내부 데이터를 통해 평가할 수 있다. 그리고 전략 방향과 경영진의 자질에 관한 지표는 하나로 통합하기가 어렵고, 시간을 측정하는 세번째 지표는 항상 정확하게 산출하기가 힘들다. 그리고 「중요도가 높은」 나머지 네 개의 지표인 경쟁구도, 시장규모, 시장성장률 및 시장점유율도 내부 정보 시스템만으로는 파악하기 힘든 데이터를 필요로 한다.

중요도가 보통인 것은?

보통의 중요도를 나타낸 열네 개의 지표는 대부분 다음 세 가지 범주 중 하나에 속한다.

1. 고객 : 판매 및 마케팅 비용, 유통경로, 브랜드 가치·지명도 및 고객 회전율
2. 직원 : 지적 자본, 직원 유지율 및 직원당 매출
3. 혁신 : 신제품 매출액, 신제품 성공률, 연구개발비 및 제품개발 주기

그리고 이들 중 일곱 개의 지표는 재무적인 것이다. 이들의 수치에 관해 기본적 재무 시스템은 필요한 값을 생성하지 못한다. 그러므로 재무적 수치는 비재무적 수치와 결합해 필요한 정보를 생산할 필요가 있다. 예를 들면 「신제품 매출」 지표는 「신제품」에 대한 정의, 즉 신제품 여부를 결정할 수 있는 규칙뿐만 아니라 생산단계에서 수익을 파악할 수 있는 시스템도 요구한다.

이 밖에 나머지 일곱 개의 지표는 비재무적이며, 대부분 정량화가 쉽지 않다. 특히, 브랜드 가치·지명도 및 지적 자본의 경우가 이에 해당한다. 왜냐하면 이들 지표가 일반적으로 무형자산으로 취급되며 하이테크 산업에서는 특히 시장가와 장부가의 커다란 차이를 설명하는 데 종종 이용되기 때문이다. 그러나 설명에 활용되는 지표 자체의 신뢰성이 떨어진다면, 그 설명에 대한 신뢰성 또한 추락하는 것은 당연한 일이다.

중요도가 떨어지는 것은?

중요도가 낮은 부분에 속하는 열세 개의 지표 대부분은 재무통계나 운영통계관련 지표다. 따라서 거의 모든 기업이 사용하고 있는 고급 재

무 및 생산통제 시스템만 있으면 비교적 쉽게 측정이 가능하다.[6] 그리고 이와 정반대되는 지표가 바로 중요도가 「높은」 지표들이다. 사실, 평가하기가 쉬울 듯한 지표는 중요도에서 떨어지고, 중요하다고 판단되는 지표는 평가하기가 결코 쉽지 않다.

또 수익기반(revenue-based) 지표가 중요도에서 「중간」 그룹에 포함되는 반면, 비용기반(cost-based) 지표가 낮은 범주에 속해 있다는 사실이 매우 이채롭다. 그러나 매출증가의 중요도를 생각해보면 하이테크 기업의 가치를 결정하는 데 매출증가를 이익의 증가보다 더 중시하는 경우가 빈번하기 때문에 이러한 사실은 그리 놀라운 일이 아니다.

그렇다면 시장의 반응은?

사실, 기업의 주식가치를 평가하는 경우 매도측 애널리스트와 투자자들이 생각하는 중요 지표와 기업 경영진들이 생각하는 지표는 〈도표 7-2〉의 「10대 주요 성과지표 리스트」에 나타난 것처럼, 완전히 일치한

〈도표 7-2〉

10대 주요 성과지표 리스트[a]

기 업	애널리스트	투자자
1. 전략 방향	1. 시장성장률	1. 이익
2. 현금흐름	2. 전략 방향	2. 현금흐름
3. 시장성장률	3. 경쟁구도	3. 경영진의 자질·경험
4. 매출총이익	4. 경영진의 자질·경험	4. 경쟁구도
5. 경영진의 자질·경험	5. 이익	5. 시장성장률
6. 시장규모	6. 시장규모	6. 전략 방향
7. 경쟁구도	7. 매출총이익	7. 매출총이익
8. 이익	8. 시장점유율	8. 시장점유율
9. 신제품 출시 속도	9. 현금흐름	9. 신제품 출시 속도
10. 시장점유율	10. 신제품 출시 속도	10. 시장규모

a 이 지표는 애널리스트와 투자자, 그리고 경영자들이 중요도가 「높다」고 평가한 리스트에 나타난 지표들을 올림차순으로 정리한 것이다.

다. 물론 우선순위에는 다소 차이가 있다.

순위의 차이가 크다고 해서 어떤 결론을 도출할 수는 없지만, 몇 가지 주목할 만한 흥미로운 사실이 있다.

- 「이익」의 경우 투자자들은 가장 중요한 지표로 꼽는 반면, 경영자는 하위 순위로 여긴다. 그리고 애널리스트들은 「이익」의 중요도를 이 두 그룹의 중간 정도로 평가한다.
- 애널리스트는 주요 성과지표 리스트의 완전성을 이루기 위해 〈도표 7-2〉의 리스트에 열한 번째 지표로 「신제품 매출액」을 추가한다.
- 투자자들의 중요도 리스트가 가장 많은 항목을 포함하고 있는데, 이들은 10대 주요 성과지표 리스트 외에도 신제품 매출, 신제품 성공률, 브랜드 가치·지명도, 유통경로, 부문별 성과, 생산가동률 등을 성과평가에서 매우 중요한 지표로 꼽는다.

거듭 말하지만, 언제나 큰 차이를 보이는 것은 아니다. 좀더 소규모의 투자자 샘플로 평가할 경우, 섣부른 결론을 내려서는 안 된다. 그리고 한 가지 분명하게 밝혀둘 것은 투자자들이 가장 큰 관심을 보이는 것은 이익이지만 다른 지표들도 주의 깊게 살핀다는 것이다.

어떻게 진행되고 있는가?

경영자와 시장이 가치창출 및 커뮤니케이션의 중요 지표에 대한 의견 일치를 보는 것은 놀라운 일은 아니지만, 일부 경험적 확신을 갖는 것도 좋다. 그러나 〈도표 7-3〉을 보면 위에서 살펴본 내용과는 다른 면이 있음을 알 수 있다.

첫째, 경영자들은 재무지표와 관련해서만 내부 평가 시스템의 중요도를 높게 평가하고 「전략 방향」 및 「경영진의 자질·경험」 지표의 경우에는 보통, 그리고 사외 자료를 요하는 나머지 다섯 가지 지표에 대

10대 주요 성과지표 리스트에 대한 경영자의 또 다른 평가방식

지　표	내부 시스템의 질	당 지표에 대한 기업의 공시 노력	당 지표들이 애널리스트들에게 얼마나 도움이 되는가?	당 지표들이 투자자들에게 얼마나 도움이 되는가?
이익	높다	높다	높다	중간
매출 총이익	높다	높다	높다	중간
현금흐름	높다	높다	중간	중간
전략 방향	중간	높다	중간	중간
경영진의 자질·경험	중간	중간	중간	중간
신제품 출시 속도	낮다	중간	중간	중간
시장규모	낮다	중간	중간	중간
시장성장률	낮다	중간	중간	중간
시장점유율	낮다	중간	중간	중간
경쟁구도	낮다	중간	중간	중간

해서는 낮게 평가한다.[7]

둘째, 경영자들은 자체 확인을 통해 내부 시스템의 질에 문제가 있다는 사실을 알고 있으면서도 자신들이 적극적으로 시장에 정보(특히 재무관련 지표와 「전략 방향」 지표)를 제공하고 있다고 생각한다.[8]

셋째, 경영자들이 얼마나 열심히 상기 지표들을 시장에 제공하고 있다고 말하고 있는 것과 시장이 그 정보에 얼마나 만족하고 있는지[9] 사이에는 분명한 관계가 있으나 다음 두 가지 예외는 있다.

1. 경영자들은 「전략 방향」 및 「현금흐름」에 관한 정보를 제공할 때 시장이 생각하는 것보다 더 잘 하고 있다고 믿는다.
2. 「이익」 및 「매출총이익」에 관한 정보 습득의 경우, 두사사보나는 애널리스트가 더 높은 만족도를 나타낸다.

두번째 예외는 이 장의 후반부에서 좀더 상세히 논의할 것이며, 폭넓은 정책적인 맥락에서 제14장에서 다시 살펴볼 것이다.

차이는 계속 벌어지고 있다

〈도표 7-3〉의 분석결과를 보면, 하이테크 관련 업체의 경영자들은 정보의 질적 문제가 다소 있지만, 시장에 정보를 제공하기 위해 상당히 노력하고 있으며, 시장은 이들 정보에 어느 정도 만족하고 있음을 알 수 있다. 이러한 결론은 응답의 절대 수준에 근거한 것이지만, 지표 수준의 상대적인 중요도 측면에서 데이터를 분석할 경우, 전혀 다른 결과가 나타난다.

〈도표 7-4〉는 좀더 심도 있는 분석을 위한 일반적인 접근방법을 보여준다. 경영자들은 종종 자사의 기업가치를 시장보다 높게 「평가」하는 경향이 있는데, 이러한 사실은 특히 하이테크 산업 조사결과 잘 드러났다. 조사대상 기업의 경영자 중 30%가 자사 주식이 형편없이 저평가되어 있다고 믿고 있었으며, 45%에 달하는 경영자들도 다소 저평가되어 있다고 느끼고 있었다. 또 18%는 평가가 적절하다고 느낀 반면, 자사 주식이 과대평가를 받고 있다고 생각하는 경영자는 1%에 불과했다. 물론 회사 주식이 시장에서 상당히 과대평가를 받고 있다고 응답한 경영자는 한 사람도 없었다.

〈도표 7-4〉를 보면 이러한 커뮤니케이션의 다섯 가지 차이를 확인할 수 있다.

1. 정보차이 : 애널리스트와 투자자가 부여하는 성과지표의 중요도에 대한 차이와 경영자에 의해 충족되는 해당 지표에 대한 필요한 정보의 만족도 간의 차이
2. 공시차이 : 경영자가 지표에 부여하는 중요도와 지표 공시를 위한 경영자의 성실성 간의 차이
3. 질적 차이 : 경영자가 지표에 부여하는 중요도와 지표에 관한 내부 시스템 제공 정보의 신뢰성 간의 차이
4. 이해차이 : 경영자가 지표에 부여하는 중요도와 애널리스트와 투

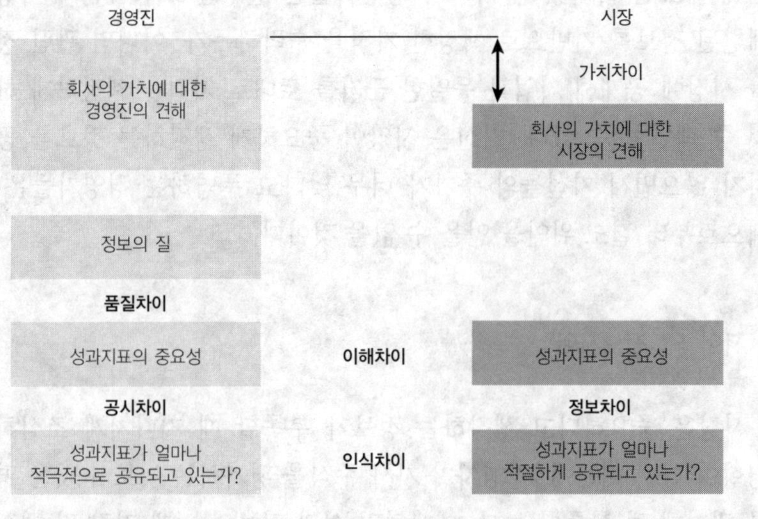

자자가 부여하는 중요도 간의 차이

5. 인식차이 : 지표 공시의 적극성에 대한 경영자의 인식과 지표 정보
   의 적절성에 관한 애널리스트 및 투자자의 인식 차이

이제부터 제시할 예를 보면 알겠지만 정보, 공시 및 질적 차이는 매우 크면서도 사뭇 중요하다.

다섯 가지 차이 중 처음 세 가지(정보, 공시, 질)의 차이는 매우 크다. 대부분의 경영자들은 그들 회사에 대한 시장의 가치평가에 동의하지 않는데, 이는 적절한 의사결정을 하는 데 필요한 정보를 제공하지 않기 때문이다. 그리고 많은 경우 경영자는 시장이 필요로 하는 정보를 전혀 제공하고 있지 않다.

경영자측에서는 정보제공을 꺼리는 이유로 여러 가지를 들고 있다.

물론 합법적인 이유도 있을 것이다. 이에 대한 자세한 설명은 제10장에서 다루기로 하고, 지금은 단순히 경영자가 두 마리 토끼를 다 잡을 수는 없다고만 밝히겠다. 따라서 경영자들은 언행을 조심하면서 시장이 제한된 정보를 기반으로 책정한 가격을 수락하든가, 아니면 관련 정보를 시장에 공개해 기업과 동일한 근거를 토대로 가격을 책정하게 하는 것 중 택일할 수 있다. 자신은 시장이 중요하게 생각하는 정보를 공시하지 않으면서 자신들의 주가가 너무 낮다고 푸념하는 경영자들은 이 책으로부터 결코 위안을 얻을 수 없을 것이다.

차이 1 : 정보차이

시장은 중요하다고 생각하는 정보가 부족할 때 지나치게 조심하는 경향이 있기 때문에, 경영자가 자사 주식을 평가하는 것보다 낮은 평가를 내리게 될 확률이 높다. 왜냐하면 성과 정보와 미래 전략 및 계획에 대한 활용도가 경영자 쪽이 더 높기 때문이다. 정보가 가치 평가에 미치는 영향에 관해서는 제10장에서 상세히 설명하기로 한다.

물론 시장이 인식하는 것보다 회사가 더 많은 문제점을 안고 있을 경우, 정보의 부재로 인해 시장이 과도한 낙관주의에 빠질 수도 있다. 그러나 이것이 영원히 지속될 수는 없다. 일반적으로 진실은 곧 드러나게 돼 있으며, 그러면 주가는 폭락하게 된다. 인터넷 덕분에 정보의 확산은 매우 빠르다. 이에 따라 기업의 조그만 악재도 순식간에 퍼져 기업의 주가를 폭락시킬 수 있다. 그러나 하나의 호재는 상당 기간 동안 그 회사의 주가를 회복시킬 수 없을 것이다. 일부에서는 시장이 주가의 적정선을 정하는 데 필요한 대부분의 정보를 이미 갖고 있다고 주장할 수도 있다. 그런데 정말 그럴까? 이에 대한 해답은 〈도표 7-5〉를 보면 알 수 있다. 수많은 성과평가에 대한 애널리스트와 투자자 간의 심각한 정보차이(Information Gap)에 주목하라.

정보차이는 애널리스트와 투자자가 지표에 부여하는 중요성과 그 지표에 대한 정보요구에 대해 회사의 경영자가 제공하는 정보에 대한 만족도의 차이라는 점을 다시 한번 기억하기 바란다. 정보차이는 지표의 상대적 중요성을 내포하고 있다. 따라서 단순히 시장의 절대적 만족도를 보는 것에 비교했을때, 시장의 정보 필요가 충족되고 있다면 이는 평가의 의미 있는 방법이 제공되고 있는 것이다. 매우 중요한 지표에 대해 시장이 「적당히」 만족하는 것은 중요하지 않은 지표에 대해 「적당히」 만족하는 것보다 더 문제가 될 수 있다.

〈도표 7-5〉에는 애널리스트와 투자자가 정보차이에 대해 통찰한 내용이 나와 있다. 이 도표는 많은 정보를 제공하고 있으므로 본론으로 들어가기에 앞서 각주 내용을 먼저 읽어보기 바란다.

〈도표 7-5〉는 애널리스트의 10대 주요 성과지표 가운데 일곱 가지는 (「신제품 매출액」이라는 지표와 함께) 심각한 정보의 차이가 있음을 보여준다. 이 중 다섯 가지는 차이가 매우 크다. 투자자들은 자신들이 매우 중요하다고 여기는 열다섯 가지 지표 중 열네 개에 관해 정보의 차이를 인식하고 있다. 특히, 이 중 아홉 가지의 차이는 매우 크다.

애널리스트들이 매우 중요하다고 순위를 매긴 열한 가지 지표에 관해서는 단지 세 가지에 대해 그들이 얻는 정보의 적절성에 만족을 나타내고 있으며, 그들이 매우 중요하다고 순위를 매긴 열여섯 개 지표들 중 단 하나에 대해 정보의 적절성에 만족을 나타내고 있다. 이것은 단순히 차이라고 보기에는 그 격차가 엄청나다고 할 수 있다.

이뿐만이 아니다. 애널리스트의 10대 주요 성과지표 중에 정보 차이가 없는 지표들이 단지 재무적 지표란 사실은 크게 놀랄 만한 일이 아니다. 훨씬 더 의미심장하게, 투자자들은 자신들의 목록에서 최고 1, 2위를 차지하는 가장 기본적인 재무지표인 이익과 현금흐름에서 커다란 차이점을 인식하고 있다. 이것은 서른일곱 개의 지표 전체 목록 중 스물여섯 개에 대한 투자자의 정보차이와 함께 투자자의 전반적인 정보

애널리스트와 투자자에 관한 정보차이[a]

차이의 크기	애널리스트	투자자
매우 크다	• 시장성장률* • 신제품 매출액^ • 경쟁구도* • 시장점유율* • 시장규모* • 지적 자본 • 고객회전율	• 신제품 성공률^ • 시장성장률* • 주문달성률 • 직원유지율 • 고객회전율 • 제품개발 주기 • 경쟁구도* • 지적 자본 • 유통경로^ • 고객확보 비용 • 브랜드 가치 · 지명도^ • 부문별 성과^ • 생산가동률^ • 신제품 출시 속도* • 전략 방향*
크다	• 직원유지율 • 신제품 성공률^ • 부문별 선과^ • 고객확보 비용 • 신제품 출시 속도* • 제품개발 주기 • 전략 방향* • 유통경로^ • 경영진의 자질 · 경험* • 브랜드 가치 · 지명도^ • 브랜드 개발비용	• 현금흐름* • 브랜드 개발비용 • 직원확보 비용 • 경영진의 자질 · 경험* • 이익* • 시장점유율* • 재고자산 평가감 • 신제품 매출액^ • 시장규모* • 거래의 증가 • 거래의 유형

a 지표는 정보차이의 크기 순위에 따른다. 「매우 큰」 정보차이는 지표의 중요성과 제공되는 정보의 적절성과 의 차이의 절대값이 1.00 이상일 때 존재한다. 「큰」 정보차이는 이 차이의 절대치가 .50~.99일 때 존재한다. 이 표에서 기호 ^는 애널리스트 또는 투자자가 매우 중요하다고 생각하나 기업 경영자는 아니라고 생각하는 지표를 의미한다. 기호 *는 10대 성과지표를 의미한다.

차이가 전체 지표들 중 단지 열여덟 개 지표에 대한 차이만 가진 애널리스트들의 차이보다 더 크다는 것을 의미한다. 더 심하게는, 투자자가 열다섯 개의 지표들에 관해 매우 큰 정보의 차이를 인식하고 있는 반면, 애널리스트들은 단지 일곱 개만 인식하고 있다.

즉 궁극적으로 투자결정을 하는 사람들은 중요한 정보를 많이 놓치고 있다고 생각한다. 대부분의 투자자들보다 기업에의 접근이 더 용이한 매도측 애널리스트들도 여전히 그들이 얻지 못하는 많은 정보를 원한다. 투자자와 매도측 애널리스트의 접근 차이에 관한 자세한 내용과 이에 대한 경영자측의 대처 방안은 제14장에서 다루도록 한다.

차이 2 : 공시차이

차이 1(정보차이)의 경우 일리가 있다고 여겨진다. 시장은 매우 중요하다고 여기는 지표에 관한 정보를 얻지 못하고 있는데, 그 이유는 기업의 경영자들이 제공하지 않고 있기 때문이다. 〈도표 7-6〉에서 보듯이, 이것은 기업의 경영자가 지표에 매기는 중요성과 그 보고를 위해 경영자가 얼마나 적극적으로 일하는가의 차이, 즉 공시차이(Reporting Gap)라 할 수 있다.

이 예시를 보면 두 가지 좋은 소식이 눈에 띈다.

1. 10대 주요 성과지표 중 공시 차이가 지나치게 큰 경우는 없다.
2. 경영자들은 전략 방침, 이익, 매출 총이익, 현금흐름 및 판매와 마케팅 비용에 관한 정보를 전달하기 위해 열심히 일한다고 믿고 있다.

이것은 기업이 그들의 전략과 그에 따른 기업성과에 관한 정보를 공시하고 있음을 의미한다. 단, 놓치고 있는 부분은 전략을 재무적 성과로 전환하는 시장잠재력, 시장에서의 위치, 사람, 소비자, 혁신 및 브랜드 간의 가치 동인 영향 요소에 관한 정보다.

〈도표 7-6〉의 나머지는 극히 나쁜 소식이다. 매우 큰 공시 차이가 있는 지표 여섯 개 가운데 직원유지율, 고객회전율, 제품개발 주기 및 지적 자본이라는 네 가지가 중요하다는 데 경영자, 애널리스트 및 투자자들의 의견이 일치하고 있다. 애널리스트와 투자자는 「고객확보 비용」이 중요하다고 생각하며, 투자자는 또한 「직원확보 비용」도 중요하다고 순위를 매긴다. 다소 모순적이지만, 거의 모든 기업들이 자신의 인

공시차이[a]

매우 크다	크 다
• 직원유지율	• 신제품 출시 속도 *
• 고객회전율	• 브랜드 개발비용
• 제품개발 주기	• 거부율
• 직원확보 비용	• 시장성장률*
• 지적 자본	• 신제품 성공률^
• 고객확보 비용	• 브랜드 가치 · 지명도^
	• 신제품 매출액
	• 주문달성률
	• 시장점유율*
	• 직원 1인당 매출
	• 시장규모*
	• 유통경로^
	• 경영진의 자질 · 경험*
	• 경쟁구도*

a 지표는 공시차이의 크기 순위에 따른다. 「매우 큰」 공시차이는 지표의 중요성과 경영자가 얼마나 적극적으로 그 보고를 위해 일했는지와의 차이의 절대값이 1.00 이상일 때 존재한다. 「큰」 공시차이는 이 차이의 절대값이 .50~.99일 때 존재한다. 이 표에서 기호 ^는 애널리스트 또는 투자자가 매우 중요하다고 생각하나 기업 경영자는 아니라고 생각하는 지표를 의미한다. 기호 *는 10대 성과지표를 의미한다.

력을 「보물처럼 여기고」, 그들의 고객에게 「감사한다」고 말하지만, 시장에 이들에 관한 정보를 제공하는 일은 거의 없다.

〈도표 7-6〉은 또한, 10대 지표 중 여섯 지표가 커다란 공시의 차이를 갖고 있음을 보여준다. 경영자가 중요하게 여기고, 애널리스트 및 투자자가 매우 중요하다고 보는 또 다른 다섯 지표들도 「커다란」 차이를 갖고 있다. 이 다섯은 신제품 성공률, 브랜드 가치 · 지명도, 신제품 매출액, 직원 1인당 매출 및 유통경로다. 「브랜드 개발비용」 및 「주문달성률(order fulfillment rate)」도 커다란 차이를 가지고 있고, 애널리스트와 투자자 또는 양자가 모두 중요하다고 순위를 매기는 지표들이다.

실제로, 〈도표 7-6〉에 좋은 소식 하나가 더 있다. 「거부율(reject rate)」에 관한 커다란 공시의 차이는 어쨌든 세 부류 중 어느 누구도 신경을 쓰지 않기 때문에 누구에게도 걱정을 많이 끼치지 않는다는 사실이다.

우리는 〈도표 7-6〉에 올라 있는 20여 개의 지표 또는 오히려 올라 있지 않은 열일곱 개의 지표로부터 또 다른 사실을 추론해낼 수 있다. 이들 열일곱 개의 지표에 관해 경영자들은 그들이 용인하는 중요성에 비례해 시장에 정보를 제공하며 거의 절반은 비교적 중요하지 않은 것으로 보인다. 경영자들은 적어도 자신의 의사결정 목적을 위해서는 나머지 절반을 중요한 것으로 순위를 매긴다.

여기에서 의미하는 것은 분명하다. 그것은 시장이 얻어내고 있는 정보에 귀를 기울이지 않기 때문이 아니라 귀기울일 만한 것이 아무것도 없기 때문이다.

차이 3 : 질적 차이

어느 정도까지는 들을 만한 가치가 없다는 사실이 일리는 있다. 어떤 정보는 시장에 전달되는 데 필요한 신뢰성이 충분하지 못하다. 내부에서 의사결정을 할 때 경영자들은 낮은 질의 정보에 대해서도 조금 더 많은 허용범위를 취할 수 있다. 그들은 정보를 생산하는 시스템의 장점과 결점을 잘 알기 때문에 이런 정보에 대한 감각이 뛰어나다. 경영자들은 또한 시장이 할 수 있는 것보다도 더 넓은 맥락에서 정보의 타당성과 신뢰성을 평가할 수 있다.

시장에 자신이 신뢰할 수 없다고 생각하는 정보를 제공하는 기업은 무모하고 위험한 게임을 하고 있는 셈이다. 정보의 신뢰성을 평가하기에 불리한 애널리스트와 투자자는 진실로 정당화될 수 없는 결론을 도출할 수 있다. 그렇지 않으면 그들은 전반적으로 광범위한 맥락에서 접근할 수 있었을 때보다 지나치게 한 정보에만 중요성을 국한시키게 된다.

질적 차이[a]

매우 크다	크 다
• 시장성장률*	• 브랜드 가치 · 지명도[^]
• 시장의 규모*	• 지적 자본
• 경쟁구도 *	• 신제품 성공률[^]
• 전략 방향 *	• 제품개발 주기
• 신제품 출시 속도*	
• 시장점유율*	
• 경영진의 자질 · 경험*	

a 지표는 질적 차이의 크기 순위에 따른다. 「매우 큰」 질적 차이는 지표의 중요성과 내부 시스템이 믿을 만한 정보를 제공할 수 있는 능력과의 차이의 절대값이 1.00 이상일 때 존재한다. 「큰」 질적 차이는 이 차이의 절대값이 .50~.99일 때 존재한다. 이 표에서 기호 ^는 애널리스트 또는 투자자가 매우 중요하다고 생각하나, 기업 경영자는 아니라고 생각하는 지표를 표시한다. 기호 *는 10대 성과지표를 의미한다.

더욱 나쁜 점은 신뢰하기에 의심스러운 정부가 때때로 시장에 이미 보고된 지표들을 수정할 수 있다는 것이다. 경영자들이 이미 보고한 수치를 수정할 때 엄청난 신뢰를 잃을 수 있으며, 또한 그 기업의 주가에 미치는 영향은 치명적일 수 있다. 경영자들은 정보의 질이 보장될 때만 시장에 정보를 공시하는 것이 좋다. 이는 그들의 지혜를 발휘할 수 있게 하는 것이다.

정보의 중요성과 신뢰성은 질적 차이(Quality Gap), 즉 경영자가 지표에 매기는 중요성과 그들의 내부 시스템이 그 지표에 관해 제공하는 정보 신뢰성 간의 차이를 이루는 두 가지 기본 요소라 할 수 있다. 질적 차이에 관한 보고서로서 〈도표 7-7〉은 나쁜 소식만 전하고 있다.

「매우 큰」 질적 차이를 갖는 모든 지표는 10대 평가지표에 나타난다. 「큰」 질적 차이를 갖는 네 가지 지표는 경영자가 모두 「중요하다」고 생각하며, 애널리스트 및 투자자는 「중요하다」 또는 「매우 중요하다」고 여기고 있다.

질적 차이는 기업이 무엇을 해야 하는지 말해준다. 기업들은 주주를 위해 가치를 창출하는 지표의 측정방법을 심각하게 개선시켜야 한다.

질적 차이와 공시차이[a]

		질적 차이	
		매우 크다	크 다
공시차이	매우 크다		• 제품개발 주기 • 지적 자본
	크 다	• 시장성장률* • 시장의 규모* • 경쟁구도* • 신제품 출시 속도* • 시장점유율* • 경영진의 자질 · 경험*	• 브랜드 가치 · 지명도^ • 신제품 성공률^

a 별표 * 는 10대 주요 성과지표에 해당하는 지표를 의미한다. 기호 ^는 애널리스트 또는 투자자가 매우 중요하다고 생각하나, 기업 경영자는 그렇지 않다고 생각하는 지표를 표시한다.

기업들이 질적 차이를 줄일 수 있을 때까지 커다란 공시의 차이가 드러날 것이고, 이들은 방향을 바꿔 모든 관련 문제에 관한 정보차이를 크게 할 것이다. 〈도표 7-8〉은 질적 차이와 공시차이 사이의 분명한 관계를 보여준다. 매우 큰 질적 차이(도표 7-7 참조)를 갖는 모든 10대 주요 성과지표들(전략 방향 제외)은 또한, 큰 공시차이를 갖는 데 주의하라. 큰 질적 차이를 갖는 네 지표들은 또한, 〈도표 7-8〉에서 보듯이, 매우 큰 또는 큰 보고차이를 갖고 있다. 경영진의 지표에 관한 정보의 공시 노력이 공시한 정보의 질과 비례하지 않는다면, 그 노력은 성실한 노력인가, 아니면 나쁜 판단인가?

〈도표 7-8〉은, 심각한 공시차이를 갖지만 질적 차이는 거의 없는 지표에 대해 말하고 있다. 특히, 경영자들이 중요하다고 순위를 매긴 지표들이 흥미를 끈다.

• 직원유지율
• 직원확보 비용

- 고객 회전율
- 고객확보 비용
- 신제품으로부터의 매출
- 직원 1인당 매출액
- 유통경로

가치동인에 관한 지표를 개발하는 작업은 비교적 간단한 편이다. 기업은 그 지표들은 공시하지 않을 이유가 있다고 믿기 때문에 굳이 공시하지 않는다. 예를 들면 경쟁업체가 그 정보를 어떻게 이용할 것인가에 대해 생각하거나, 시장이 그 정보에 대해 신경을 쓰지 않는다고 생각한다면, 결국 그들은 그 정보를 공시하지 않을 것이다.

차이 4 : 이해차이

이 하이테크 산업에 대한 조사는, 경영자가 생각하기에 시장이 무엇을 중요하다고 생각하는지에 대한 통찰에 관한 부분까지는 다루지 않는다. 그러나 경영자가 중요하다고 생각하는 지표와 애널리스트와 투자자가 생각하는 지표 사이의 심각한 차이점을 지적해주고 있다. 이것이 〈도표 7-9〉에 나타난 이해차이(Understanding Gap)에 관한 부분이다.

정보, 공시 및 질적 차이에 관한 도표들과는 달리 〈도표 7-9〉는 대체로 좋은 소식을 전해준다. 다시 말해, 애널리스트와 투자자가 중요하지 않다고 생각하는데 경영자가 중요하게 여기는 지표는 없다는 것이다. 경영자가 주주의 가치창출을 위해 중요하다고 보는 것은, 애널리스트가 권고 작성에서 초점을 두는 것과 투자자가 투자결정에서 초점을 두는 것, 양자와 똑같은 것이다. 이것은 경영자와 시장이 상이한 비즈니스 모델을 사용하고 있지 않으며, 가치에 대한 그들의 다른 견해를 설

이해차이[a]

기업들보다 시장에 더 중요한 지표

	애널리스트	투자자
매우 크다	• 로열티 수입^	• 생산가동률^^ • 로열티 수입^ • 재고자산 평가감^ • 거래증가율^ • 거래의 유형^ • 부문별 성과^^ • 라이선스 수입^
크 다	• 부문별 성과^ • 라이선스 수입^ • 협약의 교환 • 거래의 유형 • 거래증가율	• 주문달성률^ • 고객확보 비용^ • 브랜드 가치·지명도^^ • 협약의 교환 • 품질보증 비용 • 유통경로^^ • 자본 지출^

a 「매우 큰」 이해력의 차이는 경영자가 매기는 중요성과 애널리스트 및 투자자가 매기는 중요성과의 차이의 절대값이 1.00 이상일 때 발생한다. 「큰」 이해차이는 이 차이의 절대값이 .50~.99일 때 발생한다. 애널리스트나 투자자보다 경영자에게 심각하게 더 중요한 지표의 사례는 없었다. 기호 ^^는 애널리스트와 투자자에게 「매우 중요한」 것으로 생각되는 지표를 표시하며, 기호 ^는 애널리스트와 투자자에게 「중간 정도로 중요한」 것으로 생각되는 지표를 표시한다.

명할 수 없다는 것을 강하게 주장한다. 오히려 이들의 상이한 견해는 대체로 질적 차이가 공시차이를 가져오고, 정보차이는 공시차이에 기인한다는 것에 근거를 두고 있다.

경영자가 생각하는 것보다 애널리스트와 투자자가 더 중요하게 생각하는 지표들이 많다는 것은 이 결론을 다소 완화시킨다. 아마도 가치에 대한 인식에서의 일부 차이점은, 시장이 중요하게 여기는 것늘에 경영자가 별로 관심을 갖고 있지 않는 데 기인할 것이다.

〈도표 7-9〉에서, 「유통경로」만이 유일하게 매우 중요한 것으로 생각되고 있는데, 그것도 투자자에게만 그렇다는 사실은 결론을 더욱 더 완화시키고 있다. 전반적으로 이해의 차이는 단지 조금만 존재할 뿐이며,

이것은 상이한 지표들의 상대적 중요성에 관해 광범위하게 공유된 합의가 있음을 보여준다.

차이 5 : 인식차이

마지막 차이인 인식차이(Perception Gap)는 다른 네 가지보다 더 미묘한 차이점을 반영한다. 인식차이는 경영자가 지표 공시를 위해 얼마나 적극적으로 일한다고 생각하는가, 그리고 애널리스트와 투자자가 그 지표에 관해 얻는 정보의 적절성을 어떻게 인식하고 있는가 간의 차이다. 만일 경영자가 시장이 생각하는 것보다 지표의 보고에 대해 눈에 띄게 관심을 갖고 있다고 생각한다면 긍정적 인식의 차이가 발생한다. 부정적 인식차이는 그 반대다.

인식차이는 경영자들이 시장과 이루어지는 의사 소통의 질을 얼마나 현실적으로 인식하고 있는지를 보여준다. 동일한 지표에 대한 큰 정보차이와 큰 공시차이는, 시장은 그가 원하는 정보를 얻지 못하고 있는데 적어도 경영자들은 자신들이 어떤 이유에서든 간에 그 정보를 제공하지 않고 있다는 사실을 알고 있다는 점을 말해준다. 시장이 경영자가 하고 있다고 생각하는 것보다, 경영자 스스로가 정보를 제공하는 데 더 훌륭하게 업무를 수행하고 있다고 실제로 생각하고 있을 때 긍정적 인식 차이가 존재하게 된다. 부정적 인식 차이는 경영자가 시장에 정보를 제공하는 훌륭한 일을 하고 있지만, 그것을 모르고 있다는 의미다.

〈도표 7-10〉은 주목할 만한 몇 가지 예외와 함께 모순이 있을지라도 다소 좋은 소식을 전하고 있다. 거의 모든 인식 차이는 부정적 차이다. 애널리스트에게는 열네 개 지표, 투자자에게는 열한 개 지표에서, 경영자가 그 정보를 제공하기 위해 기울이는 노력으로부터 예상되는 것보다도 실제로 시장은 얻는 정보에 대해 더 만족하고 있다. 그러나 이들 지표 가운데 단 하나, 「생산가동률」은 투자자에게만은 「매우 중요한」

인식차이[a]

	애널리스트	투자자
긍정적 차이 : 경영자들은 공시하고 있다고 생각하면서, 공시하고 있지 않다		• 이익* • 매출총이익* • 전략의 방향*
부정적 차이: 경영자들은 자신들이 생각하는 것보다 더 공시를 잘 하고 있다	• 로열티 수입^ • 거래 증가율 • 직원 1인당 매출 ^ • 재고자산 평가감 • 직원확보 비용 • 협약의 교환 • 라이선스 수입^ • 품질보증 비용 • 거래 유형 • 생산가동률 • 거부율 • 브랜드 개발비^ • 고객확보 비용^ • 직원유지율^	• 로열티 수입^ • 라이선스 수입^ • 협약의 교환 • 거래 증가율^ • 거부율 • 생산가동률^^ • 품질보증 비용 • 직원확보 비용^ • 고객확보 비용^ • 직원 1인당 매출^ • 거래 유형^

a 긍정적 인식차이는 애널리스트 및 투자자가 그들이 지표에서 얻는 정보의 적절성에 매기는 것보다, 경영자가 「자신들이 지표에 대해 얼마나 더 적극적으로 공시하는지」에 대해 더 높게 평가할 때 존재한다. 부정적 인식차이는 애널리스트 및 투자자의 평가보다, 경영자 스스로의 평가가 더 낮을 때 존재한다. 이 표에 표시된 지표들은 .50 이상의 절대적인 차이에 대한 것이다. 기호 ^^는 지표의 중요성이 「높은」으로 평가될 때 표시한다. 기호 ^는 지표의 중간이 「보통」으로 평가될 때 표시한다. 기호 * 는 10대 성과지표를 의미한다.

지표로서 평가되고 있다. 물론 이러한 부정적 차이는, 경영자들이 이들 지표에 대해 적극적으로 정보를 제공하고 있다는 것이나 애널리스트 및 투자자가 그들이 빝는 정보에 대한 만족도와는 서의 관계가 없다. 그것은 단순히 낮은 만족도가 훨씬 더 낮은 노력의 수준으로 추월되는 것일 따름이다.

부정적 인식 차이만큼이나 흥미롭게도, 10대 성과지표 목록을 구성하는 지표 중에 투자자에게 긍정적 인식차이인 이익, 매출총이익 및 전략 방향의 세 가지는 더 많은 관심을 불러일으키고 있으며, 이것은 더 중대한 의미를 지닌다. 이들 차이는 자신들이 하는 것보다, 투자자에게 핵심이 되는 지표에 관해 공시를 더 잘 하고 있다고 경영자가 생각하고 있음을 나타낸다. 경영자와 투자자 간의 커뮤니케이션에 많은 개선이 필요하다는 것은 또 하나의 증거일 따름이다. 그리고 모든 것 가운데 최대의 긍정적 인식차이를 가지고 있는 이익이 투자자에게 매우 중요한 지표 목록에서 최고의 자리를 차지하고 있음을 상기하라. 이러한 인식차이는 정말로 놀라운 것이다.

제7장을 마치며

이 장에서 설명한 다섯 가지의 차이는 하이테크 산업에만 해당하는 독특한 것이 아니다. 조사받은 대부분의 인터넷 기업을 비롯한 신설 및 소규모 기업에만 해당하는 독특한 것도 아니다. 매출액 또는 시가 총액별로 분석했을 때 우리의 조사는 거의 똑같은 유형을 보였다. 미국, 유럽, 캐나다 및 호주의 대형 은행 및 보험회사의 유사한 조사에서도, 매우 유사한 결과가 나왔다. 우리가 다른 산업의 조사에서도 마찬가지일 것으로 예상하는 이유는 얼마든지 있다.

이러한 조사는 오늘날 미국의 GAAP를 아무리 조정해도, 이 중요한 차이점을 종식시킬 수 없을 것이라는 사실을 설득력 있게 보여주고 있다. 세계적인 회계기준 또한 이들을 종식시키지 못할 것이다. 물론 모든 차이가 비재무적 영역에서 발생됨에도 불구하고, 규제자들이 이에 대한 기준을 설립하기 위해 즉각적으로 서두르지는 않을 것이다. 아무도 그들이 그렇게 하리라고는 예상하지 않는다. 이 문제에 관해 명시화된 그들의 관심은, 시장에 어떤 정보가 어떻게 제공되는지에 관해 주요 변화의 필요성에 대한 인식을 제공할 것이다.

이들 차이를 종식시키고 그렇게 함으로써 수익을 거두는 최상의 방법은, 경영자들이 그 차이가 존재한다는 사실을 인식하는 것이다. 경영자들이 정보 공시를 하지 않을 때, 특히 애널리스트 및 투자자들이 그 지표가 중요하다고 생각한다면, 큰「정보차이」가 생겨난다.「질적 차이」가「공시차이」로 이어질 때, 기업은 더 나은 내부 성과측정 및 평가 시스템 개발을 시작해야 한다. 균형성과표에 대한 최근의 열기에도 불구하고, 일부 매우 중요한 가치동인에 대한 측정방법 개발을 위해 할 일이 많이 남아 있다.

경영자들은 시장에 정보를 공시하지 않음으로써 얻는 이익이, 그들이 지불해야 하는 대가보다 더 큰 것인지, 스스로에게 질문을 던져야 한다. 또 그들이 지불하는 대가는 종종 주주의 가치를 희생하는 것이다. 제10장에서는 더 나은 공시가 가져올 수 있는 이익에 관해 훨씬 더 심도 있게 논의하고자 한다.

다음 장으로 가기 전에, 외부공시에 있어서 또 다른 주요한 차이를 지적하고 싶다. 그것은 주주를 위한 가치창출에 경영자가 취하는 위험과, 그들이 기업 내부와 이해관계자 양측에서 이들 위험을 어떻게 관리하고 있는지에 대한 공시에서의 차이다. 제8장에는 사업에 따르는 이러한 위험에 대해 상당히 자세하게 언급되어 있다.

Risky Business
사업의 위험

우리는 어떻게 해서라도 믿을 수밖에 없다.
왜냐하면 우리는 무언가에 대해 아예 믿지 않기보다는
차라리 잘못 알게 되는 것을 원하기 때문이다.

— 장자크 루소(Jean-Jacques Rousseau), *The Creed of the Savoyard Priest* 중에서

기업이 창출한 가치가 얼마나 되는지, 그 가치를 어떻게 창출했는지를 보여주는 재무적·비재무적 지표가 모두 공시된다고 해도, 투자자들은 그 이상의 정보를 요구할 것이다. 투자자들은 가치를 창출하기 위해 기업들이 감수했던 위험까지도 알고 싶어할 것이기 때문이다. 기업가치공시의 혁명 자체가 그러하듯, 가치를 창출한다는 것은 위험을 수반한다. 위험이 클수록 잠재적으로 더 많은 가치를 창출할 수도 있고, 그만큼 가치를 파괴할 수도 있다. 투자자들은 2000년 봄과 여름 동안에 미국시장에서 인터넷 기업들의 주가가 폭등과 폭락을 동시에 경험했을 때 이에 대한 쓰라린 교훈을 얻었다.

투자자들은 가치를 창출하는 데는 위험이 따른다는 것을 잘 알고 있다. 그러나 그들은 잠재적으로 좋거나 나쁜 영향을 미칠 수 있는 위험을 빠르게 감지할 수 있기를 바라며, 그 위험을 관리하는 방법에 대해 알고 싶어한다. 오늘날의 기업공시에 대한 규정은 좁은 범위의 위험(주로 시장과 신용에 대한 위험)에만 초점을 맞추고 있으며, 특별한 경우(역주 최초의 기업공개 때)에는 좀더 넓은 범위의 위험 요인들이 공시

되기도 한다.

SEC의 연간보고서 공시항목 10K(역주 SEC에서 규정하는 기업공시 항목 중 재무제표공시를 규정하는 항목)에서는 기업들의 위험공시에 대한 사항을 규정하고 있다. 그러나 공시에 대한 자세한 방법이나 그 밖의 사항은 언급하고 있지 않다. 단지, 시장이 알아야 하는 위험 중 극히 일부분에 대해 설명하고 있을 뿐이다. 따라서 기업들마다 이 규정에 대한 해석이 분분하며 공시하는 위험의 종류와 형식이 모두 다르다.

대부분의 경우, 투자자들은 한 기업이 안고 있는 위험과 기회 요인을 전반적으로 파악하는 데 애를 먹고 있다. 기업들이 현존하는 위험에 대한 정보를 상세히 제공하지 않는 이상, 투자자들은 공시된 위험 정보와 기업의 실제 위험 간의 차이(Risk Information Gap)에 따라 총체적 기업위험 파악에 계속 어려움을 겪을 것이다. 위험을 측정하고 관리하는 방법이 미숙하면 시장에 공시되는 정보의 수준도 낮아지게 되며, 실제 기업정보와 공시되는 정보 간의 격차도 더욱 벌어진다. 이는 다시 위험 차이——투자자들이 알고 있는 기업 위험과 실제 그 기업이 갖고 있는 위험의 차이——를 증가시킨다.

단순히 SEC의 규정을 따른다 해도 이러한 차이는 좁혀지지 않을 것이다. 많은 투자자들은 규정에 의해 공시되는 위험 정도는 스스로 파악할 수도 있다. 정보차이를 줄이기 위해서는, 기업의 관리자들이 그들이 가진 위험뿐만 아니라 그것을 어떻게 관리할지에 대해서도 시장에 개방적인 자세로 임해야 한다. 시장은 이 두 가지에 대해 알고 싶어하지만, 이러한 통합적인 방식으로 위험에 접근하는 기업들은 거의 없다.

투자자들이 위험에 관한 통합적인 방식으로 정보를 입수할 수 있다면, 그들은 스스로의 판단으로 기업의 위험 수준을 검증해볼 수 있다. 위험 선호자(risk seeker)들은 위험은 높지만 그만큼 높은 수익을 제공하는 기업을 찾을 것이다. 그들은 또한, 그 기업들이 관리 가능한 위험을 어떻게 감수하고 있으며, 그 위험을 관리하는 방식에 대해서도 잘 알고 있기를 바랄 것이다. 투자자들은 이런 기업에게는 다른 기업보다도 더 낮은 이자율로써 보상할 것이다. 투자자들이 더 나은 정보를 갖고 있다면, 그들은 더 적은 불확실성을 안게 될 것이다. 결과적으로 그들은 더 낮은 위험 프리미엄(risk-taking premium)을 원하게 된다.

위험 회피(risk averse) 투자자들은 물론 최소 위험을 가진 기업에 투자할 것이다. 그러나 그들 또한 위험을 줄여나가는 과정에서 그들이 입수하지 못했던 정보들을 원하게 될 것이다.

위험공시 방법 개선의 필요성

법에 따라 규제되고 정형화된 기업공시 세계에서, 기업들이 갖고 있는 위험에 대한 포괄적인 틀이니 그것을 구성하는 요소들을 규정하는 방법은 없다. 최근의 연구는 이러한 접근방법의 필요성에 대해 언급하고 있는 수준이다.

J. 리하르트 디트리히(J. Richard Dietrich), 슈테벤 J. 카헬마이어(Steven J. Kachelmeier), 돈 N. 클라인뮨츠(Don N. Kleinmuntz), 그리고 토마스 J. 린즈마이어(Thomas J. Linsmeier)의 석유산업에 대한 시뮬레이션 연구는 위험공시 방법의 개선이 이익의 개선으로 이어진다는 것을 밝히고 있다.[1] 첫째, 그들은 위험에 대한 명시적 공시는 같은 내용의 정보가 재무제표를 통해 추론 가능한 것일지라도, 좀더 효율적인 시장반응을 불러일으킬 수 있다는 것과[2] 둘째, 긍정적인 측면만을 부각시킨 일방적인 공시는 주가의 상향 왜곡(upward bias)을 가져올 수 있지만, 이는 석유 비축량의 감소를 경험한 일부 기업에 한정된다는 것을 알아냈다.[3]

즉 보고된 석유 비축량이 예상보다 적게 나타났을 때, 시장은 이러한 부정적인 정보를 모두 주가에 반영하지는 않는다는 것이다. 그러나 그 반대의 경우, 즉 기업이 위험의 부정적인 측면만을 공시했을 때에는 이와 다르다. 긍정적인 측면의 기회와 부정적인 측면의 위험을 동시에 공시하는 것은 그 위험의 긍정적인 측면만을 보고함으로써 발생하는 오류를 줄인다.[4] 디트리히 등은 위험공시 기준을 제정하기 위해 다음과 같은 제안을 했다.

1. 정보처리를 좀더 용이하게 만들어줄 기업경영공시 기준은 투자자들의 의사결정을 쉽게 하며 자본시장의 효율성을 증가시킨다.
2. 긍정적 측면의 기회와 부정적 측면의 위험을 모두 공시하게 하는 기준은 긍정적 측면만을 알림으로써 주가에 영향을 주려는 기업경영진의 힘을 제한할 수 있다.

경영진은 당연히 긍정적인 측면의 기회만을 보고함으로써 시장의 비효율성을 악용하려는 유혹에 사로잡힐 것이다. 이사회는 경영진의 이러한 행위를 감시해야 한다. 제12장은 외부공시에서의 이사회 역할에 대해 좀더 자세히 알아볼 것이다.

레브, 자로윈의 (시장이 기업 연구개발비를 어떻게 평가하는가에 관한) 연구는, 기업들이 공시하는 위험이 긍정적인 것과 부정적인 것 모두를 포함해야 한다는 것을 증명했다. 그들의 연구에 따르면 시장은 빠르고 확실한 결과를 낼 수 있는 연구개발비 지출을 높게 평가했다. 빠르고 확실한 결과는 위험을 감소시킨다.[5] 그들은 『우리가 검토한 이러한 원칙은 시장의 기업 연구개발비에 대한 평가에 단지 작은 부분(5~10%)만을 설명해줄 뿐이며, 기업들이 자신의 연구개발 활동을 외부에 효과적으로 공시하지 않고 있음을 시사하고 있다』고 밝히고 있다.

젠 덩(Zhen Deng), 레브, 그리고 프랜시스 나린(Francis Narin)의 연구에 따르면, 기업들이 공개하고 있는 연구개발관련 정보는 투자분석으로는 부적합하다고 한다. 그 정보는 대개 매우 빈약하고 시의적절하지 못하기 때문이다. 또 기업들은 응용연구와 제품 개발을 포함한 전체 연구비 예산 중, 기초연구에 대한 정보를 발표하지 않고 있다.[6] 「CHI 리서치(CHI Research)」의 연구결과에 따르면, 현재의 연구개발 활동과 미래의 성과는 명확한 관계가 있다고 한다. 이는 기업들이 제공하지 않는 정보라도 시장이 얻을 수 있다는 것을 보여주는 다른 예이며, 이 내용은 다음 장에서 자세하게 다룰 것이다.

위험의 차원

기업들이 다음 세 가지 질문에 답했을 때 그 기업들이 얻을 수 있는 엄청난 발전에 대해 생각해보라. 다음 질문은 위험에 대한 세 가지 차원, 즉 기회(opportunity), 위험요인(hazard), 그리고 불확실성(uncertainty)[7]에 상응한다.

1. 당신은 가치를 창출하기 위해 무엇을 하는가?
2. 어떤 것이 가치를 파괴하는가?
3. 추정한 성과배당에 대해 얼마만큼의 확신을 갖고 있는가?

이 질문은 위험의 기회 측면과 관련된 것이며, 위험을 감수하는 행위는 가치를 창출하는 데 긍정적 영향을 미치며 꼭 필요함을 나타낸다. 예를 들면 생산능력을 확충하고 광고비를 지출하며 신제품을 출시하거나 다른 나라에 합작회사를 설립하는 등의 활동은 모두 수익과 이익을 창출하면서 기업의 가치를 증대시키는 것이다. CEO들은 대개 SEC의 연간보고서 공시항목 중 「경영토론 및 분석(management discussion and analysis : MD&A)」 항목에서 서면으로 이와 같은 사항을 주주에게 공시한다. 경영진은 또한 애널리스트들과 투자자들을 상대로 연설을 하거나 인터뷰 등을 통해 대중매체에 이러한 정보를 공개한다.

기업들이 위험의 기회 측면에 대해 말할 때도 그들은 대부분 긍정적인 측면만을 부각시키는 경향이 있다. 사실 그들은 「위험」이라는 표현을 잘 사용하지 않는다. 그들은 위험 대신 「기회」, 「기업가 정신을 가진 (entrepreneurial)」, 「새로운 시도(new initiative)」, 「혁신 (innovation)」, 「변화의 수용(adapting to change)」 같은 표현을 사용해 그들이 주주가치창출을 위해 무언가 야심찬 일을 하고 있다는 말을 하고 있다. 이는 그리 나무랄 일이 아니다. 그러나 좋은 면은 반드시 나쁜 면을 동반한다. 위험의 기회적인 측면을 완전히 설명하는 것은 그 기회의 부정적인 측면에 대한 언급과 부정적인 결과를 최대한 예방하고 긍정적인 결과를 극대화하기 위해 경영진이 취해야 할 조치에 대한 설명을 포함해야 한다.

기업들은 위험의 모험적 측면을 언급할 때 「위험」이라는 용어를 사용할 때도 있다. 그러나 그들이 「위험」이라는 표현을 쓰는 경우는 그 「위험」이 기업 내부 또는 외부에서 발생할 수도 있는 「나쁜 일」을 의미한다. 어떤 연구는 기업 관리자들의 80%가 「위험」을 부정적인 측면만을 가진 단어로 인식하고 있다는 것을 밝혔다.[8] 이 연구에 따르면, 내부적으로 나타난 「부정적인 결과」는 도난, 사기, 사고, 인종갈등, 그리고 법정 분쟁으로 이어질 수 있는 일련의 행위를 포함할 수 있다. 외부로부터의 위험은 기상으로 인한 재난, 정전, 혁신적인 신기술의 도입, 거래회사의 도산 및 시장가격의 변화 등을 말한다.

기업들이 이런 위험을 연간보고서에 명시할 때, 그들은 일반적으로 그 위험을 어떻게——손실방지책, 보험 및 내부 통제 시스템 등에 따라——관리했는가를 간략하게 설명한다. 미국 내 거의 모든 기업들이 1998년 연간 보고서에 Y2K 문제를 언급하고 이를 위한 모든 준비가 완료됐음을 밝혔다는 것을 상기해보라. 다행히도 그들은 옳았다.

위험에 관한 세 가지 질문 중 마지막은 불확실성 차원에 관련된 것이다. 불확실성이라는 것은 기업이 내는 다양한 결과에 대한 기대치에 대해 갖고 있는 확신의 정도다. 불확실성이 커질수록 위험 또한 증가한

다. 일례로 많은 은행들은 시장의 위험을 평가하기 위해 위험가치
(Value-at-Risk : VaR)를 계산하고 있다. VaR는 시장가의 변화가 그들
이 보유한 포트폴리오에 얼마만큼의 영향을 미치는가를 나타내는 지수
다. 위험가치는 또한 그 은행이 하루에 잃을 수 있는 최대 금액이라고
말할 수 있다. 만일 그 은행이 95%의 신뢰도로 하루에 단지 1,000만 달
러를 잃을 수 있다고 했을 때, 이는 95%의 시간 동안 그 추정이 유효하
다는 것을 말한다. 만일 90%의 신뢰도라고 했을 때는 더 위험한 상황
이며, 전자의 상황보다 그 금액을 잃을 수 있는 확률이 거의 갑절에 가
깝다. 시장 위험을 측정할 수 있는 더욱 정확한 방법이 있음에도 불구
하고 거의 모든 기업들은 VaR를 사용하고 있다. 그러나 기업들은 스스
로가 창출할 수 있는 가치의 상한이나 하한을 통계적으로 의미 있는 방
법으로 계산해내지 못하고 있다. 따라서 경영진은 자신의 감각에 의존
해 위험가치를 추정하고 있다.

시스코 시스템스의 사례

인터넷계의 신동으로 알려진 시스코 시스템스는 주주가치창출을 위
해 많은 위험을 감수하고 있다. 제3장에서는 시스코 시스템스가 얼마
나 많은 가치를 창출했는지에 대해서만 언급했다. 시스코 시스템스의
베타(beta) 값이 1.31이나 된다는 사실도 이미 설명했다.[9] 〈도표 8-1〉
과 같이, 시스코 시스템스는 SEC의 연간보고서 공시 10Q항목(역주 감
사되지 않은 재무제표 등을 포함한 정보를 분기별로 발표하는 것을 규
정하는 항목)에 해당하는 스물한 가지 위험을 공시했다. 이 중 열두 가지
위험은 〈도표 8-2〉에 나타나 있으며, 이는 위험이 어떻게 주주를 위한 가
치를 창출하고 있는지를 설명해주는 단순화된 관계들을 보여주고 있다.
〈도표 8-2〉는 위험과 가치창출의 관계를 보여주기 위해 필연적으로
제1장에서 설명한 비즈니스 모델을 사용하고 있다. 이 도표에서는 시

위험에 관한 시스코 시스템스의 보고서

시스코 시스템스는 다음과 같은 스물한 가지 위험 요소들을 2000년 제1사분기 10Q에 포함했다.[a]

1. 성장률	10. 경쟁적 위험 요소	13. 제품의 이용도
2. 총이익(감소)	a. 가격	14. 자연재해
3. 인수	b. 성과	15. 분기별 자료의 변동성
4. 산업통합	c. 철저한 해결책 및 지원 제공 능력	16. 조직 변화
5. 신제품 개발에 대한 의존	d. 기준 준수	17. 서비스 공급자의 판매
6. 신시장진입 및 시장개척	e. 안전과 신뢰성과 같은 가치 부가 능력	18. 주가의 변동성
7. 국제적 영업위험	f. 시장 현황	19. 환율 위험
8. 전략적 제휴	11. 종업원	20. Y2K
9. 투자 포트폴리오	12. 인터넷(의 규제)	21. 법률 위반의 위험성

a 위의 위험 요소들은 시스코 시스템스 보고서의 순서와 다름.

스코 시스템스가 규명한 스물한 가지 위험 중 열두 가지만 나타나 있으며, 모두 그 위험들의 긍정적인 측면——또는 기회 차원——을 강조했다. 이 열두 가지 위험은 다시 인과관계의 도표로 구성되어 있으며, 시스코 시스템스의 1999년 연간보고서에 발표된 내용이 추가되어 있다.

일례로 공격적인 인수 전략으로 인한 시스코의 강력한 경쟁적 위상은 엄청난 주주가치를 창출하고 있으며, 높은 성장률과 이익률을 가져오고 있다. 이렇듯 단순화된 모델을 차근차근 검토해나가면 기업이 그 위험 요인을 어떻게 기회로 만들고 있는지를 이해할 수 있다.

〈도표 8-2〉의 모델이 시스코 시스템스를 위한 최적의 모델이라고는 말하고 싶지 않다. 여기에서 표현된 것들은 기업 내부의 경영 보고자료가 아닌, 이미 공시된 정보를 바탕으로 했다. 우리가 이 도표를 보여주는 이유는 단지 위험의 긍정적·부정적 차원을 모두 볼 수 있는 방법에 대해 설명하기 위해서다. 비즈니스 모델은 이를 위한 일종의 도구일 뿐이다. 시스코 시스템스의 예에서 극명하게 볼 수 있듯이, 위험 요인

시스코 시스템스의 위험과 가치

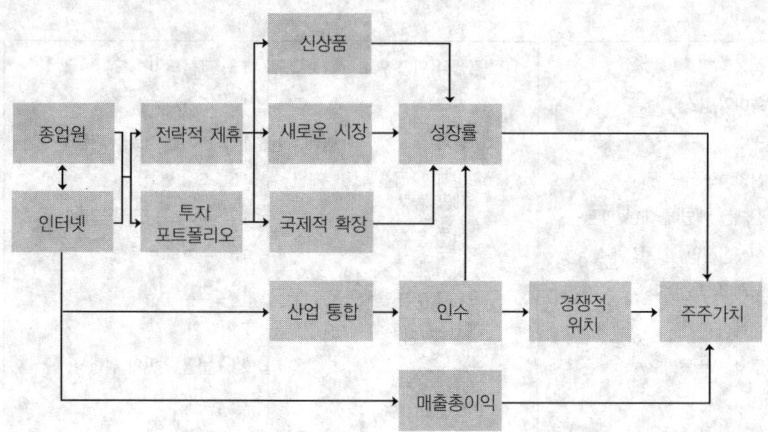

(risk factor)은 긍정적·부정적 측면을 모두 포함한다. 시스코 시스템스는 자신을 성공적으로 만들었던 요인이 올바르게 관리되지 않는다면 반대로 가치를 파괴시키는 요인이 될 수도 있다는 것을 알고 있으며, 대부분의 경영자들이 이러한 사실을 SEC의 연간보고서 공시항목 10K와 10Q를 통해 인정하고 있다.

그럼에도 불구하고 시스코 시스템스는 위험의 긍정적인 측면을 부정적인 측면과 분리해 공시하고 있다. 이 사실은 제8장의 내용과 관련해 매우 중요한 질문을 제기하고 있다. 만일, 시스코 시스템스가 위험의 긍정적인 측면과 부정적인 측면을 포괄하는 통합적 측면에서 양자 간의 불확실성 정도를 동시에 공시하는 것이 시스코 시스템스와 그 주주들 모두에게 유리한 것일까?

온라인은 안전한가?

설립된 지 2년밖에 안 된 신생기업 이토이스(eToys)는 1999년 5월 주당 20달러로 상장했다. 상장 첫날 회사의 주가는 76달러 56센트를 기록했다.

그 해 6월까지, 주요 투자기관의 애널리스트들은 회사의 주식에 대해 「강력 매수추천」, 「적극 매수」 등의 표현을 써가며 회사 주식의 매수를 부추겼다. 이토이스의 최초 주식상장 작업에 관여했던 한 애널리스트는 회사의 등급을 최고로 매겼고 역시 매수를 적극 추천했다.

1999년 10월 11일, 이토이스의 주가는 주당 86달러, 총 시장가치 100억 달러로 정점에 달했다. 반면 전통적인 굴뚝(bricks-and-mortar)기업인 토이저러스(Toys 'R' Us)의 총 시장가치는 이토이스의 3분의 1이채 되지 않았다.[10]

모든 것은 하루 아침에 무너졌다. 2000년 4월 17일, 이토이스의 주가는 포켓몬스터(Pokémon) 카드 값도 안 되는 4달러 75센트로 떨어졌다. 4월 말, 토이저러스의 시가총액은 이토이스의 세 배에 달했다. 인터넷 기업의 선도기업이 5개월 동안 땅으로 추락한 것이다.[11]

2000년 여름까지, 애널리스트들 사이에서는 이토이스의 주가와 관련된 의견이 분분했다. 어떤 사람들은 전환 가능 우선주 발행을 통한 1억 달러의 자금은 때마침 바닥으로 떨어진 인터넷 소매업의 주가와 더불어, 이토이스가 고객기반 확립, 수익증대, 비용절감, 그리고 인수를 통한 경쟁 완화를 꾀할 수 있는 좋은 기회를 만들어주었다고 생각했다.

또 다른 무리의 사람들은 인터넷 소매업이라는 것은 적합한 비즈니스 모델이 아니며 이토이스는 오프라인측의 부족한 역량을 메워줄 다른 회사와 제휴해야 한다고 생각했다. 2000년 초, 쳇 뎀베크(Chet Dembeck)는 이상하게도 〈E-커머스 타임스(E-Commerce Times)〉지의 기고를 통해, 이토이스의 파트너로 토이저러스 또는 아마존닷컴을 들었다.[12] 6개월 후, 이런 제안은 빗나가고 말았다. 아마존과 토이저러스의 전략적 제휴가 발표된 것이다.

이토이스에 투자한 사람들, 특히 최초 기업공개(IPO)의 기회를 놓치

공시자료에서 이토이스가 규명한 33개의 위험 요소[a]

IPO의 위험	인터넷의 위험	소매의 위험
- 우리는 제한적인 경영 역사를 가지고 있다.	- 우리는 용량 제한과 시스템 개발의 위험성이 있다.	- 우리의 시장은 계절적 영향에 매우 민감하다.
- 우리는 손실을 기록하고 있으며, 미래 손실과 현금 손실이 기대된다.	- 우리는 온라인 상거래에 대한 안전성과 신용카드 사기에 관련한 위험성에 노출되어 있다.	- 소비자 성향은 변화하고, 우리는 주요 재고위험에 직면하고 있다.
- 우리의 미래 경영결과는 예측 불가능하다.	- 우리의 주가는 변동적이다.	- 우리는 주요 장난감 공급자와 주요 대리점에 의존한다.
- 우리는 영업성장을 관리할 필요가 있다.	- 우리는 인터넷과 인터넷 인프라 구조의 개발에 의존하고 있다.	- 우리는 영업 성장을 관리할 필요가 있다.
- 우리는 추가적인 자금이 필요할 것이다.	- 급속한 기술변화는 우리에게 부정적인 영향을 미칠 수 있다.	- 우리의 시장은 매우 경쟁적이다.
- 우리는 수입의 이용에 대한 재량권이 있다.	- 도메인의 보호는 불확실하다.	- 우리는 새로운 사업분야에 진입할 수 있다.
- 임원진과 이사진의 조정력	- 우리는 복잡한 정부규제에 복종해 부담해야 한다.	- 우리는 경영수행에 따른 위험에 직면하고 있다.
- 인수 반대규정	- 우리는 인터넷 콘텐츠에 대해 책임을 지고 있다.	- 우리에 대한 지적 재산권관련 배상청구는 큰 비용을 초래하고, 주요 권리의 손실을 가져올 수 있다.
- 미래 판매 가능한 주식	- 우리는 판매세와 기타 세금을 부담해야 할지 모른다.	- 우리의 트레이드마크와 소유권에 대한 보호는 불확실하다.
- 우리는 배당금을 지불할 의도가 없다.		- 우리는 핵심적인 개인에게 의존하고 있다.
		- 우리는 Y2K 시스템 실패의 위험성에 직면하고 있다.
		- 잠재적 인수와 관련한 위험성이 있다.

a 위의 위험요소는 1990년 5월 19일, IPO의 유가증권제출서에서 규명된 것이다.

고, 또한 주가폭락 전에 일찍 장에서 빠져나오지 못한 사람들은 값비싼 대가를 치렀다. 그러나 그들은 분명히 경고를 받았다. 최초 기업공개 때 이토이스는 〈도표 8-3〉에 표시된 내용의 서른네 개나 되는 위험요인에 대해 설명했다. 이 서른네 가지 위험요인은 다음 세 가지로 다시 나눌 수 있다.

1. 특히 최초 기업공개를 실시하는 신생 기업에 주로 나타나는 위험
2. 인터넷 기업들이 안고 있는 위험
3. 소매 분야 벤처 기업들의 위험

우리는 위험을 분류하기 위해 최선을 다했지만, 어떤 한 위험이 기존의 전통적인 소매 기업들에게는 낮은 위험이 될 것 같더라도 하나의 위험을 1, 2번 항목 중 하나로 분류하는 오류를 범했을 것이다. 그 회사는 SEC의 연간보고서 공시 10Q 및 10K 항목에 추가적인 위험에 대해 공시했다. 그러나 〈도표 8-3〉의 명세표는 우리의 분류가 오류일 수 있다는 점을 극명하게 보여준다.

짧으나마 이토이스의 역사는 경영진이 이토이스의 잠재적인 투자자들에게 위험에 대한 주의를 주어야 한다는 것을 증명하고 있다. 경영자들은 최초 증권등록신청서(S1 Form)상에서 명시되지 않았으나 기업들의 경영공시자료에서 자주 발견되는 심각한 위험에 대해 무관심했던 것이다.

어느 쪽이 더 큰가?

그러나 이토이스의 경쟁업체, 20년 역사의 토이저러스가 가진 위험성은 어떠할까? 베타가 거우 0.73인 것을 감안하면, 이토이스보다는 확실히 안정적이다. 토이저러스가 1999년 제출한 10K서류를 보면 위험요소는 다섯 가지뿐이다.

1. 이자율 위험

2. 외환 위험
3. Y2K 관련 위험
4. 거래 처리 불능
5. 하드웨어 또는 소프트웨어 부품을 포함한 반품 증가

그러나 토이저러스는 과연 이 리스트가 보여주는 것처럼 상대적으로 저위험 투자인가? 그렇지만도 않다. 결국, 대개의 소매업은 〈도표 8-3〉에 나타난 것처럼 적어도 열세 가지 위험요소를 갖고 있다. 이토이스가 상장하기 바로 전에 사업을 시작한 토이저러스닷컴(Toysrus.com)을 포함한 인터넷 소매기업들에게는 아홉 가지 위험요소가 추가된다.

일부는, 새로운 상장기업이 인터넷 사업을 시작할 경우 각자의 위험이 결합되어 위험이 증폭될 것임을 증명해보이려 하기도 한다. 그러나 기존 기업이 인터넷 사업에 새롭게 뛰어드는 경우보다 새로운 기업이 이러한 사업을 시작할 경우에 성공할 가능성이 더 높다고 주장하는 사람들도 있다. 지금까지의 경험을 보면 어느 경우든 장기적 관점에서의 성공을 보장해주지는 못하는 것 같다. 모든 경우에도 어려움은 있다. 그러나 SEC 등록서류를 살펴본 투자자들도 두 기업 간의 의미 있는 비교를 하기는 어려울 것이다.

상장하기

새로 상장하는 회사들은 위험을 더욱 예민하게 인식한다. 이것은 증권등록시 제출하는 사업설명서에 위험을 설명하는 데 할애하는 분량이 계속 증가하는 것만 보아도 알 수 있다. 아직 사업설명서에 위험에 관해 몇 페이지나 설명하는지 통계적으로 나와 있는 것은 없지만, 〈월 스트리트 저널〉에서 터자 유잉(Terzah Ewing)은 『월가의 증권인수인(underwriters)들과 투자자들에 따르면 예전에는 한두 장 정도 쓰던 분

량이 10~20페이지 정도로 늘어났다』[13]고 했다. 그는 이런 상황이 변호사들의 배를 불려준다고 덧붙였다. 기업들은 흥미로운 기회를 설명함으로써 높은 주가를 형성할 수 있고 충분한 공시 덕분에 소송에 대한 위험부담을 최소화할 수 있다.

새로 시작하는 기업들이 위험에 예민하게 반응하는 것처럼, 기존의 기업들은 기회와 위험요인(hazard)의 양면적 측면에서 위험을 과소평가할 수 있다. 특히, 인터넷이 기존 기업에게 두 가지 유형(기회와 위험요인)의 위험을 초래하는 신경제 하에서는 더욱 그러하다. 만약 이러한 상황에 성공적으로 적응하기만 한다면, 많은 기회를 발견할 수 있을 것이다. 그러나 만일 잘 적응하지 못하면 위험을 만나게 될 것이다. 어떠한 기업들이 잘 적응하고, 또는 적응할 수 있을지를 알아보기 위해 투자자가 현재와 같은 위험에 대한 공시를 본다고 해도 별다른 도움이 되지는 않을 것이다. 여기에는 경영자가 위험에 대한 개념을 어떻게 갖고 있는지——아마도 소송의 위험을 제거하려는 차원에서의——정도밖에 나타나 있지 않다.

기업들은 유리하거나 불리한 상황에 대해 체계적으로 공시하지 않고 있을 뿐 아니라, 불리한 위험을 공시하는 데 있어서, 비슷한 상황에 처한 기업들 간에도 공시 내용이 판이하게 다르다. 대부분의 공시 지침은 아직 상당히 포괄적이고 대부분의 내용은 감사를 받지 않아도 된다. 그래서 투자자 처지에서는 경영자들이 적절하게 위험을 공시해주기를 기대할 수밖에 없다.

위험에 대해 알려라

얼마 안 되는 위험공시에 대한 의무사항도 여러 기관에서 제정한 규정 속에 흩어져 있다. 〈도표 8-4〉에 현재 U.S. GAAP와 SEC의 위험공시 규정(Risk Disclosure Requirements)을 요약해놓았다. 대부분은 재무

현 U.S. GAAP와 SEC의 위험 공시 조건

회사들이 공시해야 하는 목록 개요

시장위험	신용위험	운영위험	회계위험

1. 파생상품 및 기타 금융상품과 관련한 시장위험에 대한 계량적 정보는 다음과 같다.
  – 이자율
  – 환율
  – 상품 가격
  – 주가
  – 물가지수 보고 (tabular presentation)
  – 민감성 분석(sensitivity analysis)
  – 위험성 가치(value at risk: VaR) 방법
2. 계량적 공시에 따른 가정과 제한점
3. 공정가치와 현금흐름의 헤지에 의해 손익이 나타날 때, 이익실현화에 따른 손익의 계량적 정보
4. 비계량적(예:묘사적) 정보는 다음과 같다.
  – 파생상품 및 기타 금융상품에서 초래된 회사의 주요 시장위험 노출
  – 회사가 어떻게 그런 위험의 노출을 관리하는가
5. 파생상품 및 기타 금융상품으로 헤지되고 있는 주요 위험에 대한 위험관리 목적과 정책
6. 실무적으로 공정가치를 측정하기 위한 모든 금융상품의 공정가치와 측정과정에 이용된 주요 방법 및 가정
	1. 개인 상대자나 상대 그룹의 신용위험 발생 유무와 관계없이, 모든 금융상품으로부터 초래된 주요 신용위험
	2. 공시는 반드시 다음과 같아야 한다.
	  – 최악의 경우 발생할 최대 손실금액을 명시해야 한다.
	  – 담보와 관련한 회사의 정책을 기술해야 한다.
	  – 회사가 신용위험을 관리하기 위해 이용하는 방법을 설명해야 한다.
		1. 자금요구, 의지, 경향, 불확실성, 주요 변화, 인플레이션의 영향을 규명함으로써 유동성, 자금원천, 운영결과와 관련한 정보
		2. 주요 제품과 서비스에 대한 서술적 묘사는 다음과 같다.
		  – 원료의 원천과 가능성
		  – 특허권, 라이선스, 프랜차이즈 등의 유효기간과 효과
		  – 사업의 계절적 특성
		  – 회사의 단일 또는 소수 고객에 대한 의존 여부
		  – 예비 주문
		  – 경쟁적 상태
		  – 연구개발활동에 지출된 액수
		  – 회사의 자본지출, 이익, 경쟁적 위치에 대한 환경적 규제의 효과
		3. 위험에 의해 타격을 입게 될 때, 회사의 집중도. 예를 들어 특정 고객, 공급자, 채권자와 함께 한 사업의 분량
		4. 환경적 문제가 회사의 재무상황이나 운영결과에 중대한 영향을 미칠 때, 환경적 대책의 의무발생에 대한 회계정책
		5. 감사인이 일정 기간 내 기업의 계속성에 중대한 의문이 제기된다고 의견을 결론지을 때의 설명
			1. 회사가 GAAP를 준수하기 위해 경영자의 추정치가 요구된다는 설명
			2. 중대한 추정치가 단기간 내 변할 때, 불확실성의 특성 및 가능한 잠재적인 손실 또는 손실의 범위
			3. 우발손실의 성격과 손실가능 추정치 또는 손실범위. 만약 회사가 손실의 추정이 불가능하다면, 가능한 많이 재무제표에 언급해야 한다.

적으로 악영향을 미칠 수 있는 위험과 이런 상황을 막아보려는 경영자들의 대처방안에 대해 다루고 있다. 이런 규정은 다음과 같은 카테고리로 요약된다.

- 시장위험(market risk)
- 신용위험(credit risk)
- 운영위험(operational risk)
- 회계위험(accounting risk)

시장위험과 신용위험의 공시는 대개 파생상품과 다른 금융상품에 관한 것이다. 경영자들은 이런 위험이 가져올 수 있는 결과에 대해 구체적 수치를 들어 공시해야 하며, 이에 사용된 가정과 방법도 공시해야 한다. 그리고 이런 위험에 대처하는 경영방침과 정책도 공시해야 한다. 덧붙여 가능한 경우 금융상품의 공정가치와 이의 계산에 사용된 가정과 방법도 공시해야 한다.

운영위험은 SEC의 연간보고서 공시항목 중 MD&A와 10K 항목을 통해 모두 공시해야 한다. 운영위험의 포괄적인 카테고리에는 금전차입, 인플레이션의 효과, 수익집중화(고객별·제품별·지역별), 경쟁업체 현황, 환경보호의무 등이 포함된다. 이 내용 대부분은 숫자로 파악된 것이 아니라 상황에 대한 설명이며, 감사대상도 아니다.

마지막 카테고리인 회계위험은 재무제표를 작성하는 데 사용되는 가정치에 관계된 것이다. 이것은 재무제표 작성 때 사용된 중요한 가정치가 전제하고 있는 내용을 이용자들에게 알리기 위한 것이다. 여기에는 사용된 가정치의 공시와 추정치가 다음 연도 재무상황과 회사에 미칠 수 있는 영향을 포함한다. 이러한 공시 또한 대개 정성적이다.

위험관리와 위험공시

금융업계들은 위험관리에서 매우 발전된 시스템을 갖고 있다. 금융기관의 핵심업무는 고객의 위험관리, 나아가서는 금융업계 자신들의 위험관리다. 그래서 이런 금융기관들은 시장에 위험을 효과적으로 알리는 방법을 알려주는 장소가 자연스럽게 되었다.

금융기관들은 여러 가지 다양한 위험에 노출돼 있다. 그러나 앞서 설명한 네 가지 종류의 위험 중에 신용위험과, 특히 운영위험을 중점적으로 설명하고 공시하고 있다.

1. 시장위험 : 시장상황의 변화에 따라 금융상품의 가치가 변동하고 이에 따라 차후 수익이 불확실해질 위험.
2. 신용위험 : 채무자가 계약대로 이행하지 않거나 하지 못하게 될 위험.
3. 운영위험 : 사람의 실수, 경영실패 또는 영업 시스템 오류에 기인해 일어날 수 있는 넓은 범위의 위험

위험관리방법이 발전해가는 만큼 위험공시도 발전해야 하지만 공시의 수준은 이를 따라가지 못하고 있다. 다시 말해 기업 내부의 위험관리수준의 차이는 상당히 좁혀졌지만, 위험공시의 수준 차이는 아직 상당하고, 이에 따라 정보수준의 차이는 크다(제7장에 이런 개념에 대해 설명돼 있다). 금융기관의 경우도 마찬가지다.

다른 기업들의 위험관리를 해주는 기업들의 위험관리를 도와주는 업체인 스위스 레——이 회사는 스스로를 보험업계의 투자은행이라고 부른다——의 사장, 킬홀츠는 『위험공시는 이에 대한 대처방법을 같이 공시하지 않는 경우 오히려 부정적인 효과만을 거둘 수 있다』고 말했다.

스위스 레의 CFO인 피츠패트릭은 킬홀츠의 의견에 동의하며 『우리

는 기업에 영향을 줄 수 있는 가장 중요한 위험을 공시하고자 한다』고
했다. 그러나 스위스 레도 세 가지 관점에서 과연 얼마만큼을 공시할
것인가에 대해 아직 고민 중이다.

  (1) 위험이 어떻게 공시되어야 하는가에 대한 일반적으로 인정된 기
      준이 없다.
  (2) 위험공시는 매우 복잡하고도 수많은 가정과 예측에 근거하고 있
      다.
  (3) 더 많이 공시하는 것에는 근본적인 위험이 있다.

  또 킬홀츠는 『만약에 우리만 더 많은 위험을 공시하고 경쟁자들이 우
리의 본을 따르지 않는다면, 투자자들은 양자 간의 비교를 제대로 할
수 있을 것이며, 우리는 과연 공시를 한 이익이 있을 것인가?』라고 말
했다.

  이러한 견해는 기업 간에 위험의 양과 위험이 어떻게 관리되어야 하
는지에 대한 큰 정보차이를 설명해준다. 프라이스워터하우스쿠퍼스의
은행과 보험회사들에 대한 조사는 더 많은 설명을 제공한다. 예를 들어
이 조사는 시장위험 노출에 대한 투자자들과 애널리스트들 사이에 큰
정보의 차이를 밝혔다. 위험관리 업무에 대해 애널리스트의 정보차이
가 큰 곳에서 투자자들 역시 정보의 차이가 컸다.[14] (이에 관한 보고서
는 www.pwcglobal.com/valuereporting을 참조하라.)

  정보차이가 더 큰 경우의 위험관리 업무보다 비록 시장위험 노출에
대해서는 공시차이가 작았지만 이 조사는 또한 두 가지 지표(시장위험
노출과 위험관리 업무)에 대한 공시차이를 발견했다. 조사는, 시장이
금융기관의 시장위험 노출에 대해 가능한 많은 사실을 아는 것이 얼마
나 중요한지를 다시금 강조한다. 시장위험 노출에 의미 있는 질적 차이
가 없다는 사실은, 경영자들이 이런 문제들은 통제할 수 있는 것으로

느낀다는 의미다. 그들은 단지 그들이 알고 있는 만큼 시장에 알리지 않는 것이다. 시장은 경영자들이 알고 있다는 사실을 알고 있으며, 시장 또한 알고 싶어하고 있다.

시장위험

세 가지 위험 중에서도, 금융기관들은 특히 시장위험에 대해 관리하고 공시하는 데 큰 발전을 보였다. 시장위험의 개념은 간단한 거래계약이 시작되는 한 계속 남아 있는 것이다. 그러나 내용을 설명하고 감시하고, 또 이를 공시하는 기술은 필요에 따른 진행력과 기술의 경이적인 발전 덕분에 극적으로 변화했다.

최근까지 시장위험은 단순히 직접적인 변화로만 측정됐다. 이를테면 금융상품 총가치의 변화 따위다. 본연상품에서 가치가 파생되는 파생상품이 생겨났을 때, 이자율과 가격변동성과 같은 요소에 영향받는 파생상품의 가격민감성을 기본으로 하는 발전된 가격측정방법이 소개됐다. 이런 측정도구는 거래인들과 경영자들에게 없어서는 안 될 것이다. 그러나 그들은 위험을 하나로 합쳐 숫자로 나타내지 않기 때문에, 여러 채권 포트폴리오의 위험을 비교하지 않는다. 또 한 기업이 갖고 있는 모든 위험을 합해 숫자화할 수도 없다.

이러한 문제를 해결할 수 있는 가장 보편적인 방법은 지난 10년 간 많이 사용된 VaR라고 불리는 방법이다. VaR는 일반적인 시장상황에서 지정된 확신수준 하에서 특정 기간 동안 포트폴리오에서 일어날 수 있는 최대한의 손실금액을 통계적으로 예측해준다. 이것은 일반적으로 시장위험의 차원에서만 사용된다(외부적 상황의 변화로 인해 감소될 수 있는 기업의 가치부분).

예를 들어 1999년 J. P. 모건은 평균시장위험인 DEeaR(역주 Daily Earnings at Risk : 위험가치를 뜻하는 J. P. 모건의 자체 용어)를 계산했는데, 95%의 확신수준으로 2,900만 달러에 이르렀다. 이는 100일 중

95일의 일상업무에서 2,900만 달러 이상을 잃지 않을 것이라는 뜻이다. 그러므로 대부분의 시간 중 어느 하루 동안의 은행 전체 포트폴리오의 VaR는 2,900만 달러에 불과하다. 그리고 1999년 보고서에 따르면 거래계정의 자산, 부채의 평균 가치는 약 400억 달러다.

VaR의 최대 장점은 이로 인해 포트폴리오와 거래전략 간의 위험 비교가 가능하다는 것이다. 그러므로 금융기관들은 자본을 가장 효율적인 방법——가장 수익성이 높은 순으로는 아니지만 위험조정 기준으로 가장 수익성 높게——으로 분배할 수 있다. 예를 들어 A 사업이 연간 1억 달러의 순이익을 내고, B 사업이 7,500만 달러의 순이익을 낸다면 A 사업에 추가 투자가 이루어져야 하는 것은 명백하다. VaR는 양자 간의 상대적 위험비교를 가능하게 하기 때문에, 위험조정 기준에서는 B 사업의 수익성이 더 좋아 여기에 투자하게 되는 것도 전적으로 가능하다. 따라서 더 안전하고 더 현명한 투자를 할 수 있다.

이익을 내기 위해 사용된 자본의 위험수위를 고려한 수익성 지표는 위험조정자본이익률(return on risk-adjusted capital : RORAC) 또는 자본의 위험조정이익률(risk-adjusted return on capital : RAROC) 등으로 불린다. 이런 지표는 금융기관에서 점차 중요해지고 있다. 프라이스워터하우스쿠퍼스의 은행보험업 조사는 근본적·질적 차이에서 야기되는 공시차이의 결과로 인해 이 수익성 지표에 상당히 큰 정보차이가 있음을 발견했다.

금융기관들이 RORAC나 RAROC를 공시할 의무는 없기 때문에, 여기에 상당한 정보차이가 있다는 것은 그리 놀랄 만한 일이 아니다. 그러나 미국에서는 금융기관들이 파생상품에 사용하는 회계원칙과 시장상황에 민감한 상품들로부터 야기되는 시장위험에 대한 양적·질적 내용을 공시해야 한다.

MD&A 항목에 공시할 때 표로 나타내거나, 민감도 분석, 그리고 VaR 세 가지 방법 중 하나를 택할 수 있다. 이러한 정보는 감사의 대상은 아

니지만, 연관된 재무제표의 내용과 일관성이 유지되는지는 확인해야
할 대상이다.

또 기업들은 VaR 모델이 적정하게 사용되었는지에 관한 정보를 공시
해야 한다. 이러한 정보는 투자자들과 애널리스트들이 각 기업의 VaR
모델이 갖고 있는 포토폴리오와 거래되고 있는 시장에 적절하게 사용
됐는지 어느 정도 가늠하게 해준다. 이것은 또한, 표준적인 방법을 사
용했을 때만큼 쉽게는 아니지만, 각 기업 간의 위험가치값을 비교할 수
있게 도와준다. 그러나 신용위험 및 운영위험과 비교하면 시장위험의 측
정과 관리는 상당히 표준화됐다.

신용위험

시장위험과 마찬가지로, 신용위험도 채무나 차입금의 양과 겉이 순
수하게 겉으로 드러난 관점에서만 고려됐다. 다른 자산으로부터 가격
이 파생되는 파생상품을 구입하기 위해 금융기관에서 금전을 차입한
기업을 예로 들어보자. 순수하게 겉으로 드러난 관점에서만 본다면, 이
러한 금융상품의 변화무쌍한 성격에도 불구하고 순전히 그 날의 가격
만이 신용위험으로 고려될 것이다. 본연상품의 가격변동에 따라 파생
상품의 가격이 끊임없이 바뀌기 때문에 신용위험은 매일매일 변동할
것이다.

내부 관점에서 볼 때, 현재 신용위험 관리방법으로 사용되고 있는 방
법은 상당한 진전을 보였다. 시장위험처럼 신용위험의 측정도구들은
단순한 자산의 크기가 아니라 위험성을 고려하고 있다. 여기에서 위험
성은 특정 상품 본연의 위험성뿐만 아니라 기업 자체의 신용의 질에 따
라 결정된다.

이런 것은 때로 자산의 질(asset quality)이라고 불리기도 한다. 그리
고 은행과 보험업 조사에서는 특히 은행에서 상당한 정보차이를 발견
했다. 이러한 차이는 부분적으로는 신용위험에 관한 정보가 위험기준

으로 이루어지지 않고 단순히 외부로 나타난 상황만을 고려해 이루어
지고 질적으로 충분한 공시가 요구되지 않기 때문이다.

그러므로 이러한 정보차이는 기본적인 질적 차이에서 유래한 것이
아니다. 은행과 보험회사 경영자들은 자산의 질을 위한 좋은 내부정보
시스템을 갖고 있다고 믿는다. 그들은 또한, 이러한 정보를 적극적으로
공시하고 있다고 생각한다. 시장은 분명히 이에 동의하지 않고 있고,
이것은 긍정적 인식차이에 나타나게 되며, 이런 것은 은행의 경우에 두
드러지게 나타난다.

운영위험

금융업계에서 최근 주목을 받고 있는 부분은 운영위험이다. 그렇지
만 금융기관들은 운영위험을 정의하기가 우선 어렵고, 너무 광범위하
기 때문에 내용을 기술하는 데 어려움을 겪고 있다. 더 나아가 통계적
계산을 위해 필수불가결한 영업손실 데이터는 종종 구할 수 없을 때도
있다. 좋은 측정도구를 개발하기 전에, 기업들은 필요한 정보를 구할
수 있는 도구를 디자인하고 도입해야 한다. 이러한 비용은 지불할 가
치가 있다. 영업손실은 몇억, 몇천만 달러의 가치가 있을 것이다.

위험측정과 위험관리를 위한 초기 단계를 발전시키기 위한 노력이
진행되고 있다. 예를 들어 OpVaR는 위험가치 측정방법에 기초하여 프
라이스워터하우스쿠퍼스가 개발한 방법이다. 이 분야에는 아직 해야
할 일들이 많이 남아 있다. 그러나 위험은 통계적인 기술 대신 거래상
의 에러 횟수, 조정된 거래 횟수, 초과수당 시간과 같은 영업관련 수치
로 관리되고 있다.

운영위험공시는 이 위험에 관한 측정과 관리보다도 훨씬 뒤처져 있
다. 금융기관들은 질적인 정보를 공시할 의무가 전혀 없다. 사실 사업
에 관련된 중대한 위험에 대한 주석사항을 포함하는 전반적인 위험공
시 의무를 제외하고는 운영위험에 대해 공시할 의무는 전혀 없다.

금융기관들이 운영위험을 측정할 적절한 도구를 개발했다고 가정해
도, 아마도 내용을 공시하는 데는 주저할 것이다. 그들은 이러한 문제
가, 시장이 인식하고 있는 것보다 훨씬 크다는 사실을 우려하고 있다.
운영위험을 측정하고 시장에 이를 알리는 규칙을 스스로 지키는 것이
——결국은 이런 위험을 줄이기 위한 셈이다——위험을 더욱 잘 관리하
고 궁극적으로 높은 주가형성에 반영될 수 있는 길이다.

앞으로 나아갈 방향

위험관리 영역은 이미 거대하게 변모했으며 끊임없이 팽창하고 있
다. 회계법인과 컨설팅 회사들은 계속해서 위험을 고려하는 새로운 하
부구조, 새로운 분석도구, 그리고 새로운 정보처리 시스템을 개발하고
있다. 이를 위한 오늘날의 캐치프레이즈는 「전사적 위험관리
(enterprise-wide risk management)」다. 전사적 위험관리의 핵심 전제
는, 위험은 위험관리와 준수의 불리한 문제점에서 시작하여 사업의 연
속성을 보호하는 개념으로 확장하고 전략적인 기업심의 실현으로 끝을
맺는 연속체라는 것이다.

이런 위험에 대한 폭넓은 개념의 확산과 함께 기업들은 위험관리이
사(chief risk officer)와 같이 새로운 역할을 등장시켰다. 그러나 지금까
지, 이런 역할은 대개 위험의 부정적인 측면과 불확실성에 초점을 맞추
었다. 아직까지는 전략적 계획과 사업발전의 중요한 요소인 위험이 가
질 수 있는 긍정적 기회에 대해서는 다루지 않고 있다. 어떤 정보를 시
장에 공시할 것인가를 결정하는 데 중요한 역할을 하는 CFO에게는
CEO와 마찬가지로 앞에서 언급한 여러 가지 종류의 차이가 더욱 심할
수밖에 없다. 발전된 위험관리 기술과 아직은 미미한 공시방법의 괴리
는 개선된 위험관리 기법과 공시방법의 총체적 통합으로써만 가능할
것이다.

다른 대안은 없다 : 쉘(Shell)의 사례

순수로 향하는 모든 것은 순수하다.

──「디도서」 중에서

  지금까지「기업가치공시 혁명」에 대한 대부분의 지지자는 『이미 충분히 당신의 뜻은 알겠다. 이제 난 그런 말에 싫증이 난다. 난 행동을 원한다』고 말할지 모른다.

  기업공시의 혁명이 필요하다는 것은 이미 언급돼왔고, 가치의 변동성과 편중은 주가의 정확성에 의문을 불러일으키고 있다. 전통적인 성과평가의 지표들은 투자자가 훌륭한 결정을 내릴 수 있는 충분한 정보를 제공하지 못하고 있다. 이익게임은 시장을 더욱 기능장애에 빠지게 했으며, 단지 이익이라는 숫자 자체는 예전과 같은 비중을 차지하지 못한다.

  설상가상으로 회계기준의 재검토를 통해 기업공시의 기본을 보강해야 한다고 논의되어왔다. 기업과 투자자 사이에는 기업이 공시하는 정보의 종류 및 수준, 공시방법, 중요 사항, 그리고 우선적으로 정보의 적절성 등에 대한 의견 차이가 많이 발생한다. 그리고 위험성에 대해 고려해야 하며, 위험성을 보고할 전혀 다른 방법도 강구해야 한다. 이 모든 것은 언제쯤 끝날 것인가?

비록 「기업가치공시의 혁명」에 참여할 시기라고 확신한다 하더라도, 그 밖에 고려할 사항이 있게 마련이다. 즉 다른 이해관계자들(고용인, 지역사회, 고객, 근무자──간단히 기타 부분이라고 할 수 있음)의 이해관계와 그런 각각의 이해관계가 주주가치를 창출하는지의 여부 등을 따져봐야 한다. 말〔言〕 그 자체는 어떠한 작용도 하지 못한다. 중요한 것은 혁명적 행동이다.

누구의 사업인가?

기업이 주주와 고객의 가치를 창조하기 위해 사업을 한다는 것을 부인할 사람은 거의 없다. 그렇지 않으면 기업유지가 힘들다. 결과적으로 관리자들은 수익을 증대시키고, 비용을 줄이며, 순이익을 높이기 위한 의사결정을 끊임없이 하고 있다.

이러한 의사결정은 재무분야뿐만 아니라 다른 부문에까지 영향을 미치고 있다. 사실 주주가치를 창출하기 위한 의사결정은 다른 이해관계자에게는 긍정적 결과 또는 부정적 결과를 초래한다. 예를 들어 소도시에서 대규모 공장을 폐쇄하는 조치는 제조의 효율성을 향상시킬 수 있고, 주주가치를 확실히 창조할 수 있다. 또 실직자와 소도시에게는 큰 고통을 안겨줄 수도 있다. 그러나 이와 반대 경우인 대규모 신규투자 또한 주주가치를 향상시키고, 지역경제에 새로운 일자리를 만들고, 수익을 창출할 수 있다.

두 가지의 상반된 예시는, 다른 이해관계자들에게 우호적이거나 비우호적인 결과를 가져오지 않고 주주가치를 창출한다는 것은 사실상 불가능함을 보여준다. 오늘날 경영자들은 자신들의 행동과 그에 따른 결과에 대한 정보를 통해 다른 이해관계자들의 관심사에 대처해야만 한다.

그러면 좀더 자세하게 살펴보도록 하자. 제9장에서는 이해관계자의 이익을 위해 기업이 무엇을 해야 하는지에 대해 설명하지 않는다. 그러나 의식적이고 주도면밀한 선택을 해야 한다고 말한다. 주주와 주주가치 실현은 항상 그 어느 것보다 우선해야 한다는 것은 논의의 여지가 없다. 주주는 다른 관계자보다 최우선 순위이며, 주주의 이익이 먼저 보호된 후 다른 이해관계자의 이익에 관심을 기울여야 한다고 말할 수도 있을 것이다. 장기적으로 주주의 이익과 가치실현은 밀접한 관계가 있는 다른 이해관계자의 정당한 이익을 구현함으로써 가장 잘 실현될 수 있다는 식으로 결정을 내릴 수도 있을 것이다.

경영자가 어떤 결정을 내리든 간에, 다른 이해관계자도 주주와 마찬가지로 기업정보를 기대하고 있다는 사실을 인식해야만 한다. 이해관계자는 또한 다른 출처에서도 정보를 찾아볼 것이다. 이들은 그런 정보를 몹시 원할 것이다.

예를 들어 환경 또는 사회 활동가와 같은 이해관계자는 그들 스스로 정보의 근원이 될 수 있으며, 그들의 정보는 인터넷의 힘에 힘입어 광범위한 지역으로 한꺼번에 전달될 수 있다. 그러므로 경영자는 얼마나 많은 정보를 제공하고, 다른 이해관계자와의 필연적 관계를 어떻게 다룰 것인지를 결정해야만 한다.

쉘의 선택

다른 이해관계자의 이익에 대한 관심과 주주가치의 실현 방법은 미국보다는 유럽이 좀더 발전되어 있다. 선두적인 주요 기업으로 네덜란드의 거대한 정유 기업 로열 더치 쉘(Royal Dutch Shell)을 들 수 있다. 지속 가능성(sustainability)——실제 행동하는 실행성과 외부 공시하는 투명성이라는 의미를 내포한——에 근거한 경영철학을 확립하기 위한 쉘의 노력은 다른 이해관계자의 이익을 가치창출의 방정식에 포함시키고자 함으로써 다른 기업들에게 모범이 되고 있다.

지속 가능성의 존재 이유

쉘의 이야기를 읽기 전에 지속 가능성의 철학적 의미를 잠시 생각해보자. 지속 가능성 또는 지속 가능한 개발의 핵심 개념은 경제성장이 복잡한 사회적·환경적 영향을 수반한다는 전제를 깔고 있다. 주주나 다른 이해관계자와 같은 사회의 장기적 경제가치를 창조하기 위해 기업은 사회적·환경적 가치도 창조해야 한다.

지속 가능성을 공감하는 사람들은, 현재 인간의 욕구를 충족하기 위해 불가피하게 자연환경을 파괴할 수밖에 없는 경제활동은 미래의 좀 더 기본적인 인간의 욕구를 충족하기 위한 사회적 능력을 침해할 것이라고 믿는다. 또 사회 가치를 파괴하는 행동, 예를 들어 인권 남용 등의 경제활동은 결국 세계사회에서 용납되지 않을 것이라고 주장한다. 장기적인 주주가치를 포함한 상기적 경제가치를 실현하기 위해, 기업은 경제적 측면, 사회적 측면, 환경적 측면을 고려해 행동하고 가치를 창출해야 한다. 다시 말해 세 가지 측면을 고려해 수용할 만한 결과를 도출해야 한다. 더욱이 기업들은 세 가지 측면에서 주주와 이해관계자에게 가치를 창출하고 있다는 것을 증명하기 위해 세 가지 측면의 성과를 공시해야만 한다.

쉘은 경영, 의사결정, 공시절차와 관행의 각 단편을 엮어가며 지속 가능성의 원칙을 예외 없이 적용해왔다. 지속 가능한 개발을 수행하고 있는 쉘의 부회장 톰 델프가우(Tom Delfgaauw)는 『새로운 의무는 새로운 책임을 가져온다. 지속 가능성은 그 본질이고, 투명성은 그 방법이다』라고 말한다.[1]

쉘의 사례

로열 더치 쉘 그룹은 1907년 창립됐으며, 정유산업을 독점했다. 2000년 8월, 지금의 마크 무디스튜어트(Mark Moody-Stuart) 경은 회사의 상시 기록을 정리한 분기별 결과를 발표했다.

그는 2/4 분기 조정 CCS 이익(역주 earnings on a current costs of supplies : 특별항목을 제외한 현행 공급원가를 기초로 한 이익)이 거의 31억 4,900만 달러에 달했고, 이는 전년대비 거의 두 배에 이르는 액수였다고 밝히고 있다. 그는 『지난 18개월에 걸쳐, 우리는 산업에서 최고의 자리를 다시 획득했고, 지금 16%의 평균 자본이익률로서 선두를 점유하고 있다』고 말한다.

그렇다면 문제점은 무엇인가? 논점의 요지는 무엇인가? 역사와 현실이 문제점에 대한 답을 찾는 데 도움을 줄 것이다.

작은 정부

쉘은 많은 국가의 국내총생산(gross domestic product : GDP)을 능가하는 연 판매수익을 올리며, 세계의 가장 부유한 기업 가운데 하나가 됐다. 또 세계 135개국 이상에서 9만 6,000명을 고용하고 있는 다국적 기업 중 가장 다국적인 기업의 하나로서 손꼽히고 있다. 이와 같은 두 가지 면모는 쉘의 다른 이해관계자의 관심을 끌고 있다.

20세기 후반부터 민영화와 세계화라는 두 현상은 일부 「작은 정부(retreat of the state)」라고 일컬어지는 결과를 초래했다. 많은 기업들, 특히 다국적 기업들은 전에 정부의 역할이었던 사회의 새로운 역할을 수행하고 있다.

쉘을 포함한 많은 기업들이 국가의 연 GDP(도표 9-1 참조)보다 더 많은 수입을 거두고 있다. 이는 작은 정부라는 현상의 규모를 극적으로 보여주고 있다.

경제력 측면에서 보건대, 정부는 다국적 기업보다 더 적은 몫을 차지하고 있다. 대기업이 정부 입법이나 규제에 미칠 수 있는 영향력을 포함해, 그러한 경제력의 더 큰 의미는 아직 인식되지 않고 있다. 1999년 12월, 미국 시애틀에서 세계무역기구(World Trade Organization : WTO)

GDP와 기업 수익 비교

기업/나라	총 매출액/GDP(US$10억)
GM	164
태국	154
노르웨이	153
포드 모터(Ford Motor)	147
미쓰이(Mitsui & Co.)	145
사우디아라비아	140
미쓰비시(Mitsubishi)	140
폴란드	136
이토추(Itochu)	136
남아프리카	129
로열 더치쉘 그룹	128
마루베니(Marubeni)	124
그리스	123

출처 : 《1999년 UNDP 인간발전보고서(UNDP Human Development Report 1999)》의 1997년 자료(뉴욕 : 옥스퍼드 대학 출판, 1999), p. 32

가 경험한 일은, 정부와 기업 로비스트는 이제 그들의 경제적 의사결정과 그들이 설립한 입법체제의 사회적·환경적 영향을 더 이상 무시할 수 없다는 것을 보여주고 있다.

작은 정부라는 현상으로 세상의 이목이 일부 기업에 집중되고 있으며, 특히 광업·정유·가스 등 채굴산업과 같이 환경과 지역사회에 두드러진 영향을 미치는 산업에 속한 기업들에 대한 관심이 더욱 집중되고 있다. 물론 다른 산업도 마찬가지겠지만, 환경적 차원보다는 사회적 차원에서라고 할 수 있다. 예를 들어 개발국의 저비용 대량생산을 기반으로 하는 의류·장난감·신발 산업은 노동 문제를 야기하고 있다.

이런 산업에 속한 기업들은 기업의 다국적 사업으로 인해 확대된 책임을 인식하도록 큰 압력을 받고 있다. 그 책임이란 환경과 인류에 대한 부정적 영향을 최소화하고 긍정적 영향을 최대화하라는 것이다. 또 주주의 이익뿐만 아니라 기업의 운영에 영향받는 고용인, 지역사회, 고객, 큰 의미의 사회와 같이 좀더 넓은 의미의 다른 이해관계자 그룹의 이익을 고려하는 것을 말한다.

이러한 이해관계자들은 기업이 어떻게 사회환경적 책임을 수행하고 있는지 알고 싶어한다. 그럼 이해관계자들은 어디에서 그러한 정보를 찾아야 하는가? 오늘의 세계에서는 그다지 멀지 않은 곳에 있다. 언론, 사회환경운동가의 힘으로 발단된 홍보운동, 그리고 인터넷을 통해 거대한 양의 정보가 제공되고 있다. 이런 정보전달의 경로는 쉘과 같은 기업에게 주요 문제를 야기하고 있다.

정보의 홍수

인터넷을 통한 정보로의 보편적인 접근은 이해관계자에게 재무적인 성과에서 비재무적인 성과에 이르는, 광범위하고 수많은 정보의 제공을 가능하게 하고 있다. 인터넷을 통해 쉘의 재무적 측면만의 성과 평가에 대한 웹사이트를 50개 이상 발견할 수 있으나, 이는 빙산의 일각에 불과하다. 만약 다른 이해관계자의 의견을 찾고자 한다면, 쉘에 대해 「논평」을 하는 몇몇 웹사이트를 발견하게 될 것이다. 〈도표 9-2〉는 몇 가지 보기를 제공한다. 이러한 웹사이트에서 들리는 논평은 일부는 칭찬을, 또 다른 일부는 혹평을 제공하며 완벽한 조화를 이룬다.

웹상의 많은 논평에 따르면, 기업이 사회환경적 책임을 무시하거나 충분히 심각하게 고려하지 않는다고 한다. 인터넷을 통한 이러한 고발은 코퍼레이트 워치(Corporate Watch)와 맥스팟라이트(McSpotlight)가 운영하는 웹사이트와 같은 경로를 통해 동시다발적으로 전세계에 전파될 수 있다.

가장 심각한 문제는, 기업을 반대하는 목소리가 기업의 의견이나 분명히 귀기울일 만한 의견을 지워버릴 때 야기된다. 물론 기업에게는 그

쉘에 대한 「논평」과 관련한 이해관계자의 웹사이트

주주	파트너
www.wallstreetcity.com www.bloomberg.com www.hoovers.com	www.asiapacific.com.my/bpt www.psac.ca/international-site
고객 www.energy.com www.energysmart.com.au www.thecomplaintstation.com	**사회** www.corporatewatch.org www.corpwatch.org www.greenpeace.org www.mcspotlight.org
종업원 www.shellus.com/jobs www.wetfeet.com	

처럼 다양한 의견을 침묵시킬 힘은 없다. 기업은 실용적인 관점에서 이러한 견해를 받아들여야만 한다. 일부 사람들은 기업이 무엇을 하고 말하건 간에, 언제나 극단적으로 긍정적인 입장을 취하고, 일부는 반대의 입장을 취할 것이다. 그러나 이와 같은 극단적인 입장은 거의 타당성이 없다.

기업은 웹사이트나 사회환경적 보고서와 같은 정보매체를 통해 능동적으로 자신의 목소리를 높일 때, 타당성과 정당성을 회복할 수 있다. 기업은 논쟁의 목소리를 멈출 만한 힘은 부족하지만 중간층을 구성하는 주주와 다른 이해관계자가 전체의 목소리를 들을 수 있도록 할 수는 있다.

기업이 제공하는 의견의 양은 또 다른 문제다. 기업은 사회환경적 책임을 인식하도록 가장 많은 압력을 받으며, 또한 이해관계자의 이익이나 관심과 관련해 기업의 성과를 외부에 보고하도록 큰 압력을 느끼고 있다. 사실 유럽에서는 눈에 띄게 많은 기업들이 〈도표 9-3〉의 문서와

환경, 보건, 안전보고서와 국가 증명서에 대한 건수 비교

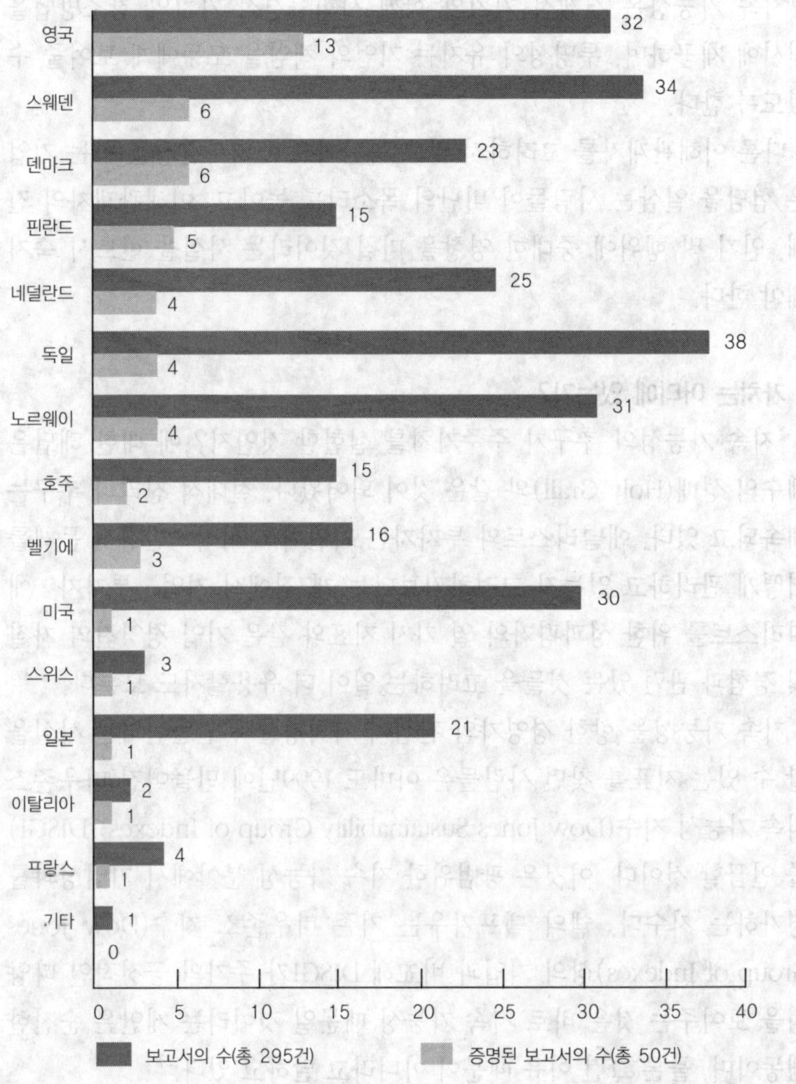

출처 : 《1999년 환경보고에 대한 KPMG의 국제적인 조사》(KPMG와 환경 경영관리 기관)

같이, 환경 및 지속 가능성의 성과에 대한 보고서를 정기적으로 출간하기 시작했다.

지속 가능성은 경제적 가치와 함께 사회환경적 가치의 창조방법을 회사에 제공하며, 투명성의 유지는 기업의 책임을 모두에게 보여줄 수 있도록 한다.

다른 이해관계자를 고려하지 않고 독단적으로 의사결정을 하는 기업은 험담을 일삼는 사람들이 비난의 목소리를 높이고, 이해관계자의 견해, 인지 및 행위에 중대한 영향을 미칠 것이라는 사실을 반드시 숙지해야 한다.

가치는 어디에 있는가?

『지속 가능성의 추구가 주주가치를 실현할 것인지?』에 대한 해답은 예수의 성배(Holy Grail)와 같은 것이 되어왔다. 절대적 진리의 추구는 계속되고 있다. 애널리스트와 투자자는 기업이 사회적 · 환경적 문제를 어떻게 관리하고 있는지 고려하기보다는 제7장에서 기업 · 투자자 · 애널리스트를 위한 성과평가의 열 가지 지표와 같은 기업 경영진의 자질 및 경험과 관련 있는 것들을 고려하는 일이 더 유용할지도 모른다.

지속 가능성을 향한 경영자의 관심이 가치창출과 연관된다는 사실을 알 수 있는 지표를 찾던 사람들은 아마도 1999년에 만들어진 다우존스 지속 가능성 지수(Dow Jones Sustainability Group of Indexes: DJSGI)를 언급할 것이다. 이것은 광범위한 지속 가능성 분야에서 기업성과를 평가하는 지수다. 쉘의 델프가우는 기존 다우존스 지수(Dow Jones Group of Indexes)상의 기업과 비교해 DJSGI가 주가의 긍정적인 다양성을 보여주는 것은 바로 지속 가능성 때문일 것이라는 제안은 순진한 행동이며, 물론 그런 이유 때문이 아니라고 말하고 있다.[2]

델프가우는 『금융권의 사람들은 경영자의 자질과 지속적인 사업 성공을 주목하고 있으며, 이와 병행해 환경변화, 인권, 계약절차 등과 같은 문제에 관심을 더 많이 쏟을 것이다. 결국 이런 관심은 금융권의 입장을 변화시키고, 지속 가능성에 대한 그 어떤 개인의 믿음보다 중요한 것이 될 것이다』라고 덧붙여 설명하고 있다.

다우존스 지수의 대표이사인 존 프레스트보(John Prestbo)는 DJSGI의 메커니즘에 대한 견해를 다음과 같이 설명하고 있다.『세 가지 측면을 바탕으로 성장을 도모하는 회사는 우호적 위험수익성 구조(favorable risk-return profiles)를 갖고 주식시장에서 우수한 성과를 보여주고 있다. 따라서 지속 가능성은 계몽적이고 규율적인 경영관리의 표본이 돼가고 있으며, 이는 투자자가 무슨 주식을 사야 하는가를 결정하는 가장 중요한 요인이 되고 있다.』[3]

DJSGI는 애널리스트와 투자자의 상기 문제에 대해 증가하는 관심에 많이 언급하고 있다. 사회보장적 투자(socially responsible investment : SRI) 부문의 발생이 위 관심의 실증적인 증거가 된다. 미국에서 2조 달러가 넘는 금액이, 영국에서 700억 파운드가 넘는 금액이 SRI펀드에 투자됐다. 2000년 말까지 영국의 SRI펀드만 해도 1,000억 파운드에 이를 것으로 예상되고 있다.

지속 가능성이 대중의 관심을 끌고 시장의 주목을 받는 증거는 다음에서도 살펴볼 수 있다. 영국에서는 근로연금투자에 대해 결정할 때 수탁회사가 환경적·사회적·윤리적 측면을 고려하고 있는지에 대한 보고서를 작성하도록 하는 법규를 도입했다. 이런 움직임과 관련해 유럽위원회(European Commission)는 금융시장을 이용해, 기업이『사회적 성과에 대한 영향과 사업적 효익을 평가하고, 자발적인 사회 보고를 하도록 하겠다』고 발표했다.[4]

새로운 입법만이 전부는 아니다. 대중적 기대 또한 변화하고 있다. 프라이스워터하우스쿠퍼스가 후원한 기업의 사회적 책임에 대한 새천년 여론조사(Millennium Poll on Corporate Social Responsibility)에 따르면, 조사참여자의 77%가 그들의 연금이 금전적 수익을 손상하지 않는 한 윤리적 정책을 채택하기를 원했다.[5] 그런 기금은 상당히 많은데 그 예로서, 영국의 프루덴셜(Prudential)과 스탠더드(Standard) 생명보험사의 투자 포트폴리오는 40개 극빈국의 GDP를 합한 규모와 같은 1,890억 파운드에 이른다.[6] 활동가 단체들은 그런 사실을 알고 있다. 영국 국제사면위원회(Amnesty International UK)는 최근 회원들로 하여금 연기금 수탁회사가 새로운 입법에 어떻게 대처하고 있는지를 알아보도록 하는 캠페인을 시작했다.

지속 가능성 분야의 회사와 주주 활동론에 대한 관심 또한 증가하고 있다. 활동가 단체의 대표는 주주총회에서 의사발언을 위해 때때로 주식을 매입하고 있다. 1997년 5월, 쉘은 환경과 인권에 관련한 정책에 대해 이사의 책임을 강요하는 결정에 직면했다. 2000년 5월 리오 틴토(Rio Tinto)의 연례회의에서 두 개 조합에 의해 발단이 된 결성——기업의 기업지배 정책에 대한 향상과 근무장소에서의 국제적 인권기준 준수——은 주요 주주로부터 지지를 받았다.

쉘에 대한 이야기

20세기 후반 10년 간, 로열 더치 쉘 그룹은 세계화, 민영화, 의사전달 기술과 같은 문제와 주주 및 기타 이해관계자의 감시가 사회와 시장 모두에 크고 빠른 변화를 주고 있다는 것을 확실히 알게 되었다. 그럼 쉘 또한 변화할 수밖에 없었던가? 쉘의 선택은 「그렇다」였고, 급속한 변화의 필요성을 인식했다. 1990년대 중반, 쉘은 거대한 기업변혁 프로그램에 착수했다.

첫번째, 쉘은 회사의 구조, 사업방법, 리더십의 질, 사람과의 관계성, 미래성과 같은 사항에 대해 질문을 던지면서 장기적이고 냉철한 모습을 자아성찰하기 시작했다. 그러고 나서 스스로에 대한 재평가 절차 속에서, 쉘은 회사에 대한 세계의 의견을 포괄한, 매우 불안정하고 대중적인 두 가지 논쟁에 휘말리게 됐다. 두 논쟁 모두 1995년의 몇 달 사이에 세계 주요 토픽을 장식하게 됐다.

그 첫번째는 쉘이 불필요한 석유 탱크와 하역 부표를 바다에 방출하려던 브렌트 스파(Brent Spar) 사건이다. 2년의 컨설팅과 준비를 바탕으로 결정된 처분방법은 환경문제를 포함해 모든 염려를 해결했다고 쉘은 확고히 믿었다. 그린피스(Greenpeace)는 반대 입장이었다. 항의 군중은 스파를 점령하고, 성공적으로 여론을 얻어 유럽 몇몇 국가들의 고문 정치가들이 중재에 나서게 되었다. 곧이어 소비자 불매운동은 쉘의 소매업에 타격을 입혔고, 독일의 쉘 정유소는 과격한 공격을 받게 됐다. 쉰 곳이 피해를 입고 두 곳이 폭파됐으며 한 곳이 총알 세례를 받았다.

또 오래지 않아 쉘은 다시 세계적 이목을 받았는데, 이번에는 나이지리아에서의 인권에 관한 문제였다. 세계적인 천혜의 생태계 나이거델타(Niger Delta)는 부분적으로 인구가 밀집돼 있는데, 특히 오고니(Ogoni) 지역이 그러하다. 델타는 풍부한 석유 보유고를 유지하고 있는데(하루에 100만 배럴 가까운 생산능력), 쉘은 국내외 정유회사와의 합작투자를 통해 1958년 이래로 주요 수입원으로 삼고 있었다.[7]

그러나 많은 이해관계자들은 오고니 석유보고의 개발은 환경과 사회적 대가를 함께 수반한다고 주장했다. 물을 오염시키고, 물고기를 죽이고, 채소와 농지를 망치는 기름 유출을 거듭 고발했다. 공해를 유발하는 가스 연소는 지구 온난화를 유발하고, 천연자원을 낭비하는 결과를 초래한다고 주장했다. 또 오고니 대지에는 거의 아무런 경제적 이익도 돌아가지 않는다고 덧붙였다.

오고니 사람 켄 사로와이와(Ken Saro-Wiwa)는 조직을 도와 환경악화를 방지하기 위한 주민의 항의를 유도했다. 얼마 후 나이지리아 군대가 저지른 일로 의심되는 몇백 명의 오고니 주민 학살이 보고되기에 이르렀다. 그들의 항의가 정부의 주요 수입원인 정유산업을 위협했기 때문이다. 1994년, 사로와이와는 네 명의 오고니 정치가에 대한 살해동기 혐의로 투옥됐다.[8] 이에 대해 국제사면위원회는 그를 양심수로서 선언했다. 쉘은 사로와이와의 석방을 위해 나이지리아 정부에 영향력을 행사하라는 심한 압력을 받았다. 나이지리아 총리인 코어 허크스트뢰터(Cor Herkströter)에게 보낸 서신에서 그 당시 쉘의 회장은 너그러운 관대를 촉구했다. 어느 방법도 가능하지 않았으며, 사로와이와는 마침내 1995년 11월 처형됐다.

이 사건은 여전히 사람들의 기억에서 사라지지 않고 있다. 코퍼레이트 워치는 쉘을 2000년 지구의 날 그린워시 상(Earth Day 2000 Greenwash Awards)의 「이윤과 원칙(Profits and Principles)」광고 캠페인 분야의 수상자로 선정했다. 코퍼레이트 워치 기업은 쉘의 「수상」을 기념해 쉘의 회장인 무디스튜어트에게 사로와이와의 장례식 비디오 테이프를 보내기로 웹사이트상에서 결정했다.

코퍼레이트 워치는 쉘의 수상 이유를 다음과 같이 밝혔다.[9]

『인권 분야에서 쉘의 독선적인 「공약(commitment)」은 위선으로 가득하다. 몇 년 간 인종차별의 혼란을 편리하게 망각하는 한편 정치범에 대해서는 지원을 보내고 있다. 몇년 간의 혼란과 나이지리아의 환경 파괴, 기본적 자유의 억압에 왕성히 참여한 후, 쉘은 뻔뻔스럽게도 런던에서 친오고니 성향을 나타내며 인권보호에 나서고 있다. 이것은 인권문제를 이용하며 넉살 좋게 비평가들의 의견을 교묘히 흡수시키는 위장술이다.

책임은? 어디에서도 찾아볼 수 없다.

쉘의 관심을 끄는 원칙은 단 하나도 없다.』

전화위복

이러한 논쟁과 결과는 쉘의 모든 고용인에게 전달되어, 쉘의 앞날에 변혁의 이행이 얼마나 중요한가를 일깨웠다. 확실히 쉘은 산업에서뿐만 아니라 사회 전체에서 새롭고 생소한 역할과 책임을 수행해야만 했다. 다국적 기업의 변화하는 책임을 이해하기 위해, 이해관계자 협회의 집약적이고 범세계적인 프로그램을 통해 다양한 의견을 모색했다.

쉘은 1997년 지속 가능한 개발과 인권에 대한 지지를 포함해 재편된 일반 업무수행 지침(Statement of General Business Principles, www.shell.com/royal-en/content/0,5028,25481-50977,00.html)을 통해 새로운 책임을 구현했다. 쉘의 새로운 책임에 대한 인식은 모든 이해관계자에 대한 더 큰 책임의 요구를 수용했을 뿐만 아니라, 사업환경의 필연적인 변화를 지속적으로 감시하고 대응하는 의무를 맡게 됐다.

새로운 쉘에게 장기적인 주주가치를 구현할 수 있는 단 하나의 방법은 바로 지속 가능성을 통해서다. 회장 무디스튜어트는 다음과 같이 분명히 밝히고 있다. 『나의 동료들과 본인은 지구와 모든 인류의 복지에 기여하면서 이윤을 추구하는 사업전략을 전개할 만반의 준비가 돼 있다. 다른 대안은 없다.』[10] 이는 쉘이 1999년대 중반 계획 과정에 이용했던 TINA(There Is No Alternative)라는 시나리오의 주제에도 반영됐다.

쉘은 새로운 사업 원칙을 모든 사업에 적용하고, 회사가 사회와 환경에 미치는 영향력에 극도로 신중하다는 것을 이해관계자에게 확신시킬 수 있는 방법을 모색하기 시작했다. 쉘은 비평가 단체 중 서스테이너블러티(SustainAbility)——환경 운동가이자 정신적 지도자인 존 엘킹턴(John Elkington)을 대표로 하는 민간단체——에 도움을 요청했다.

1998년에 이르러 쉘은 처음으로 외부 보고서, 「이윤과 원칙 : 선택이이야만 히는가?(Profits and Principles: Does There Have to Be a Choice?)」를 출간했다. 이는 새로운 사업원칙에 대응해 회사의 성과를 설명하는 것이었고, 엘킹턴은 협력자가 되었다. 엘킹턴은 보고서에서 두 페이지에 걸쳐 쉘의 활동에 대한 의견과 지금까지의 성과에 대한 평가를 기술했다.

『브렌트 스파와 나이지리아 논쟁 이후 2년 간, 나의 동료들과 본인은 쉘 그룹의 다양한 분야에서의 요구를 뿌리쳤다』[11]고 밝히며, 그 이유를 다음과 같이 설명했다. 그는 쉘이 진지하지 않고, 쉘에 참여하기보다는 외부에서 더 많은 것을 성취할 수 있으며, 그의 참여는 다른 이해관계자들에게 용인될 수 없는 것이라고 생각했기 때문이었다. 컨설팅 회사인 아서 D. 리틀(Arthur D. Little)과 함께 쉘에 참여하기로 합의하면서, 사실 엘킹턴은 스스로의 신뢰성을 이해관계자와 같은 선상에 두었다. 결과적으로 쉘의 웹사이트와 보고서에서 밝힌 엘킹턴의 지지는 진정한 의미에서 입증과 확신과도 같은 역할을 했다.

지속 가능성의 측정

1999년《쉘 보고서(Shell Report)》의 제2판이 출판되기까지 회사는 상당한 발전을 보였다. 쉘은 새로운 경영관리 시스템인 지속 가능한 개발경영관리체제(Sustainable Development Management Framework : SDMF)의 설명을 출간했다. 이를 통해 쉘은 사업원칙을 진작시키고 사회적 기대에 부응하면서, 장기적인 주주가치를 창출하고 상표 강화를 발전시켜왔다(도표 9-4 참조).

쉘의 SDMF는 회사의 관리자와 실무자가 지속 가능한 개발을 사업의 한 방식으로 수용할 수 있도록 돕는 경영관리 시스템이다. 이는 SDMF의 내부 요소를 보고하면서, 회사의 성과에 대한 이해관계자 관련 정보를 수집하고 있다.

브렌트 스파와 나이지리아에서의 경험으로부터 얻은 한 가지 핵심 교훈은 기업 의사결정의 다른 방법, 즉 상담적이고, 결정적이고, 개방적이고, 믿을 만한 방법이 필요했다는 것이다. 그린피스의 주장을 따라서, 쉘은 브렌트 스파에 매몰하기로 한 계획을 중단하고 민간 단체, 여론형성자, 전문가들과 함께 가장 좋은 처분방법을 찾기 위한 2년 간의 대화에 들어갔다. 마침내 낡은 저장 부표(old storage buoy)를 이용해 노르웨이 스타뱅거(Stavanger) 근처의 멕자비크(Mekjarvik)에 부두확

지속 가능한 개발경영관리체제
지속적인 개발을 의사결정과정에 통합시키기 위한 실용적 기구

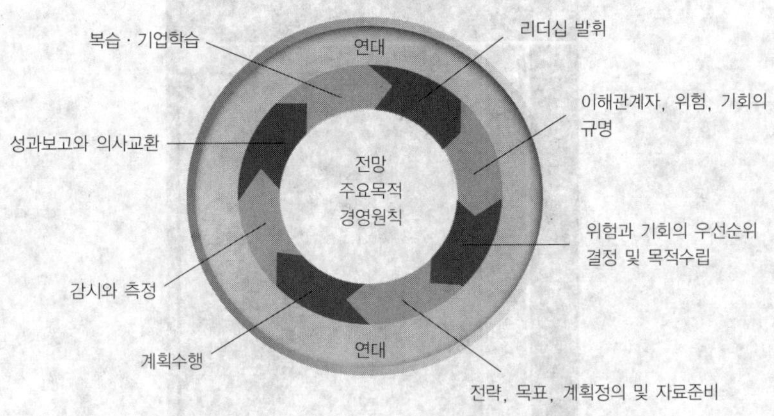

출처: 《2000년 쉘 보고서》

장을 하기로 결정했다. 이 프로젝트는 1999년 7월 완성됐다.

이런 유형의 의사결정 방법은 이해관계자와의 연대라는 개념에서 인용된 것이다. 이해관계자와의 연대는 모든 SDMF 구조에 만연돼 있으며, 사업경영의 중요한 부분이 되고 있다. SDMF 체제가 강조하듯이, 책임이 수반되는 사업은 이해관계자에 대해 스스로 책임을 지는 것이다. 즉 성공적인 사업은 이해관계자의 관심에 호응하는 것을 의미한다.

《2000년 쉘 보고서(The Shell Report 2000)》에서, SDMF 체제는 주주가치를 창조하고 동시에 사회의 부를 창출하는 역할을 나타내는 더욱 포괄적인 모델로서 표현되고 있다(도표 9-5 참조). 이렇게 발전된 모델은 다음과 같은 주요 사업의 강령을 명시하고 있다.

1. 비용의 절감(reduce costs) : 더 적은 것으로, 더 많이 활용함으로

이윤과 원칙
지속 가능한 개발을 위한 비즈니스 사례

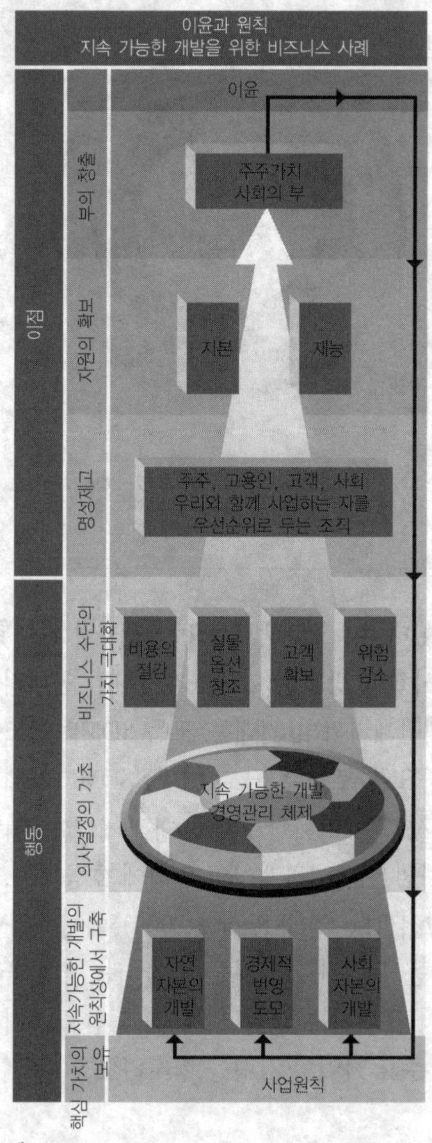

출처: 《2000년 쉘 보고서》

써 경제 효율성을 발전시켜라.

2. 실물 옵션 창조(create options) : 지속 가능한 세계를 원하는 사람
   들 속에서 새로운 시장의 가능성을 기대하라.
3. 고객 확보(gain customers) : 지속 가능성 원칙을 기본으로 한 제
   품과 서비스를 통해 시장점유율과 고객충성도를 확보하라.
4. 위험 감소(reduce risk) : 쉘이 책임 있는 행동으로 어떻게 위험을
   감소시키는지 금융기관에게 인식시켜라.

이 모델은 지속 가능한 개발에 대한 비즈니스 사례로 관련지을 수 있
지만, 모델의 입증은 결국 SDMF 체제의 제6단계 모델이 창조한 가치
를 측정하고 감독하는 데 달려 있다.

지속 가능한 개발에서「감독하고 측정하기」위해, 쉘은 세 가지 측면
에서 성과측정 기준을 개발해야만 한다. 제1장에서 언급한 것처럼, 회
사가 진지하게 비재무적인 지표를 규명할 때, 잠정적으로 중요하게 여
긴 사항들은 실제 매우 중요한 요소가 된다. 쉘의 경영자는 사업과 이
해관계자에게 중요한 지표들을 규명하기 시작했으며, 요구되는 주의를
기울일 수 있고 관리할 수 있는 지표들을 개발하기 시작했다. 즉 주요
성과지표(key performance indications)를 개발하기 시작한 것이다.

쉘은 이와 같은 주요 성과지표를 개발하는 데에는 이해관계자와의
연대가 SDMF의 다른 단계 못지않게 중요하다는 판단 아래 독단적으로
개발해서는 안 된다고 결정했다. 주요 성과지표를 개발할 때 아래와 같
이 잘 정의된 주요 성과지표 심의기준을 이용해 체계적으로 입력사항
을 기록하고, 분석하고, 분류하느라 이해관계자와 무려 서른세 번의 회
의를 가졌다. 또 주주, 민간단체, 노동단체, 학계, 정부와 같은 이해관
계자 그룹뿐 아니라 두 개의 거대 기관투자가들을 포함한 주주들을 주
요 성과지표 개발업무에 참여시키기도 했다.

출처 : 《2000년 쉘 보고서》

쉘의 주요 성과지표 심의기준

주요 성과지표의 항목을 개발하면서 쉘은 지표의 적정성을 시험하기 위해 다음과 같은 분야를 적용했다.[12]

• 회사가 지표의 조절이 가능하고, 큰 영향을 미칠 수 있다.
• 지표는 명확한 목표를 향해 사업을 추진할 수 있도록 한다.
• 지표는 대내외 청중과 관련성이 있다.
• 지표는 법규 준수 정도 이상의 것이다.
• 지표는 중요 활동과 연관되어 있다.
• 지표는 벤치마크될 수 있다.
• 지표는 증명 가능한 것이다.
• 지표는 그룹 차원에서 의미 있는 것이다.

• 지표는 현재의 데이터 흐름을 바탕으로 설정된다.

〈도표 9-6〉과 같이 잠재적인 주요 성과지표의 초기 목록이 산출됐다. 쉘의 계획은 2005년을 끝으로 5년의 기간에 걸쳐 주요 성과지표를 소개하는 것이다. 주요 성과지표는 지속 가능한 개발[13]에 대한 책임을 수행하는 쉘의 추이를 측정하고 보고하는 데 이용되고, 《쉘 보고서》의 미래 발행본에 대한 기초가 될 것이다.

다른 이해관계자에게 중요한 정보가 주주에게도 중요하다는 사실이 그렇게 놀라운 일인가? 일부 잠재적인 주요 성과지표는 분명히 주주가치와 연결된다. 예를 들어「혁신」은 재무수익, 핵심적인 가치와 가장 연관성이 높다. 쉘의「고객만족」이라는 주요 성과지표는 시장점유율의 선도적인 지표다. 쉘은『1999년 52개국에서 2만 명의 자가용 운전자들은 상표 선호도, 상표 인지도, 재구매에서 쉘을 세계 1위로 뽑았다』고 언급하면서 이미「상표」관련 지표에 대한 보고를 하고 있다.

다른 주요 성과지표는 금융권의 관심을 끄는 지표와는 거리가 멀지도 모른다. 그러나「직원이 느끼는 회사의 배려」와 같은 지표는 고용인의 동기부여——종업원 유지율 및 생산성과 비슷한 지표——를 포함한다.

결국 일부 주요 성과지표는 쉘의 지속 가능한 개발 비즈니스 모델과 완벽하게 일치하지만, 주주가치와는 그다지 연관성이 있어 보이지 않는다. 예를 들어 쉘은 이미 시업에서 횡령 사건에 대한 보고를 하고 있는데, 이는 주요 성과지표의「사업 원치이 고용인을 보호하고, 성실하게 행동하도록 독려한다는 직원의 믿음」과 같은 지표와 연결된다. 그리고 세계의 곳곳에서 안전에 대한 지표는 주요 성과지표의「인권」지표와 연관된다. 좀더 생각하면, 이런 종류의 자료는 쉘의 활동이 아마도 위험성을 낮출 수 있다는 가능성을 제시하고 있는지도 모른다. 이제 주주가치에 대한 의미는 분명하다.

쉘은 이미 「평균자본수익률(return on average capital employed: ROACE)」과 같은 주요 성과지표의 일부에 대해 보고하고 있다. 「사회 성과의 질」과 「혁신」과 같은 주요 성과지표는 현재 그다지 눈에 띄지 않으며, 믿을 만한 것으로 보고 가능한 측정기준으로서 고려되기까지는 더 깊은 개발이 필요할 것 같다.

쉘은 주요 성과지표를 더 깊이 개발함에 따라, 이해관계자와의 대화를 계속해나갈 것이라고 밝힌다. 진행상황을 고려할 때, 쉘은 이해관계자의 관심이 기업 공시구조를 갖추는 데 본격적인 역할을 한다고 인식하고 있다. 그러나 이해관계자의 참여는 투명성의 요구를 충족하는 것 이상의 이야기를 하고 있다. 또 쉘은 주주가치의 창출은 다른 이해관계자의 요구 충족과 밀접하게 엉켜 있다고 믿고 있다.

인증은 신뢰성의 보증

쉘은 존경받는 단체로부터 인증된 자료의 공개를 투명성의 중요한 부분으로 본다. 《2000년 쉘 보고서》에서, 『인증은 정확성과 신뢰성을 보장하는 것 이상이며, 보고되는 내용이 성과의 공정한 모습이라고 생각하는 이해관계자의 신념을 증가시킨다』고 밝히고 있다.[14] 또 KPMG와 프라이스워터하우스쿠퍼스는 경제, 환경, 사회성과의 세 가지 측면에 걸친 경영관리 시스템과 프로세스에 대한 성과 자료의 범위와 주장을 인증했다(도표 9-7 참조).

이와 같은 보고서는 혁신적이고 분명한 언어로써, 투명성의 개념은 정보가 모든 독자에게 쉽게 이용되는 것이라고 강조하고 있다. 투명성에 대한 이 같은 강조는 보고서 전체에 나타나며, 지금까지 다른 어떤 기업의 사회, 환경, 지속 가능성에 대한 보고 노력보다 더 훌륭한 것이라고 할 수 있다.

그럼에도 불구하고 여전히 해결되어야 할 사항이 있다. 현명한 이용

REPORT FROM THE VERIFIERS

KPMG

PRICEWATERHOUSE COOPERS

To: Royal Dutch Petroleum Company &
The "Shell" Transport and Trading Company, p.l.c.

We have been asked to verify the reliability of selected performance data and statements. We have done so and marked these sections with the different coloured symbols illustrated below within The Shell Report 2000 of the Royal Dutch/Shell Group of Companies. The preparation of The Shell Report is the responsibility of management. Our responsibility is to express an opinion on the reliability of the data and statements indicated, based on the verification work referred to below.

In our opinion:

- the data on financial performance marked with the symbol ✓ are properly derived from the audited Financial Statements of the Royal Dutch/Shell Group of Companies for each of the ten years ended 31 December 1999

- the health, safety and environmental (HSE) statements and graphs, together with the explanatory information, performance data tables and notes in the Annex (see pages 48-49), properly reflect the performance of the reporting entities for each of the HSE parameters marked with the symbol ✓

- the statements and data marked with the symbol ✓ relating to the systems and processes Shell has put in place to manage social performance are supported by appropriate underlying evidence and present a balanced view.

Basis of opinion

There are no generally accepted international standards for the reporting or verification of environmental performance data or of processes to manage social performance. We have adopted a verification approach that reflects emerging best practice, using a framework based on the principles underpinning international standards on financial auditing and reporting. Therefore, we planned and carried out our work to obtain reasonable, rather than absolute, assurance on the reliability of the performance data and statements tested. We believe that our work provides a reasonable basis for our opinion.

Verification work performed

In planning and conducting our work, we included environmental and social experts within our team. The work carried out is described in the Report:

- Financial – page 13
- Environmental, including health and safety – page 19
- Social – page 27.

In addition, we examined the draft Report to confirm the consistency of the information reported with the findings of our work.

Considerations and limitations

It is important to read the HSE statements and graphs in the context of the explanatory information and notes in the Annex and the notes to HSE graphs and performance tables.

HSE data are subject to many more inherent limitations than financial data given both their nature and the methods used for determining, calculating or estimating such data.

We did not carry out any work on data reported in respect of future projections and targets.

It is also important to note that the financial data reported are not sufficient to ensure a thorough understanding of the financial results and the financial position of the Group.

KPMG Accountants NV
The Hague

PricewaterhouseCoopers
London

4th April 2000

자는 재무제표에서 감사의견이 표현하는 문맥의 의미와 기본 회계감사 기준에 대한 이해를 잘 할 것이라고 기업은 예상하고 있다. 그러나 그런 예상은 특히 비재무적·사회적 감사의 초기 상태에서 정확하지 않은 것 같다. 사실 사회환경적 정보를 보고하고 인증하는 데 일반적으로 인정되는 기준은 존재조차 하지 않는다.

쉘이 규명해온 모든 잠재적인 주요 성과지표는 아직 개발해야만 하기 때문에 모든 것이 확실하게 인증될 수 있는 것은 아니다. 그러나 1998년 이래 가장 중요한 환경, 보건, 안전의 자료 중 일부는 인증되어 왔다. 쉘은 주요 성과지표를, 미래에 인증의 노력을 기할 수 있는 논리적인 분야로서 보고 있다.

확실히 쉘은 인증의 중요성을 인식하고 있지만 실제 그 중요성은 더 크다. 《2000년 쉘 보고서》에 따르면, 『우리의 궁극적인 야망은 공식적인 인증의 필요성을 감소시킬 만한 대중적 신뢰와 믿음의 수준을 획득하는 것이다. 아마 몇 년 후일지도 모르지만, 기업과 시민사회 간의 더 나은 관계를 맺기 위한 노력이 동맹과 참여를 통해 신뢰로 구현될 수 있기를 바란다』고 밝히고 있다.

투명성의 두 가지 방법

쉘이 주요 성과지표를 개발한 방법은 기업에게서 투명성의 진정한 의미를 파악하는 것이었다. 쉘에서의 투명성은 주주와 다른 이해관계자와의 끊임없는 대화다. 투명성은 그저 이해관계자에게 영향을 미치기 위해 정보를 내놓는 것 이상의 의미다. 기본적으로 이해관계자를 참여시키고 그들과 관계하는 것이다. 투명성은 단지 이야기하는 데만 있는 것이 아니라, 경청한 뒤 반영하는 데도 있는 것이다.

쉘은 다양한 매체를 통해 이해관계자와의 직접적인 의사교환과 격렬한 논쟁에 참여함으로써 정보교환의 진정한 대화를 유도하고 있다. 예를 들어 긍정적이든 부정적이든 양자의 의견 수집을 위한 「쉘과의 대화

(Tell Shell)」 응답 카드를 연례 지속 가능성 보고서에 포함하고 있다. 그리고 대표적인 칭찬과 질타의 사례를 이듬해 보고서에 발표한다. 〈도표 9-8〉은 이러한 응답의 내용을 보여주는 2000년 보고서의 몇 가지 예를 제시하고 있다.[15]

2000년 보고서에서, 쉘은 다시 한번 이해관계자와의 관계에 대한 개방성과 투명성을 나타내면서, 쉘과의 대화 과정을 주제로 삼았다. 쉘과의 대화 범위는 상대적으로 협소하다. 1999년 3월~11월까지 862개의 응답만이 접수됐지만, 862명의 응답자는 쉘과 「보이지 않게」 관계된 사람들의 작은 부분일 뿐이다.

쉘과의 대화 카드와 더불어, 쉘은 웹사이트에 대화 포럼을 운영하며 나이지리아의 인권이나 지구 기후변화와 같이 민감한 주제를 검열 없이 생방송하고 있다. 〈도표 9-9〉는 그런 대화의 사례와 쉘이 어떻게

〈도표 9-8〉

쉘과의 대화

《2000년 쉘 보고서》에서 발췌된 독자의 의견

쉘에게 말하기를, 「정유회사를 주제로 한 이런 토론과 문제제기는 정말 훌륭하다. 앞으로 정유회사에 대해 더 많은 이야기를 나눠보도록 하자.」 – 미국	**쉘에게 말하기를,** 「나는 정유회사가 그들의 사업을 미화하려는 점점 더 많은 광고를 보고 있다. 지금까지 유일하게 당신만이 나에게 의견을 제시할 기회를 주었다.」 – 일본
쉘에게 말하기를, 「개척에서 생산까지 산업의 각 국면은 가끔 환경보호와 관련된다. 당신에게는 잊혀진 사실인가? 나는 아니라고 생각한다.」 – 호주	**쉘에게 말하기를,** 「나는 「원칙은 사람에 대한 우리의 핵심 가치인 정직·성실성·존경을 바탕으로 한다」고 읽었다. 현재의 감원 상황에서, 쉘의 종업원에 대한 존경은 찾아볼 수 없다. 난 포기했다.」 – 네덜란드 : 《1999년 쉘 보고서》에 기록된 쉘의 종업원

출처 : 《2000년 쉘 보고서》

〈도표 9-9〉

쉘의 이해관계자와의 1 대 1 관계 사례

요약 복사

토론상에서 제기된 메시지

일시 : 2000년 3월 14일 오전 08:47
저자 : 댄 덴버(Dan Denvir, unity11@hotmail.com)
주제 : 오고니의 피

당신도 알다시피, 쉘은 국제사면위원회의 긴급소송에 계류 중입니다(www.aiusa.org/justearth/ corporations/shell.html 웹사이트에서 Just Earth, joint Amnesty/Sierra Club을 참고). 당신은 오고니인을 무참히 살해한 나이지리아 군대에게 무기를 공수하지 않았습니까? 당신은 사로와이와의 처형에 대해 중재했습니까? 사로와이와는 나이거델타와 오고니인의 고향을 오염시키는 당신의 행위에 맞서 항의한 환경운동가였습니다. 사로와이와의 처형과 당신의 침묵은 학살이나 살인과 마찬가지로 용납될 수 없습니다.

추신 - 이런 포럼은 마치 그린워시와 같이, 당신의 환경, 인권에 대한 진정한 노력을 저해합니다.

쉘 전문가의 응답

일시 : 2000년 3월 31일 오후 05:06
저자 : 쉘 국제 유한회사(Shell International Ltd.)의 노블 페플(Noble Pepple)
주제 : 댄 덴버씨에 대한 답장

쉘의 대화 광장(Tell Shell Forum)에 이메일 주신 것 감사합니다. 많은 부분을 언급해주셨고, 그에 대해 다음과 같은 답변을 드리고자 합니다.

우선, 쉘이 「국제사면위원회의 긴급소송」에 계류 중이라는 당신의 주장부터 얘기하도록 하죠. 이것은 사실이 아닙니다. 국제사면위원회는 우리에게 「긴급 소송」은 오로지 영국의 국제사면사무국에 의해서만 제기될 수 있고, 회사가 아닌 개인에게 해당하는 것이라고 통보했습니다. 그런 소송은 쉘과 아무런 관계가 없습니다. 당신이 언급한 웹사이트는 미국의 국제사면위원회(Amnesty International-USA : AI-USA)에 해당하며, 국제사무국(http://www.amnesty.org)과는 관계가 없습니다. 아직 방문하지 않았다면, 공명하고 전체적인 입장을 제공하는 국제사무국 웹사이트(http://www.amnesty.org/ailib/countries/ index144.htm)의 나이지리아 부문을 살펴보시기 바랍니다.

이제 당신이 제기한 다른 문제에 대해 알아보겠습니다. 우리는 오고니인을 무참히 살해한 나이지리아 군대에게 무기를 공수하지 않았으며, 하지 않습니다. 나이지리아에서의 폭력과 무기 범죄가 성행하고 있기 때문에, 쉘의 나이지리아 현지 고용인 4,000명과 재산을 보호하기 위해 경찰이 배치됐고, 그 중 일부가 무장하고 있는 것이 사실입니다. 그들은 20년 된 권총 107정을 가지고 있습니다. 사격 연습과는 분리해, 무기의 엄격한 관리가 유지되고 있으며, 단 한 번 발사한 경우가 있습니다(쉘의 영빈관을 무단 침입했던 무장 침입자를 향한 경고탄). 무기 사용에 대한 규칙은 국제사면위원회 및 다른 인권 단체들과 심도 있게 논의해왔습니다.

우리는 사로와이와와 그의 동반 제소자에 관해 침묵하지 않았습니다. 우리는 형사범의 공명한 법적 절차에 대한 권리를 대중적으로 호소했습니다. 재판 전, 쉘은 진술에 동의하지 않지만, 사로와이와는 자유롭게 그의 주장을 방송할 권리가 있다고 밝혔습니다. 쉘은 재판의 평결 후, 살인죄에 대해 반대했습니다. 쉘의 전 회장인 허크스트뢰터는 나이지리아의 국가 수반에게 인도주의에 입각해 형사범에 대한 관용을 호소하는 서한을 보내기도 했습니다. 불행하게도, 이런 시도와 다른 국가, 단체, 개인으로부터의 호소는 소용이 없었습니다. 그런

출처: 《2000년 쉘 보고서》

이해관계자와 직접적으로, 개인적으로 관계되는지를 보여주고 있다.

쉘은 이러한 대화를 대중에게만 한정하지는 않는다. 전문가와 선임 지도자가 질문에 대해 사려 깊은 응답을 주기도 한다. 처음에는 공격적인 성향을 보이는 응답자도 쉘의 개방적인 자세를 접하거나 개인적인 회신을 받고는 놀라움을 나타내기도 하고, 결국 지지의 입장을 보이기도 한다.

지지로 구축된 명성

세계적 차원에서 이해관계자와 연대하는 것은 가치 있고 성공적인 결과를 산출할 수 있지만, 쉘은 고자세의 연대관계에서 사업결정에 직접적인 영향을 받는 사람들과의 현장중심 연대관계로 이동하고 있다.

예를 들어 쉘은 카미시(Camisea) 프로젝트에서 페루비언 아마존(Peruvian Amazon)에 풍부한 미개척된 카미시 가스에 대해 카미시 원주민과의 친밀한 대화를 구축하기 위해 노력했다. 보호지역에서의 도로건설을 거절하고, 부의 확대를 위한 개인과의 금전적 거래가 아닌 지역사회 전체의 투자를 고려해 지역사회교섭 프로그램을 마련했다.[16] 이해관계자의 상담, 사회환경적 안전보호, 지역사회와의 계약, 사회자본, 지속적인 발전을 위한 전반적인 노력의 비용은 초기 비용 3억 달러의 2%에 불과하며, 약 35억 달러의 총 개발 투자비용에 같은 비율로 반영될 것이다.

그럼에도 불구하고 한계투자에 따르는 위험 감소(사회환경적 국가

위험), 영업권, 그 다음 단계에서의 비용회피를 포함하는 재무적 효익은 비용에 비해 어울리지 않게 컸다.[17] 카미시의 경험은 쉘의 각 운영단위가 SDMF를 통해 이해관계자와의 연대를 사업의 한 부분으로 인식하도록 고안됐다는 것을 예증하고 있다.

쉘이 연례《쉘 보고서》와 웹사이트를 통해 이해관계자를 격려하고 함께 행동하는 개방적 대화와 같은 사례를 찾는 것은 어려운 일이다. 델프가우가 자신의 회사를 투명성에 관한 한 선두 기업의 하나로서 생각하는 것은 너무나 당연한 듯이 보인다. 그는 이미 공시과정에서 큰 발전을 거둔 것으로 보고 있다. 쉘의 미래 도전은 지속 가능성의 본질을 모든 사업을 통해 실현하는 데 있다고 생각하는 것이다.

이는 이해관계자와의 꾸준한 관계 형성, 타협하지 않는 목표달성 책임, 결과에 대한 개방적이고 정직한 의사교환, 미래의 새로운 관계 형성을 요구하고 있다. 쉘에게 다른 대안은 없다. 델프가우는 다음과 같이 함축해 강조하고 있다. 『일단 여행을 시작했으면 다시 돌아가는 일은 없다.』 모든 진정한 혁명이 그러했다.

제4부

감미로운 기업가치공시 효과

REPORTING
VOLUTION

THE VALUE
RE

Rother than love, than money, than fame, give me truth.

Herry David Thoreau, *Walden*

To the Victor Go the Spoils
전리품은 승자에게

진실은 횃불과 같이 흔들수록 빛난다.
— 윌리엄 해밀턴(William Hamilton),
《철학에 관하여(Discussion on Philosophy)》 중에서

혁명적인 선도자들은, 다른 사람들이 자신들에 대해 이야기하고 주시할 것이라는 사실을 알고 있다. 인터넷상에서 로열 더치 쉘과 같은 탁월한 선도자에 대한 이야기가 오가는 것은 전혀 놀랄 만한 일이 아니다. 선도자는 또한 그에 대한 이야기가 모두 좋지만은 않다는 사실도 알고 있다. 일부는 아주 부정적이고, 심지어 악의적인 것도 있다. 그러나 혁명가들은 여론조사에 기초해 행동하지는 않는다. 옳기 때문에 행동한다.

쉘이 자신의 웹사이트에서 하는 것처럼, 선도자들은 설사 그들에 대한 부정적 정보의 유포를 진작시킨다고 할지라도 행동한다. 쉘은 오염, 인권 남용과 같이 매우 민감한 사안에 대해 논쟁하는 온라인 토론을 검열하지 않는다. 논평이 쉘에게는 매우 비판적일 수 있지만, 쉘은 억압하기보다는 지원한다. 그렇게 함으로써 한때 고통스러울지라도 기업가치공시 혁명의 원칙을 실습한다.

그런 자기 학대적인 고통이 이해될 수 있을까? 물론 이해될 수 있다. 기업이 좋아하건 싫어하건 간에, 인터넷은 가차 없이 투명성을 확대시

킨다. 기업이 능동적으로 참여하지 않더라도, 인터넷은 상당한 기업정보, 종종 가장 부정적인 종류의 정보를 제공한다. 혁명은 고통을 수반하게 마련이다.

얼마나 많은 기업정보와 논평이 사이버 공간을 떠돌고 있는지 살펴보기 위해 www.google.com과 같이 발전된 인터넷 검색 엔진을 방문해보라. 잘 알려진 기업 하나를 골라서, 경멸적인 형용사, 동사, 어구와 함께 짝을 지어 탐색을 실시해보자. 적게는 몇백에서 대개는 몇천 개에 이르는 예를 찾게 될 것이다. 우리가 탐색해본 결과 셀 수 없이 많은 결과를 얻었다. 그리고 기억할 점은 단지 하나의 경멸어를 연결해 얻은 결과라는 것이다. 대부분의 기업들이 상상하는 것보다 더 많은 사람들이 긍정적이고 부정적인 이야기를 많이 하고 있다.

그럼 요점은 무엇인가? 사람들이 찾고자 하는 정보를 기업이 제공하지 않으면, 어디에서 누군가가 제공할 것이다. 스스로 정보를 제공함으로써, 기업은 정보의 정확성을 보장할 수 있고, 서로 조화롭고, 상황에 맞게 조정할 수 있다. 부정적인 논평을 막을 수는 없지만, 대화의 균형을 좀더 맞출 수는 있을 것이다. 쉘은 분명히 이러한 접근을 시도하고 있다. 좋은 내용이든 나쁜 내용이든 간에, 쉘은 회사에 대한 정보의 흐름을 조절하는 것이 불가능하다는 점을 알고 있다.

공시의 양분

개선된 공시를 위한 한 가지 논점은, 경영자 스스로가 시장이 그들을 평가하는 것보다 시장과 의사소통을 더 잘 하고 있다고 생각하고 있는 것이다. 〈도표 10-1〉은 미국의 CFO들과 IR 담당자, 기관투자가, 매도 측 애널리스트들 사이에서 이 문제에 대한 서로 다른 인식을 비교한 것이다.[1] 이런 결과는 그들과의 커뮤니케이션을 통해 현실을 반영하고 있다.

당연히 대부분의 경영자는 진심으로 시장이 원하는 정보를 제공하기 위해 노력하고 있다. 그러나 대부분의 애널리스트와 투자자는 경영자의 노력이 좀더 필요하다고 생각한다. 따라서 개선된 공시는 문제가 우선적인 사항으로, 즉 경영자가 생각하는 것보다 문제의 정도가 심각하다는 것을 경영자가 인식할 때 시작될 수 있다.

〈도표 10-1〉과 같이 CFO 또한 스스로가 시장에서 생각하는 것보다 개방적으로 정보를 제공한다고 믿고 있다. CFO의 60%가 두 가지의 가장 개방적인 공시원칙(도표 10-1에서 네번째와 다섯번째 행)이 실시되고 있다고 믿는 반면, 단지 23%의 애널리스트와 14%의 투자자가 이에 동의했다. 미국의 경영진은 SEC 규정이 외국의 증권거래위원회 규정이 요구하는 것보다 더 많은 공시를 요구하고 있다고 느끼지만, 미국의 애널리스트와 투자자는 〈도표 10-1〉에서 보듯이 14개국의 사례와 통계적으로 같다고 생각하고 있다.

〈도표 10-1〉

미국의 기업공시에 대한 견해 차이

	미국의 경영자 (200명)	매도측 애널리스트(31명)	기관투자가 (50명)
법적 공시상의 정보를 제공하지 않음	6%	0%	6%
애널리스트에게 관련 있고 유용한 부가적 정보를 제공함	15%	45%	54%
독점적이고 민감한 정보의 경우를 제외하고, 애널리스트와 투지자가 제기한 모든 질문에 응답함	18%	32%	26%
새로운 정보가 가능할 때면 언제든지 애널리스트와 투자자들과 접촉함	19%	10%	10%
관심과 질문을 예상하고, 애널리스트 및 투자자와 꾸준한 대화를 유지하려는 활동을 활발히 함	41%	13%	4%
모르겠음	2%	5%	0%

〈도표 10-1〉의 통계는, 이런 규정들이 시장의 정보에 대한 욕구를 모두 충족하지 못하고 있음을 보여준다. 매우 비슷한 경우가 북미·유럽·호주에서 은행과 보험회사를 대상으로 실시한 조사와 미국과 캐나다에서 하이테크 기업을 대상으로 실시한 조사에서 발견되고 있다. 공시의 양분성(兩分性)은 보편적이다.

미국의 조사 자료는 1995년 에클스와 마브리낙이 조사한 결과를 재확인하고 있다. 앞서 실시된 이들의 조사에서, 감독기관과 산업협회의 투명성 확대에 대한 요구는 기업공시 원칙에 별다른 영향을 발휘하지 못한 것으로 나타나고 있다.[2] 이것은 아직 투명성의 확대가 경영자 스스로의 관심으로 이루어지고 있음을 말한다. 다행히 일부 미래지향적 경영자들이 그 첫 불을 밝히기 시작했다.

전세계 자본시상에서 애널리스트와 투자자는 개선된 공시가 확실한 이익을 산출한다는 것을 믿고 있다. 다음의 두 장에서는 「개선된 공시(better disclosure)」는 무엇을 의미하는지 좀더 자세히 살펴보도록 하겠다. 지금 시점에서는 「개선된 공시」를 간단히 「더 많은 공시(more disclosure)」──중요하다고 여겨지는 정보는 더 많이, 그렇지 않은 정보는 적게 제공한다는 의미──로서 이해하도록 하자. 그러나 정보량의 단순한 증가가 반드시 정보의 질을 향상시키는 것은 아니다. 이에 대한 자세한 이야기도 다음에서 보도록 하자.

개선된 공시의 다섯 가지 혜택

기관투자가와 매도측 애널리스트를 대상으로 한 프라이스워터하우스쿠퍼스의 범세계적 조사는 개선된 공시에 따른 다섯 가지 주요 혜택을 다음과 같이 규명했다. 경영자의 신뢰성 향상, 장기투자자 확보, 추종하는 애널리스트의 증대, 신규자본 조달 개선, 주식가치의 증가. 〈도표 10-2〉는 이와 같은 혜택에 대한 투자자의 인지도 비율을 국가별로

개선된 공시에 대한 투자자의 인지도[a]

	경영진의 신뢰성 향상	장기 투자자 확보	담당 애널리 스트의 증대	신규자본 조달 개선	주식가치의 제고
호주	70	44	42	60	40
덴마크	90	64	12	60	48
프랑스	92	70	94	84	80
독일	62	47	68	66	53
홍콩	64	56	50	54	62
이탈리아	90	80	64	82	70
일본	94	67	72	53	45
네덜란드	70	63	63	74	64
싱가포르	81	59	55	73	75
스웨덴	74	64	52	66	56
스위스	82	63	76	68	72
대만	54	56	42	50	38
영국	52	46	34	44	38
미국	80	64	34	44	58
평균	75	60	54	63	57

a 숫자는 비율임(%).

보여주고 있고, 〈도표 10-3〉은 애널리스트의 인지도 비율을 보여주고 있다.[3]

　이런 자료는 북미·유럽·아시아에 걸쳐 투자자와 애널리스트 사이에서도 비슷하게 인지하고 있음을 보여주고 있다. 애널리스트와 투자자의 반 이상이 국가 자본시장의 크기, 회계준칙, 국내기업의 공시 행태에 관계 없이 이들 다섯 가지 공시의 혜택을 중요하다고 여기고 있다. 어느 국가에서도 투자자와 애널리스트의 견해에는 특별한 차이점이 없다. 매도측, 매수측 양자 모두 같은 입장인 것이다. 개선된 공시로 인한 다섯 가지 혜택을 좀더 자세히 살펴보기로 하자.

　우선 위의 자료와 매우 흡사한 실증적 증거를 제시하는 최근 학계의 연구를 살펴보는 것이 도움이 될 것 같다. 힐리, 에이미 P. 휴턴(Amy

개선된 공시에 대한 애널리스트의 인지도[a]

	경영진의 신뢰성 향상	장기 투자자 확보	담당 애널리스트의 증대	신규자본 조달 개선	주식가치의 제고
호주	77	64	50	53	40
덴마크	90	57	43	64	53
프랑스	97	83	80	84	70
독일	80	44	83	80	67
홍콩	87	67	56	53	60
이탈리아	83	83	70	80	53
일본	92	58	77	45	36
네덜란드	80	64	74	70	48
싱가포르	91	57	72	59	65
스웨덴	83	67	56	66	60
스위스	81	68	84	68	48
대만	47	50	60	60	50
영국	70	57	23	43	43
미국	80	61	46	51	61
평균	81	63	62	63	54

a 숫자는 비율임(%)

P. Hutton), 크리슈나 G. 펠레푸(Krishna G. Palepu)는 97개 기업을 연구한 결과, 개선된 공시는 높은 주가, 많은 기관투자가의 지분투자, 훌륭한 애널리스트의 확대, 유동성의 증가를 가져온다는 것을 발견했다.[4] 개선된 공시를 하는 기업들은 개선된 첫 해에는 동종 산업평균보다 7.1% 높은 주가 상승을, 그 이듬해에는 8.4%의 주가 상승을 보였다.

혜택 1: 경영자의 신뢰성 향상

〈도표 10-2〉와 〈도표 10-3〉은 다음과 같은 두드러진 결과를 보여주고 있다. 경영자의 신뢰성 향상은 투자자와 애널리스트 간에 어느 혜택보다 훨씬 중요하게 인식되고 있다. 투자자 네 명 중 세 명이, 애널리스트 다섯 명 중 네 명이 개선된 공시가 경영자의 신뢰성을 향상시킨다고 믿

고 있다.

다소 무형적이지만, 경영자의 신뢰성은 아마도 틀림없이 가장 중요한 혜택이고, 나머지 모든 것들을 실현시키는 전제라고 할 수 있다. 경영자가 신뢰성을 확보할 때 시장은, 기업의 특수전략이 주요 기업 인수나 투자 프로그램과 같이 전략에 대한 비용이 당기 이익을 감소시킬 경우에도 주주가치를 창출할 것이라는 주장을 믿게 된다. 시장은 그런 전략이 향후 미래에 가치를 창출할 것이라는 사실을 현명하게 인식하고 있다.

예를 들어 보다폰(Vodafone)이 에어 터치(Air Touch)를 주당 89달러에 인수하고자 했을 때, 벨 애틀랜틱(Bell Atlantic)이 제시했던 주당 73달러보다 높은 가격에 입찰했음에도 불구하고 보다폰의 주가는 상승했다. 몇 년 간 영업권이 이익을 감소시킬 것이라는 회사의 발표에도 불구하고 결국 주당 97달러로 결론이 났을 때, 보다폰의 주가는 계속 상승했다.[5]

경영자에 대한 높은 신뢰성이 없었다면, 그런 발표는 회의감을 조성했을 것이다. 시장은 분기에 이익을 창출하지 못하는 것에 대한 경영자의 단순한 변명으로 여겼을 것이고, 회사의 주가는 하락했을 것이다.

시장의 관점에서 개선된 공시는 왜 경영자의 신뢰성을 향상시키는가? 자신의 능력과 전략에 대해 확신하는 경영진은 미래 계획과 오늘날 얼마나 잘 운영되는가를 시장에게 알리는 데 주저하지 않을 것이다. 그런 정보로 무장한 시장은 자체적인 분석을 할 수 있게 된다. 시장은 기업이 숨기고 있는 정보를 찾으려 애쓰거나, 신뢰하지 않는 경영진을 추측하려 하기보다는 경영자의 견해를 공유하고자 할 것이다. 신뢰성과 투명성은 함께 한다.

이것은 특히 경영자가 과거의 약속을 이행할 때 사실로서 증명된다. 물론 신뢰성은 성과에 달려 있지만, 정직성은 신뢰성을 더 고양시킨다. 목적이 달성되지 않거나, 성과가 일부 재무적이거나 비재무적인 면에서 부진할 때, 경영관리의 가장 좋은 방식은 바로 정직함인 것이다. 좋고 나쁜 시절 모두 일관성 있게 정보를 제공함으로써, 경영자는 시장에 신뢰를 강화할 수 있다. 시장은 이익에서 예기치 못한 사건, 특히 부정적인 사건을 싫어한다.

BP/아모코(BP/Amoco)의 사례는 정직성이 어떻게 경영자가 구축하기 위해 애쓴 신뢰성을 강화하거나, 적어도 유지할 수 있는지를 보여주고 있다. 2000년 6월 5일 〈비즈니스 위크〉는 여섯 명의 BP/아모코 과학자들이 1999년 여름, 회사를 상대로 제기한 소송에 대해 소개하고 있다. 여섯 명 모두는 같은 실험실에서 일했는데, 갑작스럽게 같은 종류의 희귀한 뇌종양을 앓게 됐다. 그 잡지가 출판됐을 때 다섯 명은 이미 이 세상에 없었다.

그런 회사는 어떤 반응을 보였을까? BP/아모코의 회장 H. 로렌스 풀러(H. Laurence Fuller)는 기자회견을 갖고, 상황을 자세히 설명했다. 〈비즈니스 위크〉 기사에 따르면, 『회사는 도덕적으로 정당한 위치를 유지하면서 반대자들이 회사를 잔인한 괴물로 만들 기회를 주지 않고, 대중의 비난을 능숙하게 상대했다.』[6]

BP/아모코가 소송, 이익, 전략방향의 변화 등 주제에 상관 없이 가능한 한 공개적인 대화를 하지 않는다면 힘들게 쌓은 신뢰성을 한 순간에 잃을 수 있다. 제4장에서 살펴본 회사의 회계 및 공시의 분석으로 인해 HBOC의 버곤지와 다른 경영진에게 발생했던 사건과 같이 민사소송, 실직의 결과를 초래할 수 있다. HBOC의 경우 형사 소송에까지 이르렀다.

1996~98년 사이, HBOC의 이익 관리는 회계분식과 불법행위 등 아주 불길한 조짐을 보였다. 1999년 4월 매케슨 HBOC의 이익 재발표 후, 대부분의 애널리스트들은 「매수」에서 「보유」로 주식의 추천등급을 하향조정했다.[7] 시장 애널리스트인 레이먼드 헤네시(Raymond Hennessey)는 1999년 6월 21일자 〈다우존스 뉴스와이어(Dow Jones

Newswire)〉지에서, 『그 병합(매케슨과 HBOC)은 처음부터 의문의 연속이었다. 수익에 대한 HBOC의 회계처리의 부적정성으로 인해 곧바로 이익성과를 수정하게 되었다』고 논평했다. [8]

브라운 브러더스 해리먼(Brown Brothers Harriman)사의 애널리스트인 마이클 크렌새비지(Michael Krensavage)는, 『(버곤지와 다른 HBOC 경영진의) 해고는 회사가 신뢰성을 회복하기 위해 취한 조치였던 것이다』라고 말했다. 또 그들의 해고는 『회계 문제가 가장 심각할 것이라는 표시』였다고 경고했다.[9] 크렌새비지는 HBOC의 회계 및 공시문제에 관한 CNN과의 인터뷰에서 『이는 바퀴벌레의 경우와 흡사하다. 바퀴벌레 한 마리를 발견할 때, 장롱 아래에는 더 많은 바퀴벌레가 있다는 것을 알아야 한다』고 말했다.[10]

이익 수정과 관련해서 경영자가 시장의 입장에서 중요한 정보의 공시를 늦추거나 공시하지 않을 때, 시장은 무언가를 경영자가 숨기고 있으리라는 최악의 추측을 할 것이다. 그리고 경영자가 새로운 성과정보의 일부를 공개하기 시작할 때조차도, 경영자가 추가적인 정보는 기업가치에 더 이상 어떠한 영향도 미치지 않는다는 강하고 확고한 의지를 보이지 않는 한, 시장은 무언가를 경영자가 더욱 숨기고 있을 터라고 예상할 것이다.

이것은 실망스런 소식이 기업의 주가에 부정적인 영향을 미치지 않을 것이라는 뜻이 아니다. 실망스런 소식은 아마 부정적인 영향을 미칠 것이다. 소식이 아주 나쁜 것이라면 부정적인 영향을 미쳐야 한다. 선행지표들도 부정적이 된다. 그러나 지표가 긍정적으로 선회할 때, 기업의 주가 또한 상승할 것이다.

확대된 투명성은 또한 주가의 하락세를 완화할 수 있다. 시장이 이익과 같은 한 가지 성과정보에 집중할 때(이익은 경영자가 강조하는 것이므로), 낮은 이익수치와 충족되지 못한 기대치는 매우 부정적인 효과를 가져올 것이다.

시장으로선, 한 가지 또는 단편적인 성과정보는 모든 것, 곧 저조한 실적, 예기치 않은 부정적인 사건, 경영자의 무능력 등을 나타낸다. 결과는 매우 파괴적일 수 있다. 그러나 시장이 다른 성과정보를 많이 보유할 때, 부정적인 결과는 합리적이고 균형적으로 해석될 수 있다.

물론 일부 기업은 일관성 있는 이익성장률만을 발표하더라도 높은 주식가치를 유지할 수 있다. 이러한 기업은 매우 위험한 게임을 하고 있는 것이다. 이익이 기업을 평가하는 유일하고 중심적인 것일 때, 가벼운 문제에 주가가 큰 타격을 받을 수 있다. 다행히 이는 한 가지 지표에 집중하지 않고, 광범위한 성과정보를 주시하는 장기투자자에게는 사실이 아니다. 이것은 경영자가 투자자에게 필요한 정보를 제공하기 위해 더 열심히 힘써야 한다는 의미다.

경영자는 또한 시장에게 회사의 전략을 설명하는 데 주력해야 한다. 어떻게 미래에도 좋은 기록이 계속될지를 이해시키고 설명하는 명확한 전략은 투자자에게 회사의 가치 창조에 대한 잠재성을 인식시킨다. 회사의 주가는 그러한 투자자의 인식을 반영할 것이다.

전략 분야에서, 효과적인 의사소통과 연결된 실물 옵션적 사고는 특히 유용할 수 있다. 경영자가 기업의 자산으로써 서로 다른 상황에 유동적으로 대처하는 방법을 보여줄 수 있을 때, 주가는 상승할 수 있는 것이다. 제3장에서 엔론의 사례는 기업이 위험관리와 사업의 포트폴리오에 대한 방법을 알고 있다는 사실을 실물 옵션 전략이 시장에 어떻게 보여주고 있는지 설명하고 있다.[11] 2000년 8월 엔론의 주가수익비율은 65로서, 주요 경쟁기업인 아메리칸 일렉트릭 파워(American Electric Power), 듀크 에너지(Duke Energy), 서던 컴퍼니(Southern Company)보다 두 배에서 다섯 배를 기록하고 있었다.

혜택 2 : 장기투자자의 확보

기업의 경영진은 일일거래자가 거의 예외 없이 보증하는 변동성보다 장기투자자가 보장하는 안정성을 확실히 선호할 것이다. 주가가 오르기 위해서는, 물론 팔려야 하겠지만 되도록이면 기업을 이해하고 경영자를 존중하는 장기 투자자에게 팔려야 한다.

보유 지분의 증가를 결정한 투자자와 신규로 매수하고자 하는 장기투자자는 장기투자결정을 할 수 있는 매우 신뢰성 있는 정보를 필요로 한다. 단순히 다음 분기나 다음 연도의 이익을 아는 것만으로는 충분하지 않다. 충직하고 믿음직한 투자자가 되기 위해서, 회사가 광범위한 성과지표를 얼마나 훌륭히 소화하고 있는지, 미래 계획은 무엇인지를 알아야 한다.

일시적인 투자자와 일일투자자는 항상 함께 하며, 장기투자자 또한 그렇다. 그러나 이 두 그룹의 비율은 시장의 성격과 정보의 유용성에 의존한다. 최근 일일거래자들이 투자하기를 선호하는 하이테크 산업을 대상으로 한 조사결과, 미국의 일반적인 그룹을 대상으로 한 조사에서 얻은 60%에 비해 애널리스트의 76%와 투자자의 70%가 개선된 공시는 투자자의 장기화를 활성화한다고 믿고 있었다.

호황 시장은 기업가치공시가 제공하는 종류의 정보에 전혀 관심이 없는 일시적인 투자자에게는 피할 수 없는 매력을 갖고 있다. 무엇이 주가를 움직이느냐에 상관하지 않고 단순히 주식을 사서 주가가 하락하기 전에 빠져나오는 전략을 구사한다. 그러나 가치지향적 투자자는 기업가치의 공시에 대한 정보의 이점 없이는, 기업 간의 진정한 가치를 선별하는 데 상당한 어려움에 봉착하게 된다.

기업이 제공하는 정보의 양이 서로 다를 때, 장기투자자는 특히 더 많은 정보를 제공하는 기업들을 매력적으로 생각할 것이다. 가치지향적 투자자는 더 많이 알수록, 주어진 수익률에서 위험성을 낮출 수 있을 것으로 믿는다. 그리고 장기적 입장을 취함으로써, 거래비용과 보유 지분의 처분, 주가 하락에 따른 문제점을 최소화할 수 있다.

혜택 3 : 담당 애널리스트의 증가

이 책을 통해 특히 제14장에서, 매도측 애널리스트는 복합적인 축복이란 의견을 볼 수 있을 것이다. 소규모 기업이나 막 주식상장을 한 기업을 위해, 매도측 애널리스트는 투자자의 관심을 모으거나, 주식의 유동성을 제공하는 중요한 역할을 할 수 있다.

주식시장을 형성하는 투자은행은 때때로 상당한 조사분석 자료를 제공할 것이다. 그러나 투자은행은 많은 조사분석 자료를 약속하고 회사를 상장하고는, 더 큰 기회가 다가오면 상장한 회사에 대한 홍미를 잃어버린다. 이것은 스태플턴 커뮤니케이션(Stapleton Communication)사의 IPO조사 결과에서도 나타나는데, 투자은행의 기업 조사분석 부서는 새로운 상장기업의 주식 매도에서는 중요한 역할을 하지만 그 후의 지원은 열악한 것으로 밝혀졌다.[12]

연구자료가 거의 존재하지 않고 유동성이 낮을 때, 시세폭은 크다. 매수호가가 투자자의 구매가격보다 낮다면, 투자자는 매도해서 손해를 볼 의향은 거의 없을 것이다. 특히 그들의 포트폴리오의 적은 부분을 차지할 때 더욱 그러하다.

따라서 주식은 회사의 성과와 상관 없이, 주가의 상승에 대한 기대나 하등의 관심도 없이, 그저 보유될 뿐이다. 이런 문제를 가중시키는 것은, 바로 회사가 시장의 주목을 끌 전문 IR 담당자나 경험이 전혀 없다는 사실이다.

시장의 이목을 집중시키는 가장 좋은 방법 중 하나는 많은 정보를 제공하는 것이다. 이것은 매도측 애널리스트와 투자자에게 분석할 무언가를 제공해 투자의 기회가 있는지를 결정할 수 있게 해준다.

제2장에서 설명한 것처럼 많은 시장가치가 소수의 기업에 집중돼 있다면, 실질적인 기회가 발생할 수 있을 것이다. 예를 들어 1999년 나스닥에 상장된 약 5,100개의 기업 중 10대 기업이 거의 56%의 시장점유를 차지했다는 점을 기억할 필요가 있다.[13] 분석을 제공하는 애널리스

트가 적어서 상대적으로 적은 정보가 존재하는 중소 규모의 회사는 엄청난 애널리스트와 정보가 뒤따르는 대기업보다 시장의 비효율성을 더 경험하게 될 것이다.

기업의 총 시장가치에 따라 그 기업에 대한 애널리스트의 수가 어떻게 결정되는지에 관한 실증은 하이테크 산업에 대한 조사에서 발견할 수 있다. 소규모 기업(5억 달러 미만)의 89%는 애널리스트가 전혀 없거나 다섯 명까지 확보하고 있었고 중간 규모 기업(5억~15억 달러 이하)의 41%, 대규모 기업(15억 달러 이상)의 5%가 같은 규모의 애널리스트를 보유하고 있었다. 그리고 소규모 기업의 1%가 열한 명 이상의 애널리스트를 보유하고 있는 반면, 중간 규모 기업의 20%와 대기업의 79%가 같은 규모의 애널리스트를 보유하고 있었다.

놀랄 일은 아니다. 하이테크 산업의 조사에서, 애널리스트의 75%(미국의 일반적인 조사의 46%에 비교해)와 투자자의 62%(미국의 일반적인 조사의 34%)는 개선된 공시가 그 기업을 분석하는 애널리스트의 증가를 가져온다고 생각하고 있었다.

개선된 공시가 그 기업을 분석하는 애널리스트의 증가를 초래하는 데 미치는 긍정적인 영향은 특히 공시의 수준이 낮고, 자본시장이 경제 규모에 비해 적을 경우 소기업에만 국한된 것은 아니다. 공시의 수준이 상대적으로 약할 때, 기업은 더 많은 정보를 제공함으로써 애널리스트의 이목을 집중시킬 수 있다.

〈도표 10-4〉에서 볼 수 있듯이 스위스 · 네덜란드 · 싱가포르──GDP에 대한 상장주식 시가총액 비율에서 알 수 있듯이 자본시장이 잘 발달되어 있고, 공시의 범위가 상대적으로 작은──를 대상으로 실시한 조사에서, 확대된 공시가 그 기업을 분석하는 애널리스트의 수를 증가시켰다고 믿는 애널리스트의 비율이 전체 국가를 대상으로 실시한 조사의 평균 62%를 능가하고 있다. 자본시장이 경제규모에 비해 작은 프랑스 · 독일 · 이탈리아 · 일본에서도 그 비율은 평균을 상회하고 있

애널리스트 증대의 지역적 비교

이 분석표는 개선된 공시가 그 기업에 대한 애널리스트를 증가시켰다고 답한 7개 국가와 그렇지 않은 2개 국가를 비교하고 있다.

	GDP에 대한 자본시장 규모의 비율	개선된 공시가 애널리스트의 증대를 유도한 다고 생각하는 애널리스트의 비율
스위스	265.3	84
영국	171.0	23
네덜란드	158.7	74
미국	148.6	46
싱가포르	114.3	72
프랑스	67.8	80
일본	65.7	77
독일	50.9	83
이탈리아	48.3	70

출처 : 첫번째 열은 1998년 IMF 국제재무통계(IMF International Financial Statistics)에서 참조.

다. 애널리스트가 적을 때, 그들의 이목을 집중시키는 방법은 더 많은 정보를 제공하는 것이다.

대조적으로 경제규모에 비해 자본시장이 발달한 미국과 영국에서는 외부공시가 더 개방적이다. 양국에서 개선된 공시가 애널리스트의 증가를 가져온다고 생각하는 애널리스트의 비율은 평균인 62%보다 훨씬 낮다.

기업은 애널리스트와 투자자가 쉽게 분석을 할 수 있도록 해야 한다. 기업이 더 많은 정보를 제공할수록 시장은 더 많이 경영자에게 접근하고, 더 훌륭한 애널리스트가 뒤따른다. 인터넷은 계속해서 비용을 낮추고, 더 많은 정보의 제공을 용이하게 한다. 기업으로선 얻을 것은 많지만, 잃을 것은 별로 없는 셈이다.

혜택4 : 신규자본 조달 개선

개선된 공시의 네번째 혜택인 신규자본 조달 개선은 〈도표 10-2〉와 〈도표 10-3〉에서 보듯이 세번째 혜택인 애널리스트의 증가와 밀접한 관계가 있다. 더 많은 정보가 필요한 투자자나 일시적 투자자보다 가치지향적 투자자는 정보요구가 만족되었을 때 비로소 주식을 매입할 것이다. 이것은 많은 매입측 애널리스트와 접촉하는 대규모 펀드 매니저나 많은 정보에 익숙한 미국의 대규모 펀드 매니저와 같은 투자자의 경우를 포함한다.

일부 경우에, 크리스틴 보토산(Christine Botosan)이 추종하는 애널리스트들이 적은 기업의 경우에 어떤 일이 일어나는지를 보여준 바와 같이 자본조달의 개선은 조달비용을 절감할 수 있다.[14] 어떤 시장에서든, 자본 제공자가 치열한 경쟁에 직면했을 때, 주가의 상승으로 인해 자본비용은 하락하게 된다. 자본조달의 개선은 규모가 크고 전도유망한 대기업의 자본비용에 큰 영향을 미치지 않지만, 대다수의 기업에는 상당한 영향을 미칠 수 있다.

자본이든 부채든 자본비용의 중요도는 산업에 따라 다르다. 예를 들어 금융업의 경우 자본비용이 총비용의 대부분을 차지하고 있기 때문에 매우 중요하다. 북미 · 유럽 · 호주의 주요 은행과 보험회사를 대상으로 실시한 1999년 프라이스워터하우스쿠퍼스의 조사결과, 시장은 자본비용의 중요성과 더 나은 공시가 어떻게 자본비용을 절감할 수 있는지를 인식하고 있다고 밝혀졌다.

은행부문의 조사에서, 투자자의 69%가 개선된 공시에 따른 혜택으로서 자본비용의 절감을 우선순위로 뽑았고, 매도측 애널리스트의 64%가 그 다음 순위로 지적했다.

경영자의 신뢰성 향상과 장기투자자의 증대와 같은 혜택과 함께 실제 큰 반향을 불러일으켰다. 보험부문에서는 자본비용 절감이 다섯 가지 혜택 중 가장 높은 순위를 차지했다.

혜택 5 : 주주가치의 제고

개선된 공시의 네 가지 혜택인 경영자의 신뢰성 향상, 장기투자자의 확보, 담당 애널리스트의 증대, 신규자본 조달 개선은 논리적으로 주가 상승에 기여한다. 확인이라도 하듯이, 조사대상 투자자와 애널리스트의 반 이상이 주가 상승은 개선된 공시에 기인한다고 말했다.

개선된 공시가 실질적으로 주가 상승을 유도하는지의 여부는 자주 제기되는 매우 중요한 질문이다. 시장은 필요한 모든 정보를 보유하고 완전히 효율적으로 이용한다고 믿는 사람은, 개선된 공시가 주가에 큰 영향을 미치지 않는다고 믿어야 한다. 그것이 사실이라면, 주식이 저평가된다는 경영자의 생각은 어떻게 설명할 수 있을까? 제2장에서 설명된 조사와 CFO와 IR 책임자의 조사에서도 분명히 볼 수 있듯이, 경영자는 정말 그렇게 생각하고 있다. 1999년 초 시장경기가 더욱 상승하고 있을 때 실시된 두번째 조사에서, 응답자의 61%는 시장이 기업을 매우 저평가하거나 저평가하는 경향이 있다고 느끼고 있었다. 이 비율은 개선된 공시가 주가 상승을 유도한다고 믿는 미국의 애널리스트와 투자자의 비율과 거의 정확히 일치하고 있다.

은행과 보험회사의 조사에서도 비슷하게, 은행 경영진의 67%와 보험회사 경영진의 65%가 그들의 주식이 저평가됐다고 믿고 있었다. 미국에서 이 두 그룹은 80%가 주식이 저평가됐다고 생각할 정도로 더 강한 의견을 개진하고 있었다. 하이테크 기업들은 이 의견에 75%가 동의했다. 경영진은, 많은 애널리스트와 투자자가 개선된 공시가 주가 상승을 유도할 것이라고 믿고 있다는 사실에 기뻐해야 한다. 은행 투자자의 53%(보험 투자자의 53%)와 은행 애널리스트의 46%(보험 애널리스트의 53%)는, 개선된 공시가 주가 상승을 초래한다고 믿고 있었다. 하이테크 기업들의 경우에는 그 비율이 애널리스트의 74%, 투자자의 56%에 이르렀다. 주식이 적정하게 평가됐는지의 여부에 대한 기업 경영진과 시장 간의 입장 차이는, 투명성이 주가에 영향을 미치는 많은 요인 중 단지 하나에 불과하다는 것을 반영한다.

예를 들어 특정 산업분야에서의 투자환경은 중요한 영향을 미칠 수 있다. 하이테크 산업의 전성기에 실시된 우리의 조사 당시, 은행과 보험회사는 투자자의 관심에서 밀려났다. 결과적으로 몬트리올 은행은 은행산업 공시의 대표적 사례였음에도 불구하고, 은행의 주가와 주식수익률은 하이테크 산업의 주가와 주식수익률보다 훨씬 아래로 곤두박질쳤다.

기업가치공시는 주주에게 더 많은 가치를 약속하는 모든 해결책은 아니다. 정보뿐 아니라 많은 요인이 기업의 주가를 결정한다. 그러나 기업가치의 공시는 기업의 주가를 좀더 본질적 가치에 접근하도록 보증할 수 있다. 그 반대의 입장은 시장이 완전 비이성적이며, 주가는 기업의 성과 이외의 정보에 기초한다는 것을 의미한다. 이와 같이 생각하는 경영자는 거의 없다.

결론적으로 기업의 성과는 주가를 결정한다. 그리고 이것은 기업가치공시의 핵심이다. 즉 기업의 성과를 가능한 한 완전하고 정확하게 공시해서, 자본시장이 적절하게 주식을 평가할 수 있도록 하는 것. 물론 시장이 생각하는 대로 되지 않을 때는 이러한 공시가 주가 하락을 가져올 수도 있다.

그러한 환경에서 경영자는 주가를 지탱하는 방어 전략으로서 혼란을 야기시킬 수 있다. 그러나 정보의 차단은 단기간에만 작용한다. 조만간 시장은 곧 진실을 발견할 것이고, 그 결과 경영자가 좀더 빨리 정보를 제공했으면 야기됐을 결과보다 더 악화될 것이다. 만약 경영자가 의도적으로 불리한 소식을 숨기고 있다고 시장이 믿는다면, 신뢰성은 무너지고, 주가 상승의 길은 힘겨운 오르막길이 될 것이다. 가끔 새로운 경영진이 이러한 주가 상승의 길을 이끌어갈 것이다.

여섯번째 혜택

1999년 스위스 레의 CEO, 킬홀츠는 스위스와 관련된 조사결과에 대한 토론에서, 더 많은 고위 경영진이 목표를 완수하겠다고 공표했다. 그는 스위스 레가 시장에 그 결과를 공시했다면 더 높은 주주가치를 창출했을 것이라고 언급했다. 그는 외부로 공시되는 성과지표의「실제 수준」이 내부용보다 높다고 느꼈다.[15] 따라서 개선된 공시의 다섯 가지 대외적인 혜택에 부가해 내부적인 혜택인 기업경영의 개선이 있다.

이례적인 지금의 상황

킬홀츠는 이것을 더욱 확신하고 있으며, 스위스 레의 CFO 피츠패트릭도 같은 의견을 갖고 있다. 그는 외부에 공개되는 목표와 실질 싱과 공시의 약속을 멕시코에 도착해서 배를 불태운 코르테스(Cortez)에 비유한다. 배가 없어져 버리자, 코르테스 명령 휘하의 군대는 싸워 승리하는 길 말고는 다른 방도가 없었다. 흡사하게 피츠패트릭도『대중에 공개되면 이는 전 조직에 보급되어 목표 달성을 용이하게 한다. 다시 물러날 방법이 없는 것이다』라고 말한다.

킬홀츠는 덧붙여서 전세계 스위스 레의 9,000명 직원에게 의사를 전달하는 가장 좋은 방법 중 하나는 전세계가 볼 수 있는 공시를 하는 것이라고 한다. 앞에서 설명한 것처럼 킬홀츠는 이것을 구체적인 가치목표를 공개하는 이점 중 하나라고 한다.

주요 지표 찾기

그러나 킬홀츠는 더 이상의 것을 바라고 있다. 우선 비용, 인적 자원, 내재가치, 손실준비금의 차원에서 몇 가지 주요 지표와 생산성 지표를 개발하고 싶어한다. 예를 들어 비용의 경우, 올바른 지표를 통해 생산성을 향상시키면서 절대적 비용을 절감시킬 수 있다고 생각한다. 회사인력의 높은 수준의 지식과 전문성에 관해, 킬홀츠와 피츠패트릭은 비록 가치창출에서 인적 자원의 중요성에 대해 많이 언급하지만, 그것을 공식적으로 측정한 적은 없었다는 것을 인정하고 있다. 피츠패트릭은 스위스 레가「지식 사업」을 하기 때문에,『우리가 우리 사람에 대해, 그리고 어떻게 인적 투자를 하는지에 대해 더 많이 이야기한다』면 매우 유용할 것이라고 지적하고 있다.

돈의 가치 획득

킬홀츠는 스위스 레가 일단 지표를 개발하고 증명하면, 완전한 혜택은 그 지표를 외부에 공시함으로써 얻어진다고 믿는다. 그는『우리는 내부적으로 안정적일 때 지표를 외부에 공시할 것이다. 대외적 대화를 통해 대내적인 비용관리와 생산성을 유도하는 것이 왜 안 되겠는가?』라고 강조한다. 그는 각 사업 단위와 직원의 기능에 대한 지표——목표와 실질 결과가 시장에 공시될 수 있는 지표——의 설정을 목표로 삼았다. 그는 또『기업 중심(Corporate Center)에 있는 모든 사람은 대외적으로 책임을 질 만한 무언가를 필요로 한다. 대중적으로 책임을 지게 될 때, 게임의 이름은 바뀐다. 나는 사람들이 그들의 목표를 말하고 바로 서서 무슨 일이 일어났는지 말할 수 있기를 바란다』고 말했다.

피츠패트릭은 대외적 회계공시 책임이 내부 경영관리를 향상시킬 것이라는 데 동의한다. 그는 그들의 부서와 사업단위에서 직접 행동하는 사람들에게『대외적 회계공시 책임이 건설적인 방법으로 압력을 넣을 것이다』라고 말한다. 그는 또한, 시장은 이 부가적인 정보에 가치를 둘 것이라고 믿는다. 비재무적 지표의 완전한 혜택은 기업이 어느 정도의 자본수익률(return on equity: ROE)을 확보할 수 있을 때 가능하다. 그는 스위스 레가 우선 월등한 ROE를 보여주고, 높은 ROE를 갖고 있는 금융기관이 평균적인 금융기관보다 이례적으로 높은 주가를 보유하고 있다는 증거를 제시해야 한다고 주장했다. 그는 비재무적인 지표가 재

무적 수익으로 전환돼야 비로소 비재무적인 지표공시의 완전한 혜택을
주가에 반영한다고 생각한다. 그는 더 간결하게 『우리는 지식이 우수한
재무 수익으로 전환되어야만, 지식 기업이 되는 프리미엄을 기대할 수
있다』고 표현한다.

현재와 미래

시장은 스위스 레가 어떻게 재무성과의 높은 수준을 유지할 것인지
알고 싶어한다. 시장은 생산성, 지식, 내재가치, 손실 보전과 같은 지표
를 중요하게 여기는 곳이다. 이런 지표에 관한 성과는 시장에게 우수한
재무성과가 미래에도 계속될 것이라는 증거를 제공할 것이다. 다른 지
표들이 기업의 가치를 결정하는 이익을 대신할 수는 없지만, 순익의 성
과 또한 미래 성과를 보징할 수 없고, 미래 수익이 반드시 현재 주가에
반영돼야 한다고 시장을 확신시킬 수는 없다.

하이테크 산업의 검증

스위스 레에서 얻을 수 있는 교훈과 함께, 우리는 하이테크 산업에
대한 조사를 계획했을 때 「경영자의 책임 증가」의 잠재적 이점을 첨가
했다. 그 결과, 개선된 공시는 좀더 나은 기업의 경영관리를 유도한다
는 시장의 높은 지지를 받았다. 투자자의 81%와 애널리스트의 77%가,
개선된 공시는 경영자의 회계공시 책임을 증가시킨다고 믿었다. 사실
두 그룹에게 경영자의 책임 증가는 경영자의 신뢰성 향상을 제외하고
두번째 순위의 혜택으로 평가받고 있다. 더 큰 회계공시 책임을 갖춘
경영자가 더 깊은 신뢰성을 쌓을 수 있는 것이다.

경영자의 입장

경영진은 일반적으로 개선된 공시의 이점에 대해 애널리스트와 투자

개선된 공시의 혜택에 대한 미국의 견해[a]

	경영진의 신뢰성 향상 일반/하이테크	장기투자자 확보 일반/하이테크	애널리스트의 증대 일반/하이테크	신규자본조달 개선 일반/하이테크	주가가치 제고 일반/하이테크
경영진	49/55	37/57	33/53	28/35	53/61
투자자	80/89	64/70	34/62	44/60	58/56
애널리스트	80/87	61/76	46/75	51/47	61/74

a 숫자는 비율임(%).

자보다 다소 덜 긍정적인 입장을 취하고 있다. 〈도표 10-5〉는 CFO와 IR 담당자의 보편적인 입장과 미국 투자자와 애널리스트의 입장을 비교하고 있다. 은행은 그렇지 않지만, 전세계의 보험회사를 대상으로 실시한 조사에서도 똑같은 결과가 나타났다.

하이테크 산업을 대상으로 한 조사에서는 다른 산업에서보다 개선된 공시의 혜택에 대한 경영진의 열망이 매우 적극적인 것을 발견했다. 이것은 하이테크 산업의 현 재무제표공시 형식에 많은 제약이 있다는 우리의 주장을 더욱 뒷받침하고 있다.

그러나 일반적인 미국의 조사와 은행, 보험산업에 대한 조사에서 경영자는 「주주가치의 제고」를 최우선으로 선택했다. 개선된 공시가 경영자의 신뢰성, 장기투자자의 수, 투자자들의 주식을 분석하는 애널리스트의 보유 수, 신규자본에 대한 유치를 위해 작용할 것이라는 의견에 내해 다소 냉소적인 경영자의 태도에도 불구하고, 경영자의 입장은 시장의 입장과 매우 흡사했다.

하이테크 산업에 대한 조사에서 가장 두드러진 예외는 「장기투자자의 증가」(미국에 대한 조사의 37%에 비교해 57%)와 「담당 애널리스트의 증가」(미국에 대한 조사의 33%에 비교해 53%)다. 대기업 경영진의 11%가 후자를 개선된 공시의 혜택이라고 채택한 것을 감안할 때, 중소 기업에게 전폭적인 지지를 받았다고 볼 수 있다.

하이테크 산업 경영진의 좀더 적은 수(46%)가 「경영자의 책임감」을 혜택으로 생각했다. 애널리스트의 77%와 투자자의 81%가 혜택으로 생각한 사실은, 경영자가 느끼는 것보다 시장이 훨씬 더 적극적이라는 것을 보여준다.

개선된 공시가 주가 상승을 가져올 수 있다고 믿는 경영진조차 더 많은 정보의 제공을 꺼리고 있다. 전세계 많은 경영진과의 대화를 통해 성과와 계획에 대한 투명성의 확대를 하지 않는 열 가지 공통적인 이유를 발견했다. 각각의 열 가지 이유가 어느 정도 타당성이 있다고 하더라도, 제1장에서 「공시의 확대는 무서운 결정」이라고 밝혔듯이 그저 단순한 변명에 불과한 것처럼 보인다.

이유/변명 1 : 시장은 오직 이익만을 고려한다

미국의 애널리스트와 투자자에 대한 조사에서, 「이익」은 가장 중요한 성과지표의 선두를 차지한다. 그러나 자세히 보면, 다른 다섯 가지 재무지표, 즉 R&D 투자, 현금흐름 비용, 자본투자, 사업부문별 성과도 높은 순위를 차지하고 있다. 네 가지 비재무적인 지표, 즉 시장성장률, 신상품의 개발, 시장점유율, 전략적 목표도 높은 순위를 차지한다.

은행, 보험, 하이테크 산업에 대한 조사와 마찬가지로 13개국에 대한 조사도 완전히 일치하지는 않지만 비슷한 순위를 나타내고 있다. 예를 들어 하이테크 산업에 대한 조사의 상위 열 개 중 일곱 개가 비재무적인 지표다(도표 7-2 참조). 시장은 확실히 광범위한 성과지표를 고려하고, 지표에 대해 좀더 나은 정보를 바라고 있다.

이유/변명 2 : 우리는 이미 많은 정보를 제공하고 있다

얼마나 많은 정보가 제공되고 있는가에 대한 문제가 아니다. 올바른 정보가 제공되고 있는가의 문제인 것이다. 기업이 국가의 특성에 기초해 다양한 공시 조건을 충족해야 한다는 것과 이런 정보가 투자자에게는 중요하지 않다는 것을 인식하면서, 시장에겐 전혀 유용하지 않은 많은 정보를 제공하는 경우가 종종 있다. 그 해결책은 명백하다. 투자자가 유용하다고 생각하는 다른 정보로 곧 대체해야 하는 것이다.

미국의 기업 경영진은 유럽이나 아시아의 기업보다 더 많은 공시 조건의 규제를 받고 있다는 정당한 주장을 할 수 있다. 그러나 은행과 보험산업에 대한 조사에 따르면, 미국과 유럽에서 정보의 차이는 거의 같다. 미국 은행과 보험회사의 경영진은 고객유지, 고객 침투력, 위험관리, 위험 노출(특히 FAS 133에서의 논의), 사업부문별 성과, 경제적 이윤과 같은 시장의 정보요구를 만족시키기 위한 더 이상의 진척이 없는 상태다. 회계준칙이 이런 지표의 대부분을 포함하고 있지 못하기 때문에 그다지 놀라운 일은 아니다. 그러나 제공하는 정보의 양과 적합성 사이의 차이점은 확실하게 보여주고 있다.

이유/변명 3 : 일단 공시하기 시작하면 그만둘 수 없다

만약 시장이 어떤 정보가 유용한지 알게 되면, 분명히 그러한 정보를 더 많이 원할 것이다. 스위스 레의 킬홀츠가 제1장에서 언급했듯이,『일단 공개되면, 그것을 없앨 수는 없다.』로열 더치 쉘의 IR 담당자인 우터 드 바이레스(Wouter de Vires)는『다시 돌이킬 수 없다』며 동의한다.

지표의 발전은 회사의 주가에 긍정적인 영향을 주기 때문에, 경영자는 시장의 요구에 대응해 최선을 다한다. 그러나 일부 지표가 적합성을 잃거나 더 좋은 지표가 이용된다면, 회사는 기존 지표에 관해 계속해서 공시할 이유는 없다. 경영자는 물론 중단한 이유에 대해 설명해야 한다. 정보의 가치는 역사적 경향과 함께 경쟁사와 비교될 때 향상되기 때문에, 성과지표에 대한 공시 중단은 매우 신중히 결정되어야 한다.

이유/변명 4 : 정보 생성과 공시는 많은 비용을 수반한다

인터넷 덕분으로, 시장으로의 정보제공 비용은 계속해서 급격히 줄어들고 있다. 무어의 법칙(Moore's Law)에 따라 일반화되면서, 인터넷을 통한 정보제공의 비용은 18개월마다 절반씩 격감하고 있다. 쉘은 이것을 장래 의사소통을 발전시켜갈 수 있는 기회라고 보고하고 있다. IR 담당자 바이레스는 정보 이용자의 특성에 맞춘 정보를 기초로 한 「이해관계자와 투자자들을 위한 맞춤 공시」를 예측하고 있다.

문제의 본질은 정보를 산출하는 비용이지 공시의 비용은 아니다. 고객 유지나 업무처리 절차의 질과 같은 지표는 측정하기도 어렵고 값비싼 비용 때문에 새로운 평가측정 방법을 개발하도록 요구하기도 어렵다. 경영자는 대내적인 의사결정 목적으로 이러한 정보를 구비하는 것이 그에 따른 비용을 정당화할 수 있는지 결정해야 한다. 경영자가 정당화할 수 있다고 결정하면, 약간의 추가비용으로 시장에 그 정보를 제공할 수 있다.

이유/변명 5 : 우리가 제공하는 정보의 양에 관계 없이 시장은 언제나 더 많이 요구한다

이것은 사실이 아니다. 정보 차이의 크기, 즉 시장에서 지표의 중요성과 정보에 대한 만족감 간의 차이는 상당하다. 전세계적인 조사에서 대부분의 애널리스트와 투자자는 일반적으로 이익과 자본투자와 같은 중요한 지표에 대한 정보와 환경 준수와 같은 상대적으로 중요성이 다소 낮은 지표에 관한 정보에 대해서 만족감을 표시했다. 거의 예외가 없었으나 대개는 공시에 대한 요구 수준이 다소 낮은 국가에서였다.

은행과 보험산업에 대한 조사에서도 비슷한 수준의 만족감이 나타났는데 이익, 대손비율(은행), 지급비율(보험회사), 관리자산, 투자성과, 주요 예치금 성장률(은행), 제도권에서의 명성, 성장계획 등에서는 정보 차이가 거의 없는 것으로 발견되었다. 이런 지표 모두가 규정에 의거해서 공시된 것은 아니며, 일부는 질적인 것이라는 점에 주목할 필요가 있다. 시장의 정보 요구를 만족하는 것은 어떤 규제나 정확한 숫자를 요구하는 일은 아니다. 하이테크 산업에 대한 조사에서, 애널리스트는 서른일곱 개의 지표 중 열아홉 개 정보에 대해 만족을 나타냈고, 투자자는 열한 개에 대해 만족을 표했다. 그러나 대부분의 지표는 그다지 중요한 것이 아니었다.

이유/변명 6 : 부정적인 숫자는 주가에 악영향을 미칠 것이다

이것은 사실이다. 시장이 재무적 또는 비재무적인 지표가 가치창출에 중요하다고 믿을 때, 이익이 높다 할지라도 부정적인 숫자는 기업의 주가에 악영향을 미칠 것이다. 그러나 지표에 대한 향상된 성과는 이익이 낮더라도 주가에 긍정적인 영향을 미칠 수 있다. 시장은 그것이 이익이든 다른 주요 지표든 간에, 성과에 기초해 기업을 포상하고 벌한다. 이것은 사실이다.

이유/변명 7 : 일부 지표는 매우 신뢰하기 힘들다

잘못된 정보를 공시하기보다 정보를 공시하지 않는 편이 낫다는 것은 사실이다. 대부분의 기업이 일부 주요한 성과 분야, 특히 비재무적인 것에 대한 적절한 내부평가 시스템을 갖고 있지 않다는 것 또한 사실이다. 제7장에서는 하이테크 산업에 대한 질적 차이를 자세하게 설명하고 있다.

그러나 기업은 부단한 노력으로 늘 충분히 믿을 만한 지표를 규명하고 이용할 수 있나. 균형성과표를 성공적으로 안착시켜온 기업들은 다음과 같다. AT&T, 뱅크 오브 아메리카(Bank of America), 부츠 더 케미스트(Boots the Chemist), 시바 가이기(Ciba Geigy), 에릭슨(Ericsson), GM, 존슨 & 존슨(Johnson & Johnson), K마트(Kmart), 루프트한자(Lufthansa), 노보 노르디스크(Novo Nordisk), 로슈(Roche), SBC 워버그(SBC Warburg), 스위스 텔레콤(Swiss Telecom), 유나이티드 테크놀로지(United Technologies).

이유/변명 8 : 경쟁사는 우리의 정보를 우리에게 불리하게 이용할 것이다

이것은 가능한 일이지만, 과장된 면이 없지 않다. 기업이 경쟁사에 대한 정보가 필요할 때, 인터넷이나 컨설팅 회사를 이용하거나, 경쟁사의 경영진을 고용하는 등의 합법적인 방법이 많이 있다.

호주에 본사를 둔 건축자재 생산업체인 파이오니어(Pioneer)에 대한 연구는 동종산업에서 적어도 한 기업은 거의 모든 성과지표에 대해 공시한다는 사실을 보여주고 있다. 사람들은 종종『모든 사람에게 비밀이거나 누구에게도 비밀이 아니다』라고 말한다. 경쟁사가 보유하지 않거나 보유할 수 없었던 정보를 공시할지라도, 실제로 경쟁적 이익을 위해 정보를 이용하는 것이 말처럼 쉽지는 않다. 전략과 행동을 바꾸는 것은 더 이상 묘수가 아니다.

이유/변명 9 : 우리의 고객과 공급자는 우리가 얼마나 많은 돈을 버는지 알 수 있을 것이다

그렇다고 무엇이 문제인가? 고객과 공급자는 이미 좋은 생각을 떠올리고 있다. 그들은 회사가 얼마나 벌어들이느냐보다 회사와의 거래를 통해 얻을 수 있는 경제적 이익에 더 관심이 있다. 실제로 이익을 얻을 수 있다면, 관계를 지속할 것이다. 만약 더 매력적인 선택의 기회가 온다면 회사가 벌어들이는 돈과는 상관없이 그 기회를 추구할 것이다. 그들은 자본시장의 정보가 아니라 실물시장의 경쟁력에 반응한다.

이유/변명 10 : 우리는 소송을 당할 것이다

특히 미국에서 소송의 위험은 매우 민감한 문제다. 악덕 변호사들은 심지어 정보에 대한 적절한 책임 한계를 표명했음에도 불구하고 미래예측 정보를 제공한 기업에게 협박을 일삼아왔다. 1995년 통과된 소송개혁입법에 대한 안전규정(Safe Harbor)은 소송의 위험을 줄이기 위한 것이었다. 이것이 얼마나 긍정적인 영향을 미칠는지는 앞으로 두고봐야 할 것이다.

지금까지의 경험으로 볼 때 그 진정한 해답을 찾기는 어려운 것 같다. 1998년에, 시장이 문을 여는 날마다 기업들은 소송의 피고인이었다. 예측대로 하이테크 기업들이 가장 빈번하게 소송을 당했다. 소송을 당한 기업 중 60%가 회계적 잘못으로, 반 이상이 내부거래로 소송을 당했다.[16]

안전규정 이후 몇 년 간 높은 소송률에 대해 SEC의 전 위원인 요제프 A. 그룬트페스트(Joseph A. Grundfest)는 『사람들은 자주 1995년의 유가증권소송개혁법(Private Securities Litigation Reform Act)이 왜 소송의 규모를 줄이지 못했는지를 물어본다. …원고측은 오늘날 주식시장의 부정행위는 보통의 일이라고 주장하며, 회계수정과 내부거래의 많은 사례를 지적하고 있다. …한편 피고인측의 주장은 변동적인 시장에서의 정직한 행동은 종종 부정행위로 오인되고, 법정에서 원고측의 주장을 면밀히 조사하지 않음으로써 개혁법(Reform Act)을 적절히 실행하지 못하고 있다』는 것이다.[17]

회계 부정과 내부거래는 투명성 확대의 요구와 동떨어진 것일지 모르지만, 미국의 법적 환경은 기업의 시장에 대한 더 많은 정보제공을 방해하고 있다. 주법 아래 법적 책임에 대한 관심과 연방법원이 안전규정을 어떻게 해석할지에 대한 불확실성은 경영자가 안전규정에 대해 안심할 수 없도록 해왔다. 결론적으로 더 많은 정보, 특히 미래예측 정보의 제공에 대해 많은 정당한 관심이 모아지고 있다. 이것은 감독기관이 좀더 관심을 기울여 조사해야 할 분야다.

개선된 공시 → 개선된 경영자

경영자가 자신의 계획과 진행 경위에 대해 많은 정보를 공개하고 싶지 않은 이유는 몇 가지가 있다. 부진한 성과의 공시는 경영자의 책임으로 귀결될 것이다. 경영자의 회계공시 책임 증가에 대한 경영진과 시장의 큰 입장 차이는 이미 언급한 바 있다. 그러나 스위스 레의 사례는 경영자의 책임 증가가 경영상의 성과 향상을 가져오는 기회에 대한 최고경영자의 인식을 보여주고 있다. 〈도표 10-6〉은 개선된 공시, 개선된 전략, 개선된 성과는 모두 서로를 보완하고 있음을 보여준다.

최고경영자와 이사회는 이런 유대가 가능한 한 효율적으로 작용하도록 보장해야 한다. 이는 전통적인 닭과 달걀의 상황과 같다. 누군가 역동성을 위한 책임을 져야 한다. 이는 분명히 경영자의 관심에 달려 있다.

기업들은 고객, 종업원, 지역사회 등 다른 이해관계자의 중요성을 점차 인식하고 있지만, 대부분의 기업들이 여전히 주주를 가장 중요하게 생각하고 있다. 특히 미국에서, 점차 유럽과 아시아에서, 주주가치의

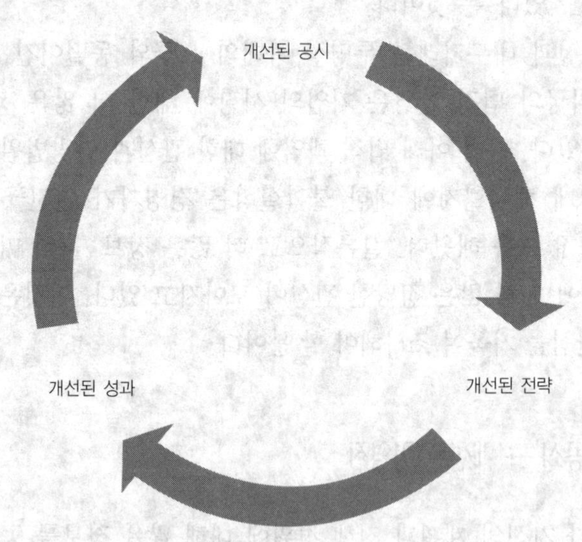

창출을 강조하지 않는 기업을 찾아보기가 매우 힘들어지고 있다. 주주보다는 이해관계자와 정보를 공유하고 동맹관계를 맺고자 하는 현재의 경향은 다소 아이러니컬한 것 같다.

진정한 파트너로서 대우하라

경영자가 주주를 진정한 파트너로서 생각한다면, 주요한 책임 중 주주가치창출을 최우선 순위로 두고 그렇게 대우하라. 경영자는 주주에게 전략 계획과 성과에 대한 정보를 제공하고, 활발하게 피드백을 받아야 한다. 주주가 기업의 전략과 성과에 만족하지 않을 때, 경영자는 그 불만을 경청해 불만 요인을 빨리 파악해야 한다.

고위 경영진은 당연히 경영자가 보고하는 성과를 점검하고 평가하는 책임을 맡아야 하며, 주주도 직접적으로 또는 이사회를 통해 경영자에 대한 책임을 지도록 해야 한다. 제12장은 투명성을 위한 이사회의 역할에 대해 자세히 고찰하고 있다.

최소의 고통으로 최대의 이익을

가끔 경영자는 자본시장 원칙의 가치를 파악하는 데 어려움을 느끼고 있다. 그럼에도 불구하고, 자본시장 원칙의 가치를 파악하는 것은 주주를 돈더미가 아닌 진정한 동반자로 여길 때, 주주가치창출을 가져오게 된다. 그들이 제공하는 자본은 종업원·고객·공급자의 기여만큼이나 중요한 자산이다. 자본시장의 문제, 통찰, 원칙에서 이익을 창출하기 위한 의식 있는 노력은 경영자의 고통을 가져오지만, 그런 고통으로 말미암아 이익창출이 가능한 것이다.

인텔의 공시 실태를 연구한 결과, 밀러와 오리어리[18]는 기술전문 분석가가 기업의 감시자 또는 평가자 역할을 수행한다는 것을 알아냈다. 인텔은 정보 비공개 각서에 서명한 기술전문 분석가에게 신상품에 대한 정보를 제공하고 있다. 이런 방법으로 기술전문 분석가는 신상품 출시 전에 재무 애널리스트에게 신상품에 대한 정보를 제공할 수 있게 된다. 이는 복잡한 기술개발에 대한 자본시장의 혼란을 최소화한다. 또 상품의 출시 전에 인텔에게 유용한 피드백을 제공한다. 기술전문 분석가의 반응이 긍정적이지 않을 때, 제품 개발과 출시를 진행하기에 앞서 의사결정 결과를 다시 고려할 수 있는 것이다.

인텔의 커뮤니케이션 경영자는『당신의「제품」이 형편없다고——사실 정말 형편없는——말할 수 있는 외부인이 있다면, 당신은 정신을 차려 이 제품이 시장에서 성공할 기회가 있는지 또는 얼마나 성공적일 수 있을지를 결정할 수 있을 것이다』라고 설명한다.[19]

주요 투자자와 애널리스트는 전략적인 수준에서도 비슷한 역할을 수행할 수 있다. 이것은 경영자가 판매에만 집착하기보다는 외부의 질문과 관심을 주의 깊게 십중할 때 효과적으로 작용한다.

시장은 결국 인내심을 잃기 때문에, 더 장기적인 이익을 위해 단기적인 고통을 감수하는 편이 낫다. 경영자는 시장과 대등해지려 하지 않아야 하며, 이익게임으로써 또는 최소한의 필요한 정보만을 제공함으로써 시장을 조작하지 않아야 한다. 대신, 실행 가능한 한 투명성을 최대한 확보해야만 한다.

이러한 것은 하룻밤 사이에 이루어지지 않는다. 제1장에서 경고했듯이, 혁명에는 계획과 준비가 필요하다. 경영진은 우선 계획을 시작해야 한다. 정말 혁명이 본격적으로 시작될 때, 그들은 자신들이 미리 준비했다는 사실에 기뻐할 것이다.

Can You See Clearly Now?
이제 분명히 알 수 있는가?

진실 이상의 것은 불필요하다.

── 로버트 프로스트(Robert Frost), 《풀베기(Mowing)》 중에서

일부 기업은 기업가치공시 혁명에 귀를 기울이고 그 대열에 합류했다. 고위 경영진, 주주, 다른 이해관계자에게 개선된 공시는 더 나은 사업을 약속하는 것으로 여겨져 왔다.

혁명에 참여하는 기업들조차 아직 걸음마 단계에 있으며 승리를 위해 가야 할 길은 아직도 멀다. 어떤 정보가 진정한 기업가치를 대변해주는가를 결정하고 효과적으로 보고한다는 것은 기업들이 두려워하는 일이다. 인터넷 또한 여전히 유아기에 머물러 있다. 전세계의 기업은 이제서야 자신의 능력을 이해하고, 자신의 이익을 충분히 확보할 수 있는 방법을 익히기 시작했다.

그러나 혁명은 이미 시작됐고 기업의 경영자에게 좀더 명백한 이해와 혁명에 동참하기 위해 필요한 용기를 북돋워줄 수 있는 개선된 공시의 몇 가지 사례를 이번 장에서 소개할 수 있게 됐다. 앞으로 소개될 사례는 어떻게 기업의 정보와 인터넷을 통해 정보를 필요로 하는 모든 사람들이 적시에 활용하는지를 설명해줄 것이다.

다른 혁명의 발생 초기에서와 같이, 혁명의 전선과 그 무대는 빠르게

변화한다. 즉 이 책이 인쇄되어 출간되기 전에 그 내용이 이미 시대를 벗어난 이야기로 들릴지도 모른다. 인터넷을 통해 바른 목소리를 전달하기 위해, 개선된 공시의 실례를 계속해서 갱신하고 공급할 웹사이트(www.pwcglobal.com/valuereporting)를 개설했다. 이 웹사이트는 혁명의 진행 상황을 즉시 알림으로써 그 사례들을 이용할 수 있도록 해줄 것이며, 프라이스워터하우스쿠퍼스의 연차 기업가치공시 전망(ValueReporting Forecast)에 대한 내용도 다룰 것이다.

그것은 살아 있다

기업가치공시 개념을 생생하게 소개하기 위해, 이번 장에서 다룰 사례는 기업가치공시 모델의 네 가지 측면에 따라 구성됐다. 이는 기업이 주주와 이해관계자를 위해 공시해야 할 주요 요소를 포함하고 있다. 단순한 사례이지만 사례에서 제공된 회사의 웹사이트를 방문하면 좀더 자세한 정보를 얻을 수 있으며, 혁명의 진행 상황을 파악할 수 있을 것이다.

개선된 공시의 모델

〈도표 11-1〉의 단순화된 기업가치공시 모델은 공시 절차의 내용을 구성하는 첫걸음이며, 다음 네 가지 요소로 구성된다.

1. 시장 조망(Market Overview) : 기업의 외부 환경
2. 가치 전략(Value Strategy) : 외부 환경에서의 기업의 경쟁적 위치와 가치창출 방법
3. 가치 관리(Managing for Value) : 가치 전략의 구현을 위한 기업의 재무적 목표, 목표의 달성 방법, 지배와 경영관리 구조

기업가치공시 모델

외 부		내 부	
시장 조망	가치 전략	가치 관리	가치 기반
－ 경쟁적 환경 － 규제적 환경 － 거시경제 환경	－ 목표 － 목적 － 지배 － 조직	－ 재무적 성과 － 재무상태 － 위험관리 － 부분별 성과	－ 혁신 － 상표 － 고객 － 공급망 － 사람 － 명성(사회적·환경적)

4. 가치 기반(Value Platform) : 가치 경영에서 재무적 성과평가를 구현하기 위한 기본적 가치의 동인——대부분 비재무적인——과 가치동인의 경영방법

이 장에서는 모델 각 요소의 정의를 좀더 명확히 알아보고 난 후, 기업가치공시 모델을 이용해 AT&T의 공시를 설명할 것이다. 그 뒤에는 기업가치공시 모델의 각 요소에 대한 깊이 있는 논의를 통해, 좀더 나은 공시를 위해 노력한 사례를 살펴보도록 하겠다.

비전통적인 지표를 공시하는 기업의 사례를 발견하는 것은 그리 어려운 일이 아니며 인터넷을 통해 쉽게 찾을 수 있다. 이번 조사의 목적은 단지 기업가치공시의 혁명이 이미 시작되었음을 보여주기 위한 것이며,「모범시례」를 발굴하기 위한 것은 아니다.

시장 조망

〈도표 11-1〉의 모델에서 보듯이, 효과적인 공시는 시장 조망으로 시작한다. 이것은 기업이 속해 있는 산업 영역, 더 나아가 경제 전반에서 작용하는, 외부시장 압력에 대한 경영자의 행동이다. 시장 조망은 또한

시장이 지향하는 곳에 대한 경영자의 견해를 포함한다. 아무도 미래를 예측할 수 없지만, 투자자는 기업의 지도자가 생각하는 미래의 잠재력이 무엇인지 알고 싶어한다. 투자자는 경영자의 견해를 자신의 견해와 비교해 그 견해가 옳은 것인지를 판단할 수도 있다.

가치 전략

가치 전략은 가능한 자세하게, 필수적인 것을 놓치지 않고, 기업이 어떻게 해당 시장에서 경쟁하는가를 설명하고 있다. 가치 전략에 대한 항목에서는 기업의 경쟁우위와 그 경쟁우위의 활용방안을 분명하게 기술해야 한다. 가치전략은 또한 기업의 약점과 약점에 대한 대응방안을 명시해준다. 전략은 명확한 계획, 목적, 목표를 향해 실행될 때만 달성될 수 있으므로, 기업은 이에 대한 공시를 병행해야 한다.

가치 관리

주주가치는 결국 재무적인 성과에 따라 실현된다. 그러므로 기업은 목표에 대한 재무적 성과를 공시하고, 경쟁사와 관련기업에 대해 벤치마킹해야 한다. 가치의 관리는 올바른 자본 구조와 효과적인 위험관리를 필요로 한다. 기업이 이런 정보를 가치 전략에서 명확히 정의된 목표와 비교하고, 또 경쟁사 및 관련 기업을 벤치마킹해 사업부문별로 제공해야 한다. 기업이 전략과 계획을 성공적으로 실행할 수 있는 능력을 평가하기 위해 투자자는 기업의 지배구조에 대한 정보도 필요로 할 것이다.

가치 기반

재무적 성과 자체는 결국, 기업이 그 기업의 가치 기반에서 유형·무형자산을 어떻게 관리하는가에 달려 있다. 이런 자산은 외적(고객, 상표, 공급자, 환경적 책임에 대한 다른 이해관계자의 신망)이기도 하고,

내적(사람, 혁신)인 것이기도 하다. 단순히 재무성과만을 공시하거나, 재무성과가 기업이 창조하는 가치를 완전하게 포괄한다고 추측하기보다, 경영자는 가치의 기반에서 자산의 질뿐만 아니라 주주가치를 창출하기 위해 자산을 어떻게 경영하는가에 대한 정보를 제공해야만 한다.

역사의 작은 교훈

지금까지는 기업 투명성의 미래에 대해 논의했다. 기업가치공시 혁명에 참가한 사람들은 개선된 공시가 미래의 모습을 바꾸는 피할 수 없는 힘일 뿐만 아니라, 역사적인 흐름이라는 사실을 알고 있다.

AT&T의 한 세기에 걸친 공시의 발전 역사에 관한 짧은 고찰은 투명성을 향한 노력이 한 방향으로 진행되어왔음을 보여줄 것이다. 그 방향이 뒤바뀔 것이라는 생각은 거의 타당성이 없다. 노력은 계속되고 가속화되리라는 견해가 더 지배적이다.

역사의 가르침에 대한 믿음에서, 기업가치공시 모델의 관점으로 AT&T의 공시행태가 어떻게 변화해왔는지를 간단히 살펴보기로 하자. 여기에서 AT&T의 사례를 든 이유는, 이 회사가 미국 역사상 중요한 역할을 했으며 여러 험난한 경제적 사건의 소용돌이 속에서 살아남은 몇 안 되는 기업 중 하나이기 때문이다.

〈도표 11-2〉는 1881년부터 약 10년을 주기로 한 AT&T의 연차보고서를 근거로 경영공시의 노력에 관한 발견사항을 정리하고, 기업의 투명성을 향한 노력을 일관되게 보여주고 있다. 예시에서 알 수 있듯이, AT&T의 공시는 다음 세 가지 공시 시대로 구성된 것으로 보인다.

1. 1881~1909, 일반적으로 낮은 수준의 공시 기간
2. 1919~1959, 일반적으로 낮은/중간 수준의 공시 기간
3. 1969~1999, 일반적으로 중간/높은 수준의 공시 기간

AT&T의 기업공시 발전과정

	시장 조망	가치 전략	가치 관리	가치 기반
1881	중	하	하	하
1889	하	하	하	하
1899	하	하	하	하
1909	중	하	하	하
1919	하	하	중	중
1929	하	하	중	중
1939	하	하	중	중
1949	하	하	중	중
1959	하	하	중	중
1969	중	하	중	중
1979	중	중	상	상
1989	중	중	상	상
1999	상	중	상	상

AT&T의 119년 동안의 자료(도표 11-2)는 회사의 공시 발전 정도를 설명하고 있다. 단, 이 자료는 애널리스트와 투자자에게 공시할 정보를 포함하고 있지 않으며, 기업 웹사이트의 정보도 포함하고 있지 않다. 단지 전기간 AT&T가 이용한 한 가지 의사전달 방법인 연차보고서만을 고찰하고 있다.[1]

가장 오래 된 책의 저자조차 AT&T의 최초 공시에 대해 증언을 할 수 없다. AT&T가 오늘날 많은 경영자가 거부하고 있는 것과 같은 이유로 공시의 확대를 거부했다고 우리는 생각한다. 만약 그들의 후계자가 21세기에 얼마나 많은 공시를 하고 있는지 알았다면, 쥘 베른(Jules Verne)은 공시 자체를 반대했을지도 모를 일이다. 사실 예전 경영자가 지금의 공시 계정을 읽는다면, 그 엄청난 공시 요구조건에 실망하고, 결국 불행한 결과를 예언하리라는 것은 명백하다.

1881~1909년 사이, AT&T는 기업가치공시 모델의 모든 요소에 대해 비교적 낮은 수준을 유지했다. 미국 자본시장은 바닥을 드러내기 시작

했고, 기업은 외부 공시규정에 거의 구속을 받지 않았으며, AT&T는 실제 독점적 지위를 누렸다. 경영자는 공시의 확대에 대해 그다지 큰 압력을 받지 않았고, 그에 대한 이점도 느끼지 못했다. 그러나 AT&T의 초기 공시 시대는 시장에 대한 몇 가지 흥미로운 점을 보여주었다. 예를 들어 1881년 회사는 경쟁적 환경과 논란을 일으키고 있었던 특허법에 대한 입장을 공시했다. 1909년 연차보고서는 전화 시스템의 개발을 둘러싸고 경쟁적이고 규제적인 정보를 많이 포함했다. 이러한 논쟁에 대한 방어적 목소리는 독점적 입장에 관한 대외적 관심의 결과로 인해 회사가 느끼는 압력을 반영하고 있다. 지금과 마찬가지로 그 당시에도 경영자가 공시할 필요가 있는 사항에 대해서는 많은 정보를 공시했던 것이다.

1909~59년까지의 두번째 공시 시대에는 가치 관리와 가치 기반 요소에 대한 공시가 눈에 띄게 증가했다. 가치 관리에서, 사업 부서와 자회사와 같은 부문에 대한 재무정보의 수준이 상당히 증가했다. 이 시기에 다양해진 위험에 대한 공시는 몇 년에 걸쳐서는 아주 상세했지만, 그 외에는 전혀 언급되지 않았다.

그러나 운영 성과, 연구와 개발, 고용인, 상표 전략, 고객 서비스의 품질에 대한 정보를 제공하는 가치 기반 공시에서 상당한 진보를 이루었다.

새로울 게 별로 없는 진실에 대한 표명인 1939년 연차보고서는 「무형적이지만 계속해서 매우 중요한 요소인 예절, 도움 정신, 개인 가입자의 필요에 대한 배려, 창의력」에 대해 논의했다. 그러나 경영자는 경쟁적 환경, 경쟁 전략(AT&T는 아마 경쟁자가 없었기 때문에), 회사의 목표 및 목적에 대해서는 거의 언급하지 않았다.

AT&T가 1984년 1월 1일 독점력을 잃었을 때, 재판관 해럴드 그린(Harold Green)의 회사 해체에 대한 명령이 효력을 얻게 되었다. 이에 따라 경영자는 더 이상 경쟁적 환경이나 전략을 투자자에게 설명하지 않는 권리를 행사할 수 없었다. 이 때가 바로 시장 조망과 가치 전략에 대한 공시가 상당한 향상을 보이기 시작한 때다.

공시의 세번째 시대에, 연차 보고서는 경쟁적이고 규제적인 환경에 대한 분석을 포함해 상당히 자세한 논의를 시작했다. 1999년까지 이 부분은 상당히 전문적인 정보를 제공했다.

가치 전략이라는 의미에서, 가장 중요한 향상은 회사가 달성한 목적과 진행상태를 명백히 서술하는 형태로 구현됐다. 첫번째 시대에서의 위험에 대한 논의와 비슷하게, 세번째 시대에 들어서 지배에 대한 논의는 다양하게 나타났다. 어떤 해에는 상당한 논의가 진행되었고, 다른 일부 해에서는 수준이 낮거나 전혀 언급이 없었다.

또 이 세번째 시대는 가치 관리와 가치 기반에 대해 좀더 상세한 재무정보와 분석이 공시되면서 상당한 향상을 보였다. 많은 정보가 공시됐지만, 내용이 매우 전문적이어서 비전문적인 투자자가 이해하기에는 힘들었다. 후기 시대의 이런 연차보고서는 위험 관리에 많이 집중했다. 가치 기반 측면에서, AT&T는 계속해서 고용인, 고객, 상표, 다른 이해관계자의 평가에 관한 문제에 대해 더 많은, 양질의 정보를 제공했다.

다시 되짚어본 AT&T의 119년 외부공시 역사는 투명성의 향상을 위한 인상적인 추세를 일관되게 보여주고 있다. 이것은 또한 기업가치공시의 원칙과 매우 연관돼 있다.

시장 조망

잘 경영되고 있는 기업은 시장에 대한 그들만의 분명한 견해를 바탕으로 전략을 구상하고 있다. 이러한 기업은 경쟁사, 경쟁적 위치, 거시경제와 산업의 성장에 대한 가정, 규제 환경에 대한 견해, 현재와 미래의 기술에 대한 의견을 고려하고 있다. 이런 종류의 정보는 소유적 가치가 희박하기 때문에, 경영자는 「미래지향적 정보」에 대해 책임을 부인한다는 적절한 내용을 병기하여 공시하는 데 주저해서는 안 된다. 투자자는 이런 종류의 정보를 대단히 유용하게 생각한다. 예를 들어 경영자가 경쟁적 환경에 대해 현실적 의견을 갖고 있는지, 또는 산업의 미래와 기업의 위치를 너무 긍정적으로 생각하는지에 대한 투자자의 의견을 형성할 수 있다.

기업이 공시하는 유용한 시장 조망에 대한 정보로서 다음과 같은 몇 가지 사례가 있다.

- 1999년 연차보고서에서, 볼보(Volvo, www.volvo.com)는 생산라인별, 그리고 국가별로 시장점유율 자료를 제공하고 있다. 또 시장 성장률의 지표인 도로 교통의 예상 성장률 데이터를 제공한다.
- 국제적 철강과 채광 기업인 노랜다(Noranda, www.noranda.com)는 아연 · 구리 · 니켈 · 알루미늄 · 은 · 납 가격의 10% 변화가 세후 이익에 미치는 영향——특히 제1장에서 논의한 개념인 기업의 「비즈니스 모델」 부분——을 보여주고 있다.

가치 전략

대부분의 투자자는 주주가치를 창출하는 경영자의 전략에 대단한 관심이 있다(주가흐름에 따라 움직이는 단기투자자는 같은 수준의 관심을 갖고 있지 않다). 가치 관리에서 언급한 것과 같이, 가치 전략에 대해 분명한 의지를 세우고 전달하는 경영자는 대단한 신뢰성을 구축하고 유지할 수 있다. 그리고 앞 장에서 논의한 것처럼, 경영자의 신뢰성 확대는 개선된 공시의 가장 높은 이점이다.

기업은 기업적 차원에서 주요 사업단위와 전략의 상세한 설명을 제공해야 한다. 그러나 종종 전략에 대해서는 겉핥기식 설명을 하고 있으며 사업단위에 대해서는 거의 설명을 제공하고 있지 않다. 다양화된 기업 또한 가치 전략에 대한 다른 요소——부분의 합보다 큰 기업 전체에서 얻는 시너지에 대한 확실한 설명——를 생략하곤 한다.

몬트리올 은행(www.bmo.com)은 기업이 기업전략과 명확한 목표를 기술하는 좋은 예라고 할 수 있다. 1999년 연차보고서에서, 몬트리올 은행은 주요 사업단위에 대한 명확한 전략뿐만 아니라, 전반적인 기업의 전략을 설명하고 있다. 보고서는 경제적 순가치를 측정하기 위한 가치 기반적 경영관리 구조를 통해 창출되는 주주가치에 대한 은행의 의지를 강조하고 있다. 〈도표 11-3〉에서 보듯이, 몬트리올 은행은 성과목표와 재무성과의 다른 주요 지표를 확연하게 보여주고 있다.

가치 전략의 완전한 설명은 조직과 지배구조 및 프로세스를 통해 기업이 어떻게 전략을 구축하려 하는지에 대한 정보를 포함한다. 조직과 지배에 대한 자료를 훌륭히 제공하는 기업은 거의 없다. 통상 기업은 직위와 간단한 배경만 언급된 주요 경영진과 이사진의 목록으로 구성된 형편없는 조직 차트와 좋은 경영에 관한 기업의 의지에 대해서만 모호한 주장을 펴고 있을 뿐이다.

로열 더치 쉘(www.shell.com)은 일반적으로 조직과 지배구조에 대해 높은 수준의 공시를 하고 있는 좋은 예다. 제9장에서 자세하게 언급한 것처럼, 회사의 웹사이트와 사회적 책임의 연차 공시는 기준, 시스템, 목표, 지속적인 향상의 과정, 증명 과정, 공시 기준, 대내외적 관계를 형성하는 방법을 설명하는 「로드 맵(road map)」(도표 11-4)을 통해 어떻게 지속적인 발전을 하고 있는지를 자세히 설명하고 있다. 또 로드맵과 함께 필수적인 것으로 이해관계자와 다른 단체의 도움으로 발전된 주요 성과지표가 있다.

가치 관리

기업이 믿고 있는 재무지표에 대한 정보제공을 요구하는 가치 관리

<도표 11-3>

재무성과의 목적

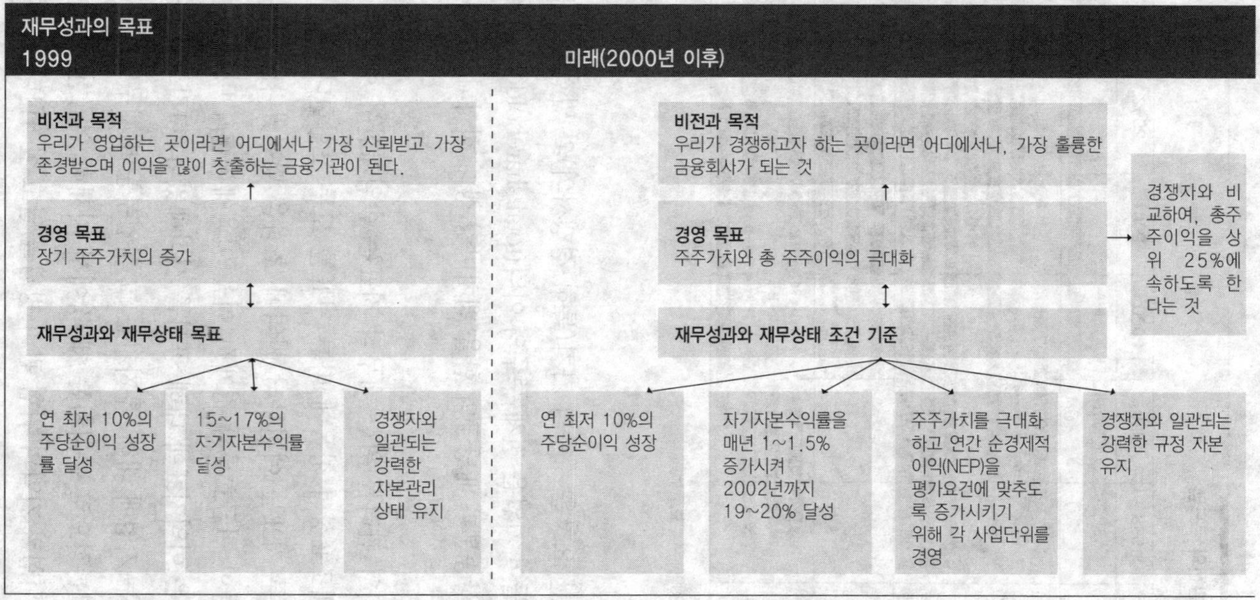

| 재무성과의 목표 1999 | 미래(2000년 이후) |

비전과 목적
우리가 영업하는 곳이라면 어디에서나 가장 신뢰받고 가장 존경받으며 이익을 많이 창출하는 금융기관이 된다.

경영 목표
장기 주주가치의 증가

재무성과와 재무상태 목표

- 연 최저 10%의 주당순이익 성장률 달성
- 15~17%의 자기자본수익률 달성
- 경쟁자와 일관되는 강력한 자본관리 상태 유지

비전과 목적
우리가 경쟁하고자 하는 곳이라면 어디에서나, 가장 훌륭한 금융회사가 되는 것

경영 목표
주주가치와 총 주주이익의 극대화

재무성과와 재무상태 조건 기준

- 연 최저 10%의 주당순이익 성장
- 자기자본수익률을 매년 1~1.5% 증가시켜 2002년까지 19~20% 달성
- 주주가치를 극대화하고 연간 순경제적 이익(NEP)을 평가요건에 맞추도록 증가시키기 위해 각 사업단위를 경영
- 경쟁자와 일관되는 강력한 규정 자본 유지

경쟁자와 비교하여, 총주주이익을 상위 25%에 속하도록 한다는 것

출처 : 《몬트리올 은행 1999년 연차보고서》

지속적 발전의 로드맵

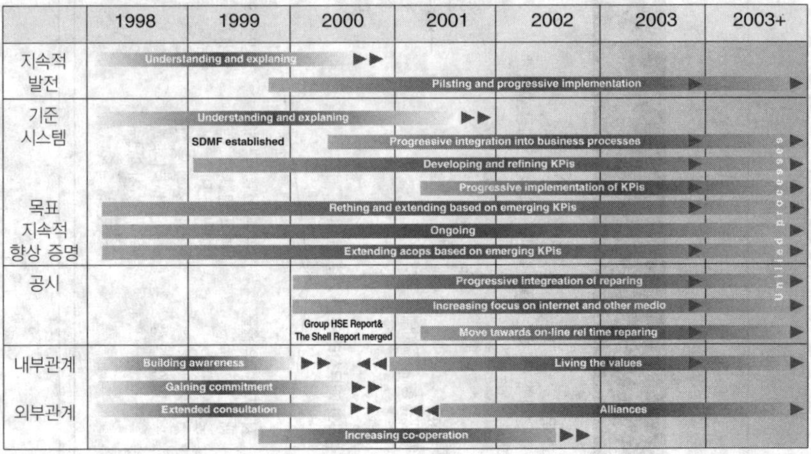

출처 :《2000년 쉘 보고서》

에 대한 요청은 주주의 가치(특히 경쟁사의)와 밀접하게 관련돼 있다. 예를 들어 기업은 전체 주주의 이익(total shareholder return : TSR), 즉 주가 상승분과 배당금의 합을 벤치마킹 상대 회사의 TSR와 비교할지도 모른다.

가치의 관리를 위한 재무적 지표는 손익계산서 항목에 따른 지표와 대차대조표상의 항목에 따른 지표를 모두 포함한다. 손익계산서 항목에 따른 지표는 예전부터 이익에 초점을 맞춰왔다. 그러나 점점 많은 기업들이 현금흐름과 경제적 이윤(이윤에서 자본비용을 차감한 금액)과 같은 이익지표에 대해 공시를 시작해왔다. 다각화된 사업을 운영하고 있는 기업에 대해, 투자자는 그 사업부문별 재무정보도 알고 싶어한다. 결론적으로 투자자는 제8장에서 자세히 언급한, 가치창출에 수반되는 위험과 기업의 위험 관리 방법을 알고 싶어한다는 것이다.

시장이 가치 관리 측면에서 요구하는 정보를 제공하는 기업의 몇 가지 사례는 다음과 같다.

- EVA : 요식산업의 설비 및 기중기(크레인) 제조, 해양관련 서비스 등을 제공하는 미국의 매니토왁(Manitowoc, www.manitowoc.com)사는 회사가 생각하는 가치창출을 주주에게 알리고, 공시하는 것을 잘 하고 있는 회사 중 하나다. 회사는 전반적인 전략의 한 부분으로서 EVA의 목표를 제공하고, 이 지표에 대한 7년 간의 성과를 공시한다. 회사의 경영자는 또한 회사의 시장가치는 회사의 EVA 증가와 함께 상승해왔음을 보여주는 EVA와 시장가치 간의 연결을 밝혀내고 이를 공시했다. 매니토왁의 1999년 연차보고서에는 다음과 같은 내용이 담겨 있다. 『EVA는 우리 회사의 거의 모든 면을 다루고 있다. 우리가 계속해서 EVA의 힘을 적용하고, 종업원을 교육시키는 한, 미래에는 더 많은 주주가치를 창출할 것이다.』
- TSR : 몬트리올 은행은 TSR의 목표를 공시하고, 캐나다와 북미의 동 그룹에 대한 벤치마크 성과를 공시하고 있다. 또 다른 지표에 대해 벤치마크하고, 성과의 여부를 매우 솔직히 공시한다.
- 부문별 성과(segment performance) : 지멘스(www.siemens.de)는 부문별 EVA와 함께, 부문별 가중평균 자본비용의 분석을 공시한다. 지멘스는 EVA와 그 계산방법에 대한 명확하고 구체적인 설명을 제공하고 있다. 독립적인 계산을 돕기 위해 경영자도 전체 열여섯 개 운영 그룹에 대한 가중평균 자본비용을 공시하고 있다. 결국 운영·금융·부동산 분야에서 EVA를 공시하고 있는 것이다.

가치 기반

일반적으로 경영자가 기업가치공시 모델의 처음 세 가지 요소인 시장 조망, 가치 전략, 가치 관리에 대해 공시하지 않는 간단한 이유는 경영자가 그 정보를 공시하지 않으려 하기 때문이다. 비록 가능한 한 가장 관련성 있는 정보를 갖고 내부 의사결정을 위해 이용할지라도, 정보를 공시하는 위험과 비용은 이익을 초과할지도 모른다. 우연이든 필요에 따라서든, 경영자들의 생각이 바뀜에 따라 경영자는 기업가치공시 모델의 세 가지 요소의 더 많은 정보를 공시하는 데 따르는 기술적 어려움은 없어야 한다.

그러나 이것은 기업이 주주가치의 창출을 위해 이용하는 자산과 관련된 가치 기반 요소에 대한 정보에 관해서는 다소 신빙성이 떨어진다. 전통적으로 비재무적인 이런 자산에는 혁신, 지적 자산, 고객, 상표, 공급망, 사람, 명성 등이 있다.

위에서 말한 자산들의 평가방법은 기존 재무지표의 평가방법보다 덜 발전된 것이 사실이다. 제1장에서 보았던 균형성과표의 인기는 기업이 계속해서 비재무적 가치동인과 무형자산을 평가하는 타당한 방법을 개발하려는 많은 노력을 보여주는 것이다. 과거 몇 년 간 고객관계경영 (customer relationship management : CRM)에 대한 개념과 정보기술의 출현으로「고객」은 가치 기반의 가장 잘 개발된 평가 분야 중 하나이지만, 이는 아직도 원시적인 단계다.

일단 가치 기반이 상당한 정도의 신뢰성을 얻게 되면, 경영자는 그것을 대외적으로 공시할 수 있게 된다. 그리고 몇몇 기업들은 이 일을 이미 시작했으며, 그러한 지표 중에는 어느 정도 입증된 것도 있다. 가치 기반 지표에는 다음과 같은 것이 있다.

- 혁신 : 캐나다에 기반을 둔 제약회사인 액스칸 파머(Axcan Pharma, www.axcan.com)의 웹사이트에서 발간한 1999년 연차보고서에서『다음 5년 간 우리의 목표는 해마다 미국에서 인증된 우리의 연구 프로그램에서 한 가지 제품이나 새로운 지표를 발견하는 것이다.』또한 일곱 가지 신제품에 대한 정부 인증의 예상 시

간과 신제품에서 예상되는 잠재적 수익을 제공하고 있다.

- 지적 자본(intellectual capital) : 네덜란드의 콜로플라스트는 1995
년부터 연구하던 사업우수 모델(Business Excellence model)의 뒤
를 이어, 1997/1998년 연차보고서에서 지적 자본에 대한 정보를
공시하기 시작했다. 1998/1999년 연차보고서에 공시된 내용은 다
음과 같다.
  —특허 신청의 숫자
  —보유 특허권
  —전체 매출액에서 신제품이 차지하는 비중
  —불만사항
  —전반적인 고객만족도

기업의 감사인인 프라이스워터하우스쿠퍼스는『지적 재산권의 주
장과 표시에 대한 일반적으로 인정되는 원칙이…아직 확립되지
않았기 때문에』감사와 같이 광범위한 것은 아니지만, 감사인의 의
견(auditor's opinion)을 제공하고 있다. 감사인의 의견은「완전성
과 정확성을 보장하기 위한 지원, 기록, 공시절차의 진일보」를 추
천으로 끝을 맺고 있다.

콜로플라스트의 CFO인 카르스텐 론펠트(Carsten Lonfeldt)는 위의
중요성을 인식하고 다음과 같이 언급하고 있다.『우리가 원하는 사
업보고서를 만들기 위해 발전을 거듭하며 더 많은 변화와 향상을
꾀하고 있다.』

- 고객 : 호주의 웨스트팩 은행(Westpac, www.westpac.com.au)은
다음과 같이 (1)우수 고객의 수, (2)한 개, 두 개, 세 개, 네 개의 제
품을 구입하는 각 고객의 비율, (3)현재 한 가지 제품만을 구입하
는 호주 고객의 40%가 한 가지 제품을 더 구입하면 5억 호주 달러
의 수익을 더할 것이라고 공시하고 있다.

기업의 e-비즈니스 전략을 디자인하고 구축하는 i2테크놀로지(i2 Technologies, www.i2.com)는 밀러-윌리엄스(Miller-Williams) 라는 독립적인 그룹이 준비하고 인증한 「연차고객 가치보고서」를 출판하고 있다. 이 고객 감사(customer audit)는 절감된 비용, 지연 또는 회피 비용, 고객 응답의 증대, 수익성장률 증대를 통해 i2가 창출하는 가치를 계산한다. 회사의 고객 스스로가 성과 향상의 일부를 i2의 공적으로 생각함으로써 계산에 기여하고 있다. 「1999년 고객을 위한 i2의 성과에서 산출된 누적 가치는 76억 4,000만 달러에 이르렀다.」[2] i2의 목적은 2005년까지 누적 고객가치에 대해 500억 달러를 창출하는 것이다.

- 공급망(supply chain) : 스웨덴의 SAS(www.scandinavian.net)는 지난 10년 간 25개 노선과 생산품의 지표(예 : 운반 승객 수, 총 수송률, 평균 승객 여행 기간, 시간엄수, 규칙성)에 관한 정보를 포함하는 상당한 양의 공급사슬에 대한 자료를 공시하고 있다. 이런 지표 중 하나인 손익분기점의 적재 요인을 미국의 주요 항공사뿐 아니라, 유럽항공사협회(Association of European Airlines)와 국제항공수송협회(International Air Transport Association)의 자료와 비교하고 있다. 또 SAS는 다음과 같은 품질 목표를 홍보하기도 한다.

  — 사고 또는 심각한 사건(전혀 없음)

  — 결항 편수

  — 지나친 대기시간으로 인한 전화예약고객 손실 비율

회사는 매우 솔직하게 다음 사실을 고백했다. 「SAS는 다른 유럽 항공사에 비해 서비스의 질 측면에서 단연 선두 중 하나였다.」 또 회사는 「여러 가지 이유로 스스로의 목표 달성에 실패했다」고 말하고 있다. SAS는 실패에 대한 이유의 일부는 회사의 능력 밖 일이었지만, 일부는 그렇지 않다고 밝히고 있다. 그리고 어느 경우에서는 회사의 목표에 비해 성과 달성이 매우 미약했다. 예를 들어 SAS는 최고 5%의 예약전화 손실 목표를 세웠지만, 1999년 그 비율은 22%에 이르렀으며, 1998년의 23%에 비해 약간 개선됐을 뿐이다.

- 사람(people) : 영국의 거대 통신 기업인 BT(www.bt.com)는 별도의 환경보고서에서, 고용인 만족도의 일곱 가지 측면에 따른 회사의 성과와 독립된 회사가 실시한 영국의 8만 8,000명 고용인을 대상으로 실시한 벤치마크 자료를 비교하고 있다. 또 회사는 「사람」의 성과를 다른 통신회사와 벤치마크하기 시작했다. BT가 영국의 비교대상(43%)보다 다소 낮은 결과(39%)를 보인 지표 중 하나는 「리더십」인데, 이 사실을 솔직하게 인식하고 논의하고 있다.

- 명성(reputation) : 제9장에서 보았듯이, 로열 더치 쉘은 기업의 환경과 사회적 책임을 다루는 방법에 대한 이해관계자의 견해가 어떻게 기업의 명성에 영향을 미치는지를 인식하는 대표적인 사례다. 역시 제9장에서 살펴보았듯이, 더 많은 기업들이 쉘의 뒤를 잇고 있다.

첨단 기술… 극도의 긴장감… 전성기

1990년대 후반부터 인터넷이 정보의 보급과 민주화에 대한 기반으로서 주목받기 시작함에 따라, 인터넷과 관련된 현상을 놓칠 수는 없었을 것이다. 많은 기업들이 이미 인터넷 기업의 반열에 올랐지만, 다른 기업들은 단지 인터넷의 존재를 주시하기 시작했다.

자신의 회사기 인터넷 시류에 편승하고 있는지의 여부와 관계 없이, e-비즈니스는 회사 성과와 관련한 정보를 수집하고 이용하고 산출하고 유포하는 방법을 혁신적으로 바꿀 것이다. 다른 변화와 마찬가지로, 인터넷은 친숙함에서 오는 편안함과 익명성에서 느끼는 긴장과 위협 간의 근본적인 긴장감을 유발한다.

그 긴장감은 기술이 생소하게 느껴지는 데에서 오는 것 이상이다. 인터넷의 본질 그 자체가 기업들을 매우 긴장하게 한다. 기업이 정보를 산출하고 보낼 수 있는 속도, 동시에 전파될 수 있는 범위와 거리는 이제 기업들이 공시 내용과 방법 측면에서 엄청난 변화에 직면하고 있음을 의미한다. 기업에게 일격을 가하는 채팅 방과 유즈넷(Usenet)/뉴스그룹, 모든 목적을 위해 재빨리 정보를 발견하고 분석하는 인터넷 정글에 사는 웹 서퍼들이 조성하는 긴장이 존재한다(인터넷의 비인간적 이용자에 대한 더 자세한 사항은 다음 페이지의 「왜 당신이 쉽게 찾을 수 있는 것을 얻으려고 애쓰는가?」를 참조).

전쟁터와 무기

대부분의 사람들은 인터넷을 정보를 보내고, 받고, 찾아내는 전자적 기반구조라고 생각한다. 기업가치공시 측면에서, 인터넷은 결국 혁명이 펼쳐질 전쟁터이며 또는 그 이상을 의미할 것이다. 또한 기업가치공시 혁명의 전략적 무기 역할을 할 것이다.

그러나 전쟁의 열기에서, 기업들은 무기를 일방적으로 소유하지 못한다는 것을 반드시 기억해야 한다. 기업이 자신의 이익을 위해 쉽게 화력을 이용할수록, 다른 사람들도 기업에 대해 무기를 사용하기 쉽다.

오늘날 모든 기업은 〈스타 워즈(Star Wars)〉에서 나올 만한 첨단 무기를 보유하고 있다는 것을 모른 채, 그저 장난감 총처럼 인터넷을 사용해오고 있다.

그러나 이런 현상이 모두 부정적이지만은 않을 것이다. 명사수가 총 쏘는 방법을 처음 배울 때는 아마 소구경의 총을 사용했을 것이다. 기업이 인터넷이라는 무기를 배우기 시작할 때, 일부는 정보를 교환하고 수집하기 위한 올바른 목적으로 인터넷을 하고 있다. 이는 인터넷을 이용하는 것이 더 싸고, 빠르고, 쉽고, 최신 정보를 습득하기 용이하기 때문이다. 또 다음과 같은 여러 가지 수준으로 인터넷을 활용하고 있다.

인터넷상에서 「검색」은 이용자에게는 강도 높은 노동집약적 행위였다. 더 이상은 아니다. 검색 도구가 「찾기」보다 「발견」의 기능으로 점점 더 변하면서, 이용자의 요구에 맞춰 발전하고 있다. 「발견」 도구는 이용자의 관심이나 요구를 위한 최적의 내용을 담아 질의 (query) 형식(거미와 같이 보이지 않는 분주한 활동을 통해 만들어진, 카테고리화, 여과기를 통해 단지 몇 개로 요약하여 제시하는)으로 쉽고 단순하게 결과를 전달하고 있다.
이런 능력의 핵심은 방대한 웹 내용을 색인할 수 있는 www.northernlight.com과 같은 내용 검색 엔진과 www.yahoo.com과 같은 문맥 검색 엔진의 장점을 결합하는 기술에 있다. 더 자세한 내용은 제15장에서 살펴보기로 하자.

- HTML, 엑셀(Excel), PDF 파일 형식을 첨부해 보도자료, 제품 소개서, 기술설명서, 경영진의 연설내용, 기업정보의 목록과 같은 것을 읽을 수 있다.
- 이용자를 다른 웹사이트와 연결시킨다. 애널리스트의 보고서, 산업의 최신 뉴스, 무역협회 뉴스, 보도자료 등의 예를 들 수 있다.
- 현재 · 과거 · 미래의 종업원들과 대화할 수 있다.
- 도매업자, 공급자와 의사소통할 수 있다.
- 연설 · 회의 · 기자회견을 「대중」에게 실시간으로 방송할 수 있다.

기업은 빠르고, 쉽고, 비용이 절감되고, 어디에서나 접근할 수 있는 인터넷의 고유한 장점을 이용할 만한 자격이 있다. 그러나 대부분의 기업은 「종이 패러다임(Paper Paradigm)」의 전자화에 열중하고 있다. 그들은 인터넷을 세상에서 가장 큰 복사기로 이용한다. 인터넷의 사상적 모델은 중국인이 1000년 전 발명한 의사소통 매체(종이)를 기반으로 하고 있다. 몇 년 간 이용해온 종이 문서와 같이 웹상에 있는 내용은 인간의 눈이 읽을 수 있도록 디자인되어왔다.

아직 그런 이용은 미약하지만, 경영공시 혁명의 도래는 고무적이다. 그러나 여전히 현재의 공시 형식, 내용, 통신규약을 이용하는 쉽고 빠른 방법으로만 느끼고 있다. 사실, 기업은 인터넷의 능력을 거의 이용하지 못했으며, 이해관계자와 의미 있는 관계도 거의 형성하지 못했다. 그러나 약간의 노력만 더한다면 다음과 같은 인터넷의 장점을 음미할 수 있었다.

- 기업 지식을 접근 가능하도록 문서로 보관
- 실시간 보고 및 공시
- 심층조사(drill-down) 능력
- 분석 및 검색 관리자(analytical and search agents)
- 상호 교환적인 의사소통
- 개인화된 공시, 가상 포트폴리오, 역동적인 공시
- 저작권의 인증 및 유효성 검증

기업 지식을 접근 가능하도록 문서로 보관

기존에는 대부분의 기업이 종합적인 기록을 다량 보존할 수 없었다. 기록이 유지되고 기업의 지식이 문서화됐을 경우, 정보의 목록을 작성하고, 검색해 이용하는 것은 매우 힘든 일이었다. 기업지식의 기록은 높은 비용을 수반했다.

지금의 인터넷은 많은 부분이 이미 기록되고 정리된, 말로 형언할 수 없는 분량의 내용과 최선의 실무사례를 제공한다. 따라서 기록에 대한 접근 가능성과 사용 능력은 대외적으로 상당히 증가한 반면, 기업지식의 기록에 소요되는 총비용은 이미 매우 낮은 수준으로 내려갔다.

「지식경영(knowledge management)」에 열중인 오늘날의 기업——대부분이 스스로 그렇다고 말하고 있지만——은 인터넷을 이용해 경영기술을 정제하는 방법을 배울 필요가 있다. 기록만으로는 지식을 구성할 수 없지만, 기록 없는 지식은 언제나 무에서 창조돼야 한다.

실시간 보고 및 공시

실시간 보고는 오로지 한 가지만을 의미한다. 정보가 발생하자마자 이에 접근 가능하도록 하는 것이다. 이는 충분히 가능한 일이다. 경영진은 정교한 내부 시스템을 이용해 실시간으로 모든 가치동인에 대한 정보를 통해 기업의 성과를 감시할 수 있는 것이다. 그러므로 실시간 보고는 대내외적으로 정보에 대해 정당한 권리를 가진 모든 사람들이 그 정보를 이용 가능케 하는 것이다. 대표적인 시스코 시스템스의 가상접근(Cisco's Virtual Close)은 어떻게 진정한 의미의 실시간 보고가 가능할 수 있는지를 알려주는 우수한 사례다.[3]

그러나 실시간 보고가 모든 문제를 해결하는 것은 아니다. 시장에서, 가장 정확하고 적시적인 정보는 가장 큰 가치를 지닌다. 뒤늦은데다가 부정확하고, 진실되지 못한 정보는 매우 낮거나 부정적인 가치를 지닌다. 기업이 대중에게 질이 낮거나 명백히 그릇된 정보를 공시하면, 회복하기 어려운 피해로 응징받는다. 실시간 보고는 먼저 올바른 정보를 제공하고, 적시에 정확성을 증명하는 것을 의미한다.

심층조사 능력

종이 패러다임 하에서, 대부분의 계량적·비계량적 정보는 전자적으로 공시될 때 더욱 1차원적이고 위계적(linear and hierarchical)으로 제공된다. 물론 「문서」의 일부는 문서의 링크를 가능하게 하고 더 많은 문서를 찾게 한다. 이용자가 할 수 없는 것은 재무적·비재무적 성과지표에 대해 한층 깊은 수준으로 심층조사하는 것이다 그러나 공시된 성과가 기업이 이미 보유하고 있는 가공되지 않은 정보에서 직접 도출되는 것은 다소 이상하게 보일 수도 있다.

이용자가 원하는 것은 요약된 숫자의 배후를 볼 수 있는 능력을 갖고, 그 숫자가 어디에서부터 산출됐는지 이해할 수 있는 것이다. 결국, 경영진이 보유하고 있는 보고서를 원하는 것이다.

기업은 심층조사 능력을 통해 개인의 정보요구에 따라 구축된 접근 수준으로 상세한 정보를 쉽게 제공할 수 있다. 예를 들어 종업원·주주·채권단·이사진은 그들의 정보 요구를 바탕으로 다양한 입장에서 정보의 내용과 수준을 볼 것이다. 의무화된 것보다 더 많이 공시하는 것을 확고히 반대하는 사람들을 구원하기 위해, 현재의 공시 원칙은 아마도 일시적인 편안함을 제공하고 있는 것일지도 모른다.

분석 및 검색관리자

상세한 실시간 정보는 많은 이용자가 정말로 원하는 것을 제공하는 것의 시작일 뿐이다. 정보의 이용자는 제품별, 부문별, 지리적 분야별 정보를 스스로 분석할 수 있는 능력을 원한다. 분석관리자는 이용자가 특별히 분석할 필요가 있는 정보를 제공하는 다양한 사이트를 검색함으로써, 현재의「검색」엔진에 대한「찾기」의 특성을 자동화할 수 있다.

여기에서도 다소 이상한 점이 있다. 대부분 기업의 웹사이트는 분석관리자와 검색 엔진을 유용하게 활용할 수 있게 만들어졌다기보다는 정보 사용자의 감각에 호소하도록 디자인돼왔다. 기업 웹사이트의 목적은 그 해 가장 훌륭한 웹사이트 디자인 상을 받는 것이 아니라 기업의 주가에 좀더 직접적 영향을 미치는 것이 아닌가? 분석관리자는 인간과 비슷한 결점을 갖고 있다. 분석관리자는 읽을 수 있고, 이해하고, 사용할 수 있는 언어와 문법으로 쓰여진 구조적 내용이 필요하다. 구조적 내용은 명확한 정의와 모든 사용자가 접근할 수 있는 정보의 관계를 지배·관리하는 특수 프로토콜이 필요하다. 제15장에서 좀더 자세히 살펴보도록 하자.

상호 교환적인 의사소통

많은 기업이 경영진의 연설, 주주공시, 기자 회견의 오디오나 비디오 파일을 웹상에 올려놓아, 이용자가 다운로드해 다시 볼 수 있도록 하고 있다. 만약 이용자가 공정공시 규정 내에서 특별한 문제 또는 관심을 언급하기 위해 기업 내 담당자와 상호 교환적 대화(dialogue)를 할 수 있다는 것에 대해 살펴보자. 여기에서 사용하고 있는 단어는 「대화」다 ——끌고 당기고, 주고받고, 당신과 나, 음과 양. 대화가 일어날 때, 이용자는 그들의 요구가 수용되기를 원해 학습하고, 기업은 이용자의 요구에 대해 학습한다. 기업들이 기업가치공시를 믿는다면, 정보 이용자들의 요구를 충족시키는 것을 심사숙고할 것이다.

개인화된 공시, 가상 포트폴리오, 역동적인 공시 등

종이 패러다임에서, 기업이 경영공시한다는 것은 대량생산(mass production)을 의미한다. 기존 공시의 경제는 한 방향의 접근만을 강요한다. 그러나 인터넷은 기업공시의 완전 고객맞춤을 경제적으로 가능케 하고 있다. 구조적 정보와 검색하고 해석하는 분석관리자의 능력의 조화는, 모든 이용자가 기업의 성과에 대해 개인적인 「책」과 같은 정보를 가질 수 있게 한다.

이런 책은 계속해서 새로운 사건이 발생하는 멜로 드라마와 같다. 심지어 이용자는 감독의 의자에 앉아 내일의 에피소드에 대한 장면을 구상할 수도 있다. 이러한 이야기는 먼 미래에나 가능한 것이 아니라 현실적인 것이다. 정보 이용자는 매출성장률, 매출원가, 연구개발비, 판매홍보비, 기업 성과의 많은 역동적 요소에 대한 가정을 명시함으로써, 예측상의 「만약 ~하면 어떻게 될까?(what-if)」의 시나리오를 구현할 수 있는 것이다.

저작권의 인증 및 유효성 검증

누가 누구에게 말하는지, 즉 당신이 이야기하고 있는 사람이, 그 사람이 밝힌 신원과 실제로 일치하는 바로 그 사람인지의 여부를 어떻게 알 수 있는가? 인터넷은 이러한 문제를 매우 심각한 현실로 만들고 있으며, 이는 잠재적인 재난을 가져올 수도 있다. 인터넷 정보의 근원과 그 신뢰성을 입증하는 것은 전세계적으로 주요 문제가 되고 있다.

반나절 만에 한 기업의 주식 가치를 60%나 하락시켰던 허위보도를 기억하자.[4] 도대체 입증되지도 않은 악의적인 정보가 기업의 가치에 그토록 부정적 영향을 줄 수 있는 것인가? 웹이 당신에게 보여주고 있는 것이, 과연 당신이 원하는 정보인지 아닌지 정말 알 수 없을 때는 어떻게 할 것인가? 기업의 이름과 URL(역주 uniform resource locator의 약자 : 인터넷상에 있는 각종 정보의 위치를 표시하는 표준)이 전혀 보증할 수 없는 관계라면?

지금은 전자화된 세계다. 그리고 위에서 설명한 위험은 관리·감소·제거될 수도 있다. 내일이 아닌 바로 지금 할 수 있으며, 이러한 책임은 바로 기업에게 있다. 그러나 제3자에 따른 어떠한 보증형태가 유용한지의 여부는 논란의 여지가 있다.

두 개의 칼날을 가진 전자 검

인터넷을 수용해 그 능력을 활용하는 것은 기업에 달려 있다. 전세계는 인터넷을 활용해왔고 지금 이 시간에도 이용하고 있다. 일부의 경우, 인터넷을 통하지 않고서는 획득 불가능한 유용한 정보를 얻기 위해, 또는 기업 성과에 대한 투자자나 이해관계자의 의견에 영향력을 미치기 위해 인터넷을 사용하고 있다.

로열 더치 쉘은 이미 인터넷이 기업의 재무 또는 비재무적 성과에 대한 전세계적인 토론을 이끌어내고 가능케 했다는 것을 인정했다. 쉘은 또 이런 토론에 활발히 참여해야 한다는 입장이다. 책상에 앉아서도 이런 대화의 질과 정확성이 향상되도록 할 수 있는 것이다.

나를 밝게 비추라

기업 경영진은 인터넷의 인기를 이용해 기업의 정보를 전세계로 전파하도록 할 수 있으며, 또는 그렇게 하지 않기로 결정할 수도 있다. 기업의 경영진이 아닌 다른 사람들이 그 기업의 정보를 구조화하고 분석하게 한다면, 투자자들과의 대화에서 경영자들의 목소리는 점점 작아져 잘 들리지도 않게 될지도 모른다.

기업에 대한 토론을 이끌어내고 토론 자리에 영향력을 행사하기 위해, 경영진은 정보의 내용에 집중하는 것과 같은 정도로, 어떻게 인터넷을 활용해야 하는가에 대해서도 관심을 기울여야 한다. 전략적 무기인 인터넷은 단지 경영진에 대항해 사용되는 것이 아니라, 경영진의 의도에 따라 활용될 수도 있다는 사실을 명심해야 한다. e-비즈니스가 계획, 경영관리, 운영과정의 변형을 필요로 하는 것처럼, 인터넷 또한 정보의 공급사슬에 대한 변형을 필요로 한다는 것을 유념해야 한다.

무한하지만 무법이어서는 안 되는 인터넷 세계

인터넷은 기업의 기업공시 방법을 향상시키고, 그에 대한 보상을 받을 수 있는 무한한 기회를 제공할지도 모른다. 그러나 한 가지 경계선은 제거하지 않는다. 바로 투자자를 잘못 유도할 수 있는 공시 정보에 대한 법적 책임이다. 일부 기업들은 인터넷상의 공시가 실제로 법적 책인에 대해서는 도박과도 같은 위험을 안고 있다고 강력하게 주장한다.

로버트 A. 프렌티스(Robert A. Prentice), 버논 J. 리처드슨(Vernon J. Richardson), 수전 스콜츠(Susan Scholz)는 1934년 증권거래법 중 제10조 b항(주식거래관련 사기 및 부정행위방지 규정)과 부속규정 「10b-5」에 대한 기업의 웹사이트 공시의 준수 여부를 조사했다.[5] 그들은 『이러한 조항이 정확성과 완전성의 의무, 공시의 내용과 시간을 지시하고 있으며, 기업공시의 공식적인 형식과 비공식적인 형식 모두를 구체화

하고 있다』고 말하고 있다.[6)

　연구진은 투자관리연구협회(Association for Investment Management and Research : AIMR)에 따라 분류된 259개 기업——연구진들이 231개 하이테크 산업 기업을 보강한——을 연구했다(물론 미국 중심적이지만, 연구 목적에 적합하다). 전체 조사 대상에서 82%가 웹사이트를 보유하고 있는 것으로 밝혀졌다. 그들은 낮은 위험 수준의 공시와 높은 위험 수준의 공시 관점에서,『재무적 · 비재무적 자료의 기업 웹사이트상 공시에 따른 장점과 원고측 변호사에 대한 우려 간에 지속적인 긴장이 존재한다』고 결론지었다.

　낮은 위험 수준의 공시는 종이 문서에서 안전하고 방어적인 의사거부와 같은 것을 포함하지만, 주식발행 전「과대선전」으로 해석될 지 모르는 무해한 진술을 바로잡고 갱신할 의무와 같은 것은 포함하지 않는다. 위의 개선안으로서 첫번째, 안전 방어책은 좀더 자세한 측면에 관심을 기울임으로써 관리될 수 있다. 두번째, 정보를 정기적으로 갱신하고 개별 정보를 현재의 섹션 또는 기록 항목에 정리함으로써 관리될 수 있다. 세번째는 사업강령(prospectus)을 다른 자료와 분리할 수 있는 별도의 사이트를 개설함으로써 관리될 수 있다.

　프렌티스, 리처드슨, 스콜츠가 연구한 웹사이트에서 확인된, 높은 위험 수준의 공시에 대한 더 큰 문제점은 연차보고서, 애널리스트의 보고서 또는 애널리스트의 보고서로의 연결 사이트, 경영진의 연설, 기업 주식 매입의 장점에 대한 도표로부터 발췌되고 있다. 아이러니컬하게도, 높은 위험 수준의 공시는 기업이 인터넷의 능력을 최대한 활용할 수 있는 더욱 진보된 몇몇 방법을 예시하고 있다.

　연구진은 해결책을 제시하는 것이 아니라, 소송의 원고에 대해 공감하고 있다는 것을 다음과 같이 나타내고 있다.『기업은 소송사건을 피하기 위해 주의를 기울여야 한다. 재무적 정보를 편리하게 얻기 위해 웹사이트를 방문하는 투자자는 증거를 확보하기 위해 재방문하는 원고가 될지도 모른다.』[7]

　정보의 고속도로는 법적 책임과 경고표시에 대해 완전한 지표를 갖고 있다. 변화의 속도는 현재의 규율을 해석하거나 기업이 어떻게 웹을 통해 의사소통해야 하는가에 대한 새로운 규제를 형성할 수 있는 법적 시스템의 능력을 앞서가고 있다.

　우리는 법적 조언이 제공하는 논리적 충고를 반대하는 것이 아니다. 그러나 우리는 인터넷의 무대 끝에 서서 그 무대에 오를 것인가 말 것인가를 결정하는 경영진을 위해 조언하고자 한다. 변호사의 뒤에 숨어 단지 변명에 지나지 않는 법적 문제를 이용하지 마라. 변화는 언제나 위험을 수반한다. 주주가치를 보호하고 실현하기 위해 인터넷의 장점을 이용할 수 있는 기회는 법적 위험을 충분히 상쇄시킬 수 있다. 가장 큰 위험은 이에 대해 아무런 조치도 하지 않는 것이다.

기업의 노력

　법적 문제에도 불구하고 기업이 어떻게, 종이 문서를 전자화하는 것 이상으로 인터넷의 활용을 증가시키는지에 대한 몇 가지 흥미로운 사례가 있다. 최근, 재무회계기준심의회(FASB), 캐나다 공인회계사협의회(Canadian Institute of Chartered Accountants), 국제회계기준위원회(IASC)를 비롯해 많은 학계의 연구에서 이 문제가 부각되었다.

　기업이 가치관련 정보를 보급하고 공시하기 위해 인터넷을 이용하는 방법은 정보의 내용보다 더 급속히 진보하고 있기 때문에, 최신 정보를 원한다면 프라이스워터하우스쿠퍼스의 기업가치공시 웹사이트를 주목하기 바란다.[8]

　2000년 2월 판 〈CFO 매거진〉의 한 보고서[9]는 서로 다른 성공수준에서 웹사이트의 이용 사례에 대한 몇 가지 실증적 측면을 제공하고 있다. 저자 스티븐 바는 두 기업의 성공적인 웹사이트와 함께, 50개의 기업 웹사이트에 대해 다음과 같은 측면을 고려해 공시하고 있다.

- 데이터에 대한 용이한 접근

  (www.boeing.com과 www.merck.com)

- 분명하고 독특한 메시지

  (www.daytonhudson.com과 www.eds.com)

- 다중매체 공시

  (www.hostmarriott.com과 www.microsoft.com)

- 「푸시」 기술([역주] push technology : 주문형 뉴스 또는 주문형 비디오 등과 같이 정보 사용자가 원하는 정보를 자동으로 전달해주는 기술)

  (www.immunex.com과 www.lycos.com)

- 일반적인 투자자 자료

  (www.omnicom.com과 www.homedepot.com)

- 확실한 정보와 분석

  (www.cisco.com과 www.federalexpress.com)

- 이사 · 투자자의 접촉(www.aetna.com과 www.trw.com)

그러나 일반적으로 위의 연구에서 대부분의 기업이 이들 분야 중 하나 또는 그 이상에서 좋은 성과를 거두지 못한 것으로 밝혀졌다. 『오로지 두 개의 웹사이트인 데이턴 허드슨사(Dayton Hudson Corp., www.dhc.com)와 모토롤라(Motorola, Inc., www.motorola.com)만이 일곱 개 분야에서 가장 우수한 결과를 보였다.』[10]〔2000년에 데이턴 허드슨은 타깃사(Target Corporation)로 상호가 바뀌었다.〕

IASC 보고서, 「인터넷에 대한 사업보고(Business Reporting on the Internet)」는 인터넷의 최대 능력보다 더 많은 혜택을 누리고 있는 일부 기업들의 사례를 인용하고 있다. 이 보고서에 대한 보도자료는 www.iasc.org.uk/frame/cen3_26.htm에서 살펴볼 수 있지만, 보고서 자체의 복사본은 요청이 있어야만 가능하다. FASB가 지원한 또 다른 연구보고서인 「사업보고 정보의 전자적 보급(Electronic Distribution of Business Reporting Information)」은, 회사가 어떻게 종이 패러다임에서 인터넷 공시로 이행하는지에 대한 정보를 제공하고 있다. 연구의 목적은 인터넷상 사업정보의 보고현황과 눈에 띄는 사례를 살펴보고자 하는 것이었다. 이 보고서는 인터넷상에서 이용 가능하다(www.rutgers.edu/Accounting/raw/ fasb/brrp.pdf).[11]

IASC 보고서의 몇 가지 사례는 다음과 같다.

- 독일의 에너지와 에너지관련 사업 기업인 RWE AG(www.rweenergie.de/index_eng.htm)는 재무제표, 연차보고서, 그 밖에 많은 정보의 광범위하고 효과적인 연결을 제공하고 있다.
- 인텔은 이용자가 쉽게 다운로드해 분석할 수 있도록 스프레드시트(spreadsheet) 형태로 10년 간 재무상태를 제공하고 있다. 또 정보의 열람자가 연차보고서를 열람한 후, 감사되지 않은 정보와 감사된 정보를 확실히 구분할 수 있도록 하고 있다.
- 마이크로소프트는 미국 · 영국 · 호주 · 캐나다 · 프랑스 · 독일 · 일본의 GAAP에 따라서, 적절한 언어와 다른 공시체제의 보고서 연결을 고려해 재무제표를 제공하고 있다. 또 방문객이 세 가지 측면으로 자료를 구성하고 다른 가정 아래에서 예측을 할 수 있도록 선도적 분석기법을 제공함으로써, 인텔보다 한 걸음 앞서가고 있다.

가깝고도 친밀하게

이용자가 질적 수준과 신뢰성 측면에서 분명히 파악할 수 있다는 가정 하에, 법적 제약에도 불구하고 인터넷을 통해 더 많은 정보가 전달되는 것이 적은 것보다 낫다. 기업이 어떻게 인터넷의 능력을 이용하고 있는지에 대한 논의는 그것이 반복적으로 나올 때마다, 주목을 끌 만한 소송에 따라 중단될 가능성이 매우 높아진다. 진보는 결코 순탄하지 않으며, 다수의 이해 그룹 간의 조화는 결코 쉽지 않다.

법적 책임에 대한 모든 우려가 사라지고, 기업들이 모든 이해관계자에게 실시간 정보를 제공하는 인터넷의 역량을 완전하게(분석 기법과 하이퍼링크의 다중매체 방식으로) 사용한다 할지라도, 시장의 정보 요구는 결코 100% 충족되지 않을 것이다. 빠른 속도로 인터넷이 가장 지배적인 정보 배포 수단 중 하나가 되더라도, 인터넷은 결국 여러 매체 중 하나일 뿐이다.

똑같이 중요한 정보의 배포 수단으로 여겨지는 것은 시장과 기업의 주요 경영진과의 실시간 상호 작용이다. 웹상 분기별 전화회의에 대한 인기상승과 개인투자자에게 웹에 기초한 IPO 로드쇼로의 전자적 접근을 가능토록 하는 압력에서 볼 수 있듯이, 물론 인터넷은 실시간 상호 작용을 부추길 수도 있다.

수준 높은 정보로의 확대된 전자적 접근은 그룹 차원이든 개인 차원이든 간에, 개인적으로 정보를 획득하는 관습은 대체할 수 없다. 에클스와 니틴 노리아(Nitin Nohria)는 전자적 의사소통의 가능성이 확대될수록 개인적 의사소통의 필요성이 확대된다는 것을 논의해왔다.[12] 이것은 한 가지 매체를 다른 것으로 대체하는 것이라기보다는 전반적인 의사소통의 수준을 향상시키는 문제다.

모든 면에서 진정한 실시간(realest real-time)으로 힘든 질문에 대답하는 현 경영진을 「가깝고도 친밀하게」 보는 것은 경영진의 능력, 확신의 강도, 성실성에 대한 의견을 형성하는 가장 효과적인 방법이다. 직접적인 경험과 경영진의 배경 및 기록에 대한 문서화된 정보의 조화는, 시장이 「경영자의 자질」에 대한 평가를 할 수 있는 좋은 방법이다. 경영자가 신뢰를 구축하고, 다른 사람들이 그를 책임 있는 자로 인식할 수 있는 가장 중요한 방법인 것이다.

효과적인 정보공시와 법적 책임 사이에는 너무 팽팽한 긴장이 존재한다. 선별적 공시에 대한 관심에서 발단해, 많은 변호사들이 기업은 애널리스트 및 투자자와 직접적으로 대화할 수 있는 기업의 대표인원 수를 엄격하게 제한해야 하며, 그 대표인단이 어떻게 의사소통하고 있는지에 대해 주의 깊게 관리해야 한다고 조언해왔다. 경영진이 이처럼 의도된 법적 조언을 잘 이행하는 한, 경영진의 법적 책임을 줄일 수 있는 것은 의심의 여지가 없다. 그러나 이렇게 함으로써 경영진은 신뢰성을 증대시킬 수 있는 엄청난 기회를 변호사로부터의 심적 평안과 맞바꾸게 된다.

우리의 조언은 변호사의 조언과는 정반대다. CEO, CFO, IR 책임자는 애널리스트와 투자자를 다루는 기업의 대표인단에 가능하면 많이 참여하도록 힘을 합쳐 노력해야 한다. 이는 주요 기능별 직원의 책임자뿐 아니라 주요 제품과 지역 단위별 책임자 등 모든 경영진을 포함한다. 물론 경영진은 공시와 관련된 증권법의 인지를 포함해 경영자들이 잘 이행할 수 있도록 가르치고, 그들의 활동을 서로 조화시켜야 한다.

경영진의 의사소통이 확대되고 향상되는 데 대한 비용과 법적 책임은 이 과정이 적절히 관리될 때 얻을 수 있는 이점에 비해 상대적으로 작다. 적절한 관리(properly managed)란 많은 경영진이 가능한 한 상호작용을 많이 하도록 제공하는 것을 의미한다.

일반적인 전략이 존재하고, 모든 경영진이 그 안에서 자신의 역할을 인지하고 있으며, 또한 경영진이 강력히다면 시장은 이를 스스로 파악힐 것이다. 시장은 경영자의 자질과 신뢰성이 높음을 인지할 것이고, 주주가치창출을 위한 경영자의 계획과 예측을 받아들일 것이다. 그러나 시장이 경영진의 자질과 신뢰성을 낮게 인식한다면, 경영진의 계획과 예측, 주가 또한 절하될 것이다. 개선된 공시 자체로는 불충분하다. 여러 번 언급했듯이, 성과가 중요하다. 그러나 기업의 성과와 주가는 더 나은 공시를 통해 충분히 평가되는 것이다.

제5부

해결책인가, 문제점인가

THE VALUE REPORTING REVOLUTION

The beginning of wisdom is to call things by their right names

Chinese proverb

제 12 장

Get on Board
동참하라

우리는 진실이 우리를 어느 곳으로 인도한다 해도 두려워하지 않고 따를 것입니다.

— 토머스 제퍼슨(Thomas Jefferson)이

윌리엄 로스코(William Roscoe)에게 보낸 편지 중에서

이 책에서 주장하고 있고, 시장과 이해관계자 등 공시된 정보를 사용하는 모든 사람들이 원할 것 같은 외부 공시에서 극적인 변화를 책임져야 할 사람은 누구인가? 물론, 최고경영진이 근본적인 책임을 져야 한다. 최고경영진은 사업부문의 경영진에게 명확한 사업 모델을 제시하고 성과평가에 사용될 방법을 정의하도록 요구해야 한다.

또 사업부문 경영자들은 이러한 방법을 사용해 사업을 관리해야 한다. 기업 경영진은 사업부문의 성과를 이러한 방법에 대비해 평가해야 한다. 주주들의 이익을 대표하는 이사회는 이 평가방법에 대해 필요한 정보를 투자자들이 얻을 수 있도록 신경 써야 한다. 이를 위해, 우선 이사회는 스스로가 필요한 정보를 보유하고 있는지를 명확히 할 필요가 있다.

만약에 이사회가 필요한 정보를 갖고 있지 않다면, 그것을 요구해야 한다. 상장회사의 이사들과 외부 공시의 범위가 확대되고 향상되기를 바라는 사람들이 실현시켜야 할 일인 것이다. 이 점은 주주들에 대한 이사회의 중요한 의무다. 조금 이상하게 들릴지는 모르지만, 이와 같이

중요한 일을 수행하는 사람들은 자신의 의무를 다하기 위해 개혁의 선구자가 돼야 한다.

때때로 감사위원회의 위원들은 회사가 부담한 위험과 실현시킨 이익 사이의 관계에 대한 정보를 포함해, 유형자산 및 무형자산에 대한 재무적·비재무적인 정보를 이사회가 최대한 얻을 수 있도록 중요한 역할을 할 것이다.

감사위원회든 전체 이사회든 간에, 누구든지 위의 정보를 위원회로 전달하는 책임을 진 사람은 그 책임을 훌륭하게 완수해야 한다. 바로 그러한 이유로 이 장 후반부에서 우리는 이사회를 위한 특정 기업가치 공시를 제안할 것이다.

정보를 보유하되 붙들고 있지 마라

이사회와 주주가 경영진을 평가할 수 있는 정보를 확실히 받는 것은 지배구조의 탄탄한 보증서로서, 정보를 보고하는 행위는 회사관리 및 기업지배구조를 향상시킨다.

기업지배구조에 관한 저명한 전문가인 루이스 로웬스타인(Louis Lowenstein)은 미국 자본시장에 미치는 재무회계의 역할에 대해 다음과 같이 논하고 있다.

재무회계는 기업지배구조의 유지를 위한 중요한 수단이다. 재무회계는 경영진의 성과에 가장 분명한 내용을 제공하고, 가장 공정하고, 세부적이며 명확한 설명을 해준다. 만약에 재무회계가 존재하지 않는다면 불충분하고 일관성 없는 내부자료에 의존하거나, 불완전한 자료를 참조하는 것 외에는 금융기관이나 주주 또는 시장이 회사의 성과에 대해 정밀하게 조사할 수 없을 것이다.[1]

SEC의 회장인 레빗도 비슷한 주장을 폈다.『더 많은 국가들이 자본문화(equity culture)를 수용할수록 양질의 재무정보가 시장을 주도하는 통화가 될 것이다.』『강력하고 효과적인 기업지배구조의 위임은 그러한 통화성을 부여하는 가장 최선의 방법이다.』[2]

우리는 효과적인 지배구조를 위한 재무회계의 중요성에 대해 레빗과 로웬스타인의 의견에 동의하는 한편, 현 재무회계 모델의 수정이 필요하다고 생각한다. 현 모델은 주주들이 필요로 하는 정보를 더 이상 충족시켜줄 수 없으며, 이사회는 이사들이 책임을 완벽하게 수행하도록 할 수도 없다. 제8장에서 설명한 바와 같이 효과적인 기업지배는 기업가치공시를 요구하고 있으며, 이에 따라 실현될 수 있다. 따라서 이사회는 이 개념을 받아들여야 함은 물론, 현실화해야 한다.

보편적으로 건실한 지배구조

20세기 후반의 20년은 미국에서 시작되어 영국, 호주, 그리고 최근 유럽 대륙과 아시아로 확산된 기업구조에 대한 관심이 고조되는 시기였다. 기업지배구조에 대한 관심의 증가는 다음과 같이 광범위한 문제에 대한 대형 기관투자가의 관심에서부터 시작되었다. 지속적으로 목표를 달성하지 못한 몇몇 기업들, 세상을 떠들썩하게 했던 실패, 만연한 기업구조조정, 민영화 작업, 국내 · 국외시장에서의 자본유치의 희망, 이해관계자의 관심(고객 · 직원 · 사회 등), 확대된 투명성에 대한 다양한 압력 등이 그것이었다.

이 고조된 관심에서 나온 주목할 만한 결과로는 1992년에 캐드베리위원회(Cadbury Committee)에서 발간한 「영국 기업지배구조의 재무부문에 대한 보고서」와 NYSE 및 NASD가 후원한 기업감사위원회의 효과제고에 관한 미국 블루 리본위원회(Blue Ribbon Committee : BRC), OECD가 설립한 「회원국가의 의견을 통합할 수 있는 구속력이 없는 원

칙을 개발하는 임무를 띤」 기업지배에 관한 특별 태스크 포스 팀 등을
들 수 있다.[3]

1999년 OECD의 특별 태스크 포스 팀은 스물아홉 개 회원국가에서
제공받은 정보를 바탕으로 아주 기본적인 기업지배구조 지침을 발간했
다.[4] 이 보고서는 다섯 가지 원칙을 명시하고 있는데, 특히 네번째 원칙
은 외부용 보고서에 대해 직접적으로 논하고 있다. 원칙은 다음과 같다.

1. 주주의 권리
2. 주주에 대한 공평한 대우
3. 주주의 역할
4. 공시 및 투명성
5. 이사회의 책임

이 보고서는 또한 중요하고 보고되어야 하는 정보를 일곱 개로 분류
해 정의하고 있다. 그러나 이들 분류가 모든 정보를 포함하는 것은 아
니라는 점에 주의해야 한다.

1. 회사의 재무 및 영업성과
2. 회사의 목적
3. 대주주 및 투표권
4. 이사의 구성원 및 주요 경영진과 이들의 보수
5. 예측되는 중요한 위험 요소
6. 종업원 및 이해관계자와 관련된 중요한 쟁점
7. 지배구조 및 정책

이 일곱 개의 분류 정보는 재무성과, 위험성, 목표와 다른 이해관계
자의 희망 및 정보 요구 등 우리가 외부보고에 대해 중요하다고 생각하

는 많은 점에 대해 나열하고 있다. 만일 기업가치공시(ValueReporting)가 외부공시에 대한 기준으로 채택된다면 무형자산 및 비재무적 성과 동인에 대한 정보에 큰 중점을 두어야 한다. 위험에 대한 좀더 폭넓은 정의가 개발되고 채택돼야 한다.

《기업지배구조와 이사회—무엇이 가장 효과적인가?(Corporate Governance and the Board—What Works Best)》라는 책에서 리처드 스타인버그(Richard Steinberg)와 캐서린 브로밀로(Catherine Bromilow)는 건실한 지배구조에 대한 성과평가의 중요성을 강조하고 있다. 그들은 이사회와 경영진은 『어떠한 재무적 및 비재무적 정보가 기본적 성과평가에 사용되는지에 대해 동의하고, 또한 목표와 업무수행에 대해서도 합의를 이루어야 한다』고 명확히 주장하고 있다.[5] 스타인버그와 브로밀로는 성과지표, 특히 선행지표는 수정이 필요할 때를 대비해 정규적으로 검토돼야 한다고 강조하고 있다.

마지막으로 앞에서 알아본 바와 같이 정보의 내용뿐만 아니라 정보를 어떻게 보고할 것인지도 중요하다. 「특별 태스크 포스 팀의 보고서」도 이 차이점에 대해 보고하고 있다. 『인터넷과 다른 정보기술 또한 정보 보급의 향상 기회를 제공한다.』[6] OECD 출판물도 이 쟁점을 더욱 깊이 있게 다루면서 새로운 정보기술이 회사와 감독기관의 관계를 변화시킬 것이라고 권고하고 있다. 그리고 인터넷이 『주주, 회사, 중간자 및 대중의 관계를 완전히 변화시킬 것』[7]이라고 평하고 있다. 우리는 이 점에 대해 다음 장에서 더욱 깊이 생각해볼 것이다.

감사위원회의 강화

OECD의 태스크 포스 팀은 건실한 기업지배구조에 대한 원칙을 명백히 논하고 있지만, 원칙을 어떻게 실무에 적용하는가에 대해서는 거의 언급하고 있지 않다. OECD와는 다르게 BRC는 「의미 있는 변화를 위

1. NYSE와 NASD는 감사위원회 위원들에게 적용할 독립성에 대한 새로운 정의를 채택해야 한다.

2. NYSE와 NASD는 독립적 이사들만으로 상장회사의 감사위원회 위원을 구성하도록 요구해야 한다.

3. NYSE와 NASD는 상장회사의 감사위원회가 최소한 세 명으로 구성돼야 하며, 이 모든 위원은 재무적 내용을 이해하거나 지득해야 하며 최소한 한 명은 재무전문가일 것을 요구해야 한다.

4. NYSE와 NASD는 모든 상장회사가 ① 전체 이사회로부터 승인을 받은 감사위원회의 임무 및 임무수행에 대한 정관을 채택해야 하며, ② 정관의 타당성을 매년 검토 및 평가받도록 요구해야 한다.

5. SEC는 회사들이 상기 정관의 채택 여부를 공시할 것을 요구해야 하며, 채택이 됐다면 정관에 명시된 임무에 대한 감사위원회의 준수 여부를 공시해야 하며, 3년마다 정관을 다시 공표할 것을 요구해야 한다.

6. NYSE와 NASD는 모든 상장회사의 감사위원회 정관에 외부감사자가 결과적으로 외부감사인을 선택, 평가 및 필요시 교체할 수 있는 이사회 및 감사위원회에 직접 보고하는 것을 명확히 제시하도록 요구해야 한다.

7. NYSE와 NASD는 모든 상장회사의 감사위원회 정관에서 회사와 감사와의 모든 관계의 내용을 받아 외부감사인과 논의할 것(독립성 기준평의회 기준 1과 동일함)과 외부감사인의 독립성 유지를 위해 필요한 행동을 취할 것을 요구해야 한다.

8. 일반적으로 인정되는 감사기준(GAAS)은 외부감사인이 회사에 대한 회계원칙의 적용 뿐만 아니라 적용의 질을 감사위원회와 논의할 것을 요구해야 한다.

9. SEC는 공시의무가 있는 모든 회사는 회사 주주들에게 보내는 결산보고서 및 10-K보고서(Form 10-K)에, 감사위원회로부터의 의견서를 포함시킬 것을 요구해야 한다.

10. SEC는 외부감사인이 회사의 10-Q 보고서(Form 10-Q)를 제출하기 전 SAS 71에 따른 중간 재무검토를 할 것을 요구하며, 외부감사인이 감사위원회 또는 위원장과 중요한 사항을 검토할 수 있도록 SAS 71을 수정할 것을 요구해야 한다.

한 청사진을 작성」[8]하는 데 특히 초점을 두고 있다.

BRC의 후원자인 NYSE와 NASD는 「기업재무보고 절차를 감독하는 감사위원회의 역할 강화 방안」[9]을 요청했다. BRC의 보고에 따르면『투자자들이 건실한 기업지배구조를 평가하는 데 공시와 투명성이 첫번째 품질 보증서가 되었다』[10]고 밝히고 있다.

그 보고서는 개선된 재무보고의 필요성에 대해 결론을 내렸다. 최소한 이 개선점이 이미 이 책에서 언급됐던 몇 가지 문제점, 즉 초과이익 관리 및 명백한 사기 등을 강조하고 있다. 또 몇 가지 이점도 산출하게 될 것이다. BRC가 찾은 가장 중요한 두 가지 이익은 자본의 효율적 분배와 자본비용의 감소다.

위원회는 이와 같은 이익을 실현하기 위한 열 가지 권고를 NYSE, NASD, SEC 및 감사인 등에게 명확히 하고 있다(BRC의 「기업 감사위원회의 효과를 향상시키는 열 가지 권고」 참고). 기본적으로 강조되고 있는 것은 감사위원회의 독립성을 향상시키고, 더욱 효과적으로 만들고, 주요 기관 간의 책임을 향상시키는 점이다. 1999년 12월 SEC, NYSE, NASD, 미국 증권거래소는 위의 권고로부터 상당한 영향을 받은 새로운 규정을 채택했다. AICPA의 감사기준 심의회도 외부감사인들에게 적용되는 관련 규정을 채택했다.

BRC의 권고를 반영한 새로운 규정이 감사위원회의 감독책임 효과에 중요한 영향을 미치길 기대하지만, 더 넓은 의미의 기업지배구조 관점에서 이 책에서 제기되고 OECD에 의해 인지된 공시에 대한 쟁점을 언급하고 있지는 않다. 그리고 새로운 규정은 감사위원회의 임무에 머물러 있으며, 이사회의 임무인 정보 및 전달의 감독책임을 추월한다는 것에 대해서도 논하고 있지 않다.

더 큰 의미의 이사회

왜 이사회는 현 공시 모형과 재무보고를 감독하는 감사위원회의 역할에 만족하고, 현 상황을 유지할 수 없는가? 회사 경영진이 회사운영을 위해 사용하는 정보와 시장에서 중요하다고 간주되는 정보와 비교할 때, 회사가 보고해야만 하는 재무정보의 중요도는 극히 낮다. 따라서 이사회는 더 폭넓은 정보를 고려해야만 한다. 감사위원회는 믿을 수 있고, 적시에 사용 가능한, 많은 정보를 미리 준비할 수 있도록 책임을 져야 하는 당사자일 것이다. 그러나 이런 책임을 수용하는 것은 위원회의 역할에 새로운 중요성을 부여하게 될 것이다.

감사위원회가 「재무정보」뿐 아니라, 경영에 필요한 「정보」를 감독하는 의무도 수용한다면, 감사위원회는 회사의 어려움을 보호하는 단체일 뿐만 아니라, 경영진의 고도 성장을 지원하는 단체로서도 자리매김할 수 있다. 제8장에서 언급했듯이, 감사위원회는 더 폭넓은 위험에 대한 책임도 짊어지게 될 것이다. 확대된 감사위원회의 역할은 현재 가치추구에 따른 위험이 무엇이며, 무엇이 기대가치이며, 위험관리가 어떻게 관리되고 있는지에 대해 회사의 위험관리 정보가 분명히 설명하도록 보장하는 것이다.

이사회를 위한 기업가치공시의 제안

만일 이사회나 감사위원회가 책임의 범위를 확대한다면, 우리는 이사회나 감사위원회가 다음과 같이 적극적인 역할을 해주기를 바란다.

- 가치창출 및 평가에 중요한 것으로 간주되는 재무적·비재무적 정보를 결정할 것을 회사에게 요구함.
- 경영진이 상기 정보를 적시에 이사회에 보고하는 것을 감독함.
- 주요 정보를 외부 이해관계자에게 공시함.
- 회사가 위험과 이익과의 기대하는 관계에 대한 정보를 포함한 위험관리 시스템을 갖추도록 보장함.

- 위험관리 시스템과 이 시스템에서 산출된 정보를 이사회에 보고함.
- 위의 시스템과 산출된 정보를 외부 이해관계자에게 공시함.
- 경영진으로부터 규정되지 않은 성과지표의 효과성, 위험관리 시스템 및 이 시스템에서 산출하는 위험관련 정보를 정규적으로 평가하는지 확인.

비재무적 공시에서 가치기반의 공시로의 초점 및 필요성을 확장시킴으로써, 이러한 권고는 기업지배구조를 향상하는 데 외부감사인의 역할을 변화시킬 수도 있다. 감사위원회의 잠재적인 책임 확대와 비슷하게, 외부 감사인의 확대된 역할도 단지 현 자본시장과 관련된, 좀더 광범위한 정보와 외부 감사인의 현행 책임을 조정하는 문제인 것이다. 이는 제13장에서 좀더 자세하게 살펴보도록 하겠다.

차이점이 생길 것인가?

현재까지 훌륭한 기업지배구조와 성과 간의 관계에 대한 연구는 명확한 결과를 얻지는 못했다. 평의회(Conference Board)가 수행한 연구에서, 인디애나 대학의 재무 및 공공정책 전공 교수인 진 패터슨 박사(Dr. Jeanne Patterson)는 기업지배구조와 성과의 관계에 대한 열네 가지 연구를 검토했다. 그는 전반적으로 자신의 연구가 『기업 지배구조와 회사성과의 관계성을 형성하는 데에 부분적 성과를 얻었다』는 결론을 내렸다.[11] 그 이유는 지배구조와 성과의 측정방법에 문제가 있었기 때문이다.

하지만 2000년 6월 맥킨지사에서 실시한 세계 투자자의 의견에 대한 연구는 다섯 명 중 네 명의 미국 투자자들은 건실한 지배구조를 갖춘 회사의 주식을 건실하지 못한 지배구조를 가진 회사의 주식보다 더 높은 가격에 매수하겠다는 결과를 보여준다. 전세계 투자자들을 상대로 수행한 조사의 평균은 다소 낮은 비율을 나타냈다. 투자자들은 얼마나 더 지불할 용의가 있는가? 미국 내에서는 18% 정도를 추가 지불하겠다고 했으며, 세계 평균은 약 22%를 더 내겠다고 했다.[12]

맥킨지의 연구에 따라 정의한, 건실한 기업지배구조의 여섯 가지 조건은 다음과 같다.

1. 과반수 이상의 외부이사를 영입한 이사회
2. 경영진과 관계가 없는 독립적 이사진
3. 상당수의 주식을 소유한 이사진
4. 공식적인 이사에 대한 평가
5. 상당 부분을 주식/주식매수선택권으로 보상받는 이사진
6. 회사지배구조 사안에 대한 투자자의 정보 요구에 건실한 응답을 하는 이사회[13]

이들 조건은 위와 같은 모든 연구의 본질을 반영하고 있다. 이들 조건은 이사회의 구조 및 캘리포니아 직원 연금 시스템(California Public Employees' Retirement System : CalPERS)이나 IR와 같은 외부 투자 활동가들의 행동에 초점을 두고 있다. 본 조건은 이사회가 주요 결정을 하는 데 이용하는 정보——M&A 정보 또는 이사회가 경영진의 성과를 어떻게 평가 또는 관리하는가——에 대해 고려하고 있지 않다. 우리는 실험을 통해 검증될 수 있는 가설을 제시한다. 경영진이 기업가치의 보고를 대내외적으로 이용하도록 주장하는 이사회를 보유한 회사는 그렇지 않은 회사보다 장기적으로 더 좋은 성과를 거둘 것이다.

이 가설의 장점은 매우 분명하다. 기업가치의 보고는 경영진의 의사결정에 유용한 정보를 제공하며 투자자들에게도 유용한 정보를 제공한다. 또 충분한 정보를 인지한 투자자는 좀더 나은 투자결정을 할 수 있으

며, 적절한 주가로 회사를 평가할 수 있음을 여러 번 제시한 일이 있다.

그러나 이사회와 경영진은 중요한 정보를 주주와 공유했을 때의 장점과 이에 따라 경쟁업체에 이익을 주어 결과적으로 회사의 가치를 감소시키는 위험성 사이의 균형을 유지해야만 한다. 물론 이 가설은 이사회 스스로가 정확한 정보를 얻고, 회사가 개인이나 기관 투자가에게 정보를 제공한다는 가정에서 증명될 수 있다.

영국의 기업지배구조위원회——U.K Committee on Corporate Governance, 회장 로니 햄플(Ronnie Hampel)의 이름을 따 주로 「햄플 보고서(Hampel Report)」라고 일컬음——는 이 점에 대해 명확히 논하고 있다. 이 위원회의 마지막 보고서에서 회사의 이사회의 효과성은 『이사회가 받는 정보의 형태, 시간, 질에 따라 상당히 좌우된다』[14]고 논하고 있다. 결국 이사회 스스로가 정확한 정보의 획득에 대한 책임이 있는 것이다. 이는 우선적으로 일정 수준의 건실한 지배구조를 의미한다.

캐나다에서 CEO 및 이사회를 대상으로 실행한 설문조사에 따르면, 효과적인 지배구조를 선택한 이사회는 주요 전략에 대해 회사가 얼마나 잘 수행하는지를 평가할 수 있는 좀더 많은 정보, 특히 비재무적인 정보를 제공받고 있는 것으로 나타났다.[15] 다시 말하자면, 이러한 평가 방법 및 정보는 회사의 기업지배구조를 향상시킨다는 뜻이다. 건실한 기업지배와 성과에 대한 정확한 정보는 서로를 호혜적으로 강화시킨다.

진실한 동업

여기에서 우리가 정말 요구하는 것은 무엇인가? 만약에 경영진이 주주들을 위해 가치를 창출한다는 것을 믿는다면, 경영진은 고객과 직원을 대하듯이 주주를 파트너처럼 대해야 할 것이다. 이것은 회사의 전략, 계획 및 성과와 관련해 주주로부터 응답을 요구하는 일이자 주주들의 관심과 충고를 청취하는 것이다.

영국의 캐드베리위원회는 『주주들과 장기적 관계를 맺기 위해서는 회사가 대주주들에게 회사의 전략을 전하고, 주주들은 이 전략을 이해하는 것이 중요하다』[16]고 언급하고 있다. 또 정보의 흐름은 쌍방향이어야 한다고 논하고 『주주는 그들의 관심을 유발하는 사업에 대한 시각이 있다면 이를 회사에게 전달하는 의사소통이 똑같이 중요하다』[17]고 덧붙였다.

물론 회사들이 개인투자자들에게 제공되지 않는 정보를 기관투자가들에게 제공한다는 염려가 있다. 이에 대한 캐드베리위원회의 논의가 있은 후 그 중요성은 더욱 커졌다. 이는 제15장에서 좀더 자세히 살펴보도록 하겠다.

경영진은 이미 많은 통로를 통해 시장의 응답을 받고 있다. 특히 대형 기관투자가들은 자신들의 의견을 알리는 데 주저하지 않는다. 회사주식의 큰 부분을 보유하고 있을 때 특히 그렇다. 캐드베리위원회의 권고에 기초해, 영국의 도시와 산업의 통합단체는 회사와 기관투자가와의 계약을 체결한다는 개념을 개발했다. 이 권고는 투자자들이 경영진에게 전략과 수행평가에 대해 더욱 적극적으로 의견을 제시한다는 것이다.[18]

유감스럽게도 경영진은 종종 이런 요구되지 않은 정보를 불필요한 정보라든가 너무 단기간적이라고 생각하며, 그것을 신뢰하지도 않는다. 선임 경영자는 주주보다는 고객과 직원의 의견에 더욱 관심을 갖는다. 이러한 것은 이익 추정 측면에서뿐만 아니라 향후 계획 및 현재의 성과에 대해 주주에게 제공되는 정보 측면에서도, 주주를 관리하기 위한 경영진의 계속적인 노력에도 나타난다.

만일에 고위 경영자들이 주주들을 진실된 동업자로 인식한다면, 주주들이 필요로 하고 원하는 정보를 제공해야 된다. 이사회는 고삐를 당겨 위의 일을 이루도록 해야 한다. 만일에 시장이 전략동기 또는 인수 제안을 반대하고 사업부문이 없어져야 된다고 생각한다면, 그만한 이유가 있을 것이다. 경영진은 시장의 의견을 받아들이거나 투자자의 의사를 바꿀 수 있을 만큼 충분한 정보를 제공해야 한다.

Standard Setters
공시기준을 정하는 사람들

모든 인간은 진실이 존재한다고 생각하면서 자기만족에 빠지거나,

아예 의문을 가지지 않는다.

── 찰스 샌더스 피어스(Charles Sanders Pierce),

《전집(Collected Papers)》(1931~58)

모든 혁명은 군대를 전쟁터로 인도하기 위해 기수(旗手)를 필요로 한다. 기수는 필수불가결하고 활기찬 역할이지만, 확실히 위험으로 가득차 있다. 기수는 적군의 눈에 가장 잘 띄므로, 종종 총탄을 맞고 일부는 전사하기도 한다.

기업가치공시 혁명이라는 전쟁터에서 가장 위험한 적 가운데 하나가 「혼동」이다. 정보는 넘치지만 해석이 안 될 때, 정보의 타당성, 정보의 일관된 의미 또는 정보원 간의 비교성이 결여될 때 혼동이 지배한다.

이러한 혁명에서, 기준 제정자가 기수가 될 때 정보의 혼동이 제거될 것이다. 즉 정보의 타당성이 분명해지거나, 정보의 의미가 오랜 시간 지속적으로 동일하거나, 그 정보가 다른 정보들과 비교될 수 있을 때 정보의 혼동은 제거된다.

안타깝게도 기준 제정자의 역할 또한 위험을 수반한다. 더욱 안타까운 것은, 정보의 전쟁터에서 가장 위험한 적은 자신의 군대일 수 있다는 데 있다.

전쟁터에서 화합의 장으로 전환

기업가치공시의 혁명에서 적과 아군은 휴전을 통해 공동의 영역을 찾아야 한다. 이는 정보의 혼동이 사라지고 기업이 비재무적 성과를 정확하게 평가한 후, 시간의 경과에 따라 기업 간에 의미 있는 결과를 보고할 때 이룰 수 있다.

명백히 투자자에게 공동 영역은 가치 있는 것이다. 기업의 경영진에게 그 가치는 재무적 지표에서와 같이, 좀더 효과적으로 기업을 경영할 수 있고, 경쟁업체에 대비해 기업의 성과를 비교검토할 수 있는 향상된 능력에서 비롯된다.

공동의 영역을 발견하는 것은 논쟁거리를 해소하는 것을 의미한다. 이 경우에 논쟁은 자율규제에 따르든 외부의 강요에 따르든, 또는 이 둘에 따르든 간에, 새롭고 더 많은 기준이 설립돼야 한다는 암시에서 발생한다. 기업의 경영진이 이러한 개념을 받아들이기를 꺼릴 것임은 이미 예상할 수 있다. 『내가 가장 필요로 하지 않는 것은 공시규정의 증가다. 그것은 마치 회계법인을 위한 완전고용법처럼 들린다.』

그렇다. 규제는 기업에 추가 비용을 발생시킨다. 그러나 일부의 규제 감독은 회피할 수 없다. 비교 가능성은 기준을 필요로 하며, 기준은 어느 정도의 규제를 필요로 한다. 가장 바람직한 것은, 자신이 사용할 기준을 개발하기 위해 다른 기업과의 협력에 근거한 자율규제다.

이로 인해 정말로 회계법인이 완전고용으로 이어질지는 지켜볼 일이다. 투명성의 측면에서, 그리고 정당하게 카드를 내놓는다는 측면에서, 우리는 회계법인이 자율규제운동에 매우 유용한 역할을 담당할 수 있다고 생각한다. 그렇게 된다면, 시장은 더 좋아질 것이다.

그런데 비재무적 성과평가 기준의 개발에 중요한 역할을 담당할 대형 회계법인은 형식과 기능, 태도와 목적에서 극적인 내부변화를 도모해야만 한다. 그들이 변화할지는 의문으로 남아 있다.

세계는 기준을 필요로 한다

제6장에서 국가 감독기관과 합동으로 회계전문가가 개발한 회계기준의 중요성을 논의했다. 또 기준의 수가 지속적으로 늘고, 이에 따라 규칙의 복잡성이 가져오는 소송의 문제에 대해 언급했다.

감사된 재무수치는 장점을 갖는다. 장점 중 하나는 기업 간에 개략적인 비교가 가능하다는 것이다. 상이한 회사 간에는 약간 다른 방법으로 수익을 계산하기 때문에 때로는 약간의 조정이 있을지라도, 서로의 수익을 비교할 수 있다. 제5장에서 논의된 이유로 인해, 한 회사의 소득은 다른 회사의 소득과 비교될 수 있다. 한 산업 내에서 기업들 간에 재무지표를 아무 생각 없이 기계적으로 비교할 수는 없지만, 대부분의 투자자들은 그들의 목적을 위해 충분히 의미 있는 비교를 할 수 있으며, 때로는 지표를 좀더 직접적으로 서로간에 연결해 판단을 하기도 한다.

재무수치의 두번째 장점은 상당히 일관된 측정방법에 기초하고 있다는 것이다. 전문용어로서, 횡적 및 종적 비교의 결합은 상당한 양의 의미 있는 분석이 가능하다는 것을 뜻한다. 이로써 투자자는 특정 기업 또는 그 경쟁업체에 대한 투자의 본질적·상대적 매력을 판단할 수 있게 된다.

무형자산 및 비재무적 가치동인에 대한 지표가 재무적 지표와 같이 의미가 있으려면, 이를 위한 기준 역시 제정돼야 한다. 그래야 비로소 투자자는 시장점유율, 고객확보율, 신제품 출시, 이직률 및 지적 자본과 같은 핵심 지표에 따라 적어도 기업 간의 동질적인 비교에 착수할 수 있게 된다. 또 기업은 스스로의 성과를 경쟁업체와 비교할 수 있다. 그 때, 투자자와 기업의 양 부문은 제1장에서 논의된「비즈니스 모델」의 개념을 이용해, 상이한 여러 성과 지표들 사이의 관계에 대해 좀더 깊은 성찰을 개발할 수 있다. 정보 이용자들은 재무적 성과평가와 같이 여기에서도 판단을 사용하고 일부 조정을 가하지 않으면 안 될 것이다.

일단 상대적으로 질서 있는 재무적 지표의 영역 밖에서는 일정하지 않은 것처럼 보인다. 많은 비재무적 지표의 수치들은 각 회계법인이 그들 자신만의 회계기준을 갖고 고객의 작업에 적용했던 20세기 초기의 재무적 지표와 놀라울 정도로 많이 유사하다.

오늘날의 개별 기업들은 미래가치 예측성을 갖는 비재무적 성과지표에 관해 신뢰할 수 있고 타당한 성과평가 방법을 개발한 반면, 가장 중요한 가치동인은 아직 찾아내지도 못했다. 회계법인 또는 이 문제에 관한 개별기업의 입장에서, 핵심지표에 대한 그들 자신만의 기준을 개발한 기업은 특정 산업 내에서조차 거의 없다.

많은 사람들은 이것이 이루어져야 한다고 믿는다. 예를 들어 런던 경영대학원(London Business School)의 존 헌트(John Hunt) 교수는, 닷컴 사업부문은 인적 자원의 중요성(특히 대체인력이 희소하므로) 때문에 「신뢰할 만한 인적 자산의 측정」이 필수라고 주장한다.[1]

헌트는 『이들 무형자산을 평가하는 기준의 선택에 대해 항상 논쟁이 있을 것』이라고 인정하지만, 그 논쟁을 「부차적인 의문」으로 보며 『10년 안에 인적 자산의 평가는 일반적인 것이 될 것』이라고 말한다. 그리고 회계 전문가에 대한 경고로서, 『회계사의 역할은 이제 한계점에 이르고 있다』고 결론짓는다.

혁신적인 시작

비재무적 지표의 기준 개발을 위한 가장 야심적인 노력 중 하나가 세계공시혁신운동(Global Reporting Initiative : GRI)이다. GRI는 세계적으로 적용할 수 있는 지속 가능성 공시지침(Sustainability Reporting Guidelines)의 개발과 전파에 초점을 두었으며, 다방면의 이해관계자에 따른 국제적이고 장기적인 시도다. 기업은 자발적으로 이 지침을 사용해 경제, 환경 및 사회적——세 가지 측면의 이익——성과에 관한

보고를 할 수 있다. 2000년 6월, GRI는 기업이 따라야 할——세 가지
측면의 이익에 관해 보고해야 하는 권고를 포함하는——새로운 지침을
공표했다.[2]

진보적인 전개

GRI는 세 가지 측면에 대한 이익 정보를 공시하는 기업들과 그 정보
를 이용하는 이해관계자들 사이에 의견일치를 이루기 위해 힘써왔다.
일부 지표는 다른 지표보다 더 많은 진척을 보였다. 환경부문은 가장
널리 이해되고 가장 잘 수립된 이익의 세 가지 측면 중 하나이기 때문
에, 여러 지표 가운데 최고의 합의를 보이는 것은 놀라운 일이 아니다.
보고되어야 하는 환경부문 지표의 범주는 에너지, 물질, 물, 배기, 오폐
수 및 폐기물, 교통, 토지의 사용 및 생명의 다양성, 법규 준수, 그리고
공급자, 제품 및 용역과 관련된 환경문제 등이다. 이들 범주의 각각에
대해 보편적으로 일치되지는 않을지라도, 평가되어야 하는 대상에 관
한 정의가 존재하며, 이들 지표의 공시에 사용될 수 있는 방법에 관해
중요한 의미의 합의가 존재한다.

GRI는 경제 및 사회지표의 개발에 더딘 진전을 보여왔지만, 〈도표
13-1〉과 같이 권장할 만하고 선택적인 경제 및 사회지표를 공표했다.
GRI는 환경지표와 같은 수준의 합의로 발전시키기 위한 첫 단계로써,
이 표를 기업들에게 배부해 검토결과를 요청했다.

앞 장에서 설명한 주주 중심의 성과평가에서처럼, 이 새로운 성과 지
표도 재무적 · 비재무적 지표를 모두 포함한다. 일부는 유형자산을, 일
부는 무형자산을 언급한다. 일부는 단기에 초점을 두는 반면에, 일부는
이보다 장기 지향적이다.

〈도표 13-1〉은 우리의 산업조사가 응답자에게 매우 중요한 것으로 확
인한 일부 지표와 GRI 지표 사이에 많은 중복이 있음을 보여준다. 경영
의 질, 직원확보율, 고객만족도 및 인력의 연수와 교육이 이러한 중복

GRI가 제안한 경제 및 사회적 지표

경제적 차원

범 주	지 표
이익	– 순이익/매출/소득(net profit/revenue/income) – 이자 및 세전 이익 – 매출총이익 – 평균투하자본 이익률 – 배당금
무형자산	– 장부가 대비 시가의 비율
투자	– 인적 자본 – 연구개발 – 기타 자본투자 – 부채비율
임금 및 복지	– 국가별 총임금 비용 – 국가별 총복지 비용
노동생산성	– 직업별 노동생산성 수준과 변동
조세	– 모든 조세기관에 납부한 조세
지역개발	– 유형별·국가별 직업, 절대변화 및 순변화 – 박애/자선의 기증
공급자	– 공급망과 아웃소싱(외부조달) 프로그램 및 절차의 경제 요소에 관한 공급자의 성과 – 보편적인 국내기준 또는 국제기준 위반의 수와 유형 – 아웃소싱한 업무의 성격 및 위치 – 아웃소싱한 제품 및 용역의 가치 – 지불 일정의 충족을 비롯해 공급자와의 계약을 실행하는 조직의 성과
제품 및 용역	– 주 제품 및 용역의 사용(가능한 경우, 처분 포함)과 관련한, 주요 경제 문제 및 영향

사회적 차원

범 주	지 표
경영의 질	– 직원유지율 – 사원 선발시, 선발전형 합격자 중 입사자 – 조직의 비전에 대한 직원 성향에 대한 증거 – 경영 의사결정에 대한 직원 침어의 증거 – 내외부 조사에서 고용주로서의 조직의 순위 – 직무만족 수준
건강 및 안전	– 보고된 건수 – 표준 상해, 비업무 일수 및 결근율 – 직원당 질병 및 상해 예방 투자
임금 및 복지	– 국가 최저임금 대비 직장 최저임금 비율 – 생계비 대비 최저임금 비율 – 직원에게 제공되는 건강 및 연금 수혜

GRI가 제안한 경제 및 사회적 지표

사회적 차원

범　　주	지　　표
무차별	– 경영진, 고위 및 중간관리자 지위에서 여성의 비율 – 차별 관련 소송의 빈도 및 유형 – 소수자에 대한 조언 프로그램
연수·교육	– 연간 운영비용 대비 연수예산의 비율 – 의사결정에 대한 직원참여 강화 프로그램 – 직원교육 평균연수의 변화
유아노동	– 유아노동 법규 위반의 입증된 사건 – 유아노동 관행에 대한 제3자의 인식·판정
강제노동	– 기록된 직원탄원의 수 – 조직의 감사를 통해 확인된 사건
집회의 자유	– 직원의 포럼 및 갖추어놓은 탄원절차 – 반노동조합 관행에 관한 법적 행위의 수와 유형 – 비노조 시설 또는 산하기관을 만드는 데 대한 조직의 반응
일반	– 투자에 있어서 인권검열의 적용 – 조직의 관행을 체계적으로 모니터하는 증거 – 위반 혐의 수와 형태, 조직의 입장 및 반응
토착인의 권한	– 토착인을 포함하는 지역에 있어서의 의사결정에 토착인 대표의 증거 – 항의의 수와 원인
안보	– 안보 및 인권을 국가위험 평가 및 시설계획에 통합하는 사례 – 안보 무력행위의 희생자에 대한 보상과 복구
공급자	– 공급 체인과 아웃소싱(외부조달) 프로그램 및 절차의 사회적 요소에 관한 공급자의 성과 – 보편적인 국내기준 또는 국제기준 위반의 수와 유형 – 노동조건에 관한 계약자의 모니터 빈도
제품 및 용역	– 주 제품 및 용역의 사용과 관련한 주요 사회문제 및 영향 – 고객만족도

출처 : http://www.globalreporting.org/Guidelines/June2000/June2000GuidelinesDownload.htm

의 예다. 이는 다른 이해관계자의 욕구를 충족시키며, 또한 주주의 욕구를 실질적으로 충족시키는 데 기여할 수 있다는 결론을 지지해준다.

누가 작업하고 있는가?

세 가지 측면에 대한 기준의 개발에서, GRI는 21개 기업과 함께 작업하고 있다. 이들 기업은 시험적 장소를 제공해 필요한 정의 및 측정방법과 함께 공시지침의 개발을 돕고 있다. 쉘은 이 단체의 적극적인 참여자였으며, 제9장에서 논의한 대로 쉘이 계획한 핵심 성과지표와 GRI의 지표 사이에는 상당량의 중복이 있다.

다른 시험적 기업들로는 TXU 유럽(TXU Europe), 브리티시 항공(British Airways), 밴 시티(Van City), 노보 노르디스크, 브리스톨 마이어 스큅(Bristol-Myers Squibb), GM, 포드, 백스터 인터내셔널(Baxter International), 석유화학 기업인 새솔(SASOL)과 서너코(Sunoco)가 있다. 1999년 브리스톨 마이어 스큅은 처음으로 GRI의 지침에 따라 보고서를 공표했다.

회계법인은 어디에 있는가?

세 가지 측면의 세계에서, 회계법인은 특권적인 지위를 점유하지 못한다. 그들은 평가기준 및 감사기준을 개발하는 데 거의 또는 전혀 역할을 하지 못하고 있다. 쉘은《쉘 2000년 보고서》에서 명백히 이에 대한 주의를 촉구했다.『전형적인 확인방법만 가지고는 필요한 확신을 제공하지 못한다.』예를 들어 5대 회계법인 중 누가 어떻게 나이지리아 쉘의 인권 성과를 감사할 수 있는가? KPMG와 프라이스워터하우스쿠퍼스가 쉘과 투명성 시도를 위해 밀접하게 작업해왔을지라도, 예를 들어 둘 중에 누가 쉘의 보안준비를, 또는 페루 우림 가스지대 가까이 사는 토착민에 대한 이해관계자의 관계 정도를 어떻게 잘 평가할 수 있을까?

거기에 측정과 기준이 있다. 사회·환경 및 윤리 성과에 대한 지표에서, GRI는 어카운트어빌리티(AccountAbility)라는 비영리 단체와 협동해 작업하고 있다. 이는 「사회적이고 윤리적인 회계, 감사 및 공시(SEAAR)」에 관한 어카운트어빌리티의 부상하는 처리기준을 지원할 감사지침을 개발하기 위한 것이다.

질적 감사인, 건강 및 안전 검사인, 환경 전문가 및 혼합 비정부기구

(nongovernmental organization : NGO) 컨설팅 회사와 같은 직업이 전부 부상해왔으며, 그들은 이러한 분야의 작업을 위해 회계법인뿐만 아니라 그들 자신 간에도 경쟁을 한다. SGS, 아서 D. 리틀 및 ERM 같은 기업들은 이미 이러한 문제에 대한 지식 및 경험을 축적함으로써 존경할 만한 명성을 쌓아왔다. 여러 NGO들이 실제로 중요한 역할을 하는 회계법인에 대한 캠페인을 벌여왔다.

즉 이들 새로운 감사 전문가들은 그들 자신의 독립성 문제를 안고 있다. 컨설팅 용역을 제공하는 경우 그들이 회사의 환경, 건강 및 안전 보고서에 대해 보장한다면, 이해관계 단체와의 신뢰관계를 잃는 위험을 부담할 수 있다. 다방면의 이해관계자의 세계에서, 어느 것도 단순한 것은 없다. 역할은 매우 유동적이며, 그 역할의 정의조차 보편적인 동의를 결여할 수 있다.

기준의 개발

아무도 혁명이 고통스럽지 않을 것이라고 말하지 않았다. 경영진이 점점 더 번거로워지는 공시규정에 대해 우려하는 것은 당연하다. 이러한 우려는 좀더 폭넓은 성과평가에 대해 광범위하게 인정된 기준보다는 규정에 근거한 세부적인 규제가 전망되기 때문에 발생한다. 일단 경영자가 투명성 제고에 대한 불가피성과 효익을 인정하면, 같은 수의 규칙에서 좀더 많은 지표를 선호하게 될 것이다. 위의 예에서 보듯이 기준이 존재한다면, 시장의 힘은 추진의 원동력이 될 것이다.

그러면 이들 기준은 어떻게 개발돼야 하는가? 앞의 예에서 반영된 정신에 따라, 다음과 같이 시장의 힘을 통해 기준이 개발되는 것이 가장 좋을 것이다.

• 각 산업의 소수의 선도기업은 기준의 개발이 그들이 해야 할 올바

른 일이라는 데 동의한다. 그들의 참여 없이는 시장의 힘에 따른 방법은 작동하지 못한다.

- 프라이스워터하우스쿠퍼스가 하이테크, 금융 및 보험 분야에서 실시한 산업의 특정 조사와 같이, 커다란 정보 격차가 있는 지표들이 확인돼야 한다.
- 정보공급 체인의 다른 회원들과 기업들의 컨소시엄은 정보 사용자들(애널리스트, 투자자, NGO 등)과 전문가인 제3자(회계법인, 연구기관, 데이터베이스 회사, 학계, 컨설턴트, 평가단체 등)와 함께 작업해야 한다. 이 작업은 기업이 현재 어떻게 평가할 것인지 또는 적어도 어떻게 확인된 가치동인을 측정하도록 노력할지에 대한 것이다.
- 그 컨소시엄은 질적 차이(Quality Gap)를 최대한 좁힐 수 있도록, 특정 가치동인의 측정을 위해 현재 최고로 가능한 방법을 반영하는 권고안을 개발한다.
- 이 컨소시엄을 대표하는 기업들은 이 기준을 채용하고 외부보고에 사용함으로써 보고 차이(Reporting Gap)를 줄인다.
- 기업의 보고 대상인 정보 사용자들의 대표는 다른 기업들이 상응하는 정보를 제공하도록 압력을 가한다.
- 컨소시엄 회원들은 이 기준을 사용하는 현실 세계에 기초해 기준의 연관성, 신뢰성, 타당성 및 미래가치의 예측성에 대한 평가가 필요할 때 그 기준을 검토한다.
- 컨소시엄은 필요할 때 조정을 함으로써 타당성과 역사적 비교성 사이의 균형을 올바로 잡는다.

모순되지 않는 시장의 힘

왜 우리는 시장의 힘에 의거한 해결을 필요로 하는가? 두 가지 이유가 있다. 첫째, 기업의 자발적인 참여가 없으면 감독기관이 직접 개입하지 않는 한 어떠한 기준도 만들어지지 않는다. 이것은 전세계의 감독기관들이 처리해야 할 역사적인 재무회계 자료들로 쌓아놓고 있어, 단기적으로는 가능해 보이지 않는다.

그런데 회사 경영자들을 이 과정에 적극적으로 참여시키기 위해서는 기준의 개발이 그들의 이해관계에 최고로 기여할 것임——이로써 경영자들이 자신의 회사 경영을 잘 할 수 있으며, 회사 이해관계자들의 이해관계에 좀더 기여할 수 있도록 하며, 감독기관이 자의적으로 세부적인 평가기준을 부과할 가능성을 줄여줄 것이라는 점——을 설득할 필요가 있다. 아울러 경영자들은 외부 규제에 따른 해결이 규칙에 근거한 방법으로 이어지기 쉬운 반면에, 시장의 힘을 통한 자율규제의 해결은 원칙에 기초한 방법으로 이어지기 쉽다는 것을 인식해야 한다. 제6장은 재무적 지표에 관한 후자의 장점을 설명하고 있으며, 똑같은 논리가 다른 지표에 역시 적용된다.

시장의 힘을 통한 기준설정 방법의 둘째 이유는, 이 방법이 자본시장과 다른 이해관계자들과 관련이 있기 때문이다. 이 방법은 주주와 다른 이해관계자들이 외부로 보고되는 정보의 궁극적인 사용자들임을 인식한다. 그러므로 그들의 참여는 매우 중요하다. 그들은 수치와 함께 작업하며, 특정한 가치동인에 대한 성과의 평가 및 다른 동인들과의 관계 검토에서 그들이 원하는 것을 인지하고 있다.

이 사용자들은 그들이 찾아낼 수 있는 곳이라면 어디든지 정보를 검색하는 데 익숙해왔기 때문에 그들은 적어도 다른 사람들, 즉 컨설팅 회사, 제3자인 데이터베이스 회사 등이 개발한 지표나 방법에 익숙할 것이다. 이들 중 일부가 비재무적 지표를 위해 일반적으로 인정된 기준을 개발하는 기초를 형성하는 것도 당연하다.

실질적인 감독기관이란?

기준이 개발되어 있다고 가정하자. 외부의 감독기관들은 이에 대해 어떻게 할 것인가? 솔직히 말해 감독기관들은 많은 관심을 갖게 될 것이고, 결국 이에 동참하게 될 것이다. 시기와 방법이 문제다.

기준이 좀더 세련되고 널리 인정받게 됨에 따라, 대부분의 기업이 이 기준을 채용하지 않으면 비교 열위에 놓인다는 사실을 인식하게 될 것이다. 그리고 모든 기업이 산업 컨소시엄이 개발한 공통기준(common standards)을 사용해 이 지표들을 보고할 필요성을 강조한다.

물론 그 결과가 「규제의 '빛(lite)' (lite의 발음이 light의 발음과 같다는 데서)」이 되기를 희망한다. 이것은 산업에 근거한 기준설립의 컨소시엄이 최상의 판단을 하고, 훌륭한 기준 및 믿을 만한 평가방법의 개발과 그것을 엄격하게 준수하려는 그들의 책임을 철저히 받아들이면, 이루어질 가능성이 높다.

기준이 얼마나 표준적일 수 있는가?

우리는 기업 주도의, 산업에 근거한 컨소시엄이 개발한 기준에 관해 확실한 사례를 만들었다. 그렇지만 모든 산업에 적용될 보편적인 기준이라고는 주장하지 않는다. 이 전략은 GRI의 방법과는 명백히 다르다. GRI의 일부 지표는 전산업에 걸쳐 적용될 수 있으나 일부 환경 지표는 적용될 수 없을 것이다. 단기간 안에——실질적인 진전이 곧 이루어질 것이며——최상의 전략은 산업별 전략이다. 그 때는 어떤 평가기준이 전산업에 걸쳐 적용될지 시간이 말해줄 것이다.

그러나 무엇이 정확하게 산업인가? 이 외문에는 얼마간의 시간이 필요하다. 시장의 힘에 따른 방법은, 무엇이 특정 산업을 구성하는가에 대해 시장의 힘이 결정할 것을 요구한다. 예를 들어 금융 서비스 회사가 관련 사업으로 다변화함에 따라, 은행과 보험의 경계가 계속 희미해지고 있다. 그 금융산업의 참여자들이 분리된 은행 및 보험의 컨소시엄을 형성해야 하는지, 또는 통합 컨소시엄이 더 효과적일 것인지 결정해야 한다.

말하자면 다음과 같은 세 가지가 강조돼야 한다.

1. 시장의 힘은 관련 산업에 대한 합리적인 정의를 수립해야 한다. 이 정의는 동일한 고객을 놓고 기업들이 경쟁한다는 취지에 가장 적합해야 한다.

2. 일부 대기업 집단은 여러 산업에서 경쟁한다. 어떻게 할 것인가? 구미에 맞지 않을지 모르지만 간단한 해답이 있다. 각 산업의 사업부문이 어쨌든 시장이 원하는 대로, 그 사업부분 자체가 별도의 상장기업과 같이 공시하는 것이다.

3. 새로운 산업이 부상하면, 새로운 컨소시엄이 형성돼야 한다. 새로운 기업을 기존 산업에 강제로 맞추어 넣는 것보다, 차라리 새로운 산업의 정의가 부상할 때 인식하는 편이 낫다. 그러나 이는 하루아침에 발생하지 않는다. 당분간 새로운 회사는 기존의 산업으로 분류될 것이며, 새로운 기업은 임시 분류된 산업 모두에게 문제를 일으킬 것이다. 산업의 정의나 산업의 구성을 변경할 이유가 없기 때문에, 새로운 분류나 재분류가 필요해진다. 시장을 통한 자율규제의 방법에는 탄력성과 기준이 평화적으로 공존할 수 있다.

이것은 우리가 전산업에 걸쳐 적용되는 무형 및 비재무적 가치동인에 대해 보편적인 기준을 결코 갖지 못할 것을 의미하는가? 매우 오랜 기간은 아니지만, 지적 자본이나 고객확보와 같은 가치동인에 공통적인 유효한 지표에 관해 전산업이 동의할지는 매우 의심스럽다. 이것이 사실이라면, 그 때는 모든 비재무적 지표를 망라하는 보편적 기준은 결코 나타나지 않을 것이다.

완전히 일반적인 평가구도의 측면에서 최대로 희망할 수 있는 것은 아마도, 제6장에서 논의된 대로, 전세계 공통의 회계기준일 것이다. 이것은 모든 산업에 적용되는 일부의 보편적 평가기준이 나타나지 않을 것임을 뜻하지 않고, 다만 향후 실질적인 진전을 위한 당면 목표가 될 필요가 없다는 의미다.

단순히 산업 기반의 평가기준을 갖는다는 것은 엄청난 진보를 의미한다. 예를 들어 유럽, 미국 및 아시아의 보험회사들은 모두 같은 방법으로 내재가치를 공시한다. 이와 유사하게, 전세계의 소프트웨어 회사들은 모두 같은 방법으로 신제품 출시 속도를 보고한다.

산업 기반의 기준만을 설립하는 것은 첫눈에 보이는 것만큼 큰 제한을 만들지 않는다. 투자전략을 개발하는 경우 투자자들은 먼저 포트폴리오의 위험 상태를 결정한 다음에, 어느 산업 믹스가 그 상태에 적합한지 결정한다. 그런 다음에 한 산업 내에서 개별 주식을 선택한다. 투자자에게 한 산업 내에서 모든 기업의 성과에 대한 모든 유관 측정치를 망라해 비교가 가능하게 해주는 산업기준이면 충분할 것이다.

인터넷 사례

인터넷은 시장이 요구할 때 기준이 어떻게 부상할 수 있는지 사례를 제공한다. 우리의 예——인터넷 접속——에서 이 지표의 기준은 모든 산업에 걸쳐 적용되지만, 여전히 제시된 산업 기반의 방법과 잘 공존하고 있다. 산업 컨소시엄의 회원들은, 그들의 관심을 끄는 일부 주요 지표에 대해 기준을 개발한 다른 사람의 작업에서 혜택을 누리게 될 것이다. 비재무적 지표인 인터넷 교통은 제6장에서 논의한 대로, 가치 결정의 중요한 지표로 최근 상당히 부상했다.

2000년 늦여름, 〈스탠더드(The Standard)〉지에 실린 「인터넷 경제를 위한 지성」이라는 기사는 오딧 센트럴이라는 새로운 웹사이트의 창설을 발표했다.

이 웹사이트는 투자자와 미디어 구매자에게 웹 유통 데이터에 관해 비교 가능한 정보를 제공하는데, 이 정보는 ABC 인터랙티브(ABC Interactive), BPA 인터내셔널(BPA International) 및 인게이지 I/PRO(Engage I/PRO)라는 사이트의 창설을 도운 인터넷 접속 감사인 세 명이 감사를 한 것이다. 이들 회사 중 어느 것도 회계법인이 아님에 주목하라. 또 오딧 센트럴이 자신들의 온라인 감사결과를 웹사이트에 올리는 것을 자발적으로 허용하는 점에 주목하라. 물론 이들 세 회사는 자신들의 웹사이트에 높은 수준의 인터넷 접속을 과시함으로써, 자본 및 광고수입 혜택을 얻을 수 있다.

그러나 이들 결과가 올려지기 전에, 평가기준을 설정하는 노력에 전형적으로 발생할 수 있는 몇몇 내용 및 절차상의 문제가 언급되어야만 했다.

- 감사받을 지표는 확인되고 감사돼야만 했다. 그 지표들은 다음과 같다. 페이지 열람(pageviews) 횟수, 방문객당 살펴보는 평균 페이지 수, 어느 페이지가 가장 자주 접속되는지, 어느 최상급 도메인이 정보를 요청하는지, 독특한 접속자의 수, 접속자의 귀환 주기, 접속시간.
- 이들 지표는 계량 및 비계량적 정보를 모두 포함했다.
- 오딧 센트럴의 배후에 있는 이 세 기업은 서버 로그파일 데이터에 근거한 그들의 방법이, 미디어 메트릭스(Media Metrix) 및 닐슨 넷레이팅(Nielsen NetRatings)과 같은 경쟁기업이 사용한 패널에 근거한 방법보다 우월한 것으로 보았다.
- 서버 로그파일 데이터의 방법을 채용하기 위해서는 일부 기술적인 문제를 해결할 필요가 있었다.

오딧 센트럴은 시장수요에 대한 시장동인의 기준과 공시의 해결책을 제시하고 있다. 오딧 센트럴은 사용된 평가방법과 그 결과를 대중적으로 가능하게 하는 방법에서 「감사대상 고객」의 적극적인 협력을 유도한다. 이러한 지표에서 성과가 좋은 기업은 미디어 구매자와 투자자의 호평을 받을 것이다. 또 성과평가, 전략기획 및 보상 등을 내부경영 목적으로, 경쟁업체의 성과와 비교할 수 있을 것이다.

기준을 갖는 것은 분명히 좋은 일이다. 그러나 기준의 존재 자체가 올바른 결정이 이루어졌음을 의미하지는 않는다. 인터넷 전문가가 아닌 우리로서는 「서버 로그파일 데이터」가 「패널에 근거한 평가」보다 우월한지 그렇지 않은지 알 수 없다.

우리가 아는 것이란, 일단 기준이 정해지면 바꾸기 어렵다는 것이고, 이는 어떤 방법을 사용하는지에 대한 결정을 매우 어렵게 만든다. 이것은 시장의 힘에 의존하지만 모든 관련자의 목소리를 확실하게 들을 수 있도록 해주는, 컨소시엄 접근방법에 대한 권고를 지지하고 있다.

회계법인에 의존할 수 있는가?

새로운 기준을 개발하는 것은 모든 관련자에게 거대한 도전을 요구한다. 그러나 100년 전 각 국가가 자국의 재무평가 및 공시에 대한 공통 기준을 창설하기 위해 회계전문가가 모두 모였을 때 직면했던 도전보다 더 무모하지는 않다. 그리고 제6장에서 언급했듯이 SEC가 그들의 기준을 위해 압력을 가했을 때, 다수의 회계전문가가 그 기준은 더 이상 개발될 수 없다고 느꼈던 것을 상기하라. 사실 새로운 비재무적 지표의 대다수는 종래의 재무적 지표가 지녔던 익형저 구도조차 결여하고 있다. 예를 들어 복식부기는 5세기를 거슬러 올라가며 현금 거래의 토대를 마련하고 있다.

동시에 비즈니스는 경영의 개념, 도구와 기법 및 정보기술(information technology : IT)에서, 특히 기업의 자원기획 시스템 및 인터넷에서 엄청난 진보를 해왔다. 의심할 바 없이, 집합적 비즈니스 공동체는 지식을 보유하고 개발할 수 있어, 의미 있는 산업기반의 평가기준을 설립할 수 있다. 고객이나 인적 자원과 같은 유형의 지표에 관한 확고한 구조는 학계와 경영진의 협력을 통해 나타날 것이다.

회계전문가가 1세기 전에 재무적 기준, 평가방법 및 공시를 개발하는 과업을 완수한 것처럼, 이 과업을 완수할 수 있을지는 확실치 않다. 세계는 그 때 이후 많이 변해왔다. 국가의 회계기준이 탄생했을 때 경영컨설팅 회사, 매도측 애널리스트 및 컴퓨터와 소프트웨어 회사는 존재하지 않았다. 동시에 회계법인은 재무정보 먹이사슬의 꼭대기에 굳건히 서 있었다. 그들이 고객에게 제공한 가장 중요한 서비스 중 하나는, 투자자에게 기업의 재무성과에 대해 좀더 많은 또한 좀더 양질의 정보를 제공하는 것이었다. 그렇게 함으로써 회계법인은 매우 전향적인 역할을 했다. 그들은 대로를 차지하고, 높은 도덕적 고지를 확보했다.

변화

오늘날 감사가 회사 경영에 미치는 영향은, 부분적으로는 시장과 규제의 힘의 결합 때문에 감소해왔다. 시장 측면에서, 주요 회계법인의 컨설팅 사업부를 비롯한 그 밖의 서비스 제공자들은 경영자들이 주요 성과요소 평가를 도와주고, 이를 이용해 경영자들이 비즈니스를 좀더 효과적으로 경영하게 해준다. 이제 컨설팅 회사와 투자은행은 CEO 및 CFO들과 고위접촉 통로를 가지며, 광범위한 경영관련 지표를 사용해 가치를 창출하는 방법에 대한 조언을 제공할 수 있다. 일부의 경우에는 회계법인이 이들 지표를 입증하지만, 많은 경우 그렇지 못하다.

하드웨어와 소프트웨어 회사들 또한 성과측정에 첨단기술을 적용하는 전문가로서 자신들의 입지를 합법적으로 세워왔다. 그런데 최상의 회사들조차 경영자들이 단지 무엇을 평가하고, 또 가치창출에 그 지표들이 서로 어떻게 관련되는지 찾아내도록 도와주는 데 더 노력해야 할 점이 있다.

　회계법인은 때때로 성과측정을 위해 IT 의존성을 증가시켜야 한다고 느껴왔다. 고객의 요구에 좀더 부합하는 서비스를 제공하기 위해 대부분의 대형 회계법인은 대형 IT 컨설팅 사례를 구축해왔다. 감사의 측면에서, 단지 평가 절차를 통해 생산된 수치를 입증하는 것에서부터, 절차 자체의 신뢰성을 확인하는 쪽으로 초점이 이동했다.[3] 이것은 경영진의 어깨 너머로 실시간 기준으로 보고된 수치의 정확성을 확인하는, 매우 다른 종류의 감사를 회계법인에 가져왔다.

원칙으로의 회귀

　회계법인들은 종래의 감사절차를 점점 더 자동화되어가는 평가절차에 적용시키기 위해 고심하고 있다. 감독기관은 회계법인이 독립성을 확보하도록 더욱더 압력을 가하고 있다. 당연히 감독기관은, 회계법인이 대규모의 비싼 IT시스템의 구현뿐만 아니라 전략에 관한, 그리고 M&A에 관한 조언을 제공함에 있어서 기업의 경영진에게 과도하게 접근한다면, 주주가 신뢰할 만한 관련 성과의 정보를 획득할 수 있도록 확신시키는 회계법인의 기본적인 책임을 포기할 것이라는 우려를 갖고 있다.

　또 감독기관들은 회계법인이 서비스 개발 투자, 광고, 마케팅 및 채용 등의 새로운 서비스 업무에 자신의 자원을 과도하게 집중한다면, 감사업무가 고객이 필요로 하고 주주가 기대하는 것(적시의 신뢰할 만한 성과 정보)을 제공하는 데 충분한 주의를 기울일 수 없음을 우려하고 있다.

　급격히 성장하고 있는 이 폭넓은 서비스는 감사업무(본질적으로 그들에게 마케팅 기능 역할을 했던)에서 전형적으로 상당히 잘 분리됐으며, 대형 회계법인들이 상대적으로 짧은 기간에 실질적으로 성장할 수 있게 해주었다.

　같은 기간 동안 네트워크 경제의 부상으로 인해 회계법인은 감사독립성의 규칙으로 수행하기 어려웠던 업무를 다른 사업자와의 합작 및 제휴를 통해 하도록 부추기고 있다. 따라서 몇몇 대형 회계법인은 컨설팅 사업을 분사시키고 있다. 이 글을 쓰고 있을 때, 언스트 & 영은 이미 분사를 끝낸 상태였으며, 프라이스워터하우스쿠퍼스도 분사 의도를 발표했다.

이러한 행동은 이해의 대립이라는 인식을 실질적으로 줄여주는 한편, 고객과 주주가 필요로 하는 서비스를 제공할 수 있는 방법을 모색하도록 회계법인을 독려할 것이다. 이와 비슷하게 SEC와 같은 감독기관들은, 핵심 감사업무가 순수하게 규칙을 준수하는 기능이 된다면──모든 회계법인이 그리하도록 요구받고 허용되고 있다──정보에 대한 투자자의 요구를 충분히 만족시키지 못할 것임을 인식해야만 한다.

인생이란 당신이 만드는 것

시장의 힘과 규제 압력은 회계법인의 쇠퇴하는 접근성 및 영향력에 대한 근본적인 이유를 악화시켜왔을 뿐이다. 많은 관찰자들은, 회계법인이 그들의 고객이 법규를 준수했다는 의견을 개진하는 역할에만 국한시키도록 허용되었다고 믿고 있다. 이러한 비평은, 기업의 경영진이 주주 및 다른 이해관계자에게 정말 중요한 정보를 확인하고 보고하고, 또 이러한 정보에 기꺼이 확인을 요구하는 법의 정신을 회계법인이 포기해왔다고 주장하고 있다.

이에 대한 설명의 하나는 규제가 급증했다는 것이다. 감사업무에서, 나무는 거의 전적으로 숲을 무시해왔다. 또 오늘날 같은 소송 사회에서, 특히 미국에서 법인은 불필요한 법적 책임에 노출되기를 꺼린다. 감사법인 역시 조금 어색하고 모순적인 상황에 처해 있다. 감사받은 숫자의 사용자가 투자자일지라도, 대금을 지불하는 자는 감사법인의 고객──그 투자자가 소유한 바로 그 기업──이다. 모든 것이 항상 그래왔고, 이러한 경제 마당에 아직 눈에 띄는 실질적인 대안은 없다.

설명을 어떻게 하더라도, 거친 사실은 남아 있다. 감사의 경영에 대한 상대적인 영향력은 1세기 전, 아니 50년 또는 25년 전과 비교해도 극적으로 줄어들었다. 이것은 회계법인이 감사인으로서의 전문가적 책임을 심각하게 부담하고 있지 않음을 의미하는 것은 아니다. 그들은 책임지고 있다. 많은 연구가 이를 확인하고 있다. 그 중에는 「오맬리 보고서」[4][The O'Malley Report, 숀 F. 오맬리(Shaun F. O'Malley) 의장의 주재 아래, 대중감시위원회(The Public Oversight Board)[5]가 후원한 감사의 효과에 관한 토론회가 발표한 최근의 보고서]가 있다.

기업 및 주주 양자가 여전히 감사가 중요하다고 생각할지라도, 역사적 재무수치의 연관성 및 중요성이 감소함에 비례해 감사의 중요성은 쇠퇴하고 있다. 회계법인의 성장사업은, 기업의 경영진이 가치창출에 중요한 관련이 있는 모든 기타 지표들을——기업이 이를 보고하든 않든 간에——찾아내고 획득할 수 있도록 해주는, 광범위한 컨설팅 및 IT 서비스가 되어왔다.

어떤 인생이 될 것인가

회계법인이 가치공시의 혁명에서 의미 있는 역할을 하려면, 「오맬리 보고서」의 권고에 나타나 있는 것보다 훨씬 더 큰 변화를 보여야 한다. 그 오맬리 토론회는 회계전문가가 무엇을 할 수 있는가보다는, 오히려 그들이 무엇을 하고 있는가에——점점 복잡해지고 연관성이 떨어지는 재무성과 측정에 대한 확신 제공——초점을 두었다.

우리의 의견이 일치하지 않는 것은, 그 토론회가 『주식에 대한 높은 시장가치 평가는 기업 경영진에게, 특히 증권 애널리스트의 기대에 부응해, 이익이나 그 밖의 성과목표를 달성하도록 압력을 형성해 왔다』[6]고 말했을 때, 그 토론회가 중요한 문제로 파악한 것에 대해서가 아니다. 사실 이 책의 모든 장은 이익게임, 이익 경영에 수반하는 제 문제, 이익의 질, 이익의 해석, 그리고 이익 보고에 나타난 명백한 사기 등에 초점을 맞추고 있다. 이 문제에 관해, 그 토론회는 신뢰받아 마땅하다.

우리의 관심은, 그 토론회가 저변에 깔려 있는 원인보다는 오히려 이익게임의 결과 중 하나——경영진이 느끼는 압력이 감사에게 전가되어, 잠재적으로 감사절차를 타협하게 한다는 것——에 더 초점을 둔다는 데 있다. 그 토론회는 엄격한 감사의 권고, 감사법인「최고경영자의 올바른 어조 유지」, 전세계적으로 통일된 감사기준의 집행 및 최상의 인력 유치로 이를 바로잡았다. 그러나 그 토론회는, 회계법인이 이러한 압력을 느껴야 하는, 두 가지 중요한 저변의 원인을 언급하지 못했다.

1. 이익의 지표 하나에만 과도하게 집중해 기타의, 때로는 훨씬 더 중요한 가치 동인을 배제.
2. 이익에 대한 기대에 따라 경영하고 달성하도록 하는 매도측의 회사에 대한 압력.

첫번째 문제점에 대해, 그 토론회는『투자자가 정보에 신속하게 접근할 수 있게 되어, 재무적 및 비재무적 정보에 대한 그들의 요구를 확대해왔다』[7]고 인식했다. 이들 지표에 대한 기준이 부상함에 따라, 이들의 상대적 중요성이 훨씬 더 증가할 것이고, 이익보고 기대치와의 사소한 차이에 대한 과도하고 불합리한 반응은 줄어들 것이다. 회계법인은 매우 유용한 역할을 할 수 있지만, 다만 그들이 원할 때만 그렇게 할 수 있다. 두번째 문제점에 대해서는 제14장에서 매도측 분석가의 역할을 상세하게 조사할 것이다.

고지의 회복

회계법인은 그들의 고객, 주주 및 기타 이해관계자에게 가능한 한 완전한 서비스를 제공하기 위해 무엇을 할 수 있는가? 청구된 일만 하기보다는 고객이 올바른 일을 할 수 있도록 촉구하는, 전에 그들이 하던 역할로 돌아가기 위해 무엇을 해야 하는가? 그들은 고객과 함께 다음과 같이 일할 수 있고, 또 해야 한다.

- 핵심 요소 및 가치동인 모두를 파악한다.
- 가치동인, 재무 위험 및 운영 위험의 평가를 둘러싼 비즈니스 절차 및 관련 통제에 관해 전문가가 된다.
- 가치동인 간의 관계를 명확히 한다(비즈니스 모델).
- 가치동인의 평가방법을 개발한다.
- 이러한 방법을 산업기준으로 전환시킬 산업 컨소시엄에 참여하거나 조직하기도 한다.
- 고객을 격려해 가능한 한 시기적절하고 세부적인 방법으로 그 지표들에 관한 정보를 공시할 수 있도록 한다.

회계법인은 단순히 규정상의 감사를 수행하는 데만 국한될 경우, 이 역할을 할 수 없다. 대신, 그들은 비즈니스 모델의 개발, 성과평가방법의 창설 및 그 방법을 절차에 적용하는 것 등을 포함해 훨씬 더 광범위한 자문역할을 해야 한다. 이는 고도의 IT기술을 요한다. 많은 성과 지표의 실시간 세계에서, 점검과 통제의 구분 및 감사와 조언의 구분은 대체로 사라지고 있다.

성과 점검 ↔ 성과 개선

감사인의 독립성에 대해 우려하는 사람들은 이처럼 새로운 역할이 감사결과를 양보하게 할 수 있다고 주장할 것이다. 그들은 『회계법인은 두 주인을 섬길 수 없다』, 즉 감사가 경영진에 조언함과 동시에 성과관리 보고에 대해 주주에게 객관적인 의견을 제공할 수 없다고 말할 것이다.

「오맬리 보고서」는 이러한 당대의 논란거리인 주제를 토론하면서, 그 주제가 오랫동안 주변에 머물러왔다고 피력했다.[8] 이 문제가 고도의 논쟁거리인 점을 반영해 그 토론회는 어떠한 권고도 내놓지 않았다. 단순히 논쟁 양 당사자의 주장을 공정하게 반영했을 뿐이다.

이 문제에 대한 우리의 입장은 아무도 놀라게 하지 않을 것이다. 시장이 관련성이 있고 시기 적절한 정보를 요구한다면, 회계법인이 신뢰성을 확보하는 최상의 방법은 이를 정의하고 만들어내는 일에 참여하는 것이다. 이는 성과의 점검과 성과 개선을 위한 조언 제공 간의 구분이 잘못 정의되어 있고 자의적이라는 점을 인정하고 있다.

바로 그 성과 감사의 절차는——비교대상, 모델과 기업의 경영 및 사업에 대한 깊은 이해에 근거한——그 성과를 개선시키는 방법에 대한 통찰을 가져온다. 회계법인은 정말로 이 통찰을 자신 속에 가두고, 주주에게 좀더 나은 성과에 대한 손해를 끼쳐야 하는가? 우리는 그러지 말아야 한다고 생각한다.

실시간의 다방면 성과 평가의 세계에서, 회계법인은 고객 기업의 비즈니스와 경영방법을 훨씬 더 깊이 이해해야 한다. 숫자를 뱉어내는 IT 시스템은 사업성과에 대해 진실되고 공정한 견해를 제시하지 않는다. 이렇게 하기 위해서는 그 비즈니스, 경영자 및 정보가 어떻게 생산되고 사용되는지에 대해 알아야 한다. 그러한 지식은 성과보고만큼이나 성과의 개선에 많은 적합성을 갖지 않을 수 없다. 왜 그것을 전부 사용해서는 안 되는가?

그들이 이것을 할 수 있을까?

SEC와 그 밖의 다른 감독기관 및 전문가 단체는 회계전문가에게 광범위한 다른 지표들을 위한 평가 및 감사 기준의 개발에 적극적인 역할을 하도록 촉구하지 않는다. 또 명백히 이를 금지하지도 않는다. 회계법인은 확실히 도덕적 고지를 회복할 수 있는 기회를 얻은 것처럼 보인다. 그런데 그들이 그 기회를 잡을 것인가?

그것은 두 가지에 달려 있다. 첫째, 의지를 가져야 한다. 여러 해 전, 회계법인이 측정지표 및 공시 관행을 설립하는 데 그들이 고객을 추종하기보다는 지도했을 때의 역할을 다시 수립해야 한다.

고품질의 감사를 행함과 같이, 지도력을 회복하기 위해서는 「최고경영자의 어조」에 의존해야 할 것이다. 5대 회계법인의 지도자들은 이러한 역할을 하고자 하는지 결정해야 한다. 그렇게 함으로써 진실한 독립을 정의할 수 있다. 고객, 주주 및 기타 이해관계자의 이익을 위한 최상의 판단을 행사하며 최상의 조언을 제공하는 것은, 전문가 자체 내의 깊은 신념에서 나오기 때문이다.

둘째, 의지가 능력과 어울려야만 한다. 의지와 능력이 함께 구비돼야 한다. 회계법인은 재능을 가진 사람들을 보유해야 한다. 그 토론회는 요즘 회계 전문직이 최상의 인재를 충분히 유치하지 못하고 있다고 우려를 표명하고 있다. 높은 자질의 취업 예정자들은 전략 컨설팅, 투자은행, 자금관리, 산업 및 부분적으로 와해되고 있는 「닷컴」 세계에서조차 엄청나게 매력적인 기회를 맞고 있다. 최고 자질의 인력을 유치하기 위해, 회계전문직은 개인적으로나 직업적으로 개발할 수 있고, 적어도 안락한 생활을 할 수 있는 임금을 빌 수 있는, 활기찬 직업이라는 것을 그들에게 제시해야 한다.

돈이 중요하다

솔직하자. 돈은 중요하다. 최상의 전문가를 채용하고 확보하기 위해 회계법인은 일정 수준의 보상——입사 단계, 중견직원 단계 및 파트너 단계의 각 단계에서——을 제공해야 한다.

회계전문가가 반드시 성공적인 닷컴 기업가의 부를 얻어야 하는 것은 아니다. 일반적으로 대부분의 회계전문가는 상당히 성공한 기업가나 고위 경영진보다 훨씬 적게 벌고 있다. 그들은 스스로가 하고 있는 일에 내포된 의미를 알기 때문에 그들의 선택에 대해 내심 만족한다. 그러나 회계전문직이라고 해서 노동시장을 완전히 무시할 수는 없다. 회원들에게 충분한 가치를 제공할 수 있다는 확신을 주기 위해 회계전문직은 고객에게 충분한 가치를 제공하고 있음을 확신시켜주어야 한다.

재능이 중요하다

전문가가 받는 보상은 그들이 제공하는 공헌에 달려 있다. 고도의 공헌을 하기 위해서는 높은 수준의 능력이 필요하다. 그러나 회계전문가는 우리가 설명하고 옹호해온 새로운 역할에서 어떤 능력을 개발해야 하는가? 다음 일곱 개의 넓은 범주로 구분된다.

1. 기존의 회계 및 감사 기준에 대한 지식
2. 위험 및 통제에 대한 깊은 이해
3. 광범위한 성과평가 및 입증 절차에 대한 숙달
4. 산업 및 산업 내에서의 가치창출 방법에 대한 완벽한 지식
5. 전략과 전략 실행에 대한 완전한 이해
6. IT 전문지식 및 기술에 대한 지속적인 업데이트
7. 절대적인 객관성

첫째 능력은 더 이상의 설명이 필요하지 않다. 둘째는 감사인에게 새로운 영역은 아니다. 그러나 고객은 재무 및 운영 위험에 대한 이해뿐 아니라, 통제를 설계하고 실시하는 경우 전문지식과 결합해 어떻게 이 위험들을 평가할 수 있는지 깊이 이해해야 한다. 셋째 능력은 새로운 지표에 대한 필요성 및 이 지표를 위한 기준의 개발 필요성에서부터 직

접 파생한다. 회계 및 감사에서 개발된 기술은 확실히 다른 유형의 지표에 옮겨쓸 수 있다. 결국 성과평가가 아니라면, 회계사는 어떠한 핵심 능력을 보유하고 있는가?

회계사들이 현재 보유하고 있는 능력은 규칙, 지침 및 여러 해에 걸쳐 얻은 경험에 근거한, 잘 정의된 회계 모델과 관련 있다. 새로운 지표의 개발에서 회계사들은 지력, 사업 판단 및 창조력을 행사해야 한다. 그들은 단순히 재무적 성과평가에서 기법을 빌려올 수 없으며, 이들 기법이 고객, 인적 자원, 혁신 및 그 밖의 모든 비재무적 가치동인에 적용된다고 가정할 수도 없다. 이들 새로운 내용 분야는 내용 그 자체의 지식을 필요로 하는 법이다. 예를 들면 경제·사회·환경 등 이익의 세 가지 측면에서 활동 중인 개인들은 인력개발, 사회경제학 및 이해관계자 개입에 대한 지식을 필요로 하는 법이다.

재무적 성과평가에서 그들의 핵심 기술을 펼치기 위해, 회계사들은 깊은 산업 지식도 개발해야 한다. 이것은 적어도 일정 기간 동안의 산업별 특화를 의미한다. 결국 하룻밤 사이에 산업의 가치동인, 가치동인의 중요성 및 가치동인 간의 관계가 전략에 따라 어떻게 다양해지는가는 배울 수 없다. 종업원 자체의 정의는 다양할 수 있을지라도 종업원 이직률과 같은 일부 지표는 산업 전반에 걸쳐 비교적 잘 정의되어 있는 반면, 고객침투와 같은 지표들은 산업에 따라 훨씬 다른 특성이 있다. 아무리 복잡할지라도 잘 정의된 회계규칙이 일정 기업에 적용됐다고 회계사가 확신할 때, 다른 전문가들이 하는 것보다 더 산업별로 특화할 필요는 없다. 예를 들면 변호사의 경우에는 직능적 전문지식이 산업지식보다 더 중요성을 갖는다.

그러나 회계사가 기업을 도와 그들의 가치동인, 가치동인의 평가방법, 투자자가 필요로 하는 정보를 확실하게 얻도록 해주는 방법 등을 이해시키려 할 때는 산업에 대한 지식이 필요하게 마련이다. 이를 위해 회계사는 그들이 조언해주는 사람들과 엇비슷한 정도의 산업지식을 보유해야 한다. 전략 컨설턴트와 투자은행가는 분명히 이 모델을 적용했다. 이는 회계사에게도 매우 유용할 것이다.

따라서 회계사는, 경영진이 주주를 위한 가치창출을 위해 선택한 전략을 이해할 필요가 있다. 어떤 지표, 특히 재무지표가 모든 전략에 연관성이 있을지라도, 그것이 무엇이든지 간에 다른 지표의 상대적 중요성은 전략에 상당히 의존한다. 회계사가 한 회사의 전략을 이해하지 못하면, 그들이 보고한 정보는 회사의 수행에 대한 공정한 관찰을 대변할 수 있다고 진실로 말할 수 없다.

이와 비슷하게 회계사는 조직구조, 경영통제 시스템, 인력정책, 문화 및 개별 경영진의 지도력과 성격 등의 측면에서 전략이 어떻게 실행되고 있는지 이해해야 한다. 정보의 생산이 IT시스템에 더 깊숙이 내재됨에 따라, 그리고 감사가 사실상 지속적인 절차가 됨에 따라, 이 시스템이 어떻게 개발되었는가를 평가하는 방법과 이 시스템을 사용하는 사람들이 절대적인 중요성을 띠게 된다. 더 많은 정보가 자동화되고 사업의 기본적인 운영에 더 많은 비중을 차지할수록 경영의 소프트한 측면에 관해 더 많은 인적 판단을 하게 된다.

소프트한 측면의 이해는 고도화된 IT 기술과 함께 한다. 회계사는 감사의 재무회계 및 성과 평가부문을, 그 지표를 산출하는 IT 시스템에서 분리하지 말아야 한다. 시스템이 생산하는 수치를 입증하는 것은 시스템 자체에 대한 이해를 필요로 한다. 반대로 시스템의 작동을 이해하는 것만으로는 생산된 정보가 관련성이 있고, 신뢰할 만하고 타당한지, 그리고 그것이 미래가치 예측성을 지니고 있는지에 대한 의견을 제공하기에는 충분하지 않다.

모든 회계사는 임시적인 것보다 훨씬 더 많은 정보기술 지식이 필요하다. 이러한 지식을 얻으려면 어린 나이에 시작해 대학교 및 대학원을 거쳐 오랜 경력을 쌓아야 한다. 정보기술은 감사전문가들에게 지속적인 도전을 제공하고 있다. 대부분의 회계사는 대부분의 경영자들이 그러하듯이 기껏해야 인터넷에 대한 하찮은 지식을 갖고 있을 뿐이며, 이를 효과적으로 사용하는 데 필요한 특정 기술은 거의 갖고 있지 못하다. 마찬가지로, 회계사는 시스템이 위험을 관리하기 위해 상부와 하부 양측에서 어떻게 사용되고 있는지에 대한 깊은 지식을 개발해야 한다.

이 새로운 기능들이 모두 필수적일지라도, 사회에 대한 회계사의 공헌의 기초는 현실과 인식에서의 객관성이라는 사실을 회피할 수 없다. 이것은 100년 전과 마찬가지로 오늘날에도 기본적인 것이다. 경영진, 주주 및 다른 이해관계자들은 회계사가 제공하는 의견이 어떠한 단체의 욕망이나 바람으로부터도 진실로 독립적임을 알 필요가 있다. 객관성에는 어떠한 양보도 있을 수 없다. 한 번이라도 잃어버리면, 결코 회복할 수 없다. 객관성이 사실로 인식돼야 하는 한편, 이 인식이라는 것은 그 인식이 정말로 사실이라는 사실로부터만 온다.

혁명적 행동

고지를 탈환하는 것은 쉽지 않은 법이다. 몇 년 동안, 회계사는 「감사에 고착」이라는 정신을 지녀왔다. 이것은 회계 및 감사 기준에 관한 것을 제외하고는 그들의 고객에게 도전하지 않는다는 것을 의미했다. 그들은 이러한 태도를 고객과의 강한 자세로 전환해야 한다. 고객과의 강한 자세란 규제가 요구하는 것 이상을 함으로써 오는 이익과 주주의 정보 요구를 충족시켜줄 필요성에 관한 것이다.

전략 컨설팅 회사와 투자은행이 경영진에 집촉통로를 그렇게 많이 두게 된 이유 중 하나는, 그들이 취하는 강한 위치와 그들이 강요하는 주장에 유래한다. 그것이 건전한 조언이든 나쁜 조언이든, 경영자는 이를 수락하거나 거절하는 자유를 향유하며, 그들 회사의 전략방향 및 M&A 거래에 대한 궁극적 책임을 부담해야만 한다. 회계법인은 자신의 영역에서——투자자와 기타 이해관계자가 필요로 하는 정보를 찾아내고, 고객이 확실히 이 정보를 적시에 고품질로 공시하도록 해야 하는

등——똑같이 해야 한다

카산드라의 예언

무엇이 대안인가? 거의 없다. 그리고 별로 매력적이지도 않다.

카산드라의 예언 1

회계전문가가 주주 및 기타 이해관계자들이 필요로 하는 정보를 기업이 제공하고 있다고 보장하는 책임을 지지하지 않는다면, 회계전문가는 점점 더 관련이 적어질 것이다. 주주와 기타 이해관계자는 그럭저럭 그들의 정보에 대한 요구를 충족할 것이다. 주주와 기타 이해관계자가 얻은 정보가 회계전문가가 보장할 수 있는 높은 기준을 충족한다면, 더 양질의 서비스를 받고 있는 것 아닌가?

카산드라의 예언 2

5대 회계법인의 이직률이 증가할 것이다. 새로운 사람을 채용하기가 훨씬 더 어려워질 것이다. 누가 사양산업에서 근무하기를 원하는가? 대형 회계법인의 지도력은 잔인한 딜레마에 직면할 것이다. 고품질의 고객만 확보함으로써 수입과 위험을 줄여라. 그렇지 않고 수입을 유지하려면, 사업에서 축출될 수도 있는 소송 및 책임의 위협과 더불어 더 많은 위험을 부담하라.

카산드라의 예언 3

감독기관은 이러한 문제를 보고, 오늘날보다 훨씬 더 많은 우려를 나타낼 것이다. 시장 논리의 흐름을 돌리는 데 무력해지면, 그들은 남겨놓은 유일한 선택권을 행사할 것이다. 어떤 식으로든, 대형 회계법인은 관료기구의 일부로서 국영화될 것이다. 감사기준에 대한 전세계적인 접근은 지나친 것이다. 전세계적인 회계기준도 지나친 것이다. 또 투자자가 적절한 시간의 기준으로 필요로 하는, 모든 신뢰할 만한 관련 정보를 얻는다는 것은 지나친 것이다.

여러분이 설교해온 바를 실행하라

회계법인이 다가온 엄청난 기회를 집단행동으로 충분히 이용하는 세계를 상상하자. 그들 자신의 투명성 제고라는, 하나의 커다란 도전이 그들에게 여전히 남아 있을 것이다.『회계법인 자신은 더 투명해질 것인지?』이 질문에 다른 법인과 마찬가지로 투명성을 실행하고 있는 기업에서 투명성 전문가인 로열 더치 쉘의 델프가우는 다음과 같이 말했다.『그 질문에 대한 답은, 누군가 한때 서구문명에 대해 어떻게 생각하느냐고 질문받고 응답한 대답과 조금 닮았다,「좋은 생각 같다!」』

이제 마지막으로 한 마디 고통스러우리만치 솔직한 고백이 있다. 회계법인은 투명성에 관한 한, 잘 수행하지 않는다. 사적인 파트너십에 만연된 폐쇄문화에 오랫동안 젖어온 산업에서 놀랄 일도 아니지만, 미래로 이동하지 못하는 변명으로써 역사가 될 수는 없다. 회계법인 스스로 더욱 투명해져야 한다. 회계법인 자신이 그렇게 하지 않는다면, 그들의 고객도 투명해지지 않는다.『내가 말하는 대로 하고, 내가 행하는 대로 하지 마라』는 말은 어린이에게조차 통하지 않을 것이다.

다행히 약간의 진전이 이미 이루어졌다. KPMG 영국 법인은「1999년 연보」에서 회사의 의사결정에 사회적 · 윤리적 · 환경적 성과 관리를 통합할 것이라는 공약을 발표했다. 이 법인은 경제적 요소만큼이나 사회적 · 윤리적 · 환경적 영향의 정보를 감안한 정책, 전략 및 프로그램을 제정할 계획이다.

더욱이 이 법인은 2000년 한 해 동안, 지식을 공유하고 개발한다는 공약뿐만 아니라 고객, 지역사회 및 환경에 대한 공약에 관해 보고서를 공표하려고 계획하고 있다. KPMG는 말한다.『우리는 대화, 투명성 및 책임의 표명을 통해 이해관계자와의 신뢰와 이해를 발전시켜야 한다는 것을 인정한다. 이것은 지식을 가치로 전환시키는 데 꼭 필요하다.』[9]

한편, 프라이스워터하우스쿠퍼스는 2000년 4월 새로운 영국 웹사이트를 개설했다. 이 법인의 사회적 책임은 어디에 있는지, 그 책임을 얼마나 잘 대변하는지에 대해 이해관계자들이 참여하도록 하는 것이 이 웹사이트의 의도였다. 이해관계자와 좀더 공개적이고 투명한 관계를 갖도록 한 동기의 일부는, 적어도 이 법인이 현재 사회적·환경적 공시와 기타 지속성 관련 프로젝트에 관해 쉘과 같은 회사와 함께 일하고 있다는 사실에서 유래한다. 그들의 고객이 그들에게서 배울 수 있는 것과 마찬가지로, 회계법인은 고객으로부터 배울 수 있다. 쉘의 경우와 마찬가지로 회계법인에게 투명성 이외의 대안은 없다.

Should You See an Analyst?
애널리스트들을 믿어야 하는가?

내가 신이 되었나?

내게 모든 것이 명확히 보이고 있다.

— 괴테(Goethe), 《파우스트(Faust)》 중에서

회사들이 동일한 표준을 사용해 주요 성과지표에 대한 감사정보를 모두 제공하는 세상을 잠깐 동안 상상해보자. 이런 세상이 현실로 이루어진다면, 이 뜻은 기업가치공시 혁명이 성공했다는 신호인가? 물론 아니다. 정보만으로는 시장에서 주가가 정확히 결정되지 않는다. 정확한 평가는 시장이 어떻게 이 정보를 분석하고 사용하는가에 달려 있다.

예전에는, 회사가 발간한 적은 양의 정보가 투자자들에게 직접 제공됐다. 투자자들은 한정된 수단을 사용해 자신들이 선택한 방법으로 정보를 분석하고 나름대로 투자결정을 내렸다. 하지만 세계는 더욱더 복잡해졌다. 투자자들은 여전히 직접 정보를 빋으며 전보다 많은 정보를 더욱 신속히 받는다. 그러나 회사와 투자자(기관 또는 개인) 사이에는 매수 애널리스트가 존재한다. 그들의 업무는 회사에서 정보를 획득해 분석한 후 고객에게 추천을 하는 것이다.

애널리스트들은 대형 투자자를 제외한 모든 투자자보다 더 많은 정보와 신속한 정보를 얻는다. 이런 면에서 그들은 전략적으로 중심의 위치에 서게 된다. 이사회의 이사들과는 달리 애널리스트들은 개혁에 참

여할 수 있는 선택권과 함께 대항할 수 있는 선택권이 있다. 현재 애널리스트들의 위치가 특권적인 자리이기 때문에 이 선택은 쉽지 않다.

하지만 그들 자신의 이익을 위해 개혁에 가장 열렬한 주창자가 돼야한다는 강한 논리를 전개할 수 있다. 현 산업이 매우 복잡하고 자주 변화한다는 점과 투자자들의 시간적 한계점을 고려할 때, 자기의 모든 시간을 헌신하고 산업의 모든 면을 잘 알고 있는 전문가가 상당한 가치의 서비스를 제공할 수 있다는 것을 우리는 알 수 있다. 이러한 전문가들, 즉 전문 애널리스트들은 다음과 같이 할 수 있다.

- 경영진에게 성과와 계획에 대해 의의를 제기할 수 있다.
- 회사에서 제공한 완전하지 않고, 오해를 일으키며, 혼자만을 위한 정보일 수 있는 정보에 대해 내막을 파헤칠 수 있다.
- 경쟁사들의 성과를 서로 비교할 수 있다.
- 산업과 그 산업에 속해 있는 회사들에게 영향을 줄 수 있는 외부 영향력 및 추세를 연구할 수 있다.

인터넷에서 정보가 쏟아져 나오는 이 시점에서, 전문 애널리스트들의 존재는 투자자들에게 점점 더 중요할 것이다. 다우존스 뉴스 서비스의 선임 편집자인 니얼 리프슈츠(Neal Lipschutz)는 기회 포착에 대해 다음과 같이 설명했다.『근래에 민주화된 시장과 과다한 기업정보와 뉴스의 공급은 기관 및 개인투자자들에게 각 주식의 전망에 대한 논리적인 분석의 필요성을 줄이기보다는 오히려 증대시켰다.』[1] 리프슈츠가 설명하는 기회의 현실화를 위해서는, 현재 논리적인 분석을 제공한다고 주장하는 투자은행 및 상업은행을 위해 일하는 매수측 애널리스트들의 기초적인 방식을 바꿔야 한다.

깊이 있고 객관적인 연구에 제공됐던 모델은 동일한 정도의 깊이와 객관적인 기업공시 모델과 마찬가지로 투자자를 실망시켰다. 기업들이 더 많은 정보를 제공한다는 사실만으로는 가치공시의 혁명이 성공할 수 없다. 애널리스트들이 정보를 사용하고 전환하는 방법을 바꿔야 비로소 투자자들은 진실되고 완전한 정보를 얻을 것이다.

이 결점은 현재의 외부보고 방식의 결점만큼 깊고 중요하다. 현 자본시장의 구조적 형태가 수정되지 않는다면, 향상된 공시의 완전한 형태의 실현은 이루어지지 못할 것이다.

이 장에서는 구조적 문제의 본질과 깊이를 조사할 것이다. 제15장에서는 개혁이 진실되고 완전히 성공하기 위해 필요한 사항을 조사할 것이다.

흥미로운 매도측 애널리스트의 세계

Regulation FD에 대한 의견을 유도하기 위해 제작된 SEC의 웹사이트에 한 개인투자가가 기고한——매도측 애널리스트에 대한 편견의 성격이 짙지만, 혼자만의 생각이 아닌——의견에 대해 들어보자. 이 환멸을 느낀 이는 다음과 같이 기고했다.

『나는 애널리스트와 경제기자의 의무에 대해 다음과 같이 생각한다.

1. 대중들에게 주식을 매도하도록 겁을 준다. 따라서 주식 가격을 떨어뜨린다.
2. 주가가 떨어진 후, 「가격조징자」가 매수를 한다.
3. 시간이 약간 지난 후 조금은 호전된 소식을 알린다.
4. 단기간의 주가 상승 후, 대중들이 매수할 때까지 기다린다.
5. 다시 주식에 대해 비관적 의견을 내놓는다. 또는 대중이 겁을 먹게끔 해 매도를 유도한다. 이것은 때때로 「마지막 털기(final shakeout)」라고 불린다.

6. 대중들이 겁을 먹고 너무 일찍 매도함에 따라, 주가는 다시 하락한
    다.
7. 「가격조정자」와 「내부자(insider, 내부정보를 갖고 있는 사람)」, 「큰
    손(strong hands, 자원이 많은 사람)」들이 확실히 매수한다.
8. 「마지막 털기」 이후에 오랫동안 조용한 시간이 흐른다.
9. 갑자기, 아무런 이유 없이 주식가격이 상승하기 시작한다. 때때로는
    아주 급격히 오른다.
10. 대중은 주가가 오르는 것을 보고 흥분해 다시 너무 높은 가격에 매
    수를 한다.
11. 「가격조정자」들은 다시 새로운 고가에 판매를 하고, 주식은 돌처럼
    떨어지며 대중은 떨어진 주식을 마냥 쥐고 있게 된다.」[2]

음모라는 추측을 떠나서 매도측 애널리스트들의 역할은 지난 50년
동안 상당히 변화했으며, 투자자들의 시각에서 볼 때 좋은 쪽으로 변한
것은 아니다. 기업에서 요구하는 증가된 정보를 분석해 투자자에게 진
실된 가치를 제공하기 위해서는 애널리스트들의 역할에 다시 상당한
변화가 있어야 한다. 만일 애널리스트와 그 고용주가 바뀌지 않는다면,
시장의 힘과 규제적 조치는 어디에서든 반드시 이런 분석을 만들어낼
것이다.

역사의 짧은 이야기

약 100년 전, 기업들이 투자자들에게 정보를 제공하기 시작할 때 매
도측 애널리스트는 존재하지 않았다. 그러나 투자은행들이 있었고, 그
들은 주식과 채권을 발행해 자금을 모아 회사를 도왔다.

매도측 애널리스트들은 착상됐으며 몇 년 후에 소규모 독립적 연구
소 형태로서 처음으로 나타나기 시작했다.

그들의 고객인 투자기관의 투자 매니저 등은 고객과의 거래에서 창

출된 거래수수료 형태의 「소프트 달러([역주] soft dollars : 투자자, 특히
기관투자가가 증권중개기관에 지급하는 단순 증권거래수수료를 초과
하는 수수료. 주로 투자자문에 대한 대가로 지급함)」를 애널리스트에
게 조사분석의 대가로 지불했다.

대규모 은행들은 이런 연구에 대한 가치를 인식해 직접 조사분석을
시작했다. 그들은 또 독립된 조사분석 회사를 많이 사들였다. 그들 중
현재는 아주 소수만이 살아남아 있다. 투자자들에게 전해지는 거의 모
든 조사분석 결과는 투자은행에 근무하는 애널리스트들에게서 나온다.
한 조사에 따르면 현재 약 9,000명의 애널리스트들이 수고하고 있다.[3]

투자은행들이 독립된 조사분석 회사들을 취득할 수 있었던 이유 가
운데 일부는, 첫째 규제의 완화와 전자기술로 인해 거래수수료가 지속
적으로 감소됐기 때문이다. 결과적으로 조사분석 기능의 비용은 투자
은행의 기능 추가(M&A와 관련해 회사에게 조언, 신주공모와 관련해
주식발행인수, 2차 주식과 채권 발행 등)로 인해 증가하고 있다. M&A
와 IPO 관련 순이익은 상당했으며, 1990년대 호황을 누리며 애널리스
트와 연구기능에 몇억 달러에 이르는 막대한 돈을 쏟아 부었다.

도대체 누가 고객인가?

이와 같이 변화된 경제는 거대하고 광범위한 결과를 초래했다. 요즈
음 애널리스트들은 불분명한 위치에 놓여 있다. 현재 애널리스트의 고
객들은, 일반적으로 우리가 알고 있는 애널리스트의 객관적이며 공평
한 조사분석 대상 회사와 이 결과를 사용해 투자결정을 하는 투자자다.

투자은행은 애널리스트들에게 막대한 급여의 대가로서 신주공모 또
는 M&A 고객을 유치하는 것을 도와주길 바란다. 하버드 대학의 투자
은행학 명예교수인 새뮤얼 헤이즈(Samuel Hayes)는 『연구 애널리스트
들은 투자은행 사업부의 중요한 부분이 되었다. 그들의 보상은 그들이
투자은행을 위해 창출하는 수익과 밀접한 관계가 있고, 투자은행의 고

객으로 유치된 모든 회사에 대해 호의적으로 행동하도록 기대한다』고 평했다.[4]

세계적인 재보험회사 스위스 레의 CEO 킬홀츠는 다음과 같은 경험을 한 후 위의 내용을 확인했다. 『애널리스트들과 비공식적으로 애기를 나누어보면, 이들은 투자은행 사업 창출에 대해 상당한 압박감을 느끼고 있다는 것을 인정한다.』과거 투자은행가였고 현재 경영대학 교수이며 주식분석관련 도서의 저자인 제프리 후크(Jeffrey Hooke)는 더욱 강경하고 날카롭게 비평하고 있다. 『공평한 연구결과를 투자자에게 제공하는 역할은 그들의 우선순위에서 하위에 위치한다.』[5]

과거 오랜 시간 동안 저명한 지역금융 애널리스트였던 토머스 K. 브라운(Thomas K. Brown)은 위의 생각에 대해 더욱 생생하게 이렇게 애기하고 있다. 『대립은 없다, 해결되었다. 투자은행가들이 승리했다.』[6]

스타 탄생

산업과 투자자들에게 잘 알려져 유명해진 매도측 애널리스트는 투자은행에게 매우 가치 있는 자산이 됐다. 하지만 미국 내에서만 9,000명 이상이 선두적인 자리를 놓고 다투고 있다는 것을 생각할 때 눈에 띄는 애널리스트가 되고 그 자리를 유지한다는 것은 쉽지 않은 일이다.

여기에서 유명세라는 것이, 상징적인 의미만을 갖고 있는 것은 아니다. 몇몇 애널리스트들은 뉴스 프로그램에 자주 출현해 주의를 끌려고 노력한다. 미국 경제신문 중 하나인 〈스탠더드〉는 메릴 린치의 인터넷산업 애널리스트인 블러짓의 작년 방송출연 횟수(그들이 조사한 바에 따르면 1,072번)가 이베이(eBay)의 최고경영자인 메그 위트먼(Meg Whitman)보다 더 많았다고 한다. 위트먼과 근소한 차로 방송에 모습을 나타낸 애널리스트는 모건 스탠리 딘 위터의 메리 미커(Mary Meeker, 598번 출연)였다. 그녀는 CMGI(역주 인터넷 포털 업체인 라이코스의 지주회사) CEO인 데이비드 웨더럴(David Weatherall, 536번

출연)과 야후!의 CEO인 쿠글(388번 출연)보다 많이 출연했다.[7]

유명한 애널리스트들에 대해 언급하는 〈비즈니스 위크 온라인(Business Week Online)〉은 미커처럼 주식을 움직일 수 있는 자는 몇 안 된다고 얘기하고 있다. 이런 유명한 지위 덕분에 미커는 1999년 〈포천〉이 선정한 미국 비즈니스계의 세번째로 영향력 있는 여성 애널리스트로 뽑혔다.[8]

모든 사람들이 미디어와 친숙해진다는 것이 수준 높은 조사를 한다는 것과 완전한 일관성이 있다고 생각하지는 않는다. 〈비즈니스 위크〉의 특별기획기사인 「월 스트리트 과대선전의 기계(Wall street's Hype Machine)」는 『호황 시장은 또 다른 면의 과대선전으로 살아가는, 유선방송의 매장광고와 폭발적으로 증가하고 있는 개인의 재무 웹사이트에서 활동하는 유명한 상품선전자(pitchman)보다 조사분석 업무를 더 적게 하는 애널리스트의 역할에 개혁을 일으켰다』고 언급했다.[9]

〈월 스트리트 저널〉의 사설(Heard on the Street)[10]은 〈비즈니스 위크〉가 언급하는 예를 인용하고 있다. 몇 년 동안 애널리스트로 근무한 과거 전화설치 및 컴퓨터 기술자는 경매 사이트인 QXL닷컴(QXL.com)의 주식이 2년 안에 333달러로 급격히 상승할 것이라는 보고서를 발간했다. 이 주가는 하루 만에 갑절로 뛰어올랐다. 이 기사는 이것을 최근 「월가의 새로운 조사분석 게임」의 예라고 말하며, 『무명의 애널리스트가 놀라울 정도의 높은 가격 목표를 설정해 인터넷 주식의 보급률을 높이고, 이로 인해 애널리스트는 명예와 부를 얻는다』고 비꼬았다.

그러나 높은 가격에 매수추천된 주식을 산 투지자는 언제나 명예와 부를 얻지는 못한다. 헤드라인에는 「폭락 후 타버리다(Crash & Burn)」라는 기사가 자주 실린다. 한 사례로서, 위에서 언급한 애널리스트가 근무하던 투자은행은 1999년 10월 QXL닷컴의 신주공모 때 주식의 일부를 인수했다. 회사의 대변인은 이 두 사건에 대해 어떤 관계도 부정했다. 그는 『우리의 주식 조사분석은 의심할 바가 없다. 홈이 없다』고 얘기했다.[11] 2000년 9월 25일까지 주식의 가격은 4달러 이하로 떨어졌다.

얘기 좀 할 수 있을까요?

애널리스트들이 높은 명예를 쌓을 때 회사 임원진과 특별히 좋은 관계를 유지하면 그들로부터 상당한 도움을 받을 수 있다. 임원진도 인간이기 때문에, 자기 회사에 대해 좋게 얘기하는 애널리스트들을 그렇지 않은 애널리스트들보다 선호할 것이다.

SEC 회장인 레빗은 1999년 2월 27일 「정직성에 대한 질문(A Question of Integrity)」이란 적절한 제목이 붙은 연설에서 영향력 있는 애널리스트들에게만 제한적으로 정보를 제공해 이들에게 잘 보여 좋은 기사 등과 같은 유형적 이익을 얻으려는 회사들에 대해 염려를 표명했다.[12] 그 후 연설에서 레빗은 자신의 염려에 대해 좀더 자세히 설명했다. 『월가 선두 투자회사의 기업금융부에서 작성한, 너무나도 솔직한 메모는 갈등을 쉽게 해소할 수 없다.』 『우리는 사업 관행상 고객에 대해 부정적이거나 논쟁의 소지가 있는 논평은 하지 않는다. 철학적·실무적 결과는 고객에 대한 부정적 논평은 해서는 안 된다는 것이다. 철학적이고 경험적인 결론은 「고객에 대한 부정적 논평은 안 된다」는 것이다.』[13]

회사와 애널리스트들의 상호 의존──긍정적 논평과 회사정보의 교환──은 투자은행과 고객의 관계를 탄탄하게 해준다.

애널리스트의 우선적 관심을 받고, 다른 투자자들보다 먼저 내부 정보를 얻는 투자자는 식탁에 먼저 앉아 확실한 혜택을 얻을 수 있다. 나머지는 김빠진 맥주를 마시게 된다.

투자자들의 의견 제시

정보에 굶주린 집단, 즉 적시에 양질의 정보를 얻지 못하는 개인으로서 직접 투자자들은 마리 앙투아네트(Marie Antoinette)의 유명한 논평을 아주 정확히 기억하고 있을 것이다.

『그들에게 케이크를 먹게 하라.』그들은 더 나은 기술이 아닌 더 나은 회사와의 접촉이 매도측 애널리스트가 존재하는 이유라고 생각한다.

투자자들이 직접 SEC 웹사이트에 올린 의견과 같이, 만일에 모든 사람들이 동일한 정보접근이 가능했다면『이 정보를 사용할 수 있을 것이며, 「전문가」를 모두 무시해도 되기 때문에』[14] 결과적으로『대중들의 자기 충족에 따라 애널리스트들은 자기의 위치가 시간이 지날수록 사라지고 있다는 인위적 공포감에 빠지게 될 것이다.』[15]

조사분석을 제공하는 애널리스트들에게 많은 거래수수료를 지불하는 기업투자자들도 매도측 애널리스트가 제공하는 가치에 대해 회의적인 의견을 갖게 됐다.

프라이스워터하우스쿠퍼스가 실시한 전세계적 기관투자가의 설문조사에 따르면 8%만이 매도측 애널리스트들의 권고가 투자결정에 영향을 준다는 것에 강하게 동의한다고 나타났다. 위의 설문조사에 대해 미국 투자자들의 의견은 더욱더 부정적이었다. 어떤 투자자도 강하게 동의한다는 의견이 없었다. 투자결정을 내리는 데 매수측 애널리스트의 의견을 반영하는지 여부에 대한 설문조사에 대해 부정적 의견은 하이테크 산업에서의 설문조사에도 마찬가지였다. 30%가 반대했고 44%가 강하게 반대했다(합해서 전체 표본의 거의 4분의 3에 달했다).

이 점을 보충하기 위해 투자자들은 직접적으로 일을 해주는 애널리스트들을 채용해 자기들의 매수측 연구능력을 향상시켰다. 애널리스트에게 투입되는 거액을 자기가 운용하는 몇십어 달러의 포트폴리오에 배분할 수 있는 대규모의 펀드 매니저는 위의 경제성에 대해 큰 매력을 느낀다. 예를 들어 피델리티(Fidelity)사는 200명의 애널리스트들을 채용하고 있고, 경쟁자인 월가의 거인 메릴 린치는 250명의 애널리스트를 직원으로 수용하고 있다.[16]

애널리스트들이 실제로 하는 일

그러면 왜 매수측 애널리스트들은 멸종되지 않는가? 아주 훌륭한 애널리스트들의 두 가지 방법——정보와 지식——을 통해 자기의 고객인 대규모 펀드 운용기관에게 가치를 더해주기 때문이다.

정보 부가가치는 남들보다 먼저 조사분석하고 이 조사분석결과를 고객에게 전달하는 데서 온다. 더 빨리 정보를 얻을수록 더 빨리 전달해줄 수 있다. 이 정보를 받은 수령인이 몇몇 특정인으로 제한될수록 단기적 주가에 더욱 큰 영향을 줄 것이며, 더욱더 가치를 올릴 것이다. 물론 대규모 투자자들은 글자 그대로 전세계를 이 잡듯이 뒤져 관련 자료를 자기 자신이 얻을 수도 있을 것이다. 그러나 이런 정보는 갈수록 회사와의 특권적인 관계를 통해 얻어지고 있다.

어디에서 정보를 얻든 이들 정보는 곧 대중에게도 알려지기 때문에 짧은 보존 기간을 가지고 있다. 위험이 높고, 변동이 심한 시장에서 정보를 며칠이라도 다른 사람보다 먼저 얻는 것은 대단한 단기적 혜택이 될 수 있다.

애널리스트가 특별히 회사와의 가까운 관계로 부가가치적 정보를 제공하고 있다면, 애널리스트는 회사가 제공할 정보에 상당히 의지하게 될 것이다. 이런 의지는 자기도취에 빠지게 할 수 있다. 또한 애널리스트들은 투자운영 고객에게 제공하는 가치의 원천인 회사와의 관계를 끝낼 수 있다는 두려움에서 회사에 대해 부정적으로 논하는 것에 대해 꺼리게 된다. 이 모든 것은 질이 낮은 연구를 초래한다.

오래 전 투자은행으로 변환한 초기의 독립적 조사분석회사 중 하나인 도널드슨, 러프킨 & 젠렛(Donaldson, Lufkin & Jenrette : DLJ)의 설립자인 리처드 젠렛(Richard Jenrette)은 매도측 연구의 질적 저하에 대해 기업 IR 임원들을 비난했다. 그는 애널리스트들이 『그들의 두뇌와 분석적 사고력을 사용하는 것을 멈췄다. 그 대신 회사의 IR부서가 애널리스트의 지침에 따라 수행한 숙제에 의지하고 있다. 결과적으로 월가

의 연구는 피상적인데다가 단기적인 성격이 됐다』고 언급했다.[17]

〈월 스트리트 저널〉도 이와 동일한 의견을 1999년 12월 17일자에 나타냈다. 이 저널은 몇몇 애널리스트들이 아주 잘 하고 있다는 것을 인정했다.『그러나 이 훌륭한 애널리스트들은 블루칩 은행 외에 다른 곳에서 근무하는 펀드 매니저와 개혁자들이다.』그러나 이 사설은 다음과 같이 부가적으로 논하고 있다.『타 애널리스트들은 회사가 제시한 숫자를 재편집하고 몇몇 단어를 지운 후 당연한 사실을 재발언하는, 필요 이상으로 급여를 받는 바지와 치마들이다.』[18]

학술적 연구도 통계적으로 이 의견들을 지지하고 있다. 엘리 아미르 (Eli Amir), 레브, 그리고 시오도어 소기아니스(Theodore Sougiannis)는 재무 애널리스트의 예측이 투자자의 결정에 전체적으로 미치는 기여도를 검토했다.[19] 그들은 전체 표본에 대해『투자자의 결정에 대한 애널리스트의 기여도는 그다지 높지 않고, 재무제표에 이미 나온 정보의 경우보다 약간 많을 뿐이며, 회사의 규모와 체계적 위험성이 감소될수록 기여도는 더욱더 감소된다』고 결론지었다.[20] 그들은 또한 애널리스트들도 투자자들이 애널리스트들에게서 배우는 만큼 투자자들에게서 배우고 있다고 제안하고 있는데,『애널리스트들도 주가의 상태를 관망하고 투자자의 결정에서 배운다』고 언급한다.

손실이 있는 회사, 하이테크 산업의 회사(특히 안정된 산업에 속하는 회사와 비교할 때)와 연구개발 비용이 많은 회사는 애널리스트의 기여도가 더 높다. 이러한 모든 상황에서 재무제표의 정보가치는 낮은 수준이며, 애널리스트들에게 가치를 더할 수 있는 기회를 많이 준다.

연구자들은 애널리스트들이 연구개발비 및 타 무형자산을 비용화 하는 것을 선호한다는 것을 이해했고『무형자산의 가치에 대한 정보를 더 많이 재무제표에 공시할수록 애널리스트의 수익 예측 가치는 감소시키고 재무제표의 가치를 증가시킬 수 있다』고 언급했다.[21]

『무형자산 회계처리에 대한 애널리스트의 주장은 그들의 제품인 수익예측을 보호하기 위한 것』이라고 결론지었다.[22] 다시 말하자면 이 책의 주요 주제인 무형자산에 대한 향상된 투명성은 투자자들에게는 좋은 징조일지 모르지만, 애널리스트들에게는 그러하지 못할 것이다. 회사가 투자자들에게 더 좋은 정보를 제공할 때 애널리스트의 중계 역할에 대한 필요성은 줄어들 것이다.

정보의 가치

그럼에도 불구하고 애널리스트들이 해야 할 일로서 젠렛이 지적했던, 파헤치고 긁어내는 일을 하는 애널리스트들을 여전히 찾을 수 있다. 그러나 그들은 대부분 다음 분기의 수익을 예측하기 위한 단기 목표에 따른 것이다. 1999년 6월 7일, DLJ의 애널리스트인 케빈 매카시(Kevin McCathy)는 IBM의 제4분기 수익은, 스물두 명의 애널리스트가 예측한 주당 1달러 33센트보다 낮은 주당 1달러 10센트일 것으로 예측했다.[23] IBM의 4분기 수익은 주당 1달러 12센트였다.[24]

어떻게 그는 이런 일을 할 수 있었을까? 매카시가 이용한 것은 자신이 터득한 고전적 방식이었다. 그는 약간의 조사를 실시했다. 조사 중 그는 IBM도 몰랐던 점을 찾아냈다. 매카시는 같은 회사의 여러 동료들의 도움을 얻어 1,700개 회사의 정보담당이사(Chief Information Office : CIO)에게 전화를 해 회사의 지출 계획에 대해 알아보았다. 그는 100개의 응답을 얻었는데, 그 중 78개 회사만이 Y2K의 문제와 관계없이 지속적으로 지출을 하겠다고 했다. 그러나 그 밖의 22개 회사는 평균 44%을 감축하겠다고 답했다. 이 소수의 표본을 사용한 위험을 배제하지는 못한 상태에서, 매카시는 전체적으로 회사들이 컴퓨터 장비에 사용할 예산은 약 2%가 감소할 것이며, 특히 가장 큰 감소는 4분기에 있을 것으로 예측했다. 이 결과를 반영해 그는 IBM을 포함한 컴퓨터 장비회사의 4분기 수익을 조정했다.

지식의 가치

애널리스트들은 장기적으로 회사가 얼마나 많은 가치를 주주들에게 창출해줄 것인가를 결정하는 좀더 기초적인 쟁점에 조사분석의 초점을 둘 수 있다. 이런 종류의 연구는 부가가치적 정보와 비교할 때 더 오랫동안 산업적 가치가 있고, 타인과 공유했을 때 가치가 덜 떨어지는 부가가치적 지식(knowledge value-added)의 결과를 가져온다.

부가가치적 지식은 투자자에게 경쟁사의 상태와 비교했을 때 회사의 상황, 새로운 기술, 산업에 영향을 주는 요소에 대한 통찰력을 제공한다. 딜로이트/홀트 어소시에이션(Deloitte/Holt Associations)사에서 수행한 조사에 따르면, 74%의 포트폴리오 매니저와 매수측 애널리스트들은 매도측 회사에 대한 지식이 유용하거나 아주 유용하다고 응답했다. 63%는 회사에 대한 정보의 수정과 계획도 위와 동일하게 응답했다.[25]

투자자들은 이 지식을 자기 자신의 분석에 반영하고 투자 결정에 도달한다. 미국 보스턴 자산관리사의 선임 부사장이자 미국 투자부서의 이사인 존 카타(John Kattar)는 다음과 같이 설명했다.

『매도측 애널리스트들은 매우 박식하다. 그들은 당신이 원하는 것보다 산업에 대해 더 많이 알고 있다. 그러나 그들은 자기 의견을 자유롭게 표현할 수 없다. 전통적으로 모델은 그들이 추천을 하도록 되어 있었다. 이것이, 내가 매도측 조사분석 회사를 사용하는 이유는 아니다. 내가 대가를 지불하는 이유는 그들과의 접촉이 가능해, 내가 징말 토론하고 싶은 것에 대해 토론할 수 있기 때문이다. 이러한 대화가 그들이 만들어내는 서류보다 훨씬 중요하다.』

카타는 또한 애널리스트들이 주는 정보가 유용하기는 하지만, 그와 그의 자산관리 매니저 및 매수측 애널리스트들은 투자결정을 위해 사

용하는 다른 정보원을 더 많이 갖고 있다고 언급했다. 이와 같은 정보
에는 정식 출처와 우발적인 기회를 통해 더 많은 정보를 얻는 것도 포
함된다.

- 다른 투자회사에서 일하는 애널리스트
- 다른 산업이지만 관련 산업을 조사하는 애널리스트
- 산업 출판물
- 산업 전시회
- 시장의 정보지
- 게시판(회사에서 종사하는 종업원들의 사기 등에 대한 정보를 제
  공함)
- 비행기로 여행 중 만난 사람

전무이사이자 스커더 켐퍼 투자(Scudder Kemper Investments)사의
공동이사인 트러스콧은, 얼마나 될지는 자신도 확언할 수 없으나 매도
측 애널리스트들은 가치를 더할 수 있다고 생각한다.

우리 직원들은 애널리스트들의 자료를 적극 사용한다. 그러나 그들의
추천은 사용하지 않는다. 월가에는 독립적 의견은 없다. 암시와 즉흥적인
의견으로 쌓여 있다. 따라서 우리 직원들 중 일부는 애널리스트의 추천을
전혀 사용하지 않는다.

애널리스트를 분석하라

카타와 트러스콧의 관찰 및 예가 감동적이긴 하지만, 이 두 의견이
결론이 돼서는 안 된다. 보고되는 정보를 바꾸기보다는 정보를 만드는
애널리스트를 바꿔야 된다는 결론을 입증할 우리 나름대로의 독립적

분석이 필요하다. 애널리스트에 대한 분석은 통계적 자료의 검토와 보편적이고 특별한 신주공모 사례에 대한 애널리스트의 추천을 연구함으로써 가능했다. 우리는 이 애널리스트들이 매수를 추천할 동일한 시간에 그가 근무하는 회사의 투자부문은 주식을 매도하는 식의 애널리스트들이 만든 문제점을 검토해보았다. 마지막으로 애널리스트들이 합병거래에 깊이 참여함으로써 얼마나 이해 상충되는 행동을 하는지를 보여주었다.

여보게, 주식 사고 싶은가?

주식매도 및 매수 추천에 내포된 가정은 시장이 적어도 약간은 비효율적이라는 것이다. 만일에 시장이 완전히 효율적이었다면 어떤 주식도 낮게 평가되거나 높게 평가되지 않았을 것이다. 모든 주식이 적절한 가치를 지니고 있을 것이며, 또한 투자자들은 단순히 자기가 택하는 위험과 비례해 이익을 얻을 것이다.

지난 10년 간의 대폭적인 주식 상승——하이테크 산업의 2000년 초 조정은 제외——에도 불구하고, 최근 매도측 애널리스트의 추천에만 기초한다면, 오늘날 거의 모든 주가는 적절히 평가됐거나 저평가된 것이다.

퍼스트 콜은 애널리스트 2만 7,000명의 추천을 검토하고 다음과 같이 분류했다.

- 석극서 매수 추천 : 33.5%
- 매수 추천 : 36%
- 보유 및 중립 : 29.1%
- 매도 : 0.6%
- 적극적 매도 추천 : 2%[26]

　이런 통계에 대해 레빗은 다음과 같이 말했다. 『애널리스트가 「매도」
를 추천하는 것은 바브라 스트라이샌드(Barbra Streisand) 콘서트만큼
이나 잘 알려져 있다.』[27] (스트라이샌드는 라이브 콘서트를 꺼리는 것
으로 널리 알려져 있다.) 개리슨 케일러의 워비곤 호수(Garrison
Keillor's Lake Wobegon)의 교외(suburb)처럼 모든 기업들이 양호한
상태라면 평균보다 나은 곳에서 우리가 살고 있는 것과 같다.

　또 이른바 「수익이 급상승하는 회사(bulge bracket firm, 선두 투자은
행 중 하나)」의 유명한 인터넷 애널리스트는 1999년에 『현재 90%에 이
르는 인터넷 회사의 주식은 가치가 과대평가됐다. 그러나 어떤 주식도
매도하라는 추천은 하지 않았다』고 말했다. 이 애널리스트는 자기가 관
리하고 있는 15개 인터넷 회사의 주식 중 미완결된 합병 때문에 매수가
금지된 한 회사를 제외한 모든 회사에 대해 매수를 추천했다.[28]

　더욱더 놀랍게도, 〈월 스트리트 저널〉에 인용된 기사에 따르면 한 매
도측 애널리스트는 『있는 그대로 얘기하자. 매도측의 그 누구도 주식에
부정적 등급을 매기지는 않는다. 극소수의 애널리스트가 긍정적 등급
보다 낮은 등급을 매긴다』고 말했다.[29]

　주식에 대한 애널리스트들의 추천이 믿을 수 없을 만큼 긍정적인 것
으로 편중되어 있는 것은 아주 최근의 현상이다. 1983년에만 애널리스
트들은 매도와 매수를 각각 24.5%와 26.8%씩 거의 동일한 비율로 추
천했다.[30]

　도대체 그 후 무슨 일이 일어나 이런 불균형이 발생했을까? 애널리스
트들이 시장과 비교할 때 그만큼 현명해진 것일까? 인터넷상의 정보가
만연함에도 불구하고 시장이 알지 못하는 무엇인가를 그들은 알고 있
는가? 경험적 증거는, 애널리스트들이 더 똑똑해지거나 시장에 대해
더 많이 이해하고 있다는 것을 증명하지 않는다. 1999년 11월 퍼스트
콜이 애널리스트의 추천을 분석한 달에, 나스닥의 주가는 50%의 종목
이 상승했고 42%는 감소했다. 주식 평가를 할 줄 아는 투자자들은 애

널리스트의 전문적 용어인 추천에 많은 학교에서 볼 수 있는 「성적의 상승」과 같은 현상이 벌어졌다는 것을 잘 알고 있다. 애널리스트의 「보유」라는 추천이 「매도」란 뜻이며, 「적극적 매수」만이 「매수」라는 것을 그들은 알고 있었다.

이런 언어적 미묘함으로 인해 주요 투자은행이 사용하는 주식등급 시스템을 읽어 이해하려는 투자자들에게는 더욱더 어려운 것이 돼버렸다. 수익이 급상승하고 있는 투자은행들이 사용하는 「매수/매수(1-1)」와 「중립/매수(3-1)」를 고려해보자. 〈월 스트리트 저널〉은 이러한 언어를 해석하는 일을 도우려고 시도했는데, 이들 등급은 대략 「적극적 매수」와 「보유」 정도로 해석됐다. 이 논문은 단어와 숫자를 합친 실제 등급 용어는 종종 혼동을 불러일으킬 수 있다고 언급했다. 따라서 투자자들은 애널리스트들의 등급을 세밀히 분석할 필요가 있다. 「보유」는 「매도」를 의미하고 「적극적 매수」는 「매수」를 의미하듯이, 「위스퍼 넘버」는 「합의된 추정」을 뜻한다.[31] 바벨탑이 무너진 이 시대에 「매도」는 『이 주식을 소유하고 있는 당신은 바보요』라는 뜻 말고는 다른 뜻으로 해석되기가 힘들다.

거래의 또 다른 속임수는 매도 추천을 하기보다는 회사에 대해 언급을 하지 않는 것이다. 미국 샌디에이고에 기반을 둔 FPA 메디컬 매니지먼트(FPA Medical Management)[32]사에서도 이런 일이 일어났다. 이 기업이 연속적으로 여러 기업인수를 추진하며 상당한 수수료를 투자은행에 지불하는 동안 애널리스트들은 이 기업에 대해 극찬을 아끼지 않았다. 그러나 이 기업이 파산 신고를 했을 때 그 이유를 설명해줄 애널리스트는 물론, 파산 가능성을 경고한 애널리스트도 찾기가 힘들었다.

아주 엄밀히 수행된 여러 연구는 애널리스트들의 균형을 잃은 추천이 객관성의 부족 때문이라는 것에 대한 충분한 증거를 제시하고 있다. 가장 관대한 의견으로는 애널리스트들이 자신들이 흥미롭게 느끼는 산업을 선택했기 때문에 그렇게 균형을 잃은 긍정적 의견을 갖게 되었다는 것이다. 존 C. 이스터우드(John C. Easterwood)와 스테이시 R. 너트(Stacey R. Nutt)가 수행한 조사는 애널리스트가 낙관적인 의견을 갖고 있다는 증거를 발견했고, 애널리스트는 부정적 의견에 대해서는 별반응을 보이지 않으나 긍정적 의견에 대해서는 과민반응을 보인다고 밝혔다. 시바 나단(Siva Nathan)이 250개 회사를 대상으로 실시한 조사는 더욱더 우려할 만한 사실을 밝혀냈다. 조사결과에 따르면 투자회사가 고객과 투자은행 사업과 관련 있는 경우에는 그렇지 않을 경우와 비교했을 때 애널리스트의 수익이 6% 더 높았고, 매수 추천을 할 확률은 25% 높았다.[33]

당신의 회사를 정말로 공개하고 싶습니다

근래에 신주공모를 통해 공개한 회사에 대한 투자은행의 추천은 편견일 가능성이 특히 높다. 은행은 주가가 올라가서 투자자들이 만족하길 바란다. 후크는『공개를 실시한 후, 주가를 지원하는 애널리스트들의 긍정적 연구보고서가 나오고, 주식 발행자의 사업을 공개하고, 주식 거래에 대한 관심을 육성해야 한다』고 얘기했다.[34] 주식발행 인수자는 대상 회사의 주식 대부분을 소유하고 있는 그 회사의 임원들이 주가 상승으로 많은 이익을 보는 것에 큰 관심을 갖고 있다. 이를 통해 주식발행 인수자들은 나중에 있을지 모르는 인수 및 합병 서비스에 대한 잠재적인 고객을 만들려는 것이다.

시장은 언제나 주식발행 인수사에서 근무하는 애널리스트들의 주식에 대한 긍정적 평가를 지지하지는 않는다. 로니 마이클리(Roni Michaely)와 켄트 L. 워맥(Kent L. Womack)의 근래 조사에 따르면, 신주공모시 주식발행인수를 수행한 회사의 애널리스트의 매수추천을 받은 회사의 주가는 1년 후에 5.4% 감소한 반면, 다른 회사 애널리스트의 매수추천을 받은 주식 가격은 12.3% 올라갔다고 보고했다.[35]

이와 비슷하게, 비주식발행 인수사의 매수추천을 받은 주식이 주식발행 인수회사가 추천한 주식보다 신주공모 2개월 후 더 좋은 결과를 얻었다. 주식발행인수를 해서 얻은 모든 정보우위는 그들의 편견에 따라 색 바랜 것이 돼버렸다.

마이클리와 워맥은 편견에 대해 세 가지 가설을 세웠다. 첫번째와 두번째 가설은 지적 편견을, 세번째는 이해관계의 대립을 반영한 것이다.

1. 투자기업은 고객기업의 주식발행인수를 수행했기 때문에 기업에 대해 긍정적인 시각을 갖게 되고, 이 점은 기업의 미래에 대해 과대하지만 나름대로 정직한 긍정적 의견으로 반영된다.
2. 기업들은 자기 기업에 대해 긍정적 의견을 가진 투자은행을 주식발행 주관사로 선택한다.
3. 애널리스트들은 투자은행 고객에 대해 과도하게 낙관적이라는 사실을 알고 있다(이 가설이 가장 냉소적인 것이다).

마이클리와 워맥은 매도측과 매수측 전문가 스물여섯 명의 설문조사를 통해 이 가설을 평가했다. 모든 매수측 응답자들은 이해관계의 대립에 관한 가설이 투자은행의 매수측 애널리스트들의 행태에 대한 결과를 가장 잘 설명한다고 생각했다. 77%의 매도측 전문가들도 동일하게 생각했다. 연구자들은 『애널리스트들이 투자고객에게 정확한 추천을 해야 하는 신탁책임과 자기 회사가 주식발행인수를 수행한 주식을 판매했을 때 칭출되는 이익 사이에 이해관계 대립이 존재한다』는 결론을 내렸다.[36]

레빗은 위의 문제점에 대한 1999년 10월 뉴욕의 경제모임에서 우려를 표명했다. 『애널리스트들은 사업소개와 투자 로드쇼의 부품과도 같다. 애널리스트들은 투자회사의 주식발행인수 능력을 전시하고 기업의 미래를 판매하는 일도 한다.』[37]

기업들은 이 점을 알고 있기 때문에 자사를 긍정적으로 평가할 애널리스트를 보유한 투자사를 찾는다. 〈월 스트리트 저널〉의 사설에서는 다음과 같이 얘기하고 있다. 『인터넷 회사들은 긍정적 평가를 은근히 바라며 아주 유명한 애널리스트가 근무하는 투자은행에게 신주공모 업무를 맡겼다고 솔직히 인정했다. 그 점을 고려할 때 이 애널리스트들이 도대체 누구를 위해 일을 하고 있는지 의구심을 갖는 것은 당연하다.』[38]

투자은행 고객인 경우 애널리스트의 객관성에 대한 의구심과 의구심을 유도하는 관련 증거가 계속적으로 쌓여가고 있다. 아주 유명한 어느 인터넷 애널리스트는 서른두 개 전자상거래 회사의 존속 확률에 대해 기업들을 세 개 부류로 나누어 분석한 보고서를 발행했다. 첫 부류에 있는 여덟 개 회사 중, 그 시점에 주식 가격이 무려 신주공모 가격보다 94% 감소된 회사를 포함한 일곱 개 회사는 이 애널리스트 회사의 고객이었다. 자기 회사 고객 중 한 회사만 두번째 부류에 들어가 있고, 세번째 부류에는 아무 회사도 없었다.[39]

이 애널리스트는 자신의 회사와 고객의 관계가 자기의 연구에 아무런 영향을 미치지 않았다고 주장했다. 당연히 몇몇 투자자들은 그에 동의했다.[40] 이 애널리스트는 자기의 분석이 단순한 현금소진비율(cash burn-rate) 분석보다는 더 추가된 온라인 상품판매능력(online merchandising capabilities), 고객 서비스(custom services), 마케팅 및 경영진 등 우리의 기업가치공시 혁명에서 공시하라고 권유하는 것과 동일한 항목을 반영하고 있다고 주장했다. 위의 지침들은 또한 하이테크 기업을 대상으로 실시한 설문조사에서 밝혀진 매우 중요한 비재무적 성과지표를 예로 들기도 한다.

또 투자은행이 성공 가능성 있는 기업들을 주의 깊은 심사를 통해 선택했을 수도 있다. 투자은행들은 현금소진율이 높은 이 회사들이 대량의 자본을 유치하는 데 일조했을 수도 있다.

애널리스트들의 이러한 낙관적인 전망은 후에 상당한 공격을 받게 마련이다. 그 이유는 애널리스트들이 추천을 비관적으로 바꾼다 해도 그의 의견은 이미 시장을 한 번 쓸고 지나간 후이기 때문이다. 예를 들어 다른 인터넷 애널리스트는 「52주 동안 최고치를 유지하던 주가가 급격히 떨어진 후에」, 몇몇은 「90% 정도까지」 급격히 떨어진 후에 스물아홉 개 인터넷 회사 중 열한 개 회사의 등급을 하향조정했다.[41] 〈월 스트리트 저널〉은 이런 현상에 대해 『주가가 이미 급격히 떨어진 뒤에야 애널리스트들이 회사 등급을 하향 조정하는 것은 너무 늦은 조치가 아닌가?』라는 정당한 질문을 던지고 있다.[42]

애널리스트들의 추천이 단기적 성과 전망으로 받아들여져서는 안 된다는 의견은 동의를 얻을 만하다. 우리가 실시한 다수의 설문조사결과에서도 강조됐듯이, 많은 사람들이 현 시장의 과도한 단기주의에 대해 불안해하고 있다. 그러나 그 중에서도 가장 영특한 자들이 주가가 급격히 하락하고 완전 초보 투자자들도 그것을 인식할 때까지 회사의 등급을 하향조정하지 않았다는 사실은 여전히 우리를 당혹스럽게 한다. 애널리스트들이 부채도사처럼 예언자의 역할을 수행하기를 기대하는 사람은 없다. 그러나 그 누구도 그들이 고대역사를 서술해서는 안 된다고 생각한다. 인터넷 시대에서 고대 역사란 6개월 정도로 짧다.

긍정적으로 왜곡된 추천 및 비관적인 추천으로의 전환 속도가 느린 것은, 애널리스트들이 투자은행 고객과 「게임을 시작(play ball)」해야 한다는 압박감에서부터 시작된다. 워맥, 크리그먼(Krigman)과 쇼(Shaw)가 실시한 연구에 따르면 애초의 주식발행인수회사를 바꾼 고객회사 임원 중 88%는 더 나은 기업분석 서비스를 받기 위해 그렇게 했다고 응답했다. 〈월 스트리트 저널〉은 이 연구결과의 리뷰를 통해 『이 연구의 결과는, 애널리스트가 회사의 주식을 의도적으로 적극 추천함으로써 회사 임원들을 자신들의 고객으로 만들고 있다는 의견을 뒷받침한다』고 주장했다. 그들이 만일 이 주식을 추천하지 않는다면, 투자은행들은 주식발행고객을 잃을 것이며 고객회사의 임원들과의 관계를 유지하지 못할 것이다.[43]

애널리스트만이 모든 문제에 대한 책임을 지는 것은 아니다. 이것은 투자은행과 그들의 기업고객들 간의 복잡한 관계에 깊숙이 박혀 있는 구조적 문제다. 일면, 기업 고객들이 원치 않기 때문에 애널리스트들도 객관적 연구를 산출하지 않는 것일 수도 있다. 임원들은 애널리스트의 접근을 막거나 투자은행 수수료를 지불하지 않는 등 여러 방법을 사용해 애널리스트들에게 압력을 행사한다. 기업의 경영진들 또한 이익게임에 빠져 있어, 장기적 성과전망을 긍정적으로 유도할 수 있는 활동을 등한시하고 있기도 하다.

정보 대 배분

투자자들은 이미 오래 전에, 애널리스트들이 기업고객에게서 받고 있는 압력의 실체와 그 결과에 대해 알아버렸다. 투자자들이 관련 정보를 갖고 있다고 가정했을 때, 애널리스트들이 다만 그 회사가 애널리스트들의 고객이기 때문에 긍정적 의견을 피력했다는 사실은 투자자 자신이 판단할 수 있을 것이다.

신주공모 후에 주식이 실제 가치보다 더 높이 설정됐는지의 여부 또한 투자자 자신이 쉽게 판단할 수 있을 것이다. 이러한 사실에서 이익을 얻기 위해서는 그 주식에 대한 가치를 평가할 수 있는 정보를 많이 갖고 있는 것만큼이나, 그 주식을 살 수 있는 능력 또는 기회가 있어야 한다. 가격이 낮아졌을 때 매수할 기회가 없다면 주가가 너무 비싸졌음을 안다는 것이 무슨 가치가 있겠는가?

그러나 많은 개인이나 소규모 기관의 펀드 매니저는 잘 나가는 신주공모와 관련해 위와 같은 상황에 빠지고야 만다. 정글의 왕처럼 대접받는 기관투자가들은 신주공모의 분배 과정에서 가장 큰 몫의 주식을 받는다. 인기가 좋은 신주 발행에서 쉽게 일어날 수 있는 이러한 상황에서, 발행된 주식이 10배수 이상으로 신청됐을 때 그 왕이 되는 것은 특히 기분 좋은 일이다.

만일 주식에 대한 수요가 높다면 주식의 가격을 올리면 어떨까? 이 점에 대해 투자은행은 공급과 수요를 관리하는 정통한 전문가임을 증명했다. 신주식을 발행하는 회사는 많은 돈을 사장시킨다 하더라도 적어도 당분간이나마 그 주식가격이 치솟을 때는 긍정적인 평을 얻을 수 있을 것이다. 그리고 대주주들이 갖고 있는 회사 주식도 함께 급격히 올라갈 것이다.

많은 연구에서 보여주었듯이, 우리가 주로 말하는 신주공모 주식 가격을 낮게 설정하는 것은 계획적이다.[44] 적은 주식을 높은 가격에 팔거나 많은 주식을 낮은 가격에 파는 것보다는, 적은 숫자의 주식을 낮은 가격에 판다. 이런 경우 많은 투자자들이 주식을 손에 넣기 위해 노력을 하기 때문에 주가가 급격히 상승하는 결과를 낳는다. 주식의 가격은 즉시 올라가고 정글의 왕이 그 주식을 팔아버리면 하룻밤 사이에 대박이 터지는 것이다.

이런 식의 이익을 몇 분기별로 얻을 경우 애널리스트의 장기적 성적 관리에 도움이 되지야 않겠지만, 많은 애널리스트들이 분기별 성과평가를 받는 등의 압박을 이기는 데는 도움을 줄 수 있을 것이다. 이런 방식으로 대규모 펀드 매니저의 고객에게 객관적인 추천을 하지 못하는 것에 대해 보상을 하며 고유 서비스인 기업고객에 대해 타협한다. 투자은행 사업을 하지 않는 연구소 중 하나인 샌퍼드 C. 번스타인(Sanford C. Bernstein)[45]의 스티븐 갤브레이스(Steven Galbraith)에 따르면『우리는 기관투지기의 커미션 구조에 따른 음성적 기래할당이 기업에 대한 연구의 중요성을 대신히고 있디고 생각힌디』고 주장했다.[46]

특히 지명도 있는 신주공모주식의 하루 동안의 이익은 놀랄 만하다. VA 리눅스(VA Linux)는 자사의 주식이 첫날 거래를 통해 698%나 상승하는 것을 목격했다. 인터넷 커뮤니티 사이트 기업인 더글러브닷컴(theglobe.com)은 주당 9달러에 공개됐고, 첫 거래를 주당 90달러에 하는 경험을 했다. 평균적으로 인터넷 회사의 주식은 공개 후 첫날 거

래에서 38%의 상승률을 기록했다.[47]

그러나 개인투자자들은 나스닥 거래의 60%[48]를 차지하면서도 10 ~ 20%의 신주공모[49] 주식만을 소유한다. 많은 개인투자자들에게 주식을 살 수 있는 첫 기회는 주식이 이미 상당히 상승한 후 기관투자가들이 매도할 준비를 마친 후에 가능하다. 개인투자자들이 기업의 장기적 경영계획에 대한 오리엔테이션을 받지 않는다면 이러한 상황에서 돈을 벌기는 힘들다.

최근 연구에 따르면 『아주 잘 나가는 신주공모 주식, 곧 상장 첫날 이익이 60%가 넘는 주식이 최악의 미래 성과를 거두었다』고 밝히고 있다.[50] 2000년 4월 26일 현재, 1999년 초 이후에 주식공모를 실시한 주식들의 가격은 첫 거래일의 종가보다 평균 4.3% 떨어졌다. 그러나 첫 상장 가격에서 보통 신주공모 주식은 72.3%의 놀라운 이익을 얻었다.[51]

분명히 가격이 바닥일 때 들어간 사람들은 좋은 결과를 얻었다. 그렇지 않은 사람은 불행히도 중간에 자기 주식을 매도하며 옥상이 아닌 지하로 하강하는 엘리베이터를 중간에 올라탄 셈이 됐다. 이미 기관투자가들이 이익을 챙긴 후 첫 거래일의 마감시간에 가까워서야 인기가 많은 신주공모 주식을 산 어리석은 개인투자자들은 가엾게 느껴진다. 주식시장의 정글에서 먹이사슬은 확실히 정해져 있는 셈이다.

너는 사라, 나는 판다

애널리스트들이 최소한 형식적으로라도 정말 객관적인 연구를 하지 못하는 또 다른 이유가 있다. 많은 투자은행들은 벤처 투자회사를 소유하고 있다. 이러한 벤처 투자회사들은 설립 초기 회사에 지분투자를 하고 가끔 상장까지 시킨다. 1999년 투자은행들은, 1998년에 투자한 104개 사보다 급격히 늘어난 305개 기업에 투자를 했다.[52]

현재까지 이 벤처 투자는 수익성 있는 투자로 증명되고 있다. 1999년

두 개의 주요 투자은행 당기순이익 중 15~20%가 비공개회사의 주식에 투자해 얻은 이익으로 알려졌다. 이것은 1998년의 4%에 비해 매우 높은 수치다.[53]

각 거래를 검토해볼 경우, 벤처기업에 대한 투자 이익은 주식발행인수 관련 수수료를 상대적으로 작아 보이게 한다. 인터넷 고객 추적 소프트웨어 기업으로 텍사스 주 오스틴에 위치한 비그네트(Vignette)사는 회사의 신주공모를 수행한 투자기업 열세 곳에 600만 달러를 주식발행비용으로 지불했다. 그러나 이 기업에 투자를 했으며 주식발행인수에 중요한 역할을 했던 두 기업을 포함한 세 개의 투자은행은 약 1억 3,500만 달러의 투자 이익을 얻었다.[54]

애널리스트들이 속해 있는 회사의 주식투자 사업부는 주식을 팔면서 그 주식에 대해 적극적 매수를 강하게 추천하는 행태를 투자자들은 어떻게 이해해야 되는가? 아무에게도 압박을 받지 않은 애널리스트는 정말 회사가 좋은 장기적 투자기회를 제공한다고 믿을 수도 있으며, 벤처투자회사는 위험성이 높은 자본에 1년 또는 더 초기에 투자를 해 노력한 대가의 이익을 얻었다고 생각할 수도 있다. 직접적으로 또는 벤처투자의 직원을 통해 투자은행의 애널리스트들이나 임원진들이 신주공모전에 투자했을지라도 위의 내용이 사실일지 모른다. 그러나 〈월 스트리트 저널〉 2000년 7월 24일자 기사에서 『비공개회사에 공개되기 직전에 투자하는 것이 월가의 새로운 이익창출 수단이 되었다. 또한 비공개회사가 투자은행들에게 이해관계의 상충 문제를 일으키고 있다』고 언급했다.[55]

벤처회사에 대한 애널리스트들의 매수추천에 대해 의심을 갖는 것과 같은 이유로, 투자자들은 자신들이 받는 종목 추천에 대해 약간의 초조함을 느낄지 모른다. 투자은행 수수료의 10~100배 정도의 이익을 얻는 비공개기업 주식의 투자는 아주 건전한 사람도 유혹할 수 있다. 투자은행도 외형적인 이해관계의 상충이 있다는 것을 내심 인정하지만,

이런 상충은 실제로는 존재하지 않으며, 이미 충분히 관리되고 있다고 주장한다.[56]

신규 창업에 투자를 하는 미국 매사추세츠의 찰스 리버 벤처스(Charles River Ventures)의 선임연구원인 테드 R. 딘터스미스(Ted R. Dintersmith)는 월가의 기업들이 비공개 기업에 투자를 한 후 투자한 기업을 공개하는 것이 「새로운 투자은행 사업모형」이 되었다고 얘기한다. 또 그는『투자은행의 애널리스트들이 적극적으로 높은 가격에 매수를 추천하면서 같은 투자회사가 적극적으로 매도를 하는 것은 뭔가가 잘못된 것이라고 생각한다. 즉 그들에게 뭔가 잘못이 있는 것 같다』고 말한다.[57]

그렇다면 거래를 성사시키자!

투자은행 신주공모 마케팅 팀의 일원으로서 애널리스트의 임무와 주식에 대해 투자자에게 추천을 하는 조언가의 이중적이며 서로 상반되는 임무는 아주 어려운 쟁점을 제시한다. 그러나 M&A 팀의 일원으로서, 그리고 M&A가 회사의 주가를 향상시킬지의 여부에 대해 투자자들에게 조언하는 자문자로서의 이중적 임무와 비교할 때 그 심각성은 약해진다.

만약에 애널리스트들이 거래를 쉽게 체결하기 위해 M&A 때 매수자의 주가를 높게 주장하거나 거래를 방지하거나 더 좋은 가격을 얻기 위해 매도자의 주가를 높게 주장한다면, 얼마나 애널리스트들이 객관적일 수 있는가? 그리 객관적이지 못할 것이다. 이름을 밝히기를 꺼린 한 재무담당 임원은 매수측으로부터 더 많은 전화를 직접 받았다. 왜냐하면 매수측은 애널리스트의 추천이 어떤 근거에 따른 판단결과인지, 그것이 충실한 연구분석에 따른 것인지를 결정하기가 어려웠기 때문이다. 과거 매도측 애널리스트였으며 덴버(Denver)의 오펜하이머 펀드(Oppenheimer Funds) 포트폴리오 매니저인 아트 지머(Art Zimmer)

는 위의 내용에 동의하며 『요즘 우리 모두는 거의 모든 애널리스트의 추천과는 상반되는 의견을 갖고 있다』고 했다.[58]

〈비즈니스 위크〉에 보고된 잘 알려진 사례는 유명한 통신산업 전문 애널리스트의 예를 들고 있다. 『그는 기업에 대해 객관적 의견을 제시하기보다는 회사의 중요한 결정을 내리는 것을 도와주고 있다.』[59] 비평가들은 이 애널리스트의 행동이 분석의 임무를 실제로 완전히 바꾸어 놓는 결과를 이루었다고 주장했다. 이 애널리스트의 기업인수에 관심이 많은 한 통신 회사의 유명한 CEO 등과의 가까운 관계를 설명하면서 〈비즈니스 위크〉는 『애널리스트가 가끔 회사의 전략을 정교하게 수정하는 것을 도와줄 정도로 회사와 얽혀 있다면, 객관적 분석의 제공이 과연 가능할 것인지에 대한 물음이 생길 수 있다』고 주장했다.[60]

이 애널리스트는 「기관과 CEO에게서 얻은 정보를 기반으로 산업을 조작한」 자신의 역할을 부인하지 않았다. 그는 이것을 「선순환」의 일부로 보았다.[61]

많은 투자은행들은 위에서 언급한 점을 인식하고 있었고, 실제로 그의 발언에 대해 행동으로 또는 글을 통해 박수세례를 퍼부었다고 그 글은 설명하고 있다. 장기적으로 애널리스트는 주주에게 많은 가치를 창출해줄 수 있을지도 모른다. 그러나 이것은 독립적인 애널리스트보다는 훌륭한 투자은행가 또는 전략 컨설턴트처럼 들린다. 이 두 직업이 모두 가치가 있지만, 이해관계의 대립을 창출하지 않고 두 개를 하나로 만드는 것은 상당히 어려운 일이다.

신주공모 때 회사들은 자신의 목적을 위해 애널리스트의 확대된 역할을 사용할 기회를 포착한다. 애널리스트는 자신들의 대립되는 역할을 혼자 만들어낸 것이 아니다. 애널리스트들이 투자자들에 앞서 자신들의 이익을 더 대표해주기를 원하는 회사들도 큰 몫을 했다. 제4장에 설명된 이익게임을 생각해볼 때 경영진과 애널리스트의 관계는 확실히 애증(愛憎)의 양면을 보여주고 있다.

애(愛)의 측면에서는, 경영진은 애널리스트를 이용해 시장이 어떤 거래, 특히 대규모의 인수 또는 청산에 대해 어떤 반응을 보일 것인지를 평가한다. 때때로 경영진의 선동 및 지원에 따라 애널리스트는 가능성 있는 거래를 공시하기 전에 시장이 거래에 대해 어떠한 반응을 보일지 시험해볼 수 있다.

임원진은 좀더 나아가 애널리스트를 이용해 애널리스트가 제시할 수 있는 내용을 다른 기업에 제시하고 그 기업의 의견을 들어봄으로써 거래를 추진할 수 있다. 이것이 상당히 유용할지는 모르지만, 주요 선수가 한 명뿐인 경우 이 시합의 심판 노릇을 맡기는 상당히 힘들다.

작은 투명성이라도 시도하라

진실로 객관적인 분석을 하는 데 잠재적인 대립을 일으키는 대다수의 투자은행 소속 애널리스트의 역할은 현재의 관행에 깊이 뿌리박혀 있다.

이러한 대립은 투자은행 사업의 사업 모델 변화와 임원이 애널리스트의 처음 의견을 조정하려는 행위에서 비롯된 결과다. 많은 돈이 거래 수수료와 투자은행 수수료로 사용되고 있으므로, 투자은행들은 현 상황을 적극 방어할 것으로 예측된다. 현 상황의 단면은 투자은행에서 근무하는 애널리스트들이 오늘날 이루어지는 매도측 연구분석의 상당 부분을 수행하고 있다는 것이다.

레빗은 이 점에 우려를 나타냈지만, 많은 사람들은 그가 규제를 강요하는 방법으로는 이 일에 대해 아무것도 못할 것으로 느끼고 있다. 왜냐하면 다우존스 뉴스 서비스가 보고한 것을 그는 할 수 없기 때문이다. 1983년 미국 대법원에서 있었던 더크와 SEC 간의 소송 판례(The U.S. Supreme Court rules in the 1983 *Dirks vs. SEC* case)[62]는 『애널리스트가 관련 정보를 시장에 제공하는 중요한 역할을 하기 때문에 SEC

는 이 관계에 대해 강력한 규제의 손길을 뻗치지 못할 것이다』라고 판결했다.[63]

이 관계를 깨지 않으면서 근본을 전환하는 방법은 이 관계가 존재하는 환경을 바꾸는 것이다. 이러한 맥락에서 어떤 사람은, 투자은행 등은 분석업무를 분리시켜야 한다는 제안까지 하고 있다.

〈더스트리트닷컴(TheStreet.com)〉지에 기고한 내용에서 아담 라신스키(Adam Lashinsky)는 다음과 같이 제안하고 있다.『만약 SEC 회장인 레빗이 정말 대중에게 주식 거래시장을 공평하게 만들고 싶다면 정치적인 발언만 하지 말고, 투자은행 업무를 분석업무와 분리하는 방법을 찾아내야 할 것이다.』[64]

그러면 애널리스트들은 증권 중계업무 고객과 기관 등을 위해서만 일할 것이다. 다른 산업에는 이미 적용돼 있지만 칼로 무를 베는 듯한 이런 접근방법이 현명한지의 여부와 그 장기적 효과는 명백하지 않다.

이런 구조적 해결책이 제시되어도 이것을 실제로 적용하는 것은 어렵다. 이에 좀더 정확한 해답은 이 책의 정신을 의미하는 단어인「투명성」이다. 만일 애널리스트들도 우리가 임원진에게 촉구한 정도의 결심을 갖고 투명성을 수행한다면 많은 문제와 불만이 해결될 것이다. 위에서 이야기하는 투명성 모델의 내용물을 명시하는 것은 어렵지 않다. 투자은행은 자기 기업 애널리스트들이 분석하는 회사와의 모든 관계에 대해 투명해야 한다. 다음과 같이 간단한 물음에 공개적으로 답함으로써 투명성 모델을 실행할 수 있을 것이다.

- 당신 기업의 펀드나 직원이 개인적으로 이 회사에 벤처 자본 투자를 했는가?
- 만일에 했다면 금액은 얼마이며, 언제 했고, 자본비율은 얼마인가?
- 현재까지 이 투자로 인해 얼마의 이익(또는 손실)을 얻었는가?
- 주식발행인수, M&A 또는 그 밖의 서비스를 이 기업에 수행했는

가? (시기와 이에 따른 보수)

- 이 기업의 이사회, 지배구조 또는 경영에 어떤 방법으로라도 참여하고 있는가?

평범한 영국 컨설턴트인 로이스 유로(Lois Yurow)는 다소 불성실하게, 투자은행은 다음과 같이 공시할 것을 반 놀림투로 제안했다. 『우리가 당신에게 알릴 필요가 있는 사실은 다음과 같습니다. 방금 ABC 회사——우리 회사가 지난 번 주식발행 및 인수를 다섯 번 수행했으며 우리의 최고 고객인——의 주식을 매수하라고 제의한 조 블로(Joe Blow)가 이 회사에 대해 나쁘게 말할 경우 그는 해고당할 것입니다.』[65] 그러나 이런 식의 쉬운 언어로 그 말을 들을 수 있을 것으로 예상하지는 말자. 그러나 투명성의 정신에 대해 너무도 유창히 얘기해주고 있지 않는가?

내게 말해봐

만일 투자자가 이런 정보를 이해하기 쉬운 언어든 아니든 간에 얻을 수 있다면, 특정 애널리스트의 추천 정보를 어떻게 평가할지에 대해서는 스스로 결정할 수 있다. 현실적으로 투자자들이 충분한 시간을 갖고 그 정보를 종합할 수 있는 도구를 활용한다면 위와 같은 정보는 전부는 아니더라도 상당 부분 대중적인 원천에서 얻을 수 있다.

어떤 것들은 무상으로 쉽게 사용할 수 있으면 연관관계 자체는 아니더라도 최소한 관계의 영향을 알게 된다. 전직 레먼 브러더스(Lehman Brothers)의 주식 브로커 두 명이 거액의 투자를 하는 사람들을 위해 설립한 불독리서치닷컴(www.bulldogresearch.com)은 객관적이며 수준 높은 계량적 분석을 통해 350개 회사의 조사분석 애널리스트 약 3,500명의 순위를 매긴다. 이 사이트는 애널리스트의 수익 추정에 대한 정확도(지난 3년 간의 분기별 수익)와 애널리스트가 추천한 종목의 가상 포트폴리오 성과를 반영해 순위를 정했다.[66] 또 각 회사와 산업별 최고의 애널리스트를 알려주고 있다.[67]

성과에 따른 애널리스트들의 순위 설정은 투자은행 관계가 이해관계 대립을 유도하는가의 여부에 대한 논의를 불러일으킨다. 만일 애널리스트가 주식의 긍정적 의견을 중립, 보유 또는 매수로 전환하면 불독리서치닷컴은 그 주식을 가상의 포트폴리오에서 제외한다. 〈포브스(Forbes)〉지의 하이디 브라운(Heidi Brown)은 이렇게 말한다. 『내가 하는 말이 너무 공격적으로 들릴지는 모르지만 「중립」, 「보유」, 「시장평균」이라는 용어는 애널리스트가 더 이상 이 주식들을 좋아하지 않는다는 완곡한 표현이다.』[68]

불독리서치닷컴은 시장의 힘이 시장에서 필요한 정보의 조달을 이끄는 또 하나의 예다. 페이지를 넘겨 이 점과 또 다른 두 개의 강한 힘이 향상된 투명성을 어떻게 창출하는지 더 검토해보자.

제6부

아무도 우릴 막을 순 없다

THE VALUE REPORTING REVOLUTION

The truth is found when men are free to pursue it.

Franklin D. Rossevelt, Address at Temple University, Philadelphia

제 15 장

Send Lawyers, Guns, and Money
변호사, 총, 그리고 돈을 보내라

인생의 가장 큰 위안은 생각하는 것을 말하는 것이다.
— 볼테르(Voltaire)의 1765년 편지 중에서

정말로 엉망이다. 이 장에서는 우리가 개혁의 시대에 서 있어야만 하는 이유에 대한 해답을 제시하고자 한다. 기업성과에 대한 정보가 부족한 탓에 주가는 부정확하고 심하게 등락하고 있다. 애널리스트와 투자자들은 필요한 정보를 기업에서 얻지 못하고, 대신 루머·암시·소문에 의존하고 있다.

시장에서 합의된 한 산업 내에서 기업가치를 결정하는 핵심 요인(key value drivers)이 무엇인지 동의하기는 하지만, 종종 기업의 정보시스템이 제대로 기능하지 못하거나 믿을 만한 정보를 충분히 생산하지 못하기 때문에 기업은 적절한 시기에 적절한 정보를 제공하지 않는다. 또 기업들은 가치창출 과정에서 생기는 위험에 대한 정보를 투자자들에게 제공하는 것에는 겨우 빙산의 일각만을 드러내고 있을 뿐이다. 다른 주주들의 요구에 심각하게 주의를 기울이는 사람도 거의 없으며, 대부분의 경우 투명성은 구호로 그치고 만다.

모든 것을 종합해볼 때, 정보를 이해할 만한 능력과 시간이 있는 매도측 애널리스트들은 만약 정보를 구할 수만 있다면, 자신들이 과연 어떤 고객을 위해 일하고 있는지 심각한 혼란을 느낄 것이다.

기업가치공시의 혁명은 진정 가능성이 있는 것일까? 어찌 됐건 혁명이 늘 성공하는 것은 아니다. 성공을 원하는 것과 성공을 이루는 것은 별개의 문제다.

잠시 개혁이 절망적으로 느껴질지라도, 지금의 상황은 혁명의 성공에 가장 적절한 시기처럼 보인다. 변호사, 총, 그리고 돈, 이것이 혁명에 필요한 것이다. 그리고 이 모든 것은 원하기만 하면 구할 수 있다. 규정, 기술, 기업 이 세 가지가 결합된다면, 언젠가 시장은 필요한 정보를, 아마 생각하는 것보다 빨리 구할 수 있게 될 것이란 희망을 준다.

혁명은 감독기관에서 행하는 약간의 제재에서 시작될 것이다. SEC에서 최근 통과된 Regulation FD는 기업들로 하여금 중요한 정보를 동시에 모든 사람이 이용 가능케 만들도록 하고 있다. SEC의 의도는 모든 애널리스트와 투자자 사이에 더욱 평평한 운동장을 만들어주려는 것이다.

다행히, 인터넷은 경영자들이 Regulation FD의 정신을 따를 수 있도록 도울 것이다. 웹사이트 정보공시는 상대적으로 적은 비용으로도 효과적으로 전세계 모든 사람들로 하여금 정보이용이 가능케 한다. 그러나 웹사이트 정보공시 하나가 Regulation FD의 모든 요구 조건을 충족시키는 것은 아니다. SEC는 인터넷 접근이 모든 사람에게 용이하다고 보지 않는다. 이런 상태가 그리 오래 지속되지는 않을 것이다.

〈스탠더드〉에 실린 데이비드 레이크(David Lake)의 보고서에 따르면, 미국에서만 현재 1억 3,400만 명이 인터넷에 접속하고 있다. 이는 인구의 절반에 해당하는 것이며, 이 숫자는 1996년 미국 인구의 10%만이 접속한 것에 비하면 참으로 많은 성장을 이루었다고 볼 수 있다. 레이크는 또한 2003년까지 미국 인구의 70%가 인터넷을 사용할 것으로 내다보았다.[1] 발전된 기술들은 인터넷 사용자와 제공자 모두에게 인터넷의 위력을 더욱 강력하게 발휘할 것이다. 이것을 확장 가능한 기업공시언어(XBRL)라고 한다. 그러나 이런 용어에 어리둥절해하지 말자. 곧 이와 같은 용어에 익숙해질 것이다.

XBRL로 가능해진 Regulation FD와 인터넷의 결합은 기업들과 개인들에게 더욱 좋은 기회를 제공할 것이다. 개인과 기관투자가들은 예전보다 훨씬 빨리, 더욱 많은 정보를 얻게 될 것이다. 기술의 강력한 도움으로, 그들은 빠르게 정보를 분류·분석해 더 현명하고 적절한 투자결정을 내릴 것이다.

개인과 기관투자가들뿐만 아니라 매도측 애널리스트, 회계법인, 그리고 소프트웨어 회사들 모두 혜택을 받을 수 있다. Regulation FD와 XBRL의 영향으로 투자자들이 더 많은 부를 창출할 수 있게끔 도울 수 있으며, 그 과정에서 그들도 자신들을 위한 가치를 창출할 수 있게 된다. 아마 다른 새로운 시장 참여자들도 이를 이용해 시장에서 새로운 비즈니스 모델을 제공할 수 있을 것이다. 그들 중 일부는 개혁은 아닐지라도 시장을 선도해나갈 것이다.

변호사들을 불러라

이제 감독기관의 제재가 시작된다. 2000년 8월 10일, SEC는 새로운 법안을 승인했다. 위원장인 레빗은 이 법안을『공기업의 간부들이 중요한 정보를 대중에게 유통시키기 전에 월가의 특수관계인([역주] 1934년의 증권거래법에 따르면, 특수관계인으로서의 내부자란 임직원과 주식의 10% 이상을 소유한 대주주를 의미하는 것으로 되어 있다)에게만 제공하는 데 이용하던 선택적 공시관행을 종식시킬 것』[2]이라고 표현하고 있다.

이 법안은 공정한 공시(fair disclosure)에서 이름을 따서 Regulation FD(공정공시규정)라고 불린다. SEC가 투표를 실시한 회의에서 위원장 레빗은『적시성을 갖춘 고급정보는 강하고 활기찬 시장과 투자자들의 확신을 위한 활력소』라고 언급했다. 그리고 또한 『애널리스트들이 내부정보(inside word)에 점점 의존해가고, 선택적으로 공시된 정보에의 접근을 보장받으려고 기업에 대해 호의적으로 보고하려는 압력이 점점 강해지고 있는』 최근의 추세를 비난했다. 발전을 위한 협력의 중요성을 강조하며 레빗은 『회사 중역들이 중요한 정보를 특정 애널리스트들에게서 호의를 얻고, 유지하기 위한 도구로 사용하고 있다』는 우려를 다시 밝혔다.[3]

이 법안 통과를 위한 SEC 투표는 만장일치는 아니었다. 찬성 세 표, 반대 한 표로 SEC 위원들 사이에선 드문 일이었다. 그러나 이러한 사실이 이 법안 결정과 관련해 논쟁이 있었다는 것을 뜻하지는 않는다. 비록 위원장이 초안을 완화시킨 수많은 타협안, 예를 들면 고객, 공급자, 신용평가기관, 그리고 언론과 대화를 못 하게 하는 안 등을 내놓았지만, SEC 위원들 사이에 만장일치의 합의를 도출하지는 못했다.

그러나 결국, 또 다른 일부의 조정을 거쳐서 법안이 통과됐다. Regulation FD는 기업의 고위 중역들에게만 해당된다. 특별 규정 가운데 하나는 중역들이 부주의하게 규정을 어겼을 경우 회사의 법적 책임을 제한할 수 있도록 했으며, 외국 기업들은 이 법안으로부터 완전히 배제됐다.

폭풍이 몰아치다

1999년 12월 20일 시작된 Regulation FD의 공청회 기간 동안 SEC는 6,000건의 의견을 접수했다. 많은 의견이 위원회의 웹사이트에 올라왔다. 대부분은 개인투자자들이 내놓은 의견이었다. 개인투자자들은 한결같이 Regulation FD를 지지했다.

다음의 의견은 점차 늘고 있는 개인투자자 세력이 일반적으로 품고 있는 생각을 반영하고 있다. 그들은 아주 낮은 거래비용을 향유하기 위해 직접 투자를 하고 있으며, 종종 인터넷을 통해서도 투자하고 있다.

증권시장에서 거래되는 기업들에 대한 정교한 정보를 대중에게 공시하는 행위에 대한 논쟁이 있다는 사실이 놀랍다. SEC가 기업들로 하여금 개인투자자들에게도 애널리스트들에게 제공하는 것과 같은 재무정보를 동시에 완전공시하도록 요구하지 않는다는 것은 SEC가 애널리스트들을 개인투자자들보다 더욱 가치 있다고 여긴다고 볼 수밖에 없다. 이는 교육받은 평등주의자, 그리고 기업가들에 대한 모욕이다.[4]

가장 강력한 목소리를 낸 증권업협회(Security Industry Association : SIA)를 비롯해, 대부분의 증권업 전문가들은 이 제안에 반대의사를 표명했다. SIA의 법률문제 담당부서는 무려 50페이지에 이르는 긴 제안서를 제출했다. 이 제안서는『직접적이든 또는 증권 애널리스트나 언론을 통한 간접적인 방법을 취하든 간에, 발행자들에게 최대한의 정보를 제공하는 것을 지지』하고 있다. 또 이 보고서는『인터넷으로 인해 좀더 많은 정보에 대한 요구가 생겼고, 또한 인터넷 덕분에 발행자들도 이러한 요구에 부응할 수 있게 되었다』고 언급했다.[5]

하지만 SIA와 Regulation FD의 다른 반대자들은 상당한 법률적 우려를 나타냈다.

- Regulation FD 시행의 복잡성——어떤 정보가 과연 중요한 정보인가?
- 경영진이 부주의하게 중요한 정보를 선택적으로만 공시했을 경우 회사가 지게 될 잠재적 법률 책임
- 이런 법률 책임을 피하기 위해 공시과정에 더욱 많은 변호사들을 개입시키게 될 가능성
- 공시에 미칠 수 있는 냉각효과

Regulation FD에 반대하는 자들의 주장에서 핵심은『좋은 의도이기

는 하나 투자자들에게 유용한 정보가 늘지 않고 오히려 줄어드는 부정적 효과가 있을 수 있다』는 것이다. SIA와 주식발행을 주로 담당해온 많은 자금중개회사들은 기업들이 기업공시를 하는 데에「최선의 관행」을 따를 것을 권했다. 그들은 엄격하게 규제하는 것보다 이렇게 하는 편이 모든 투자자와 애널리스트들에게 정보를 제공하는 데 더욱 큰 효과가 있을 것이라고 보았다.

SIA의 제안서는 Regulation FD의 규제안이 어떻게 애널리스트들이 독립적인 위치에서 질문을 하고 경영자들이 불리한 정보를 공시하지 않거나 다른 유리한 시점에 공시하고자 하는 행위에 대한 애널리스트들의 능력을 제한할 수 있을지에 대한 우려를 표명했다. 제안서에 따르면 이러한 일은 더욱 지속적인 공시와 예기치 않은 사건을 줄이고 주가를 안정시키게 된다고 말했다. 그렇지만 애널리스트들이 다른 사람들과의 업무수행을 강요받고 최소한 발행자들과 집단적으로 같이 일을 하게 된다면 본연의 업무를 지금처럼 수행할 수 없게 될 것이라고 했다.[6]

제안서는 또한 애널리스트들의 경기장을 공정하게 고르는 행위는 현재 시스템의 장점을 약화시킬 것이라고 강조했다. 미국 자본시장에서 애널리스트들이 요긴하고 아주 중요한 역할을 수행하고 있다는 점을 상기해보면 이건 아주 불행한 일이라고 덧붙이기도 했다.

한편 개인투자자들은 그들이 처음 이 규정을 옹호했던 것만큼이나 강력하게 이 제안서에 대해 강한 반발을 보였다. 다음은 한 개인투자자의 글이다.

나는 SIA의 법률문제 담당부서가 올해 4월 6일 제출한 제안서의 내용이 설득력이 없다고 생각한다. 애널리스트들이 기존의 유리한 위치를 잃어버릴까 두려워하는 것 같다. … (중략)…나는『미국 자본시장에서 애널리스트들이 요긴하고 아주 중요한 역할을 수행하고 있다』는 그들의 주장이 아주 의심스럽다. 만약 그것이 사실이라면, 그들은 내 생각을 바꾸기 위해 많은 설득을 할 필요가 있을 것이다. 그들이 도대체 얼마나 훌륭한 일을 하고 있다는 것인가?[7]

주정부증권법이 적용되지 않고 있다

Regulation FD에 대한 반응은 신속했지만 예측된 것이었다. 많은 개인투자자들과 자신의 이익을 수호하려는 사람들은 아주 기뻐했다. 개인투자자들도 경영진과 똑같이 정보에 접근할 수 있도록 일을 해온 인폼드 인베스터스사(Informed Investors, Inc.)와 인폼드인베스터스닷컴(InformedInvestors.com)의 설립자이자 회장인 스티브 채네카(Steve Chanecka)는 이 법률안에 환영의 뜻을 표했다.[8] 인디비주얼인베스터닷컴(Individualinvestor.com)의 닐러스 매티브(Nilus Mattive)는 『레빗과 SEC가 최근의 선택적 공시관행을 막고 개인투자자들에게 혜택을 줄 수 있는 법률안을 통과시킨 것을 기쁘게 생각한다』고 했다.[9]

한편 어떤 사람들은 이 법률안에 기뻐하면서도 충분치 않다고 여겼다. 『이 법안은 기껏해야 절반 정도밖에 이루지 못했다』고도 했으며, 또 어떤 이들은 『그 동안 보호만 받아오던 증권가에서 어떤 반응을 보일지 흥미롭다』고 평했다.[10]

대부분의 증권업과 증권업 전문가들을 대표하는 그룹들은 앞으로 일어날 문제를 예측했다.

- 『이것이 경기장을 평평하게 한다고는 하지만, 경기장 자체의 질은 떨어질 것이다.』——게리 래퍼더스(Gary Lapidus), 골드먼 삭스의 자동차전문 애널리스트.[11]
- 『사람들은 좀더 평평한 경기장을 원한다고 하지만, 나는 경기장에 아무것도 없게 되고 결국 제공받던 정보들이 사라져 버릴까 걱정된다.』——스튜어트 카스웰(Stuart Kaswell), SIA 부회장.[12]
- 『비록 의도는 좋지만 막상 기대하던 것과는 반대의 결과가 초래될

것이다. 기업들은 언제가 적기인지에 대한 결론 내리기를 피하기 위해 분명 정보제공을 줄일 것이다.』──마이클 S. 캐세스(Michael S. Caccese), AIMR 부회장.[13]

이러한 우려를 확인시켜주기라도 하듯이, 애널리스트와 기관 투자가들에게 제공하는 정보량을 줄이는 기업의 예가 나타나기 시작했다.[14] 반대자들은 그들의 예측이 맞았다고 여겼고, 옹호자들은 시행까진 몇 달 남았지만 Regulation FD가 벌써 작용하고 있는 것이라고 여겼다.

기업들의 회의를 인터넷을 통해 주주에게 무료로 중개해주는 베스트콜닷컴(BestCalls.com)의 사장인 마크 코커(Mark Coker)는 『만약 새로운 법안이 선택적 공시관행에 찬물을 끼얹었다면 정말 좋은 일이다』라고 말했다.[15]

Regulation FD의 진정한 의미

이 새로운 법률안이 승인된 지 불과 한 달이 지났다. 시간이 지나면 이 법률안의 궁극적인 결과를 알 수 있을 것이다. 즉 현재로서는 판단을 내리기가 위험하지만, 우리는 다소 보수적인 예측을 할 것이고 이와 관련해 우리의 의견을 제시할 것이다.

Regulation FD 자체만으로는 수많은 개인투자자들이 원하는 동등한 경기장을 창조할 수 없다. 기업들이 Regulation FD의 이념과 실천을 모두 진심으로 받아들인다 해도, 투자자들이 취할 수 있는 정보의 양과 그 정보를 분석하는 속도와 깊이는 그들이 이용 가능한 정보의 원천과 비례해 달라진다. 어느 정도의 동등성은 분명히 이루어질 것이다. 그러나 테니스 경기를 치르는 것과 같이 공정한 경기를 치를 수 있을 만큼의 동등성을 이루기엔 부족할 것이다.

Regulation FD의 시행도 정보가치 대신 지식가치에 신경을 쓰는 애널리스트들을 좌절시키지 못할 것이다. 애널리스트들은 그 동안 오랫

동안 쉽게 일해왔던 기업들로의 접근에 관한 규제에 빠르게 적응할 것
이다. 일부는 새로운 법안 속에서 길을 모색할 것이다. 일부는 가치를
증대시키기 위해 다른 방법을 찾을 것이다. 이를테면 더욱 많은 분석을
해서라도 말이다.

통찰력이 있는 애널리스트들은 이것을, 기업들이 호의적인 견해를
달라고 요구하거나 큰 기관 고객들의 빠른 이익 창출 요구를 피할 수
있는 기회로 삼을 수도 있다. 기업들은 애널리스트에게 우호적 평가를
요구하기 힘들 것이고, 고객도 이익 할당에 대한 기대를 갖기가 어려워
질 것이다.

이러한 상황은 애널리스트들이 본연의 업무에 최선을 다할 수 있도
록 더 많은 시간을 갖도록 허용한다. 여기에 대해 굳이 우리의 의견을
밝힌다면 이는 좋은 일이다. 그리고 Regulation FD도 마찬가지다. SIA
에 관해 우리는, 진정한 분석은 기업이 밝히기를 꺼리는 부정적인 정보
를 찾아내는 것 이상에 주안점을 두는 것이라고 생각한다.

기업들이 이제 겨우 새로운 법칙에서 어떻게 행동해야 하는지를 알
아내기 시작했다는 것을 고려할 때, 우리는 Regulation FD 또한 기업들
에게 좋은 기회를 제공한다고 생각한다. 기업들은 다른 규칙, 이를 테
면 이익게임과 같은 규칙을 바꾸는 데 Regulation FD를 사용할 수 있
다. 기업들은 이제 애널리스트들의 비위를 맞추어 분기 경영성과를 좋
게 평가받음으로써 주가를 높이려고 노력할 필요가 없다.

대신 경영자들은 이제 기업가치공시 혁명을 받아들여야 한다. 그렇
게 함으로써 Regulation FD를 명목상으로서가 아닌, 이념으로 받아들
이게 되는 것이다. 이념으로서 받아들인다는 것은 경영진이 다음과 같
은 행동을 해야 한다는 의미다.

• 동시에 모든 사람들에게 중요한 정보를 가능한 빨리 제공해야 한
  다. 이렇게 하는 것이 Regulation FD를 준수하는 것이기도 하지만

옳은 일이기 때문이다.

- 위의 사항을 이행하기 위한 도구를 모색해야 한다. 가능한 모든 대화 채널을 사용하고 인터넷의 위력을 잘 이용해야 한다.
- 중요한 비재무적 가치동인과 시장에서 중요하게 여기는 무형자산을 올바르게 평가해줄 방법을 개발해야 한다.
- 결과물인 양질의 정보를 조직적이고 잘 정비된 과정으로 이용할 수 있게 해야 한다.

이런 관점에서 보면, 경영자들은 Regulation FD를 준수함으로써 주주들에게 필요한 정보를 제공할 수 있게 된다. Regulation FD는 정보를 전달하는 방법에 대한 지침을 제공한다.

기업가치공시와 Regulation FD를 채택하는 대가로, 경영자들은 이제 주가는 기업성과에만 근거해 정해진다는 사실을 받아들여야 한다. 결국 가장 중요한 것은 기업의 성과다. 기업들은 언제나 모든 가능한 방법으로 주주들과 모든 이해관계자들에게 정보를 전달해야 한다는 사실을 인정하고 받아들여야 한다. 그렇게 하는 것이 옳은 일인 것이기도 하다.

총(무기)을 가져와라

변혁은 힘의 균형을 바꾸어놓는다. 힘을 얻기 위해선 관련된 최선의 기술을 이용해야 한다. 기업가치공시 혁명에서는, 아주 잘 알려진 인터넷과 그에 비해 거의 알려지지 않은 XBRL이 그러한 기술이다.

SIA는, 수많은 개인투자자들이 읽고 의견을 제시했던, 2000년 4월 6일 SEC에 보낸 서한에서 『증권위원회는 정보의 유통을 증진시킨 데 큰 공헌을 했다』고 지적했다.[16] 여기에서 NIRI에서 시행한 최근의 조사에 따르면 2000년까지 90%의 기업들이 전화회의를 시행할 예정이고, 그 중 90%의 기업이 개인들의 접근을 허용할 예정이라고 언급했다. 또 이 서한은 명백히 더욱 많은 기업들이 좀더 많은 사람들에게 정보를 제공하려는 추세에 있으며, 아마도 이러한 추세가 이어지는 것은 커뮤니케이션을 가능하게 하는 기술 덕분이라고 밝히고 있다. 이것이 사실이긴 하지만, 시장과 쌍방향 커뮤니케이션을 할 수 있는 이러한 기술력은 이제 사용 초기 단계에 와 있을 뿐이다.

기술 해설자이자 《길더 테크놀로지 리포트(Gilder Technology Report)》의 작가인 조지 길더(George Gilder)는 『주식에 초점을 맞춘 정보시장에서 월드와이드웹(World Wide Web)의 장점을 완전히 실현시키려면 현재의 규칙은 철회되어야만 한다』고 말했다.[17] 그는 또한 『기술의 진행과 제품실험, 연구개발과 일일 매출정보 등에 관한 비밀스런 상세정보 등의 내부정보가 사실상 주식시장에서 장기적 주가 차이에 영향을 줄 수 있는 유일한 요소』라고 말한다. 기업 내부에서 나오는 정보의 즉각적인 유포는 인터넷을 사용한다면 충분히 가능한 일이다.

이렇게 인터넷을 사용한다면 정보의 유출이 지속적으로 이루어 질 테지만, 그 정보 중 일부는 과장된 것이고 일부는 혼란스러울 것이며, 대부분은 사업 그 자체처럼 모호할 것이다. 길더의 새로운 「기술 유토피아(technological utopia)」에 따르면, 현재 시장의 불합리와 심한 주가 등락——모든 투자자들에게 평평한 경기장을 창조하기 위해 좋은 의도로 시작했지만 잘못 인도된 노력으로 초래된——은 현명한 자본투자로 대체될 것이다.

제11장은 인터넷의 방대한 발전 가능성이 대부분 아직 개발되지 않은 상태라는 길더의 견해를 지지한다. 그가 말하듯이 시장을 순수한 기술적인 관점에서 살펴보는 것도 유용하다.

인터넷을 이용하자

컴퓨터 정보를 지원하고 복귀시키는 소프트웨어 업체인 레가토 시스템스(Legato Systems)가 개최한 전화회의에 접근을 거부당하자, 마크 코커(Mark Coker)는 1999년 3월 베스트콜닷컴을 시작했다. 그의 웹사이트는 개방적 공시를 위해 이러한 전화회의 등을 추적하고 있다. V콜 (Vcall), 브로드캐스트닷컴(Broadcast.com),[18] PR 뉴스와이어(PR Newswire), 코퍼레이트 커뮤니케이션 브로드캐스트 네트워크 (Corporate Communications Broadcast Network) 등의 웹사이트들도 기업들의 전화회의를 인터넷으로 방송하고, 웹캐스트 등을 수행하는 것을 돕는다.

비디오가 연결된 고속 모뎀의 발전으로 기업들은 컴퓨터 방송에 건 당 3,500달러 정도 소요되던 비용을 90일 간의 저장비용을 포함해 700 달러 정도로 낮출 수 있었으며, 투자자들이 쉽게 찾아볼 수 있게 했 다.[19] 공급업체 V콜은 1만 5,000명에 이르는 참가자들을 연결해주었다 는 보고를 하기도 했다.[20] 애널리스트들과 회의를 실시간으로 연결해 주는 서비스를 제공하는 대형 회사들로는 시스코 시스템스, 마이크로 소프트, 인텔을 들 수 있다. 비용절감으로 인해 곧 많은 회사들의 컴퓨 터 방송이 가능할 것이고, 상대적으로 주목받지 못하던 대부분의 기업 들이 이 덕분에 좀더 많은 시장의 관심을 끌 수 있을 것으로 기대된다.

Regulation FD가 실행됨에 따라 궁극적으로는 모든 기업들이 이 관 행을 따라야 할 것이다. 그렇지 않은 기업들은 인터넷을 이용하는 기업 들에 비해 불이익을 당하게 될 것이고, 또한 투자자들에게 적시에 정확 하게 목적에 부합한 정보를 제공할 수 있는 기회를 놓치게 될 것이 당 연하다. 베스트콜닷컴의 코커는 이러한 현상을 기업들이 정보공개와 관련해 경험하게 되는 「계몽의 세 단계(three stages of enlight-enment)」중 제3단계에 해당한다고 정의했다.

- 1단계 : 사람들이 알게 된 후 일어날 상황에 두려워하는 상태
- 2단계 : 선택적 공시 때문에 개인들이나 SEC로부터 소송을 당할까

봐 정보를 공개하는 상태

- 3단계 : 인터넷상에서 소문을 내고 투기를 하는 사람들을 다루고, 장기적인 투자자에게 기업을 마케팅하기 위해서는 정보를 공개하는 것이 유리하다는 것을 깨닫는 상태[21]

기업들이 이 기술을 채택하고 적응해가는 동안, 루머나 소문 등을 믿고 투자하는 사람들이 없어질 것이기 때문에 좀더 안정된 투자자 기반을 구축하게 될 것이다. 그렇지만 루머나 소문이 완전히 없어지지는 않을 것이다. 사실 일부 가상자본시장(capital market virtual communities)에서는 소문을 양산해낼 수도 있다. 향상된 접근방식의 성공적 사례인 베스트콜닷컴은 단지 좀더 충분하고 빠르게 정보를 제공할 수 있도록 인터넷을 이용할 수 있는 방법의 한 가지 예를 보여주고 있을 뿐이다.

많은 기업들이 인터넷 공시를 시도하고 있다. 그러나 지금까지의 노력은 거의 대부분 제11장에서 다루었던 종이 패러다임의 전자화에 한정되고 있다. 단지 어도비 애크로배트(Adobe Acrobat)나 HTML 파일을 이용해 종이문서를 전자적 버전으로 변환시켜 웹사이트에 올려놓는 일을 하고 있을 뿐이다. 가장 흔한 사례는 연례보고서, 10-K파일링, 투자자나 애널리스트들에게 제시되는 보고서 등이다.

이렇게 단순히 종이문서를 웹사이트에 올려놓는 것은 이 정보를 분석하려는 투자자들에게 부담을 줄 뿐이다. 투자자들은 자신들이 사용히는 소프트웨어 프로그램이 무엇이든지 간에 직접 손으로 다시 입력해야 한다. 투자자들이 여러 기업의 정보를 분석하려 한다면 모든 회사의 웹사이트에 들어가서 하나하나 반복적으로 수고스러운 작업을 해야 한다.

어느 정도의 재무 분석을 도와주는 웹사이트들이 있다. 바로 에드거 온라인(EDGAR Online, www.edgar-online.com), 마이크로소프트리서치 위저드(Microsoft's Research Wizard, www.moneycentral.msn.
com/investor/research/wizards/SRW.asp), 그리고 http://cbs.
marketwatch.com 등이다. 이러한 사이트들은 유용하긴 하지만, 단지
자료 취합자와 보급자한테서 그들이 정형화한 자료를 구입해 제공할
뿐이다. 기본적인 비교분석이 가능하려면 정보들을 표준화해야 하지
만, 그렇게 한다고 해도 그다지 효과적인 비교는 되지 못한다. 그러나
표준화로 인해 적어도 사과와 오렌지를 비교하거나 애플(Red
Delicious)과 매킨토시(McIntosh)를 비교하는 식의 비슷한 효과를 내
는 비교분석은 가능할 것이다.

끊임없이 잇따라 움직이기

기업들은 기본적 공시 관행을 가속시키고 증대시키는 데 인터넷의
위력을 이용하기 위해 재빠르게 움직여왔다. 몇몇 기업들에게는 이러
한 작업이 매우 어려운 것이었으며, 아직 아주 초보적인 단계를 면치
못하고 있다. 앞에서 언급했듯이, 대부분의 과정에서 기업들은 종이 패
러다임에 기초한 현재의 관행을 단순히 인터넷상으로 변환시키고 있을
뿐이다. 이러한 것은 모기 한 마리를 죽이기 위해 미사일을 사용하는
것과 같다. 곧 인터넷이 투자자와 주주들에게 적절히 관련정보를 제공
하기 위한 것으로는 충분치 못하다.

비록 오늘의 경영자들은 예전의 어떤 경영자들보다도 빠르고 멀리
나아갈 수 있지만, 공시 목적으로 인터넷의 위력을 이용하기 위해서는
또 다른 무언가가 필요하다.

그들이 아직 활용하지 못하고 있는 것은 확장기능 마크업 언어
(Extensible Markup Language : XML)라고 불리는 기술이다. 기업들이
이미 인식하고 있듯이, 인터넷은 현재의 정보가 어떻게 포맷되고 코딩
되어 있는가에 따라 그 이용이 제한돼 있다. 다시 말해 현재 제1언어
(primary language)인 HTML을 사용하고 있다는 것이 종이 패러다임의

문제다.

HTML을 사용하면 하나의 서류에 담긴 정보의 내용과 포맷이 서로 얽혀 있다. 그렇게 해도 작동은 한다. 그렇지만 이것은 모든 자동차 제조업체들이 자체 제조 자동차에만 적합한 기름을 생산하는 자체 정유회사를 갖고 있는 것과 다를 바 없다. 곧 운전자들은 기름을 채우려고 할 때마다 특정 주유소를 찾아다녀야 한다. 운전자들은 곧 이런 번거로움에 지칠 것이고, 모든 자동차에 맞는 기름을 원하게 될 것이다. e-비즈니스의 세계에서, 이렇게 모든 자동차에 맞는 기름을 확장기능 마크업 언어 또는 XML이라고 한다.[22] 그리고 XML을 기업공시에 적용한 것이 바로 XBRL이다.

만약 당신이 이러한 기술을 이해할 수 있는 지식을 갖고 있다면 계속 읽어도 무관하겠지만, 그렇지 않다면 다음에 소개하는 「XBRL 길라잡이」를 지금 읽어보아야 한다.

e-비즈니스가 기업공시에 등장하다

XML에 대한 과장과 그 현실을 구분해 판단하기는 어렵다. 어떤 이들은 XML을 인터넷 그 자체, 전구 발명, 그리고 대륙 간의 철로를 성공적으로 놓는 데 기여한 철도 궤간과 맞먹는 기술적 혁신이라고 주장한다. 1998년 2월, 세계 웹 컨소시엄(World Wide Web Consortium, www.w3.org)이 XML의 채택을 권고한 이래로, 모든 대형 소프트웨어 개발업체들은 이의 사용을 약속했다.

비록 아직은 초기상태지만, XML은 기술발전에 불을 당겼다. 전사적 자원관리(enterprise resource planning : ERP) 업체들은 이미 소프트웨어 환경에 XML을 통합시켰다. 광범위한 업종과 기간산업 통로를 연결하는 몇백 개의 공급 체인 연합은 자체적으로 XML을 적용시켜, 진정한 e-비즈니스 언어로 만들기 위해 노력하고 있다.

곧 모든 회사들은 XML방식으로 비즈니스를 수행해야 할 것이며, 그

XBRL을 이해하기에 앞서 기업공시 유통망에서 사용할 목적으로 개발된 XBRL이 XML의 특정 애플리케이션에 불과하다는 점을 이해해야 한다.[a] XML은 확장가능 마크업 언어(Extensible Markup Language)의 약어로서, 인터넷용 하이퍼텍스트를 만드는 데 사용되는 HTML을 획기적으로 개선한 차세대 인터넷 언어다.[b]

HTML은 웹 브라우저상에 정보를 표시하기 위한 청사진과 포맷을 제공함으로써 좀더 간편하게 정보를 액세스할 수 있도록 지원한다. 그러나 HTML에는 치명적인 약점이 있다. 즉 해당 문서상에서 정보의 문맥(context)을 처리하지 못하고, 다만 종이 패러다임을 반영하는 방식으로 정보를 문서에 기술할 뿐이다.

예를 들어 상단에 「구매 주문서」라고 인쇄되어 있고 그 아래에 많은 숫자들이 나열되어 있는 한 장의 종이를 받았다면, 여러분은 문맥상 그 숫자들이 무엇을 의미하는지 해석할 수 있다. 다시 말해 이들 숫자만 보고도 특정 고객이 어떤 가격으로 특정 제품의 아이템을 얼마나 주문했는지 쉽게 파악할 수 있을 뿐만 아니라, 고객이 기한 내 지급에 대해 얼마의 할인율을 적용받는지도 알 수가 있다. 그러나 이들 숫자만 인쇄돼 있는 용지를 받았다면, 이 경우 여러분은 이 숫자들이 무엇을 의미하는지 전혀 해석할 수 없다. 그 이유는 바로 해석의 단서가 되는 문맥이 주어지지 않았기 때문이다.

XML은 전자적으로 정보의 각 단일 숫자마다 문맥을 제공하고, 이러한 문맥을 통해 사용자(전자 장치도 포함)는 해당 숫자의 의미를 해석해 대부분의 경우 사용방식을 파악할 수 있다. 이렇듯 XML은 인터넷상에서 일종의 바코드와 같은 역할을 수행한다.

XML과 HTML은 모두 「꼬리표(태그)」, 즉 꺾쇠 괄호(「<」와「>」) 안에 있는 명령어를 사용해 파일의 콘텐츠를 주석한다. 이 두 언어의 가장 큰 차이점은 HTML의 태그는 특정 형식으로 정보 콘텐츠를 나타내는 방법에 대한 소프트웨어용(주로 웹 브라우저 종류가 해당됨) 명령어의 범위를 벗어나지 못한다는 것이다. 다시 말해 HTML에서는 「두꺼운 글씨체(볼드체)로 하시오」, 「이탤릭체로 하시오」, 「표에 넣으시오」와 같은 명령어만 가능하다.

그러나 XML은 태그를 정의할 수 있는 기능이 추가돼, 기술되는 형식에 관계 없이 개별 데이터를 훨씬 (「분자」 수준으로) 상세하게 기술한다. 이러한 태그들은 각각의 아이템을 소개하면서 부연설명까지 제공한다. 예를 들어 구매주문서에 나와 있는 숫자들은 「대당 1,000달러에 주문하는 PC의 대수이며, 이 경우 주문 수량은 500대다」라고 해석할 수 있다.

XML을 사용하면 모든 비즈니스 파트너들이 웹상에서 실제로 모든 유형의 거래에 대한 정보를 교환할 수 있기 때문에, XML은 e-비즈니스의 혼성 국제어(lingua franca)로서 빠르게 자리매김하고 있다. 어느 업체의 정보 시스템이 데이터를 제공하는지에 대해 신경을 쓰지 않아도 기업들은 인터넷상에서 비즈니스를 원활하게 수행할 수 있다. 본질적으로 XML은 유통망 전역에 걸쳐 애플리케이션 통합을 가능케 한다.

또 XML은 공급자와 소비자의 관계처럼 기업과 주주와의 관계와 밀접한 관련성을 갖고 있다. AICPA(www.aicpa.org)가 설립하고 후원하는 컨소시엄 그룹(www.xbrl.org)이

「XBRL」이라고 하는 특별한 XML 다이얼렉트 개발을 착수했다. 이 XBRL에는 기업공시 데이터용 태그를 포함한다. 이 컨소시엄의 회원으로는 전세계의 기업, 회계법인, 공인회계사, 기관투자가, 투자은행, 소프트웨어 판매자, ASP(애플리케이션 서비스 제공업체) 등이 대거 참여하고 있다.

현재, XBRL 개발은 전세계 다양한 국가에서 채택해 사용하고 있는 U.S. GAAP와 IAS와 같은 기존의 회계기준에 관한 정의를 내리는 데 초점이 맞춰지고 있다. 향후, 개발계획에는 규정에 따른 보고서, 납세신고서, 신용평가서 및 애플리케이션, 분개장, 그리고 비즈니스 이벤트 등까지 그 영역이 확대되어야 할 것이다.

또 XBRL은 본서에서 다룬 비재무적 가치 동인요소(nonfinancial value drivers), 심지어 양질의 정보제공을 위한 인터넷 플랫폼 역할도 수행한다. 그러나 기준들을 비재무적 지표(재무적 지표용 기준과 유사한)용으로 개발할 경우에만 기업가치의 공시 환경에서 XBRL의 이점을 충분히 활용할 수 있다.

---

a. 마이크 윌리스(Mike Willis), "Corporate Communications for the 21st Century," 백서 (New York : 프라이스워터하우스쿠퍼스, 2000년 10월).

b. 같은 책.

렇지 않다면 도리어 사업을 해나갈 수 없게 될 것이다. XBRL에 관해서도 같은 일이 일어날 것이다. XBRL로 공시하지 않는 회사들 또한 자본시장에서 사업을 수행하지 못하게 될 것이다.

모든 기업들이 주주와 이해관계자들과 정보를 주고받기 위해서 XBRL을 사용한다고 가정해보자. 과연 어떤 모습일까? XBRL의 미래결과를 예측하는 것은 Regulation FD의 결과를 예측하는 것만큼이나 확실하지 않다. 이미 Regulation FD의 문제에 관해 변호사들과 위태로운 상황까지 간 이상, 미래 사업환경에 대한 전반적 특성을 예측하고 무장을 하고 있는 것이 낫다. 다음 세 가지는 XBRL에 관해 특별히 중요한 것이다.

1. 더욱더 빠른 속도에 대한 필요성
2. 더욱더 많은 분석에 대한 열망
3. 전략적 제휴, 합작투자, 그 밖의 「구두계약관계」의 중요성

빠른 속도에 대한 필요성

궁극적으로 모든 사람들은 인터넷 시대에 살아가는 방법을 배워야 한다. XBRL은 기업이 공시 방법을 배우게끔 도울 것이다. 많은 사람들이 「실시간 공시」에 대해 이야기한다. 그러나 실시간 정보와 그 정보의 실시간 이용에는 큰 차이가 있다. 시스코 시스템스를 포함해 많은 기업들은 「가상접근(virtual close)」을 이용해 실시간 정보제공이 가능하다. 이를 이용해 경영진은 실시간으로 정보를 계속해서 제공할 수 있다. 비록 지금의 이용자들은 정보를 실시간으로 제공받을 수 있지만, 제공받은 정보를 그들이 사용하는 데 필요한 정보로 다시 가공해야 한다. 그런데 이러한 정보들은 대개 실수하기 쉬운 수작업을 통해 가공된다.

이러한 작업엔 꽤 오랜 시간이 필요하기 때문에 정보공시시간과 이용시간 사이에는 시간차가 생기게 된다. 이용자들은 때로 시간이 부족하기도 하다. XBRL의 최대 장점은 작업속도를 획기적으로 줄여주고 엉성한 변화과정을 매끄럽게 해준다는 것이다. XBRL 덕분에 (사람이든 기계이든) 이용자들은 누구든지 간에 어디에 있든지 간에, 마치 기업내부 정보 시스템이 경영자들에게 정보를 즉각적으로 제공하듯이, 정보를 얻자마자 바로 분석할 수 있다. 정말 정보를 얻는 것과 그것을 이용하는 데 시간차가 거의 없다.

위 단락의 괄호 안에 사람과 기계를 특별히 언급했다. 인터넷에서는 인터넷을 사용하는 이용자가 모두 사람만은 아니다. 인터넷상에는 「영리한 대리인(smart agents)」이라고 불리는 시스템이 작동되고 있으며, 본연의 목적에 따라 정보를 이용할 수 있다. 이에 대한 전형적인 예로는 자동신용승인(automated credit approval)이나 동적 대출평가(dynamic loan pricing)가 있다. 동적 대출평가는 계약지표, 주식 포트폴리오의 재평가, 재무위험관리, 애널리스트와 투자자의 자동문의 기능에 기초한다. 영화 〈스타 워즈〉에 나오는 바에서의 장면을 기억하는가? 인터넷에서는 이러한 비인간적인 전자개체들과 눈을 맞추기 전에 다시 한번 생각해야 한다.

다시 분석으로 돌아가서

일단 사람들이 (또는 전자개체가) 정보를 입수하면, 분석을 하려고 한다. 늦은 밤 방송에서 광고하는 다기능 부엌도구처럼, 정보를 자르고 다듬고 붙이길 원한다. 일단 정보를 기본 데이터 단계인 XBRL의 형태로 입수할 수 있다면, 사람들은 정보를 의도하는 대로 마음껏 분석할 수 있다.

소프트웨어 개발자들은 이 사실을 이미 알고 있고, 이미 투자자들이 정보를 세분할 수 있도록 하는 도구 개발을 시작했다. 미래의 분석용 소프트웨어는 이용자들이 어떤 수준을 원하든지 다년간의 기업성과를 사용해 다차원 스프레드시트 분석을 가능케 해줄 것이며, 다른 동종 기업과의 비교도 가능하게 해줄 것이다.

이제 겨우 시작일 뿐이다. 이미 우리는 미래의 가능성에 대해 생각하고 있기 때문에——제13장에서 언급한 기준이 또한 존재한다고 상상해보라——최소한 많은 산업의 중요 비재무적 가치동인은 그러하다고 상상해보자. 재무적인 것들처럼, 비재무적 기준들도 XBRL화할 수 있다. 경영자, 애널리스트, 개인투자자, 기관투자가, 전자개체 들도 산업이나 기업의 중요 가치동인 간의 관계에 관한 비즈니스 모델을 제안하고 테스트할 수 있다(이미 제1장에서 언급됐듯이). 결국 고객 유지와 주가 간에 상당한 연관성(선형을 이루든 경사를 이루든)이 있음을 알 수 있을 것이다.

여기에서 멈추는 게 아니다. 이러한 분석은 요리할 수 있다(위에서 비유했던 부엌도구를 연상하라). 전문가 시스템, 정보수집을 하는 영리한 대리인, 컴퓨터망(neural net), 관계형 데이터베이스(relational database), 그리고 사용자 인터페이스를 이용해 할 수 있다. 이러한 기술은 이미 존재하고 있으며, 날마다 빠르게 발전하고 있다.

이용자들은 어떤 종류의 정보도 사용할 수 있고, 어떤 식으로도(양
적·질적 형태, 오디오·비디오 형태 등) 분석할 수 있으며, 정보배송
도구로 멀티미디어 포맷으로 결과물을 표현할 수 있다. 조만간 젯선스
(Jetsons)가 플린트스톤(역주 Flintstones : 미국의 만화 시리즈)으로 보
일 것이다.

가장 가능성이 높은 시나리오를 고려해보자. 현재 모델링과 분석적
업무는 PC에 설치된 소프트웨어 프로그램에 저장된 데이터를 이용한
다. 이미 많은 것들이 웹상으로 옮겨갔는데, 이것이라고 웹상으로 옮겨
가지 말란 법이 있는가? 특정한 분석을 위한 산업형 웹사이트를 상상
해보라. 냅스터(Napster) 같은 음악 사이트를 떠올려보면 같은 접근방
식을 상상할 수 있을 것이다. 재무적인 비즈니스 모델링과 분석도구를
모든 사람과 공유할 수 있다. 모든 이들 간의 정보공유로 민주화를 이
룰 수 있다.

사용자 사회의 회원들은 이런 종류의 웹사이트에 가서 분석도구와
전문화된 데이터를 구할 수 있다. 이용자들은 인터넷에서 구미에 맞게
자료를 분석할 수 있다. 이러한 사이트들은 관련자료를 갖고 있는 사이
트들과 링크할 수 있으며, 이용자들은 간단히 그런 사이트들을 이용할
수 있을 것이다. 일부 사이트는 무료로 운영될 것이고 또한 유료 사이
트도 있을 것이며, 결국 가장 인기 높은 사이트가 대부분의 돈을 벌어
들일 것이다. 이에 관해서는 이 장의 마지막 부분에서 다루려고 한다.

복잡한 제휴관계

전략적 제휴, 합작투자, 핵심기능의 아웃소싱, ASP, 공급 체인과 통
합된 e-비즈니스 등으로 가득 찬 세상에서, 과연 어떠한 실체가 (하나
의 기업이나 여러 개의 파트너가 통합된 형태일 수 있다) 주주와 이해
관계자에게 중요한 것인지 기본적인 의문이 생긴다. XBRL을 통해 이용

자는 여러 가지 방식으로 정의된 실체의 성과를 알아볼 수 있다.

예를 들어 정보이용자는 기업이 맺은 전략적 제휴관계 전체가 거둔 총이익을 알고 싶어하거나, 경영성과가 더 좋은 기업의 고용인들이 더 높은 만족도와 상표 인지도를 갖고 있는지 알고 싶어할 수 있다. 현재까지는 이러한 분석이 거의 일어나지 않는다(제6장에서 이 이유에 대해 논의하고 있다). 강화된 기준과 XBRL로써 이용자들은 아주 작은 노력만으로 그들이 원하는 무엇에 관해서든 분석할 수 있다.

정말로 그렇게 될까?

아마도 앞에서 언급한 내용은 모두 사실이 될 것이다. XBRL의 회원이 된 것만으로도, 앞서가는 기업들은 그들의 재무정보를 XBRL에 보고하고 최소한 보고를 위탁하고 있다. 이러한 기업 중에는 마이크로소프트, IBM, 오라클(Oracle), 피플소프트(Peoplesoft), 새이지(Sage), 하이퍼리언(Hyperion) 등의 하이테크 기업군이 있다. 그리고 금융기관으로는 J. P. 모건, 모건 스탠리 딘 위터, 그리고 피델리티가 있다.

이런 기업 모두가 미국에 있는 것은 아니다. 예를 들면 독일에 SAP, 영국에 로이터(Reuters), 일본엔 NEC가 있다. XBRL 연합의 많은 회원들은 2005년까지 세계의 〈포천〉 1,000개 기업의 과반수가 주주와 그들 자신을 위해 그들의 웹사이트에 XBRL 파일을 이용한 공시를 시작할 것으로 믿고 있다.

이것이 정확하게 언제 일어날지는 알 수 없으나 그렇게 될 것임은 확실하다. 이러한 내세를 따르지 않는 기업들은 도태될 수밖에 없다. 다른 사람이 XBRL이라는 무기를 당신에게 사용하기 전에 먼저 사용해야 한다.

돈을 보내라

소프트웨어 개발업자들과 ASP 사업자들은 벌써 XBRL에 기초한 보고 방식을 이용자들이 충분히 이용할 수 있도록 하는 제품개발에 투자해왔다. 그들은 이 사업이 확실히 돈을 벌어다 줄 것으로 기대한다.

이런 사업에 참가하는 이들은 그들뿐이 아니다. 다른 이들도 또한 기업가치공시, Regulation FD, 그리고 XBRL이 가능하게 만든 넘치는 정보 속에서, 투자자들의 정보분석 도구와 정보분석 필요에 대한 욕구를 충족시켜줄 것이다. 매도측 애널리스트들이 분석자료로 투자자들을 만족시키지 못할 경우, 투자자들은 두 가지 중 하나를 선택할 수 있다. 스스로 분석을 하든가, 다른 애널리스트들에게서 분석을 사올 수 있다. 두 가지 모두가 일어나고 있는 일이다. 두 가지 모두가 새로운 제품과 서비스를 제공할 수 있는 기회를 만들어 내고 있다. 기업가치공시 혁명이 이루어지는 동안 자유기업정신은 번창할 것이다.

자체적인 투자 분석의 추세

오랫동안 기관투자가들은 자체적으로 매수자측 애널리스트를 고용해왔다. 많은 매수자측 애널리스트는 독립적으로 자신의 일을 할 수 있는 기회가 있다는 점 때문에 대개 더 낮은 보수에도 불구하고 매도자측을 떠나 기관투자자 쪽으로 옮겨왔다.

예를 들어 스커더 켐퍼는 1,000억 달러 포트폴리오를 위해 애널리스트 쉰다섯 명을 고용했다. 가장 큰 펀드는 경쟁관계인 투자은행보다 고용한 애널리스트의 수나 취급하고 있는 업종 면에서 세 배 내지 네 배 정도 많다. 자금관리 업종이 합병된다면, 외부에서 분석을 의뢰하는 것보다 자체적으로 분석을 하는 것이 더욱 유리하다.

이 점은 시장에서 심오한 의미를 갖고 있다. 기업이 장기적 가치를 창출하는 방법을 얼마나 잘 수행하고 있는가를 아는 것이 투자자들에게는 다음 분기에 이익을 창출할 것이라는 예측보다 더욱 호소력이 있다. 투자자들에게 그들이 익숙한 방법으로 정보를 제공하는 데 필요한 기본분석에는 기업가치공시가 제공하는 종류의 정보가 필요하다. 큰 기관투자가들의 이러한 실제적인 요청은 점차 더 커질 것이다. 왜냐하면 이런 투자자들의 크기가 더 커짐으로써 시장에서의 위치가 더욱 강력해질 것이기 때문이다. 그리고 이 자체가 기업가치공시 혁명에 불을 붙이는 역할을 할 것이다.

또 다른 정보제공자를 찾아라

투자은행들이 방대한 정보와 충분한 능력을 갖고 있긴 하지만, 법률적으로 투자은행만이 기업들에게 분석을 해줄 수 있는 것은 아니다. 베인, 보스턴 컨설팅 그룹(Bain, Boston Consulting Group), 맥킨지, 그리고 모니터(Monitor) 등과 같은 전략 컨설팅 기업들도 투자자들에게 귀중한 정보를 제공할 수 있는 능력이 있다. 규모가 큰 기관투자가들은 종종 이러한 회사에게 특정한 질의를 한다. 이러한 회사들이 제공하는 정보는 확연한 두 가지 장점을 갖는다.

1. 분석은 고객의 주문에 따라 만들어지고 정확히 고객이 원하는 특정 질의에 대한 답변을 제공한다.
2. 고객이 구입한 정보는 고객의 소유가 된다.

이러한 장점 덕분에 두자자들은 자신들의 투자전략과 관련된 정보를 바로 입력할 수 있다. 일반석인 보고서를 사들여 그 보고서를 쓴 애널리스트를 고르는 대신, 투자자들은 처음부터 그들이 원하는 분석을 지정해 그것을 수행할 애널리스트를 선택할 수 있다.

둘째로, 이러한 분석은 시장에 단순히 참여하는 것으로는 거둬들일 수 없는 월등한 투자수익을 누릴 수 있는 안목을 제공한다. 이번 분기의 이익에 관한 애널리스트의 힌트에 의존하는 것이 아니라, 투자자들은 장기적 가치창출에 관련된 안목을 얻을 수 있다.

분석을 구할 수 있는 또 다른 기업으로는 특정 산업에 전문적인 포레스터(Forrester), 가트너(Gartner), 기가 인포메이션 그룹(Giga Information Group), 그리고 메타그룹(META Group) 등이 있다. 보스턴 자산관리사의 부사장이자 미국 본사의 이사인 카타는 이러한 기업들은 『내가 원하는 대로 상당히 고부가가치적이고, 테크놀로지에서 장기적 추세를 파악하는 데에 아주 좋다』고 했다.

고객이 원하는 프로젝트를 수행하는 전략 컨설팅 회사들과 달리, 이러한 독립적 분석회사들은 많은 고객들에게 분석정보를 판매한다. 이렇게 판매된 분석정보는 고객의 소유로 넘어가는 것은 아니지만, 고객들에게 장기적 가치동인——하이테크를 대상으로 한 조사에서 중요하다고 규명된 지표——에 대한 안목을 제공한다(추가 정보는 www.pwcglobal.com/valuereporting에서 구할 수 있다). 투자자들은 이렇게 구한 안목과 그들 자신의 의견을 종합해 투자 결정을 내릴 수 있다.

분석자료를 구입하면 변동원가절감의 효과를 누릴 수 있다. 분석자료가 값어치가 있으면 계속 사면 될 것이고, 그렇지 못하다면 구입을 그만두면 된다.

전형적인 투자관리업계의 「소프트 달러(soft dollar)」 가격구조의 상황에서 투자자들이 독립적 분석자료를 구입하는 것은 제한적이었다. 「소프트 달러」란 투자를 위한 분석자료를 연간 기준으로 수수하는 거래수수료로 구입해야만 한다는 것을 뜻한다. 이러한 상황적 제약에도 불구하고, 투자자들은 브로커 회사에 독립적 분석자료를 구입하기 위한 「하드 달러(hard dollar)」 수표를 발행함으로써 그들이 원하는 분석자료를 구입할 수 있게 됐다. 특히, 거액의 자금 매니저들은 이렇게 할 수 있는 영향력이 있다.

매도측 분석을 위해 브로커 회사에 지불되던 소프트 달러 거래 수수료 가운데 얼마가 내부적 분석을 위한 애널리스트 또는 외부의 독립적인 애널리스트에게 지불하는 하드 달러로 바뀌게 될지는 역시 정확히 예측할 수 없다.

이러한 상황 속에서 기관투자가들을 대상으로 좋은 기회를 포착하는 회사도 있을 것이다. 독립적 분석을 제공하는 새로운 방법의 비즈니스 모델을 갖춘 회사들도 출현할 것이다. 분석자료의 이용자들은 매도자측 분석을 위해 몇십억 달러를 지출하고, 또 그 이상의 분석을 위해 몇십억 달러 이상을 지출하고 있다. 이것은 매우 큰 시장으로서 계속 성장하고 있다. 혁명이 시작되고 좀더 많은 정보에 대한 접근이 가능해지면 이런 성장률은 더욱 가속화할 것이다. 월등한 이익률을 내는 데 사용될 수준 높은 분석정보를 구입하는 일에 투자자들은 예전보다 신중을 기할 것이다.

개인투자자들의 참여

극소수의 개인투자자들만이 애널리스트들을 고용하거나 분석정보를 구입한다. 그러나 그렇다고 해서 개인투자자들에게 다른 방법이 없는 것은 아니다. 미국에서 개인이 소유한 지분자산 비율은 빠르게 증가하고 있다. 그리고 지분문화(equity culture)가 퍼지면서 다른 나라에서도 같은 현상이 벌어질 것이다. 총계로 볼 때 개인들은 몇천억 또는 몇조 달러를 투자하게 될 것이다.

개인투자자들의 욕구를 충족시켜줄 다양한 비즈니스 모델과 유통경로가 등장할 것이다. 독립적 분석회사들과 조직, 데이터베이스 회사, 소프트웨어 회사, 그리고 ASP 등이 모두 정보, 분석, 그리고 분석적 도구를 제공할 것이다. 개인투자자들은 더 나은 투자이익을 거두게끔 도와줄 이러한 도구를 구입하기 위해 기꺼이 돈을 지불할 것이다.

이러한 움직임은 이미 시작됐다.「투자 아이디어와 안목에 관한 혁신

적인 정보」[23]를 제공한다고 광고하는 아이익스체인지닷컴
(iExchange.com)은 직업적 전문가든 관심 많은 초보자든지 간에, 자신
의 웹사이트에 등록하고 주식을 선택할 것을 광고한다. 아이익스체인
지닷컴은 평균투자수익률, 방향의 정확성, 예측의 정확성에 따라 주가
의 순위를 매겨놓는다. 더 좋은 안목을 원하는 투자자들은 적절한 가격
으로 좀더 상세한 보고서를 살 수 있고 능력이 뛰어난 애널리스트들에
게는 그들의 능력을 발휘해 돈을 벌 수 있는 기회가 된다.

　재미있게도, 언스트 & 영은『아이익스체인지닷컴이 그들의 점수부여
와 지불 시스템(Scoring and Payment System)에 효과적인 통제를 하
고 있다』고 인정했다.[24] 여기에 5대 회계법인의 인정을 받은 투자조언
을 제공하는 데 있어서 인터넷에 기반을 두고 시장에서 원하는 해결책
이 있다. 비록 어느 누구도 아직 제시한 일이 없는『회계사, 총, 그리고
돈을 가져오라』가 그것이다.

정보이용의 대가는 점점 인하되는 압력을 받고 있다

　아직 투자은행을 고려대상에서 제외할 필요는 없다. 특히 저자 중 한
사람은 10년을 넘게 투자은행에 대한 논평을 써왔기 때문에, 우리는 아
마도 투자은행에 대해 가장 잘 알고 있는 사람들일 것이다.[25] 그들의
관행에 대한 비판에도 불구하고 투자은행들은 유연성, 적응력, 그리고
30년 넘게 위험을 감수할 의도를 증명해 보였다. 시장상황이 변화해 옛
것들이 사라지고 수익성이 줄어들 때마다 새로운 기회를 찾아내고 새
로운 상품을 만들어내면서 놀라운 탄력성을 보였다. 회계법인들은 투
자은행들에게서 배워야 할 점이 많다.

　분명히 투자은행들은 그들이 만들어낸 분석자료의 가치에 대한 질문
에 응답함으로써 그들의 탄력성을 보여줄 것이다. 지난 10년 간 강세를
보인 증권시장과 하이테크놀로지 IPO, 그리고 M&A가 분석 비용을 지
불해왔다. 이 때문에 구조적인 모순이 생기기는 했지만, 최악의 상태는

아니다.

증권시장의 강세는 영원히 지속될 수 없다. 그리고 투자은행들이 갖고 있는 고수익의 사업을 빼앗기 위해 새로운 경쟁자들이 생겨났다. 아키펠라고(Archipelago), 데이텍(Datek), 그리고 인스티넷(Instinet)과 같은 전자 커뮤니케이션 네트워크(electronic communication networks : ECNs)는 기관투자자들에 대한 거래 마진이 이미 꽤 줄었음에도 불구하고 가격을 계속 내리고 있다. E*트레이드(E*Trade)와 찰스 슈왑(Charles Schwab) 같은 기업들은 소매거래의 수수료를 낮추게끔 압력을 넣고 있다. 지금은 9달러 95센트에 불과한데, 이는 과거보다 90%나 낮아진 것이다. 어떤 기업은 공짜로 거래를 해주기까지 한다. 대부분의 대규모 투자은행들은 거래과정에서 생기는 수수료를 줄이기 위해 자체적인 인터넷 채널을 만드는 방법을 택하고 있다.

W. R. 햄브레트사(W. R. Hambrecht & Co.)와 위트 사운드뷰 그룹(Wit SoundView Group)같이 인터넷과 테크놀로지에 초점을 맞춘 새로운 투자은행들은 온라인 경매를 제공함으로써 IPO 마진을 낮추려는 노력을 해왔다. 햄브레트는 이것이 『투명한 주식거래와 자본시장 형성을 가져올 투자 기술』이라고 언급했다.[26] 이로 인해 주식발행자들에겐 더욱 높은 비용이 들지만, 동시에 개인투자자들에게 절차를 공개함으로써 개인투자자들은 거래 개시할 때 매수를 할 수 있고 주식 발행 후 분석자료를 지원받을 수 있게 된다.

이 주식발행인수 서비스는 기존에 청구되는 수수료보다 낫다. 투자자에게 제공되는 성보의 출처를 제공하는 서비스를 특화한 햄브레트의 웹사이트(www.hoovers.com)에 따르면 『투자은행이 부가하는 수수료보다 7% 더 적게 청구된다』고 한다.[27]

만약 시장 침체와 새로운 경쟁자 출현으로, 현재 그들의 비싼 분석기능에 대한 대가로 지불하는 데 사용하는 많은 이익이 사라진다면 투자은행들은 어떻게 대처할 것인가? 스커더 켐퍼 투자사의 주식사업부 전무이사인 트러스콧은『금융 서비스 산업의 수익이 줄어들 것이다. 아무도 언제, 얼마만큼 줄어들지는 모르지만 이 일이 벌어졌을 때 비싼 연구기능에는 어떠한 일이 일어날 수 있을까?』라고 지적한다.

트러스콧은 한 가지 가능성을 제시했다. 투자은행들은 분석기능을 판매와 거래기능으로부터 분리할지도 모른다.『월가는 분석기능이 아주 밀접하게 연계돼 있기 때문에 현재의 판매와 거래 모델을 사라지게 할 것이다』라고 그는 언급했다. 소프트 달러의 커미션 구조가 계속돼도 분석기능의 분리는 월가에서는 좋은 징조일 수도 있다.

트러스콧은『월가가 분석기능을 분리한 후 사용자가 분석기능을 사용하고 주당 5센트를 지불할지 분석기능을 사용하지 않고 1센트를 지불할 것인지를 사용자가 판단하게 하는』시나리오를 상상해보았다. 이런 상황에서 투자은행은 투자자들이 생각하기에 정말 객관적이며 독립적인 고품질의 분석결과 제공 방법을 찾을 진짜 동기를 얻을 수 있을 것이다. 4대 선두 투자은행이 고품질의 분석자료에 대한 필요성을 느끼고 있기 때문에, 트러스콧은 이런 일이 아주 쉽게 일어날 수 있다고 주장했다.

어려움의 극복

당연히 투자은행들은 이미 도전에 대응하기 시작했다. 2000년 9월 12일 7대 투자은행, 즉 골드먼 삭스 그룹, 메릴 린치, 모건 스탠리 딘 위터, 샐로먼 스미스 바니(Salomon Smith Barney), 크레디트 스위스 퍼스트 보스턴, 도이체 방크 알렉스 브라운(Deutsche Bank Alex. Brown), 그리고 UBS 워버그(UBS Warburg)는 더마켓닷컴(TheMarkets.com)의 신설을 공표했다. 신문은 이 신설을 다음과 같이 설명했다.『주식연구, 새로운 쟁점에 대한 정보, 뉴스, 시장자료 및 참여회사의 웹사이트와 용이한 접속이 복합돼 있는, 풍부한 정보가 있는 기관투자가를 위한 포털(Portal) 사이트다.』[28]

이 사이트는 또한 「포트폴리오 매니저, 애널리스트와 그 밖의 여러 고객이 날마다 그들에게 전달되는 과대한 정보를 구성하고, 우선순위를 매기고, 걸러낼 수 있게 하는 포괄적 개인화 도구」를 제공한다. 이러한 것은 물론 실시간에 이루어진다.[29]

더마켓닷컴이 특히 흥미로운 점은 기관투자가들로 하여금 특정 회사에 대한 분석가들 간의 추천을 쉽게 비교할 수 있게 해준다는 것이며, 편파적인 의견이 있는지 골라낼 수 있도록 해주는 것이다. 하지만 이 협동이 설립자의 애초 의향은 아니었다.

또 흥미로운 점은, 이 사이트가 투자은행인 기관 고객에게 얼마를 청구하느냐 하는 것이다. 투자은행이 이미 분석비용을 거래 수수료를 통해 지불했다는 이론 아래에서, 정보를 무상으로 제공한다. 그러나 앞으로는 연구관련 비용과 객관성 문제를 동시에 해결할 수 있도록 연구기능을 한 곳에 합칠 수 있을 것이다. 최고의 분석가들이 함께 모여 있는 연합체의 가치에 대해 상상해보자. 어느 투자은행과도 연결되어 있지 않기 때문에 분석가 자신이 생각하는 것보다 적게 또는 다르게 얘기하게 하는 기업으로부터의 압박감에서 해방될 것이다. 자, 바로 이것이 개혁이다.

무슨 일이 여기에서 일어나든지 투자은행도 다른 사람들처럼 시장의 힘에 대해 알아챌 것이다. 투자은행도 대응을 하기 위해 열심히 방법을 찾을 것이다.

자, 혁명을 시작하자!

이제는 행동이다

이러한 방식은 어색하고 어렵게 느껴질 수 있다.

그러나 지금까지 밟아온 여러 단계와 마찬가지로 그것은 이내 익숙해지고

동의할 수 있게 될 것이다. 그리고 독립이 선언될 때까지 그 대륙은 마치

날마다 유쾌하지 못한 일을 하나씩 떨어내고 있는 사람 같은 기분을 느낄 것이다.

그 사람은 그렇게 해야만 한다는 것을 알고 있지만, 그 일을 시작하는 것을 혐오하고,

그 일을 해야 한다는 필요성에 점점 사로잡혀가고 있다.

── 페인, 《상식》 중에서

이 책의 마지막에 이르렀다. 그러나 이것은 혁명의 시작이다. 당신은 지금 결정을 내려야 한다. 당신은 언제, 그리고 어떻게 이 혁명에 동참할 것인가?

- 시장 감독기관들 : 현 체제에서 당신은 높은 자리에 있다. 그대들의 지혜와 충고를 사람들에게 제공하라. 그러나 혁명은 대중이 이끌어가도록 해야 한다.
- 애널리스트들 : 당신은 투자자들을 위한 연구를 수행하고 있다. 이 혁명은 당신에게 좀더 많은 일거리를 제공할 것이다. 혁명에 동참하기를 권유한다.
- 기술자들 : 이는 당신들의 혁명이기도 하다. 여기에 우리가 초대된 것이다.
- 회계사와 회계법인 : 그대들은 예전 혁명의 승리자다. 자부심을 갖고 돌아보라. 아직도 승리할 수 있는 혁명이 많이 남아 있다.
- 개인투자자 : 무기를 들어라. 그대들은 이 혁명의 최대 수혜자가

될 것이며 실패한다고 해서 잃을 것은 없다.

- 기관투자가 : 그대들은 이미 총알을 갖고 있다. 당신들이 필요로 하고 제공받아 마땅한 정보들을 요구하라.
- 그 밖의 이해관계자들 : 당신의 마음을 믿어라. 그러나 눈과 귀를 열어라. 당신은 앞으로 듣고 보게 될 일을 매우 좋아하게 될 것이다.
- 이사회 : 이 혁명에는 강한 리더십이 필요하다. 리더십은 당신에게서 나와야 한다. 당신에게는 이 혁명을 이끄는 것 외에 다른 선택은 없다.
- 기업의 최고경영자 : 바로 오늘 혁명에 참여하라. 당신의 가치를 증명하라. 당신이 창출하는 가치에 대해 최대한의 신뢰를 얻어라. 당신은 가슴 깊은 곳에서 이것이 옳다는 것을 알고 있다.
- 모든 이들 : 우리의 웹사이트 www.pwcglobal.com/ valuereporting을 찾기 바란다.

NOTES

PROLOGUE A MANIFESTO FOR THE SECOND REVOLUTION

1. Robert G. Eccles, "The Performance Measurement Manifesto," *Harvard Business Review* 69 (January–February 1991): 131–137.
2. Ibid.

CHAPTER 1 COMMON SENSE

1. Robert G. Eccles, "The Performance Measurement Manifesto," *Harvard Business Review* 69 (January–February 1991): 131–137.
2. Robert S. Kaplan and David P. Norton, "The Balanced Scorecard–Measures That Drive Performance," *Harvard Business Review* 70 (January–February 1992): 71–79.
3. Lawrence S. Maisel, "Performance Measurement: The Balanced Scorecard Approach," *Journal of Cost Management* (Summer 1992): 47–52.
4. See, for example, Robert G. Eccles and Philip J. Pyburn, "Creating a Comprehensive System to Measure Performance," *Management Accounting* 74 (October 1992): 41–44; Robert S. Kaplan and David P. Norton, "Putting the Balanced Scorecard to Work," *Harvard Business Review* 71 (September–October 1993): 134–42; Robert S. Kaplan and David P. Norton, *The Balanced Scorecard* (Boston: Harvard Business School Press, 1996); Robert

S. Kaplan and David P. Norton, "Using the Balanced Scorecard as a Strategic Management System," *Harvard Business Review* 74 (January–February 1996): 75–85; and, most recently, Nils–Goran Olve, Jan Roy, and Magnus Wetter, Performance Drivers: A Practical Guide to Using the Balanced Scorecard (New York: John Wiley & Sons, 1999).

5. Kaplan and Norton, *The Balanced Scorecard*.

6. Olve, Roy, and Wetter, *Performance Drivers: A Practical Guide to Using the Balanced Scorecard*.

7. Mark A. Mowrey, "Thank you, Please Come Again," *The Industry Standard* 3 (March 27, 2000): 196–97. See Also: www.thestandard.com /article/article_print/1,1153,1301 6,00.html

8. Christopher D. Ittner and David E. Larcker, "Are Non–Financial Measures Leading Indicators of Financial Performance? An Analysis of Customer Satisfactions," *Journal of Accounting Research: Studies on Enhancing the Financial Reporting Model*, 36 supplement (1998): 1–35.

9. Rory Morgan, "A Consumer–Oriented Framework of Brand Equity and Loyalty," *The International Journal of Market Research* 42 (Winter 1999): 65; and Robert Bittlestone, Metapraxis Ltd., "Linking Consumer Behaviour to Shareholder Value."

10. Peter Miller and Ted O' Leary, "ValueReporting and the Information Ecosystem," a Study funded by PricewaterhouseCoopers.

11. Ibid.

12. Anthony J. Rucci, Steven P. Kirn, and Richard T. Quinn, "The Employee–Customer–Profit Chain at Sears," *Harvard Business Review* 76 (January–February 1998): 82–97.

13. Ibid., 86, 88.

14. Ibid., 89.

15. Ibid., 91.

16. This comment and subsequent comments by both Walter Kielholz and John Fitzpatrick were made in interviews conducted by Robert G. Eccles in August and November 2000.

CHAPTER 2   WHERE HAS ALL THE VALUE GONE?

1. Paul Krugman, "Roller-Coaster Markets," *The New York Times*, April 5, 2000, A23.

2. Gregory Zuckerman and E. S. Browning, "Stocks Fall Off a Cliff-and Climb Back: NASDAQ, Dow Drop Over 500, Reverse Course," *The Wall Street Journal*, April 5, 2000, C1.

3. "Mercurial Markets," *The New York Times* (editorial), April 5, 2000, 22.

4. Andrew Hill, "A White-Knuckle Ride: Extreme Volatility May Be Due to the Nervousness of Investment Institutions Rather Than Small Shareholders," *Financial Times*, April 6, 2000, 23. See also www.globalarchive.ft.com/search-components/index.jsp

5. Andrew Hill and Gerard Baker, "A Test of Nerves," *Financial Times*, April 17, 2000, 18.

6. E.S. Browning, "After Market's Wild Quarter, Future Is Just a Guess," *The Wall Street Journal*, April 3, 2000, C1.

7. Pui-Wing Tam, Bridget O'Brian, and Aaron Lucchetti, "The Diary of a Mad Quarter: Tech-Stock Performance Took Funds for a Ride; Here's an Insider's Look," *The Wall Street Journal*, April 10, 2000, R1, R19-20.

8. Zuckerman and Browning, "Stocks Fall Off a Cliff."

9. Deborah Stern, "US Tech Stocks Takes a Caning," *ABIX-Australasian Business Intelligence: The Age 5*, April 6, 2000, 5.

10. John Yang, "Gates in the Poor House?" The *E-Meter*, April 17, 2000, 76.

11. Value based on shares outstanding as of 7/6/00 from www.exchange-data.com and historical prices from http://finance.yahoo.com

12. Scott Thurm and E. S. Browning, "Cisco Sees Market Cap Rise to No. 1—Old Leader Microsoft Drops 6.8%, Dragging Major Indexes Down," *The Wall Street Journal*, March 28, 2000, C1.

13. Paul Bagnell, "Tech Stocks Worth Their Lofty Valuations—Merrill: Faster Earnings Growth," *The Financial Post*, March 14, 2000, D1.

14. E. S. Browning, "Tech Lovers Begin to Fret About 'V' Word," *The Wall Street Journal*, March 23, 2000, C1.

15. Ibid.

16. Peter M. Donovan, "Where Do We Go From Here?" (Address to The New York Society of Security Analysts, December 16, 1999).

17. Global Financial Data, www.globalfindata.com

18. International Federation of Stock Exchanges, www.fibv.com/stats/Tal7.xls

19. Robert McGough, "P/Es Now Top Fabled 'Nifty Fifty' Era," *The Wall Street Journal*, February 24, 2000, C1.

20. Ibid.

21. Ibid.

22. "Perspectives on Investor Relations in the United States: The 1999 Investor Relations Magazine Survey for Determining Excellence in Investor Relations," *Investor Relations Magazine*, March 1999.

CHAPTER 3 ANALYZE THIS

1. Charles M. C. Lee, James Myers, and Bhaskaran Swaminathan, "What Is the Intrinsic Value of the Dow?" *The Journal of Finance* 54 (October 1, 1999): 1693–741.

2. Jeremy J. Siegel, *Stocks for the Long Run: The Definitive Guide to Financial Market Returns and Long-Term Investment Strategies* (New York: McGraw-Hill, 1998), 283.

3. Andrew Smithers and Stephen Wright, *Valuing Wall Street: Protecting Wealth in Turbulent Markets* (New York: McGraw-Hill, 2000), 24.

4. Robert J. Shiller, *Irrational Exuberance* (Princeton, NJ: Princeton University Press, 2000), xii–xiii.

5. Investment Company Institute, www.ici.org/facts_figures/trends_0600.html

6. Shiller, *Irrational Exuberance*, xiii.

7. Smithers and Wright, *Valuing Wall Street*, 9.

8. Ibid., 13.

9. Ibid., 25.

10. Ibid., 6.

11. Ibid., 202.

12. Ibid.

13. Ibid., 229.

14. Smithers and Wright show why P/E ratios, dividend yields, and bond/equity yield ratios do a poor job of providing insights on market values by subjecting each of them to four key tests for any indicator of value. In contrast, they argue that the *q* ratio *does* meet all four of these tests but say that it is little used for two reasons, both of which are inimical to the interests of stockbrokers.

15. Michael Edesess, "Overvalued? Stocks' Price Is Finally Right," *The Wall Street Journal*, January 15, 1999, 10.

16. Ibid.

17. James K. Glassman and Kevin A. Hassett, *Dow 36,000* (New York: Times Books, 1999), 3.

18. Baruch Lev and Paul Zarowin, *The Boundaries of Financial Reporting and How to Extend Them* (Paris, France: Organization for Economic Co-operation and Development, 1998), 17.

19. John R. M. Hand, Profits, Losses and the Non-Linear Pricing of Internet Stocks" (Chapel Hill, NC: Kenan-Flagler business School, University of North Carolina, June 20, 2000).

20. Elizabeth Demers and Baruch Lev, "A Rude Awakening: Internet Value-Drivers in 2000," working paper (Rochester, NY: Simon School of Business, University of Rochester, 2000), 21.

21. Brett Trueman, M. H. Franco Wong, and Xiao-Jun Zhang, "The Eyeballs Have It: Searching for the Value in Internet Stocks" (Berkeley, CA: Haas School of Business, University of California, Berkeley, January 2000).

22. M. J. Whitman, www.mjwhitman.com/1q99.htm

23. Lev and Zarowin, *The Boundaries of Financial Reporting and How to Extend Them*.

24. Steven M. H. Wallman, "The Future of Accounting and Financial Reporting Part II: The Colorized Approach," remarks before the American Institute of Certified Public Accountants' Twenty-Third National Conference on Current SEC Developments (Washington, DC, February 15, 1996). See also www.sec.gov/news/speeches/spch 079/txt

25. David Aboody and Baruch Lev, "The Value-Relevance of Intangibles: The

Case of Software Capitalization," presented at the American Accounting Association 1998 Annual Meeting (New Orleans, August 19, 1998).

26. S. L. Mintz, "Seeing Is Believing: A Better Approach to Estimating Knowledge Capital," *CFO Magazine* 15 (February 1999): 28–37.

27. S. L. Mintz, "The Second Annual Knowledge Capital Scoreboard: A Knowing Glance," *CFO Magazine* 16 (February 2000): 52–62.

28. These figures are based on earnings for 1998 and market values as off September 30, 1999. Mintz, "The Second Annual Knowledge Capital Scoreboard: A Knowing Glance," 52–62.

29. Michael Murphy, *Every Investor's Guide to High-Tech Stocks & Mutual Funds*, 3rd ed. (New York: Broadway Books, 2000), 153.

30. Greg Ip, "Thursday's markets: NASDAQ Pumps Up to 5000-Tech-Stock Rally Spurs Milestone in Hyper Time," *The Wall Street Journal*, March 10, 2000, C1.

31. Susan Pullian, "Analysts Stretch Their Yardsticks to Justify P/Es of Cisco, Others," *The Wall Street Journal*, April 12, 2000, C1.

32. Ibid.

33. Alan M. Webber, "New Math for a New Economy," *Fast Company*, January/February 2000, 214.see also www.fastcompany.com/online/31/lev.html

34. Aaron Lucchetti, "Internet-Firm Valuations Prove a Challenge Amid Fluctuations," *The Wall Street Journal*, November 30, 1998, C1.

35. Pulliam, "Analysts Stretch Their Yardsticks," C.

36. Edward Kerschner, Thomas Doerflinger, and Michael Geraghty, "New Economy: Yes, New Metrics: No," *PaineWebber Market Commentary*, March 12, 2000, 1.

37. Jeremy Siegel, "Manager's Journal: Are Internet Stocks Overvalued? Are They Ever," *The Wall Street Journal*, April 19, 1999, A22.

38. Demers and Lev, "A Rude Awakening."

39. Ibid., 2.

40. "Unique visitor: The number of different people or computers to visit a Web site. A truer measure of readership than pageviews, the term unique users distinguishes between one person visiting a site five times, and five

people visiting a site once." "Pageview: A standard measurement of Web traffic. A Web page might contain a headline, some body text, and a java applet–elements that a client computer must request and download individually. Each request is one hit; the combination of hits and downloads that make up a screen is one pageview. Of course, spelling it right doesn't guarantee that a user actually read the viewed page." Constance Hale and Jessie Scanlon, "Wired Style–Principles of English Usage in the Digital Age" (New York: Broadway Books, 1999), 135, 165.

41. Trueman, Wong, and Zhang, "The Eyeballs Have It," 2.

42. Christopher D. Ittner and David E. Larcker, "Are Nonfinancial Measures Leading Indicators of Financial Performance? An Analysis of Customer Satisfaction," *Journal of Accounting Research: Studies on Enhancing the Financial Reporting Model* 36, supplement (1998): 1–35.

43. Susan Pulliam, "Analysts Stretch Their Yardsticks," C 1.

44. Ibid.

45. Michael J. Mauboussin, "Get Real: Using Real Options in Security Analysis" (New York: Credit Suisse First Boston, June 23, 1999), 3.

46. Ibid., 15.

47. Ibid., 10.

48. Peter Coy, "Exploiting Uncertainty: The 'Real–Options' Revolutions in Decision–Making," *Business Week*, June 7, 1999, 118.

49. Robert McGough, "If Concept Stocks Are Stuff Creams Are Made on, Does a Rude Awakening Loom," *The Wall Street Journal*, February 17, 2000, 16.

50. Market Data, National Association of Securities Dealers, www.marketdata. nasdaq.com/asp/Sec9Nq.asp

CHAPTER 4   THE EARNINGS GAME

1. Excluding acquisition–related charges and a gain from the exchange of some equity investments, http://docs.yahoo.com/docs/pr/1q00pr.html

2. Multex.com, Inc., "ACE Consensus Estimates: Yahoo!·Inc.," (New York: Multex.com, Inc., 4 March 2000). See also http://multex.multexinvestor.

com/data/mxcache/1412 654.PDF

3. Ibid.

4. Kara Swisher, "Yahoo! Net Slightly Tops Forecast on Growth in Revenue, Audience," *The Wall Street Journal*, April 6, 2000, A3.

5. Ibid.

6. However, Penman, and Zhang show that "conservative" accounting policies are used to produce temporary earnings that are not sustainable and that the market does not fully recognize their temporary nature in setting stock prices. Stephen H. Penman and Xiao-Jun Zhang, "Accounting conservatism: The Quality of Earnings and Stock Returns," working paper, Graduate School of business, Columbia University, New York, and Haas School of Business, University of California, Berkeley, December 1999, 1–22.

7. Rivel Research Group, "A Study of Corporate Disclosure Practices," Second Measurement, May 1998. A study conducted for National Investor Relations Institute. The total number of responses to this question was not reported. The percentages shown on page 17, Chart 4, are by market cap: 8 percent for large (over $1.5 billion), 7 percent for medium ($500 million to $1.5 billion), and 11 percent for small (under $500 million).

8. Carl Quintanilla, "For Its Profit Streak, Emerson's Reward Is a Laggard Share Price," *The Wall Street Journal*, May 11, 1999, A1.

9. Wall Street Research Net, www.wsrn.com

10. Gretchen Morgenson, "The Earnings Waltz: Is the Music Stopping?" *The New York Times*, October 24, 1999, 1, C1.

11. Arthur Levitt, chairman, Securities and Exchange Commission, "The 'Numbers Game'," NYU Center for Law and Business, New York, NY, September 28, 1998. See also www.sec.gov/news/specches

12. Arthur Levitt Chairman, Securities and Exchange Commission, "Quality Information: The Lifeblood of our Markets," Economic Club of New York, October 18 1999. See also www.sec.gov/news/sppeches/spch304.htm

13. National Investor Relations Institute, op. cit., 17, Chart 3.

14. Ibid., 16, Charts 1 and 2.

15. Stephen Barr, "Back to the Future: What the SEC Should Really Do About Earnings Management," *CFO Magazine* (September 1999): 42–52.

16. David Burgstahler and Michael Eames, "Management of Earnings and Analyst Forecasts," working paper, draft 5, University of Washington, Seattle, and Santa Clara University, Santa Clara, CA, September 22, 1999, 1–19.

17. Ibid., 5–6.

18. Marc H. Gerstein, "Paradise Lost," Market Guide, www.marketguide.com/mgi/research/mar2000/ar_cybercorner_03152000_ tx.asp?nss=www&rt=research/mar2000&rn=ar_cybercorner_03152000_tx

19. Earnings per share estimates and actual results, as reported by First Call and Dow Jones & Company, after adjusting for stock splits, the effects of certain business combinations reported as "poolings of interest," and "one-time" charges.

20. Tom Walker, "How Georgia Stocks Fared," *The Atlanta Journal, The Atlanta Consultation*, April 3, 1998, C:04:04.

21. "Health-Care Software Concern HBO's Earnings Top Estimates," Dow Jones Online News, April 14, 1998.

22. "HBO & Co. Earns 'Strong Buy' Rating, EDI Health Care Firm Doubles Value," EDI news, March 30, 1998, www.ptg.jdnr.com/ccroot/asp/publib/story_clean_copy.asp? rndnum=567481

23. "Earnings Expectations," *Capital Markets Insight*, Issue 4, Special Edition (January 2000): 2.

24. Ibid.

25. William Kinney, David Burgstahler, and Roger Martin, "The Materiality of Earnings Surprise," working paper, University of Texas at Austin, Austin, University of Washington, Seattle, and Kelly School of Business, Indiana University, Bloomington, July 8, 1999, 2–3.

26. Robert McGough, "Sunny Profits: Why Firms Are Delivering," *The Wall Street Journal*, April 20, 2000, C1.

27. Ibid.

28. Burgstahler and Eames, "Management of Earnings," 2.

29. Ron Kasznik, "On the Association Between Voluntary Disclosure and Earnings Management," *Journal of Accounting Research* 37 (Spring 1999): 57–82.

30. Ibid.

31. Paul M. Healy and James M. Wahlen, "A Review of the Earnings Management Literature and Its Implications for Standard Setting," *Accounting Horizons* 13 (December 1999): 365–83.

32. Ibid.

33. SEC Staff Accounting Bulletin: No. 99—Materiality, August 12, 1999.

34. Robert McGough, "CEO Prefers to Take Rough With Smooth Regarding Earnings," *The Wall Street Journal Europe*, April 16–17, 1999, 5B.

35. Ibid.

36. "SEC Charges Former Executives in Massive Financial Reporting Fraud at McKesson HBOC," press release, United States Securities and Exchange Commission, San Francisco District Office, September 28, 2000.

37. Securities and Exchange Commission v. Jay Gilbertson, Albert Bergonzi and Dominick DeRosa, ND Ca 912712000 (2000). See also United States of America v. Albert J. Bergonzi and Jay P. Gilbertson,

38. Ibid.

39. Kitty Pilgrim, Alan Dodds Frank, and Tony Guida, "P&G Earnings Analysis," Cable News Network Financial Network (CNNfn): Market Coberage, March 7, 2000, Daniel Peris interview.

40. Kinney, Burgstahler, and Martin, "The Materiality of Earnings Surprise."

41. Ibid., 24–25.

42. Bhaskaran Swaminathan and Charles M. C. Lee, "Do Stock Prices Overreact to Earnings News?," working paper, Johnson Graduate School of Management, Cornell University, Ithaca, NY, January 4, 2000.

43. Barr, "Back to the Future."

44. Rivel Research Group, "A Study of Corporate Disclosure Practices," 18 Chart 5.

45. Barr, "Back to the Future."

46. Mark Bagnoli, Messod D. Beneish, and Susan G. Watts, "Whisper Forecasts of Quarterly Earnings per Share," *Journal of Accounting and Economics* 28 (November 1999): 27–50.

47. Tom Byrnes, "BID & ASK: How Whisper Numbers Mess With the Individual Investor," August 20, 1999, www.blackstocks.com/ed

/qs/whispernums.htm

48. Ibid.

49. Bloomberg, www.bloomberg.com/personal/ft2._new99.html

50. WhisperNumbers.com, www.whispernumbers.com/about.cfm

51. EarningsWhispers.com, www.earningswhispers.com

52. Jack Reerink, "Pssst. Want to Manipulate a Whisper Number?" Reuters, April 23, 2000, www.uk.news.yahoo.com/000423/91/a4jhq.html

53. WhisperNumber.com, www.whispernumber.com/whisperstatistics.cfm

54. Bagnoli, Beneish, Watts, "Whisper Forecast of Quarterly Earnings per Share."

55. David Streitfeld, "Microsoft Manages to Surprise; By Playing Down Earnings, Company Beats Expectations," *The Washington Post*, October 19, 1999, E1.

56. Marcia Vickers, "Should You Listen to 'Whisper Numbers'? These Web Sites Can Help Investors—But Be Careful," *Business Week* (September 27, 1999): 150 E8.

CHAPTER 5   FALSE PROPHET OF EARNINGS

1. Reed K. Storey, "The Framework of Financial Accounting Concepts and Standards," *Accountants' Handbook*, 9th ed., D. R. Carmichael, Steven B. Lilien, and Martin Mellman (Eds.) (New York: John Wiley & Sons, 1999), 1:1–5.

2. Cary John Previts and Barhara Dubis Merino, *A History of Accountancy in the United States: The Cultural Significance of Accounting* (Columbus, OH: Ohio State University Press, 1998), 274.

3. Ibid., 271.

4. Ibid., 278.

5. In terms of global audit, tax, and financial advisory service–related fees, 1998–1999. Source: International Accounting Bulletin, August 1999. Note that Deloitte & Touche and KPMG appear to be at approximately the same level.

6. Previts and Merino, *A History of Accounting in the United States*, 278.

7. Elizabeth MacDonald, "First Call Will Add Cash EPS Estimates for 20 Web Firms, Responding to Street," *The Wall Street Journal*, April 4, 1999, A4.

8. Laura Johannes, "No Accounting for the Net? Profit Issue Sparks Conflict," *The Wall Street Journal*, May 1, 2000, C1.

9. Ibid.

10. United States, United Kingdom, Germany, France, Italy, The Netherlands, Switzerland, Sweden, Denmark, Australia, Japan, Hong Kong, Singapore, and Taiwan. These data were collected in 1997 and 1998.

11. These percentages are based on the number of respondents who believed that the market is too short-term oriented.

12. Paul M. Healy and James M. Wahlen, "A Review of the Earnings Management Literature and Its Implications for Standard Setting," *Accounting Horizons* 13 (December 1999): 8.

13. Baruch Lev and Paul Zarowin, "The Boundaries of Financial Reporting and How to Extend Them" (Paris, France: Organization for Economic Co-Operation and Development, 1998), 18.

14. Healy and Wahlen, "A Review of the Earnings Management Literature," 1.

15. Lev and Zarowin, "The Boundaries of Financial Reporting," 8.

16. Elizabeth McDonald, "Analysts Increasingly Favor Using Cash Flow Over Reported Earnings in Stock Valuations," *The Wall Street Journal*, April 1, 1999, C2.

17. Ibid.

18. G. Bennett Stewart, III, *The Quest for Value: A Guide for Senior Managers* (New York: HarperBusiness, 1999), 2.

19. Ibid.

20. Arthur Levitt, "The 'Numbers Game'" (remarks at New York University Center for Law and Economics, New York, September 28, 1998. Also see www.sec.gov/news /spccches/spch220.txt

21. Ibid.

22. Warren Buffett, letter to shareholders in "Berkshire Hathaway, Inc." (annual report) (Omaha, NE: Berkshire Hathaway, Inc., 1998), 15. See also www.berkshire hathaway.com/letters/1998pdf.pdf or www. berkshirehathaway.com/letters/1998 htm.html

23. Ibid.

24. Nanette Byrnes and Richard A. Melc with Debra Sparks, "Earnings Hocus-Pocus: How Companies Come Up with the Numbers They Want," *Business Week*, October 5, 1998, 134–142.

25. Stephen Barr, "Back to the Future," *CFO Magazine* 15 (September 1, 1999): 42–52.

26. Ibid.

27. Arthur Levitt, "The 'Numbers Game.'"

CHAPTER 6 INSIDE THE EXCITING WORLD OF ACCOUNTING STANDARDS

1. David Lake, "One-Stop Shop for Net-Traffic Numbers," The Standard 16, August 2000, at www.thestandard.com/article/display/0,1151,17713,00.html

2. AICPA Special Committee on Financial Reporting, *Improving Business Reporting—A Customer Focus: Meeting the Information Needs of Investors and Creditors* (Jersey City, NJ: AICPA Special Committee on Financial Reporting, 1994). See also www.rutgers.edu/ Accounting/raw/aicpa/ business/main.htm

3. AICPA Special Committee on Financial Reporting, "Business Reporting in an Era of Change," Chap. 1 in *Improving Business Reporting—A Customer Focus: Meeting the Information Needs of Investors and Creditors*(Jersey City, NJ: AICPA Special Committee on Financial Reporting, 1994). See also www.rutgers.edu/Accounting/raw/aicpa/business/main.htm

4. Ibid. See also Steven M. H. Wallman, "The Future of Accounting and Financial Reporting Part II: The Colorized Approach," *Accounting Horizons* 10 (June 1996): 138–148.

5. Steven M. H. Wallman, "The Future of Accounting and Disclosure in an Evolving World: The Need for Dramatic Change," *Accounting Horizons* 9 (September 1995): 86.

6. Randy Myers, "Indecent Disclosure," *CFO Magazine* 13 (January 1997): 20–28. See also www.cfonet.com/html/Articles/CFO/1997/97JAinde.html

7. Ibid.

8. Ibid.

9. "The CPA Journal Symposium on Recommendations for Improving Business Reporting," *The CPA Journal* at www.mysscpa.org/cpajournal/old/16349261.htm

10. Company Law Review Steering Committee, "Modern Company Law for a Competitive Economy: Developing the Framework" (March 2000): paragraph 5.74.

11. John Waterhouse and Ann Svendsen, *Strategic Performance Monitoring and Measurement: Using Non-Financial Measures to Improve Corporate Governance* (Toronto, Ontario: The Canadian Institute of Chartered Accounts, September 1998), v.

12. Sven-Age Westphalen, "Reporting on Human Capital: Objectives and Trends" (presented at the International Symposium "Measuring and Reporting Intellectual Capital: Experience, Issues and Prospects," Technical Meeting, Amsterdam, June 9–10, 1999), 5.

13. James R. Adler, "Leases," Chap. 18 in *Accountants' Handbook: Financial Accounting and General Topics*, 9th ed., R. Carmichael, Steven B. Lilien, and Martin Mellman (Eds.) (New York: John Wiley & Sons, 1999), 5–6.

14. John R. Harbison and Peter Pekar, Jr., *Strategic Alliances: A Practical Guide to Repeatable Success* (San Francisco: Jossey-Bass, 1988), 1.

15. Ibid.

16. Ibid., 1–2.

17. William J. Radig and Brian Loudermilk, "Leading the Way to Uniform Accounting Principles," *Review of Business* 19 (March 22, 1998): 22–26.

18. Fields Wicker-Miurin as quoted in Terzah Ewing and Silvia Ascarelli, "One World, How Many Stock Exchanges?—Global Barriers Are Falling as Markets Rush to Meld," *The Wall Street Journal*, May 15, 2000, C1.

19. Rading and Loudermilk, "Leading the Way to Uniform Accounting Principles."

20. As of August 2000, the market values (month end)($000) were: NASDAQ: 6,026,815,530, NYSE: 12,900,000,000, and AMEX: 134,148,811; www.marketdata.nasdaq.com/asp/Sec1Summary.asp

21. "Selling the Nasdaq," *The Wall Street Journal* (editorial), March 16, 1998, A22.

22. New York Stock Exchange website at www.nyse.com

23. Stephen A. Zeff, "The IASC's Core Standards: What Will the SEC Do?" *The Journal of Financial Statement Analysis* (October 1, 1998): 72.

CHAPTER 7   OUT, OUT DAMNED GAP!

1. Robert G. Eccles and Sarah C. Mavrinac, "Improving the Corporate Disclosure Process," *Sloan Management Review* 36 (Summer 1995): 11–25.

2. PricewaterhouseCoopers Global Survey refers to aggregate results from 14 independent country surveys conducted by PricewaterhouseCoopers. The countries included: the United States, the United Kingdom, France, Germany, Italy, Switzerland, the Netherlands, Sweden, Denmark, Australian, Japan, Hong Kong, Singapore, and Taiwan. The data were collected in 1997 and 1998.

3. A measure was deemed "extremely important" if 0 percent or more of investors and analysts regarded it as "particularly important in making investment decisions." The country-results of the survey are available at www.valuereporting.com.

4. The survey sample included 160 high-tech companies, 51 sell-side analysts, 28 institutional investors, and 134 venture capital firms.

5. The high-tech survey sample included 56 percent CFOs, 31 percent heads of investor relations, and 12 percent other executives such as CEO or president. One percent of the respondents did not specify their title or role in their organizations.

6. Substantial variation exists in the importance of the measures in the low-importance category, depending on how high-tech the company is. For example, Internet companies say traffic growth and traffic are more important, while semi-conductor companies place more importance on reject rates and inventory write-downs.

7. Respondents were asked to rate the extent to which their internal systems

produced sufficiently reliable information on a scale where 1 = Extremely Reliable and 5 = Not At All. Reliable. A measure was considered high quality for scores of 1.00 to 1.99, medium quality for scores of 2.00 to 2.99, and low quality for scores of 3.00 to 3.99. There were no scores above 3.99.

8. Respondents were asked to rate how actively they communicated information to analysts on a scale where 1 = Very Actively and 5 = Not At All Actively. A measure was considered to be high in how actively it was reported if it was between 1.00 and 1.99, medium if it was between 2.00 and 2.99, and low if it was between 3.00 and 3.99. Nine measures received scores of 4.00 or greater.

9. Respondents were asked to rate the data they were getting from companies on a scale were 1 = Very Adequate and 5 = Not At All Adequate. A measure was considered to be high in adequacy if it was between 1.00 and 1.99, medium if it was between 2.00 and 2.99, and low if it was between 3.00 and 3.99. There were no scores above 3.99 for either analysts or investors.

CHAPTER 8   RISKY BUSINESS

1. J. Richard Dietrich, Steven J. Kachelmeier, Don N. Kleinmuntz, and Thomas J. Linsmeier, "Market Efficiency, Bounded Rationality and Supplemental Business Reporting Disclosures," *Journal of Accounting Research* (forthcoming).

2. Ibid., 25.

3. Ibid., 25.

4. Ibid., 1.

5. Baruch Lev and Paul Zarowin, "The Market Valuation of R&D Expenditures," ACC-99-6 in a joint series of working papers, Vincent C. Ross Institute of Accounting Research and The Department of Accounting, Leonard N. Stern School of Business, New York, 1998.

6. Zhen Deng, Baruch Lev, and Francis Narin, "Science and Technology as Predictors of Stock Performance," *Financial Analysts Journal* 55 (May/June 1999): 20–32.

7. Lee Puschaver and Rober G. Eccles, "In Pursuit of the Upside: The New Opportunity in Risk Management," *PW Review* (December 19996): 1-16.

8. Shapira reports that when managers were asked, "Do you think of risk in terms of a distribution of all possible outcomes? Just the negative ones? Just the positive ones?" 80 percent of respondents said they considered the negative outcomes only. Zur Shapira, "Risk in Managerial Decision Making," unpublished, Hebrew University, Jerusalem, Israel, 1986.

9. As of August 17, 2000. Wall Street Research Net, www.wsrn.com

10. Historical prices on Bloomberg (www.bloomberg.com) as of October 11, 1999. Shares outstanding from companies' 10K as of December 31, 1999.

11. Lisa Bannon, "eToys' Strategy to Stay in the Game—E-Tailer Plans Web-Site Ads, Private-Label Products, Yearlong Sales Season Items," *The Wall Street Journal*, April 25, 2000, B1.

12. Chet Dembeck, "eToys Should Find a Partner," *E-Commerce Times*, January 31, 2000, www.ecommercetimes.com/new/viewpoint2000/view-000131-1.shtml

13. Terzah Ewing, "IPOs More Boldly Disclose Risk Factors," *The Wall Street Journal*, April 30, 2000, C1.

14. See Robert G. Eccles and John K. Fletcher, "Value and Reporting in the Banking Industry" (New York: PricewaterhouseCoopers, 1999); and Robert G. Eccles and Michael P. Nelligan, "Value and Reporting in the Insurance Industry" (New York: PricewaterhouseCoopers, 1999).

CHAPTER 9   THERE IS NO ALTERNATIVE: THE STORY OF SHELL

1. Thomas Delfgaauw, interviewed by Jennifer Woodward and David Wright, August 2000, Shell Centre, London, England. All subsequent statements attributed to Mr. Delfgaauw in this chapter are also from this interview. Mr. Delfgaauw participated actively in developing much of the content for this chapter. His openness and willingness to assist demonstrate another facet of the company's commitment to transparency. His valuable contribution is gratefully acknowledged.

2. See Dow Jones Sustainability Group Index, www.sustainability-indes.com

3. John Prestbo (Dow Jones Indexes president), "Explaining the Dow Jones Sustainability Group Index," remark at the World Business Council for Sustainable Development (WBCSD), Liaison Delegates Meeting, Montreux, Switzerland, March 29, 2000. See www.wbcsd.ch/Sppech/s83.htm

4. Announced by a European Commission representative at the European Business Network for Social Cohesion, Workshop 1, Social Reporting, Transparency, and Accountability, Brussels, May 12, 2000.

5. The Millennium Poll, conducted by Environics International Ltd., with the collaboration of The Prince of Wales Business Leaders Forum in London and The Conference Board in New York, September 1999. Corporate sponsors included PricewaterhouseCoopers, BP Amoco, and Bell. Further information available at www.environics.net/eil/

6. Rob Lake, "Social Accountability: the Challenge for Investors," paper presented at the Traidcraft Exchanges, PIRC Annual Corporate Governance Conference, London, March 29, 2000.

7. John Madeley, *Big Business, Poor Peoples: The Impact of Transitional Corporations on the World's Poor* (London: Zed Books, September 1999), 122.

8. Ibid, p.123.

9. Royal Dutch Shell, www.corpwatch.org/trac/climate/gwshell.html

10. Royal Dutch Shell, www.shell.com/royal-en/content/0,5025,31770-56749,00.html

11. Royal Dutch Shell, www.shell/com/download/2872/pages/soc_view.html

12. This list represents a slight rephrasing of the original language. Those interested can find the original list as published in *The Shell Report 2000* at www.shell.com/royal-en/content/0,5028,31770-56749,00.html

13. *The Shell Report 2000*, p. 32.

14. *The Shell Report 2000*, p. 4.

15. Extracts from *The Shell Report 2000*, pp. 19, 26.

16. Peter May with Alan Dabbs, Patricia Fernandez-Davila, Valeria Vinha, and Nathan Zaidenweber, "Corporate Roles and Rewards in Promoting Sustainable Development: Lessons Learned from Camisea,: p.vii, Resources

Group, University of California, Berkeley, 1999.

17. Ibid., p. ix.

CHAPTER 10   TO THE VICTOR GO THE SPOILS

1. PricewaterhouseCoopers Global Survey refers to aggregate results from 14 independent country surveys conducted by PricewaterhouseCoopers. The countries included the United States, the United Kingdom, France, Germany, Italy, Switzerland, the Netherlands, Sweden, Denmark, Australia, Japan, Hong Kong, Singapore, and Taiwan. The data were collected in 1997 and 1998. Respondents were asked to indicate on a five-point scale where 5 = A Great Deal and 1 = Not At All whether they thought a particular benefit would result from improved disclosure. The percentages in Exhibit 10.1 are for responses of 4 or 5.

2. Robert G. Eccles and Sarah C. Mavrinac, "Improving the Corporate Disclosure Process," *Sloan Management Review* 36 (Summer 1995):11–25.

3. PricewaterhouseCoopers Global Survey refers to aggregate results from 14 independent country surveys conducted by PricewaterhouseCoopers. The countries included the United States, the United Kingdom, France, Germany, Italy, Switzerland, the Netherlands, Sweden, Denmark, Australia, Japan, Hong Kong, Singapore, and Taiwan. The data were collected in 1997 and 1998. Respondents were asked to indicate on a five-point would result from improved disclosure. The percentages in Exhibits 10.2 and 10.3 are for responses of 4 or 5.

4. Paul M. Healy, Amy P. Hutton, and Krishna G. Palepu, "Stock Performance and Intermediation Changes Surrounding Sustained Increases in Disclosure," *Contemporary Accounting Research* 16(3) (Fall 1999): 485–520.

5. Robert G. Eccles, Kersten L. Lanes, and Thomas C. Wilson, "Are You Paying Too Much for That Acquisition?" *Harvard Business Review* 77 (July–August 1999): 136–46.

6. Michael Arndt, "Commentary: It Pays to Tell the Truth," *Business Week Online*, June 5, 2000.

7. "McKesson HBOC/Moody's-2: Citing Delay in 10-K Filing," : *Capital Markets Report*, Dow Jones & Company, June 28 1999. In April 1999, McKesson HBOC announced that it was restating revenues and earnings at the newly acquired HBO & Co. Due to a determination that some sales had been improperly recognized.

8. Raymond Hennessey, "Despite Firings, Doubts Linger about McKesson's Future," *Dow Jones Newswire*, Dow Jones & Company, June 21, 1999.

9. Ibid.

10. "Brown Bros. Analyst: Worst may Not Be Over for McKesson," *Dow Jones Newswire*, July 15, 1999.

11. Peter Coy, "Exploiting Uncertainty: The 'Real-Options' Revolution in Decision-Making" *Business Week*, June 7, 1999, www.businessweek.com/1999/99_23/b3632141.html

12. AnswerSleuth,www.answersleuth.com/words/u/underwriter.shtml

13. International Federation of Stock Exchanges, www.fibv.com/stats/Tal7.xls

14. Christine A. Botosan, "Disclosure Level and the Cost Equity Capital," *The Accounting Review* 72 (July 1997)00: 346.

15. Walter Kielholz, conversation with Robert G. Eccles, on or about November 5, 1998. Subsequent comments by both Kielholz and John Fitzpatrick were made in an interview with Robert G. Eccles, New York, August 7, 2000.

16. PR Newswire, "Securities Fraud Litigation Sets Record in 1998—Companies Sued at a Rate Close to One-a-Day," press release (Stanford, CA: PR newswire), January 27, 1999, www.securities.stanford.edu/news/990125/pressrel.html

17. Ibid.

18. Peter Millder and Ted O'Leary, "ValueReporting and the Information Ecosystem," a study funded by PricewaterhouseCoopers

19. Ibid.

CHAPTER 11 CAN YOU SEE CLEARLY NOW?

1. See www.att.com for examples of AT&T's recent disclosure practices

including environmental, health, and safety reports.

2. Miller-Williams Inc., "i2 Customer Value Report 1999," Miller-williams Inc. and i2 Technologies, Inc., October 1999, 3. See also www.i2.com/lostsheep.cfm? Page Location=Http%3A//www.i2.com/company/press

3. H. Darr Beiser, "Cisco Chief Pushes 'Virtual Close,'" *USA Today Tech Report*, October 12, 1999. See also www.usatoday.com/life/cyber/tech/ctg405.htm

4. For more on the case of the fraudulent press release that caused so much turmoil for Emulex, see *The Wall Street Journal Interactive Edition*, August 28, 29, and 31, 2000 and September 1, 2000, http://public.wsj.com/home.html

5. Robert A. Prentice, Vernon J. Richardson, and Susan Scholz, "Corporate Web Site Disclosure and Rule 10b-5: An Empirical Evaluation," *American Business Law Journal*, July 1, 1999, 531.

6. Ibid.

7. Ibid.

8. While PricewaterhouseCoopers updates the ValueReporting website on a continual basis, the material contained thereon is intended for informational purposes only. Visitors to the site must not rely on the website as a complete and accurate guide to the current use of the Internet to distribute and report value-relevant information. For more complete information, please contact a PricewaterhouseCoopers ValueReporting professional.

9. Stephen Barr, "How the Web Was Won: *CFO* Looks at 50 Corporate Web Sites to Assess How Well They Keep Investors Informed," *CFO Magazine*, February 2000, www.cfo.com/html/articles/CFO/2000/00Feghowt.html

10. Ibid.

11. *Business Reporting Research Project: Electronic Distribution of Business Reporting Information*, Steering Committee Report (Financial Accounting Standards Board, 2000).

12. Robert G. Eccles and Nitin Nohria, "Face-to-Face: Making Network Organizations Work," *Network and Organizations: Structure, Form, and Action*, edited by Nita Nohria and Robert G. Eccles (Boston: Harvard Business School Press, 1992), 288-308.

1. Louis Lowenstein, "Financial Transparency and Corporate Governance: You Manage What you Measure," *Columbia Law Review* 96 (June 1996): 1335–62.

2. Arthur Levitt, "Corporate Governance in a Global Arena," remark at the American Council on Germany, New York, October 7, 1999.

3. Organization for Economic Co-operation and Development, "OECD Principles of Corporate Governance" (Paris, France: Organization for Economic Co-operation and Development, Ad-hoc Task Force on Corporate Governance, Directorate for Financial, Fiscal and Enterprise Affairs, April 19, 1999), 2.

4. The Organization for Economic Co-operation and Development's member countries are Australia, Austria, Belgium, Canada, Czech Republic, Denmark, Finland, France, Germany, Greece, Hungary, Iceland, Ireland, Italy, Japan, Korea, Luxemburg, Mexico, the Netherlands, New Zealand, Norway, Poland, Portugal, Spain, Sweden, Switzerland, Turkey, United Kingdom, and United States.

5. Richard M. Steinberg and Catherine L. Bromilow, *Corporate Governance and the Board-What Works Best* (New York: PricewaterhouseCoopers, sponsored by The Institute of Internal Auditors Research Foundation, 2000), 34.

6. Organization for Economic Co-operation and Development, "OECD Principles of Corporate Governance," 1.

7. Organization for Economic Co-operation and Development, "Background and Issues Paper for the OECD Symposium on the Role of Disclosure in Strengthening Corporate Governance" (Paris, France: Organization for Economic Co-operation and Development, February 12,13, 1998), 8.

8. U.S. Securities and Exchange Commission, "SEC, NYSE and NASD Announce Blue Ribbon Panel to Improve Corporate Audit Committees: John Whitehead and Ira Millstein to Co-Chair Panel," news release (New York: U.S. Securities and Exchange Commission, September 28, 1998), 1.

9. Ibid.

10. John Whitehead and Ira Millstein, "Report and Recommendations of the

Blue Ribbon Committee on Improving the Effectiveness of Corporate Audit Committees," report (New York: U.S. Blue Ribbon Committee on Improving the Effectiveness of Corporate Audit Committees, sponsored by the New York Stock Exchange and the National Association of Securities Dealers, 1999), 7.

11. D. Jeanne Patterson, "The Link between Corporate Governance and Performance" 9 report no. 1215-98-RR) (New York: The Conference Board, 1998), 8.

12. McKinsey & Company, "McKinsey & Company Investor Opinion Survey on Corporate Governance" (London: McKinsey & Company, June 2000), 16.

13. Ibid., 8.

14. The Committee on Corporate Governance and Gee Publishing Ltd. "Committee on Corporate Governance Final Report," report (London: Gee Publishing Ltd., 1998), 23.

15. John Waterhouse and Ann Svendsen, "Strategic Performance Monitoring and Management: Using Non-Financial Measures to Improve Corporate Governance" (Toronto, Ontario: The Canadian Institute of Chartered Accountants, 1998).

16. The Committee on Corporate Governance and Gee Publishing Ltd., "Report of the Committee on the Financial Aspects of Corporate Governance" (London: Gee Publishing Ltd., 1992), 51.

17. Ibid., 51-52.

18. "Committee on Corporate Governance Final Report," 43

CHAPTER 13 STANDARD SETTERS

1. John W. Hunt, "Accountants Fail to Get the Measure of the Person," *Financial Times*, August 30, 2000, 10.

2. "Sustainability Reporting Guidelines on Economic, Environmental, and Social Performance," *Global Reporting Initiative*, June 2000. See also www.globalreporting.org

3. Jonathan Hayward, "Continuous Auditing and the Future of Assurance,"

working paper (New York: PricewaterhouseCoopers, October 1999).

4. Shaun F. O'Malley, "The Panel on Audit Effectiveness: Report and Recommendations." After many interviews and Quasi Peer Reviews (QPRs), in-depth reviews of the quality of 126 audits of SEC registrants in 28 offices of the eight largest audit firms found that audit firms are doing a very commendable job. Nevertheless, it did issue some recommendations for how to improve the quality and integrity of audits including: (1) tightening up audits in order to better detect fraud and earnings management when it constitutes fraud; (2) marking sure that the "tone at the top" of audit firms emphasizes the importance of the audit product, rather than simply treating it as "a commodity" alongside high-margin consulting services; (3) improved governance of the audit profession by unifying these activities under a strengthened, independent POB; (4) implementing worldwide audit methodologies to ensure a uniform quality audit product across all countries; and (5) making the profession more attractive to the best people who, with better training, will be willing to stand up to their clients and say, "No, that's not right!"

5. In October 1998 Arthur Levitt, chairman of the Securities and Exchange Commission, requested that the Public Oversight Board (POB) appoint a Panel on Audit Effectiveness (the Panel). The POB is an independent, private sector body that monitors and reports on the self-regulatory programs and activities of the SEC Practice Section (SECPS) of the Division for CPA Firms of the American Institute of Certified Public Accountants (AICPA). The Panel "was charged with the responsibility to review and evaluate how independent audits of the financial statements of public corporations are performed and assess whether recent trends in audit practices serve the public interest." Shaun F. O'Malley, "The Panel on Audit Effectiveness: Report and Recommendations" (Stamford, CT: The Public Oversight Board, August 2000).

6. Ibid.

7. Ibid., Chap. 8.

8. Ibid., Chap. 5.

9. KPMG UK, "Values and Opportunities@KPMG.com," annual report

(London: KMPG, 1999), 19.

CHAPTER 14   SHOULD YOU SEE AN ANALYST?

1. Neal Lipschutz, "Point of View: Pity the Poor Wall Street Analyst," *Dow Jones Newswire*, December 17, 1999.

2. David Bechtel, April 20, 2000 (9:24 P.M.) e-mail to RULE-COMMENTS at 03SEC. See www.sec.gov/rules/proposed/s73199/0420b01s.htm

3. Jeffrey C. Hooke, *Security Analysis on Wall Street: A Comprehensive Guide to Today's Valuation Methods* (New York: John Wiley & Sons, Inc., 1998), 19.

4. Susan Pulliam, "Goldman's E-Commerce List Reduces Non-Client to Low Tier," *The Wall Street Journal*, June 20, 2000, C1.

5. Hooke, *Security Analysis on Wall Street*, 22.

6. Jeffrey M. Landerman, "Wall Street's Spin Game: Stock Analysts Often have a Hidden Agenda," *Business Week*, October 5, 1998, 152.

7. Eileen Buckley, "Holding Analysts Accountable," *The Industry Standard*, June 5, 2000, 86-87. Also see www.thestandard.com/article/display/ 0,1151,15700,00.htlm

8. Marcia Vickers and Gary Weiss, "Wall Street's hype Machine: It Could Spell Trouble for Investors," *BusinessWeek Online*, April 3, 2000. Also see www.businessweek.com/2000/00_14/b3675001.htm

9. Ibid.

10. Gregory Zuckerman and Jesse Eisinger, "New Economy, New Analysts, New Math? Forecast Raises QXL.com," *The Wall Street Journal*, April 7, 200, C1.

11. Ibid.

12. Arthur Levitt, "A Question of Integrity: promoting Investor Confidence by Fighting Insider Trading," remarks to SEC Speaks conference, February 27, 1998. See also www.sec.gov/news/speeches/spch202.txt

13. Arthur Levitt, "Quality Information: The Lifeblood of Our Markets," remarks to The Economic Club of New York, October 18, 1999. Also see www.sec.gov/news/speeches/spch304.htm

14. Eddie Arrington, April 20, 2000 (6:38 P.M.) e-mail to RULE-COMMENTS at 03SEC. See www.sec.gov/rules/proposed/s73109/0420b01w.htm

15. Gray Williams, April 20, 2000 (11:07 P.M.) e-mail to RULE-COMMENTS at 03SEC. See www.sec.gov/rules/proposed/s73109/0420b01w.htm

16. Hooke, *Security Analysis on Wall Street*, 19–20.

17. Lynn Cowan, "Flirting with 40: DLJ Founders Ponder Analysts, Internet," *Dow Jones Newswire*, December 9, 1999.

18. "Analyze This," *The Wall Street Journal* (editorial), December 17, 1999, A14.

19. Eli Amir, Baruch Lev, and Theodore Sougiannis, "What Value Analysts?" (Tel Aviv, Israel: Recanati Graduate School of Management, Tel Aviv University, November 1, 1999).

20. Ibid., 11.

21. Ibid., 1.

22. Ibid., 19.

23. Robert McGough, "One Analyst Anticipated IBM News," *The Wall Street Journal*, October 22, 1999, C1.

24. Yahoo! Finance, http://Finance.yahoo.com

25. Deloitte/Holt Value Associates LLC, "First Annual Deloitte/Holt Value Associates Portfolio Manager Survey," (Chicago: Deloitte/Holt Value Associates LLC, September 1997).

26. James B. Kelleher, "Are Wall Street Analysts Reliable?" *The Salt Lake Tribune*, December 29, 1999, D5.

27. Arthur Levitt, "Quality Information: The Lifeblood of Our markets."

28. Marcia Vickers and Gary Weiss, "Wall Street's Hype Machine: It Could Spell Trouble for Investors," *Business Week*, April 3, 2000, 112.

29. Randall Smith, Deborah Solomon, and Suzanne McGee, "Grubman's Missed Call on AT&T Stock Could Affect Influential Analyst's Stature," *The Wall Street Journal*, October 4, 2000, C1.

30. Landerman, "Wall Street's Spin Game," 150.

31 Robert McGough, "Merrill's Web Guru Changes His Mantra," *The Wall Street Journal*, August 8, 2000, C1.

32. James B. Kelleher, "Analysts' Corporate Ties, Power to Move Markets a

Dangerous Combination," *The Orange Country Register*, December 16, 1999.

33. John C. Easterwood and Stacey R. Nutt, "Inefficiency in Analysts' Earnings Forecasts: Systematic Misreaction or Systematic Optimism?" *The Journal of Finance* 54 (October 19990: 1777–97.

34. Hooke, Security Analysis on Wall Street, 21.

35. Roni Michaely and Kent L. Womack, "Conflict of Interest and the Credibility of Underwriter Analyst Recommendations," *The Review of Financial Studies* 12 (special issue) (1999): 653–86.

36. Ibid., 683.

37. Arthur Levitt, "Quality Information: The Lifeblood of Our Markets." Also see www.sec.gov/news/speeches/spch304.htm

38. "Analyze This," *The Wall Street Journal* (editorial).

39. Pulliam, "Goldman's E-Commerce List Reduces Non-Client to Low Tier," C1.

40. Ibid.

41. McGough, "Merrill's Web Guru Changes His Mantra," C1.

42. Ibid.

43. Michael Siconolfi, "U.S. Small-Stock Focus, Many Firms Dump IPO Underwriters for Star Research," *The Wall Street Journal Europe*, December 28, 1998, C1.

44. See, for example, Laurie Krigman, Wayne H. Shaw, and Kent L. Womack, "The Persistence of IPO Mispricing and the Predictive Power of Flipping," *The Journal of Finance* 54 (June 3, 1999): 1015–44.

45. On July 20, 2000, Sanford C. Bernstein announced that it had agreed to combine with Alliance Capital Management, a top-tier investment management company.

46. Pulliam, "Goldman's E-Commerce List Reduces Non-Client to Low Tier."

47. Greg Ip, "There's No Mania Like Internet Mania—Historically, This May Take the Cake," *The Wall Street Journal*, December 30, 1999, C1.

48. Terzah Ewing, "Individual Investors Take Lead in Bull Market Now," *The Wall Street Journal*, March 27, 2000, C4.

49. Terzah Ewing and Joshua Harris Prager, "Many Are Finding IPOs Still Out of

Reach," *The Wall Street Journal*, February 28, 2000, C2.

50. Krigman, Shaw, and Womack, "The Persistence of IPO Mispricing and the Predictive Power of Flipping."

51. Terzah Ewing, "Burnt Offerings? Debuts Are Fizzling After Pop," *The Wall Street Journal*, April 26, 2000, C1.

52. Mark Maremont "Raising the Stakes—As Wall Street Seeks Pre-IPO Investments, Conflict May Rise—Are Analysts Compromised When They Say 'Buy' When the Bankers Sell?" *The Wall Street Journal*, July 24, 2000, A1.

53. Ibid.

54. Ibid.

55. Ibid.

56. Ibid.

57. Ibid.

58. Stephen Barr, "What Chinese Wall?" *CFO Magazine* 16 (March 2000): 63–64.

59. Peter Elstrom, "The Power Broker," *Business Week*, May 15, 2000, 70–82.

60. Ibid., 72.

61. Ibid.

62. See *Dirks v. SEC*, 463 US 646 (1983).

63. Lynn Cowan and Phyllis Plitch, "Coming SEC Selective Disclosure Rule May Not Be Cure-All," Dow Jones News Service, October 18, 1999.

64. Adam Lashinsky, "The SEC Disclosure Rule Goes Only Halfway, But That Hasn't Stopped the Bellyaching," TheStreet.com—Silicon Valley: Sharing the Club Pool, Yahoo! Finance, August 14, 2000 at http://biz.yahoo.com/ts/000814/valley_000814.html

65. Phyllis Plitch, "After SEC Disclosure Scolding, It's Wall Street's Move," *Dow Jones Newswire*, November 10, 1999.

66. Heidi Brown, "Analysts Analyzed," Forbes.com, September 21, 2000, at www.forbes.com/forbesglobal/00/0612/0312097a.htm

67. BulldogResearch.com, www.bulldogresearch.com "Frequently Asked Questions," last revised June 26, 2000.

68. Brown, "Analysts Analyzed."

1. David Lake, "Access Up, Divide Shrinks," *The Industry Standard* 3 (June 26, 2000): 186–89. See also www.thestandard.com/research/metrics/display/0,2799,16072,00.html

2. Securities and Exchanges Commission, "Commission Votes to End Selective Disclosure: Chairman Arthur Levitt Hails Leveling of Information Playing Field," press release (Washington, DC: August 10, 2000).

3. Arthur Levitt, "SEC News Supplement: Opening Statement of Chairman Arthur Levitt Open Meeting on Regulation Fair Disclosure," remarks at Open Meeting on Regulation Fair Disclosure, Washington, DC, August 10, 2000).

4. Victoria Love at Internet, April 20, 2000, 10:23 P.M. at www.sec.gov/rules/proposed/s73199/0420b01s.htm

5. The Ad Hoc Working Group on Proposed Regulation FD and the Legal and Compliance Division of the Securities Industry Association to Jonathan G. Katz, Secretary, Securities and Exchange Commission Re: Proposed Regulation FD—File No. S7–31–99, Washington, DC, April 6, 2000. See also www.sia.com/2000_comment _letters/html/sec_ regulation_fd_4–6.html

6. Ibid.

7. Steve Kang at Internet, April 20, 2000, 11:36 P.M. at www.sec.gov/rules/proposed/s73199/0420b01s.htm

8. "Informed Investors, Inc. Applauds SEC 'Regulation FD' as Good News for Individual Investors and Good Business for Companies," *PR Newswire*, August 10, 2000.

9. Nilus Mattive, "Nilus' Trading Post: Individual Investors Rule!" August 7, 2000, www.individualinvestor.com/boards/article.asp?ID=23122

10. Adam Lashinsky, "Sharing the Club Pool: The SEC Disclosure Rule Goes Only Halfway, but That Hasn't Stopped the Bellyaching," August 14, 2000, http://biz.yahoo.com/ts/0008148/valley_000814.html

11. Noelle Knox, "SEC Rule Puts Small Investors in the Info Loop," editorial, *USA Today*, August 11, 2000, 1B.

12. David Henry, "Eye on the Street: Small Investors to Get Equal Access to Company Information," *USA Today*, August 10, 2000, 1B.

13. "Leading Investment Professional Association AIMR 'Profoundly Disappointed' at Reg FD Passage by SEC; Regulation Will Have Opposite of Intended Effect, Curtailing Market Communication," *Business Wire*, August 11, 2000.

14. Jeff D. Opdyke, Aaron Luchetti, and Christopher Oster, "mum's the Word in Wake of SEC Rule," *The Wall Street Journal*, August 16, 2000, C1, C8.

15. Michael Schroeder and Randall Smith, "Disclosure Rule Cleared by the SEC: Wall Street Firms Say Fairness Issue Skirted," *The Wall Street Journal*, August 11, 2000, C1, C16.

16. The Ad Hoc Working Group to Jonathan G. Katz, www.sia.com/ 2000_comment_ letters/html/sec_regulation_fd _4-6.html

17. George Gilder, "The Outsider Trading Scandal," *The Wall Street Journal*, April 19, 200, A30.

18. Broadcast.com was acquired by Yahoo! in 1999.

19. "Companies Increasingly Cybercast Investor Relations Event," *PR Newswire*, September 16, 1999.

20. Lynn Cowan, "More Firms Allow Investors to Listen to Conference Calls via Web," *Dow Jones Business News*, May 21, 1999.

21. David Henry, "SEC Encourages Open Conference Calls on Net," *USA Today*, December 16, 1999, 3B.

22. XML is a trademark of MIT and a product of the World Wide Web Consortium.

23. Printout form iExchange.coms's website, www.iexchange.com

24. Ibid.

25. Robert G. Eccles and Dwight B. Crane, *Doing Deals: Investment Banks at Work* (Boston: Harvard Business School Press, 1988).

26. W. R. Hambrecht & Co., www.wrhambrecht.com/wrhco/

27. Hoovers Online Business Network's website, www.hoovers.com/co/ capsule/0/0,2163,59160,00.html

28. "TheMarkets.com: Seven Leading Investment Banks to Build Global Financial Information Portal," press release, CNN Disclosure through Dow Jones Interactive, September 12, 2000.

29. Ibid.

지은이 약력

로버트 G. 에클스(Robert G. Eccles)
Advisory Capital Partners, Inc.의 창립자이자 회장이며, PricewaterhouseCoopers의 상임고문.
MIT를 졸업하고 하버드 대학에서 박사학위를 취득한 후
하버드 비즈니스 스쿨에서 종신교수(성과측정 및 보고)로 14년 간 근무했다.

로버트 H. 허즈(Robert H. Herz)
PricewaterhouseCoopers의 파트너로서, 동 법인의 Professional, Technical,
Risk, and Quality 분야의 북아메리카 리더. FASB에 소속된
EITF(Emerging Issues and Financial Instruments Task Forces)와 미국회계학회의
재무회계분과위원회 및 AICPA에 소속된 SEC 규제위원회 의장으로 활동하고 있다.

E. 메리 키건(E. Mary Keegan)
PricewaterhouseCoopers의 Global Corporate Reporting Group의 리더이자, 이 책의 공동 집필자.
Fédération des Experts Comptables Européens의 부회장을 역임했으며, 국제회계기준위원회의
회계기준해석위원회에서도 활동했다. 현재 영국재무회계기준위원회의 의장을 맡고 있다.

데이비드 M. H. 필립스(David M. H. Phillips)
PricewaterhouseCoopers 영국 ABAS(감사 및 일반자문 부분)의 파트너이며,
Valuereporting의 유럽 리더다.

옮긴이 약력

안경태
서울대학교 상과대학 경영학과와 동대학원을 졸업하고 경영학 박사 학위를 취득했다.
현재 삼일회계법인 대표로서 ABAS(감사 및 일반자문 부문) 리더를 맡고 있으며,
기획예산처 기금정책심의회 위원, 우정사업 경영평가위원(정보통신부),
책임행정기관 경영평가위원(행정자치부) 및 정보통신부 회계고문 등으로 활동하고 있다.
저서로 《회계감사연습》이 있으며 역서로는 《B2B ─ 기업간 전자상거래 혁명》과 《현금은 왕이다》가 있다.

기업가치공시 혁명

지은이 / 로버트 G. 에클스 外
옮긴이 / 안경태
펴낸이 / 김경태
펴낸곳 / 한국경제신문 한경BP
등록 / 제2-315(1967. 5. 15)
제1판 1쇄 인쇄 / 2001년 8월 30일
제1판 1쇄 발행 / 2001년 9월 10일
주소 / 서울특별시 중구 중림동 441
기획출판팀 / 3604-553~6
영업마케팅팀 / 3604-595, 7
FAX / 360-4599

* 파본이나 잘못된 책은 바꿔 드립니다.
ISBN 89-475-2349-6

값 25,000원

미래기업

피터 드러커 지음 / 고병국 옮김

우리 시대의 가장 뛰어난 사회·경영학자이자 미래학자인 드러커의 「변혁시대 기업생존전략 연구서」! 세계경제가 빠르게 바뀌어 감에 따라 기업의 새로운 생존 경영전략 모델, 즉 기업이 살아남기 위한 5가지 변화조건을 예리하게 분석·고찰했다. 특히 사회·경제학 시각에서 세계경제 흐름을 독특하고 분석적으로 통찰했다.

양장 / 9,500원

자본주의 이후의 사회

피터 드러커 지음 / 이재규 옮김

사회주의권의 급격한 몰락 이후 탈냉전 분위기가 고조되고 있는 시점에서 향후 세계 변화가 주요 관심사로 떠오르고 있다. 저자는 향후 세계는 자본주의적 시장구조와 기구는 그대로 존속되겠지만 주권국가의 통제력은 약화되고 전문지식을 갖춘 지식경영자 중심의 글로벌화 사회가 될 것으로 예측하고 있다.

양장 / 9,000원

미래의 결단

피터 드러커 지음 / 이재규 옮김

현대 경영학의 대부, 피터 드러커는 이 책에서 「스스로를 다시 생각함으로써 회생할 수 있다」고 전제하고 기업의 5가지 치명적 실수, 가족기업을 경영하는 규칙, 대통령을 위한 6가지 규칙, 새로운 국제시장의 개발, 3가지 종류의 팀조직, 오늘날 경영자들이 필요로 하는 정보 등 바람직한 미래를 실현하기 위한 방안을 제시했다. 21세기를 위한 새롭고 시의적절한 경영 지침서.

양장 / 9,000원

비영리단체의 경영

피터 드러커 지음 / 현영하 옮김

선진국에서는 학교, 자선단체 등 비영리단체의 경영혁신이 선풍을 일으키고 있다. 이 책은 필자가 교수생활을 하면서 비영리단체에서 봉사했던 경험을 바탕으로 조직관리, 예산 등 경영전반에 대한 문제점을 심도있게 분석하고 개선방안을 제시했다. 전문가들과의 대담을 통해 경영의 효율성을 높이기 위한 여러가지 방안이 눈길을 끈다.

신국판 / 8,000원

21세기 지식경영

피터 드러커 지음 / 이재규 옮김

새로운 경영 패러다임이 경영의 원칙과 관련한 기본가정을 어떻게 변화시켜 왔는지, 또 어떻게 계속 변화시킬 것인지에 대해 통찰하고 있다. 앞으로 수십년 아니 수년내에 틀림없이 일어날 여러 문제에 대처하지 못한다면 혼란의 시대, 구조변화의 시대, 전환기의 시대에 생존할 수 없다는 드러커의 마지막 경고는 반드시 귀담아 들어야 할 것이다.

양장 / 13,000원

미래의 조직

피터 드러커 외 지음 / 이재규 옮김

경영학의 두 거물인 피터 드러커가 서문을 쓰고 찰스 핸디가 결론을 내린 미래조직의 최종완성판! 당대 최고의 경영학자, 실무자, 컨설턴트가 참여한 이 책에는 미래 조직이 존속하고 번영하려면 조직과 지도자가 어디에 언제, 그리고 어떻게 변해야 하는지 각 분야별로 실질적인 조언을 하고 있다. 특히 정부, 기업, 사회단체 등 모든 인간조직의 미래모습에 대해 통찰력있는 비전을 제시하고 있다.

양장 / 13,000원

자본주의 이후 사회의 지식경영자

피터 드러커 지음 / 이재규 옮김

20세기가 낳은 가장 위대한 경영학자인 드러커 교수는 정보(information)가 권위를 대신하고 보고(report)가 사라진 조직에서 적응하기 위해 경영자들이 어떻게 해야 하는지 그 해답을 제시한다. 새롭게 도래하고 있는 미래 조직에서의 효과적인 의사결정방법, 경영혁신의 체계적 관리와 함께 지식경제에서 경영자가 직면할 구체적인 도전, 지식근로자의 생산성 향상을 위한 동기부여에 대해 충고하고 있다.

양장 / 10,000원

트러스트

프랜시스 후쿠야마 지음 / 구승회 옮김

한 나라의 경제는 규모만으로는 설명될 수 없고 문화적 요인이 중요하다. 이 문화적 요인이 사회적 자본이며 가장 중요한 덕목이 바로 신뢰다. 저자는 이 책에서 개인주의, 가족주의에 기반을 둔 저신뢰 사회의 특성을 혹독하게 비판하면서 건강한 사회가 되려면 공동체적 연대와 결속의 기술을 터득해야 하며 신뢰는 경제와 사회, 문화를 아우르는 놀라운 가치라고 강조한다.

양장 / 12,000원

코피티션

배리 네일버프 외 지음 / 김광전 옮김

비즈니스 게임은 끊임없이 변하므로 전략도 당연히 변해야 한다. 경쟁(competition)과 협력(cooperation)에 관한 과거의 법칙들을 넘어서서 양자의 장점을 결합한 코피티션 전략은 기존의 비즈니스 게임을 혁신할 혁명적인 신사고다. 저자들은 게임 자체를 변화시켜서 이득을 최대화하는 방법을 보여주는 5가지 요소(전략의 PARTS)의 비즈니스 전략을 체계적으로 제시했다.

양장 / 9,000원

회사인간의 흥망

앤소니 샘슨 지음 / 이재규 옮김

이 책은 17세기 동인도회사에서 현재의 마이크로소프트사에 이르기까지 기업의 변화과정과 직장인들의 문화변천사를 통해 회사인간이란 무엇인가를 규명했다. 생생한 인물묘사와 인터뷰, 사례를 곁들이면서 전혀 도전받을 일이 없을 듯이 보였던 「기업관료들」이 어떻게 레이더스, 모험기업가, 일본의 경쟁자들, 컴퓨터, 여자 회사인간들에 의해 차례차례 공격당했는가를 밝히고 있다.

양장 / 9,800원

팝 인터내셔널리즘

폴 크루그먼 지음 / 김광전 옮김

산업위축과 실업증가, 실질소득 향상의 둔화를 비롯해 소득격차의 확대, 산업시설의 유출 등 선진경제가 지닌 문제점을 상세히 분석하고 그 원인이 개발도상국과의 교역에 있는 것이 아니라 선진국의 산업구조 변화와 기술발전에 있다고 밝히고 있다. 레스터 서로에 필적하는 20세기 최고의 경제학자인 저자가 지적하는 개도국 성장 비결은 우리에게 시사하는 바가 크다.

신국판 / 7,000원

2020년

해미시 맥레이 지음 / 김광전 옮김

다양한 인종만큼이나 상이한 정치·경제체제와 독특한 문화양식을 지니고 있는 세계 각국은 저마다의 주무기를 앞세워 미래를 설계하고 있다. 경제평론가인 저자는 앞으로 국가경쟁력을 결정짓는 요인은 기술이 아니라 문화라고 강조한다. 현재 세계 각국이 처해있는 상황을 바탕으로 치밀하게 전망한 2020년경의 세계 각국의 모습에서 우리의 진로는 어떻게 모색해야 할 것인가?

양장 / 9,000원

제4물결

허먼 메이너드 2세, 수전 E.머턴스 지음 / 한영환 옮김

21세기 범세계적 기업을 위한 낙관적 비전을 제시하고 있는 이 책은 한마디로 앨빈 토플러의 《제3물결》을 넘어 장기적 미래의 비전에 집중하고 있다. 지금 우리는 공업화를 상징하는 「제2물결」에서 탈공업화적인 「제3물결」로 전이하고 있지만, 머지 않은 곳에서 새로운 차원의 「제4물결」이 밀려오고 있다고 진단하고 있다.

양장 / 4×6판 / 5,000원

소명으로서의 기업

마이클 노박 지음 / 김진현 감역

실업과 빈곤의 해결책은 무엇일까. 마이클 노박은 종교적 윤리 기반위에 선 민간기업만이 그 해결책이 될 것이라고 명쾌하게 주장한다. 민주자본주의 하에서 신학적·윤리적 기초를 갖는 기업이야말로 이윤창출기관인 동시에 민주주의와 인권을 증진시키는 기관이며 사회공동체를 만드는 기관이다. 기업의 위치, 정신의 설정과 사회관계 정립에 등불이 될 내용들이 가득하다.

신국판 / 7,000원

21세기 오디세이

마이클 더투조스 지음 / 이재규 옮김

20년 동안 기술 전도사, 기업가, 경영 컨설턴트로서 정보혁명을 이끌어온 마이클 더투조스는 농업혁명과 산업혁명을 밀어낼 제3의 정보혁명에 대해 보다 폭넓은 관점을 제시한다. 저자는 21세기 글로벌 정보시장의 생생한 모습을 보여 주는 한편, 그 기술적인 문제점들을 폭로하고 한편으로 해결책을 제시하여, 영감에 가득찬 미래의 청사진을 제공한다. 보디넷, 전자 코, 촉각 인터페이스의 미래를……

양장 / 12,000원

21세기를 여는 7가지 키워드

오마에 겐이치 지음 / 임승혁 옮김

다가오는 21세기에는 서구 선진국의 뒤만을 쫓을 수는 없다. 그들을 앞서 나가기 위해서는 지금까지와는 다른 창의적인 발상, 새로운 전략, 확실한 준비가 필요하다. 21세기를 능동적으로 맞이하려는 사람들에게 띄우는 오마에 겐이치의 독특한 키워드. 1.시간축 발상 2.신커뮤니케이션론 3.자유재량시간 4.글로벌경쟁시대 5.정보발신시스템 6.이미지전략 7.네트워크의 힘

양장 / 4×6판 / 6,500원

신창조론

이면우 지음

미증유의 경제위기를 맞은 한국, 한국인, 한국기업은 어디로 가야 하는가? IMF는 변화를 모르는 기업전통, 말만 많은 우매한 현자들의 득세, 재벌의 출혈경쟁, 모방으로 날새는 제조업, 부서 이기주의에 찌든 업무절차 등 우리의 병세를 알려 준 고마운 의사다. 난장의 활기, 국가적 비전, 중소기업 활성화, 가상연구소, 동북아 경제 네트워크(신창조론)가 강력한 치료약이 될 것이다.

신국판/8,000원

내인생 내가 살지

서상록 지음

예순둘의 나이에 대기업 그룹 부회장에서 식당 견습웨이터로 변신한 서상록씨의 자전에세이. 그는 이 책을 통해 왜 최고경영자의 위치에서 모두들 하찮게 여기는 식당 견습 웨이터를 하게 되었는지, 그의 평범하지 않은 인생을 감칠맛나게 들려주고 있다. 더불어 인생의 눈높이를 낮춰 하고 싶은 일을 하면서 누구보다 즐겁게 살라는 충고도 들려준다.

신국판/7,800원

유머인생 1~6

한국경제신문 출판부 편

많은 독자들이 1980년 12월부터 본지에 연재되고 있는 「해외유머」를 책으로 출판하면 어떨지, 그런 계획은 없는지 물어왔다. 이 책은 독자들의 그러한 성원에 보답하자는 취지로 출판되었으며 우스갯소리 가운데서 인생의 묘미도 느끼고 영어공부도 할 수 있게끔 어려운 단어나 어구에는 주석을 달아 독자들의 이해를 돕고자 노력했다.

4×6판/각권 4,500원

성공적인 점포경영 33선

류광선 지음

5,000만원 정도의 소자본으로, 심지어 무자본으로도 사업을 시작할 수 있는 아이디어를 담았다. 저자가 현장을 발로 뛰면서 바로 개업하기에 유망한 33개 업종을 선별, 입지선정부터 개업절차·경영 비법까지 최신 노하우를 총집결시켰다. 경영지침이나 사업의 성패진단법은 물론 직접 점포를 운영하는 사람들의 현장 목소리를 담아 차별화를 꾀했다.

신국판/9,000원

실전 부동산 경매

전 철 지음

법원경매든 성업공사 공매든 경매는 이제 누구나 쉽게 배우고 참여할 수 있게 되었다. 경매물건에 대한 마음가짐을 얼마나 유연하고 색관적인 자세로 평가할 수 있느냐가 성공이 지름길이다. 이 책은 부동산 경매에 대한 전반적인 원리를 누구나 알기쉽게 배울 수 있도록 설명했다. 실전사례중심으로 실패없는 부동산 경매 방법을 체계적으로 정리한 실전 가이드.

신국판/12,000원

사장님을 위한 5분 경제

손정식 지음

경영일선에 있는 경영자가 매일매일 직면하는 경제·경영현상에 대해 기본적인 원리를 설명한 이 책은 경제현상을 올바로 이해하여 기업경영의 이론적 토대를 튼튼히 하는데 보탬이 되는 경제상식들만 모았다. 가격관리와 비용관리에서부터 기업 전략, 경쟁과 윤리, 기업과 금융, 국제무역과 국제금융에 이르기까지 꼭 알고 있어야 할 경제원리들을 강의하듯 풀어서 설명했다.

신국판/8,500원

새노동법 해설 (개정판)

윤욱현 지음

노동법이 전면 개정되었다. 개정 노동법은 개별적 노동관계법의 대명사인 근로기준법상의 변형근로시간제, 정리해고제 등을 도입하고 집단적 노동관계법에서 금지됐던 복수노조, 제3자개입, 정치활동 등을 허용했다. 이 책은 저자가 현장에서 직접 느끼고 체험한 노사간의 문제점들을 살펴보고 개정 노동법 전반을 알기 쉽게 해설한 책이다.

신국판/11,000원

금융시장 예측

김성우 지음

주식, 금리, 상품 등의 현물시장은 물론 선물 및 옵션 등의 파생상품시장에서도 생존할 수 있는 방법을 다양하게 제시하고 있다. 20여년간 외환시장 등 다양한 시장에서 딜러, 투자가, 분석가로 활동하며 풍부한 현장경험을 가지고 있는 저자가 시장상황에 따른 기술적 지표의 분석요령과 심리적 동요의 극복방안을 현장사례 중심으로 상세히 설명하고 있다.

양장/12,000원

걱정하지 말고 살아라

리처드 칼슨 지음 / 채선영 옮김

스트레스 컨설턴트이자, 강연가인 리처드 칼슨이 풍요롭고 즐거운 인생을 창조하는 100가지 아이디어를 알려준다. 걱정이 사라졌을 때 어떤 멋진 인생이 펼쳐질지 따뜻하면서도 설득력있는 문체로 읽는 사람을 격려하고 있는 이 책은 걱정과 불안으로 마음을 어지럽힐 것이 아니라 결심과 실천으로 이어지도록 마술과도 같은 삶의 방법들을 제공하고 있다.

신국판 / 8,000원

시간이동

스테판 레트사폰 지음 / 형선호 옮김

사람들에게 있어서 시간은 객관적인 것이 아니라 주관적인 것이다. 이 책에서 저자는 시간에 대한 사고방식을 바꿈으로써 자신의 인생에 대한 통제를 되찾을 수 있다고 강조한다. 그 과정을 통해 우리는 인생을 최대한 즐길 수 있으며 많은 시간을 자신과 가족과 함께 더 한층 고양된 삶의 의미를 느낄 수 있다. 이 책은 명상서로서 자신의 삶을 컨트롤하는 방법을 제시한다.

신국판 / 9,000원

마음을 치유하는 79가지 지혜

레이첼 나오미 레멘 지음 / 채선영 옮김

정신분석학자로서 영혼의 연금술사로 평가받는 저자는 보다 큰 평화를 가져다주는 것은 우리가 서 있는 바로 이곳, 또 이곳에서 만나는 사람들을 있는 그대로 받아들일 수 있게 해줄 치료제, 즉 영혼을 위한 약이 필요하다는데 초점을 맞추고 있다. 저자의 따뜻한 식탁 의자에 영혼이 충만한 의사와 환자, 그리고 동료들이 둘러앉아 나누는 그들의 삶은 무한한 가능성의 목소리로 들린다.

신국판 / 7,500원

밀레니엄

펠리프 페르난데스 아메스토 지음 / 허종열 옮김

지난 1000년을 마감하고 다음 1000년을 준비하기 위해, 한 시대를 평가하기 보다는 새로운 시대를 창조하려는 의도로 쓴 이 책은 유럽 중심적인 위장된 세계사가 아닌 진정한 세계사 정립을 위해 역사 이면을 자리매김하려고 노력했다. 인류역사의 주도권, 즉 민족의 힘은 태평양 주변국가에서 대서양으로 다시 태평양으로 옮아가고 있다고 주장하고 있다.

전2권 / 양장 / 각권 12,000원

복잡계란 무엇인가

요시나가 요시마사 지음 / 주명갑 옮김

『무수한 구성요소로 이루어진 한 덩어리의 집단으로 각 부분의 움직임이 총화이상으로 무엇인가 독자적인 행동을 보이는 것』으로 정의되는 복잡계, 복잡계 과학은 「잃어버린 세계로의 여행」이 될 것이다. 복잡계의 과학은 그 꿈을 현실화시킬지도 모른다. 21세기를 주도하게 될 최첨단 키워드, 복잡계의 모든 것을 담았다.

양장 / 4×6판 / 7,000원

복잡계 경영

다사카 히로시 지음 / 주명갑 옮김

복잡계 이론이 예언하는 21세기적 경영의 모든 것이 여기 있다. 복잡계는 세기말의 혼돈 속에 지식의 최첨단 이론으로 등장, 구미지역에서 폭발적인 관심을 끌고 있다. 이 이론은 세계를 몇 개의 단순한 요소로 환원할 수 없는 '부분 이상의 총화', 자기조직화의 동적 프로세스로 이해한다. 또 세계관의 근본적인 변화를 통해 탈근대시대의 새로운 경영, 경영자를 위한 경영학의 혁명을 꿈꾼다.

양장 / 4×6판 / 6,500원

세계를 움직인 경제학 명저 88

네이 마사히로 지음 / 이균 옮김

한치 앞도 예측하기 어려운 경제. 환율, 주가, 금리… 어느 하나 앞을 내다보기 어렵기만 하다. 지금까지의 경제논리로는 더이상 예측하기 불가능하다. 여기 17세기의 페티에서 20세기 경제학의 거두 스티글리츠까지 경제의 흐름을 읽기 위해, 그리고 예측하기 위해 고뇌했던 수많은 경제학자들이 있다. 세상을 움직이던 일류 경제학자들이 피와 땀으로 써내려간 역작들을 통해 경제의 흐름을 짚어볼 수 있다.

신국판 / 9,500원

비즈니스 사회에서 가르쳐주지 않는 60가지

나카타니 아키히로 지음 / 이선희 옮김

회사에서는 학교처럼 음식을 입에다 떠먹여주듯이 친절하게 가르쳐주지 않는다. 회사는 방대한 교과서와 같다. 그곳에서 배우느냐, 배우지 못하느냐는 것은 모두 이 책을 읽는 당신에게 달려 있다. 이 책에는 회사인으로서 최소한 지켜야 할, 최소한 알아야 할, 그리고 최소한 갖추어야 할 비즈니스 사회에 필요한 성공발상을 저자 특유의 감각적인 문체로 펼쳐보이고 있다.

신국판 / 7,500원

리스크

피터 번스타인 지음 /
안진환 외 옮김

세계적인 경영 컨설턴트인 저자가 리스크의 역사와 발전과정을 담았다. 탁월한 통찰력으로 현재의 시점에서 미래를 다루는 방법을 밝혀낸 여러 사상가들의 이야기가 담겨 있다. 그리스시대부터 현재까지 인류의 다양한 위기의 순간들과 이를 헤쳐나가는 과정을 역사와 철학, 경제학 관점에서 돌아본다. 투자나 선택이 일상인 경영자들을 위한 책이다.

양장 / 12,000원

중산층이 살아야 나라가 산다

에드먼드 펠프스 지음/신동욱 옮김

자본주의의 야수성과 복지제도의 단견에서 비롯된 중산층의 붕괴는 우리를 당황하게 한다. 이 책은 바로 중산층이 살아야 내가 살고 지역사회가 살고 나라가 살고 더 나아가 민주주의와 자본주의가 산다는 인식 위에서 씌어졌다. 국민의 정부 제2기 복지정책의 기초가 된 이 책은 장기적으로 인류 모두에게 혜택을 줄 자유시장 경제체제와 기술진보를 가능케 해주는 유일한 길을 설파하고 있다.

신국판 / 8,500원

지구의 변경지대

로버트 케이플런 지음/황 건 옮김

베일에 가려져 있던 서아프리카에서 중동을 거쳐 러시아의 외곽지대인 중앙아시아, 중국, 인도를 거쳐 캄보디아, 태국, 베트남에 이르는 대장정을 끝내고 저자가 내린 결론은 한마디로 암울하다는 것이다. 저자는 새로운 분쟁지역으로 떠오르고 있는 지구 곳곳을 다니면서 문제점을 지적하고 혼란에 빠진 이들에게도 따뜻한 시선을 보내자고 제안하고 있다.

양장 / 12,000원

대기업을 이기는 벤처비즈니스

마키노 노보루 · 강동우 지음 /
유세준 옮김

첨단 기술력과 재빠른 정보수집력을 갖춘 모험심 강한 중소기업이 대기업보다 훨씬 더 유연하게 시장상황에 대처하고 있으며 성공하고 있다. 마이크로소프트, 인텔 등이 그 예다. 이 책은 재편되고 있는 경제구조 속에서 앞서 나가고 있는 일본 벤처기업들의 사례와 실리콘밸리의 성공전략을 살펴보고 틈새시장을 공략하는 요령과 아이디어, 국제적 제휴전략 등을 다루고 있다.

신국판 / 5,500원

경제학은 없다

미첼 무솔리노 지음 / 김찬우 옮김

경제학자들의 수많은 예측의 오류 중에는 몇몇은 유명해졌고 그보다 많은 수의 오류는 잊혀졌다. 프랑스에서 화제를 불러일으켰던 이 책에서 저자는 20세기 모든 위대한 예견과 모든 환상을 신랄하게 공격한다. 주류 경제학의 일반론을 분해하고 실업과 생산성에 대한 허튼소리와 거짓말, 그리고 시장법칙에 이르기까지 현대 초자본주의의 속성들을 발가벗기고 있다.

신국판 / 8,000원

기업경영에 창의력을 길러주는 50가지 키워드

톰 램버트 지음 / 정규석 옮김

이 책은 기업에 관여하는 사람이 기회나 문제에 직면했을 때 잘못된 것을 바로잡고 창의력을 고양시킬 수 있게 해주는 문제해결기법으로 가득하다. 경영자들이 최저의 노력과 최저의 비용으로 최단시간내에 필수적인 과제들을 해결하는데 필요한 도구와 점검목록, 직무 지시사항이 담겨 있다. 내일 성공하려면 벤치마킹하지 말고 오늘 도약하라는 것이 이 책의 결론이다.

신국판 / 10,000원

골프란 무엇인가

김흥구 지음

세계에서 가장 쉽고 재미있는 골프책을 목표로 연애소설을 쓰듯이 재미있게 쓴 책이다. 80대 초반 굳히기, 70대 진입하기 등 현 수준에서의 구체적 도약 방법이 설명된다. 완결편은 통계나 속성 차원에서 접근한 상당한 수준의 골프 분석이다. 입문자라면 처음부터, 구력이 5년 이상됐고 성질이 급한 골퍼는 13번홀부터, 프로만큼의 플레이를 하려면 16번홀로, 머리가 아프면 4번홀로 가서 마음껏 웃으면 된다.

양장 / 11,000원

타이거 우즈 스윙의 비밀

존 안드리사니 지음 / 김흥구 옮김

타이거 우즈의 스윙 테크닉은 너무도 쉽기 때문에 어떤 아마추어 골퍼라도 응용할 수 있다. 우즈는 아놀드 파머와 같은 카리스마와 벤 호건의 집중력, 샘 스니드의 운동 능력, 잭 니클로스의 멘탈 지배력, 닉 팔도의 탁월한 매니지먼트 능력을 그대로 간직하고 있다. 우즈 스윙의 모든 비밀이 담겨 있는 이 책을 통해 우즈 스윙을 카피하게 된다면 당신의 볼은 두말할 것 없이 까마득히 날아갈 것이다.

양장 / 4×6판 / 9,000원

주식시장 흐름 읽는 법

우라가미 구니오 지음 / 박승원 옮김

언뜻 보기에 무질서하고 예측이 불가능해 보이는 주식시장도 장기적으로 보면 특정한 네 개의 국면을 반복하고 있다는 것을 알 수 있다. 이 책은 이 네 개의 국면이 어떤 요인에 의해 순환되고 각각의 국면에서 어떤 종목이 활약하는가를 숙지할 수 있는 안목을 제시해주고 주식투자시 리스크를 피하는 방법에 대해서도 설명하고 있다.

신국판 / 5,500원

증시테마 알아야 주식투자 성공한다

안창희 지음

이 책은 주식투자자들이 어떤 상황에서 어떤 종목을 사고 팔아야 수익을 올릴 수 있는지 그 구체적인 방법을 제시한다. 더불어 투자이론이 실제 상황에서는 어떻게 적용되고, 앞으로 전개될 상황에서는 어떻게 대응해야 할지를 분석, 정리했다. 특히 실제 일어났던 증시상황에 대한 분석은 물론, 전망까지 곁들여 주식초보자라도 쉽게 이해할 수 있도록 했다.

신국판 / 9,800원

주식@ 살 때와 팔 때

한국경제신문 증권부 지음

증권투자는 사는 기술이 아니라 파는 예술이다. 기관투자가를 두려워할 필요는 없다. 수익률이 오르지 않아 밤잠을 못이루는 것은 오히려 그들이다. 단기필마야말로 혼돈의 전쟁터에서 자신을 지키는 방법이며 주식투자로 성공할 확률은 개인투자자들이 높다. 한국경제신문 증권부가 개인투자가들을 지원하기 위해 펴낸 이 책을 통해 확실한 재테크의 길을 찾아보자.

신국판 / 9,000원

선물시장 흐름 읽는 법

현대선물 지음

이제 선물을 모르고는 주식, 채권 등 투자를 제대로 할 수 없는 세상이 되었다. 선물시장은 특정상품의 가격 수준에 대해 생각을 달리하는 사람들이 생사를 건 전쟁터다. 그동안 어렵게만 느껴졌던 선물거래를 일반인들이 이해하기 쉽도록 만화로 꾸몄다. 읽다보면 선물거래의 기본개념에서부터 선물거래의 실전투자 및 매매 타이밍까지 단번에 이해할 수 있도록 재미있는 스토리를 곁들여 설명했다.

신국판 / 7,000원

금융혁명 ABS

자산유동화 실무위원회 지음

자산유동화(ABS)제도에 대해 자산유동화 거래실무에 종사하는 국내외금융기관의 담당자, 전문변호사, 정책입안을 담당하는 재경부와 금융감독원의 관계자들이 함께 참여하여 알기 쉽게 종합적으로 풀어썼다. ABS에 관련된 각 분야를 사례중심으로 현장감 있게 분석 정리했고 법률 축조해설까지 곁들여 누구나 쉽게 실전에 활용할 수 있도록 했다.

양장 / 20,000원

월가 천재소년의 100가지 투자법칙

맷 세토 지음 / 형선호 옮김

10대 천재소년 맷 세토가 세운 뮤추얼 펀드의 연간 수익률은 단연 압도적이다. 이 소년은 〈월 스트리트 저널〉의 표지인물로 등장한 바 있으며, 전 세계 투자자들이 조언을 듣기 위해 애쓴다. 17세에 억대 부자가 된 맷 세토가 100가지의 성공적인 주식투자 비법을 소개한다. 신선하고 반짝이는 그의 투자전략은 폭락과 반전을 거듭하는 우리 주식시장에서 성공을 보장할 것이다.

신국판 / 8,500원

뮤추얼펀드 투자가이드

한국펀드평가 지음

뮤추얼펀드는 주식형수익증권, 외국인과 함께 주식시장의 큰손이다. 그들이 어떤 종목에 관심을 갖고 매수하며 어느 정도 보유한 뒤 매도하는가? 한국펀드평가(주)가 국내 최초로 뮤추얼펀드 69개를 집중 분석한 이 책은 펀드매니저는 물론이고 증권사 종사자, 뮤추얼펀드에 새로 가입하려는 투자자에게 매우 유익한 지침서가 될 것이다. 국내최초의 펴낸 뮤추얼펀드 종합 분석 전략 가이드.

신국판 / 15,000원

맥킨지 금융보고서

맥킨지 금융팀 지음

20년간 아시아 금융시스템을 분석, 컨설팅해온 맥킨지 금융팀은 21세기 한국을 비롯한 아시아의 은행 및 금융시스템이 어떤 도전을 받을 것이며 어떤 새로운 기회가 도래할 것인지 2010년까지의 금융 패러다임을 예측하고 있다. 금융시장의 어제와 오늘 그리고 미래를 열어가는데 없어서는 안 될 미래지향적 금융산업 구축에 과연 무엇이 필요한지 그 비결을 담고 있다.

신국판 / 18,000원